Der erste Band von Giwi Margwelaschwilis autobiographisch geprägtem Romanwerk »Kapitän Wakusch« ist seit langem vergriffen – und sehr begehrt. Nun ist er wieder da!

Der erste Band von Giwi Margwelaschwilis autobiographisch geprägtem Romanwerk »Kapitän Wakusch« ist seit langem vergriffen – und sehr begehrt. Nun ist er wieder da!

In diesem Band beschreibt er Wakuschs Aufwachsen als Ausländer im Dritten Reich. Doch ist er nicht nur ein Exilantenkind in Deutschland – als Jazzliebhaber, der sich in der Jazzbar »Kakadu« der verbotenen Musik hingibt, ist er zugleich ein jugendlicher Rebell – er rebelliert gegen den Verlauf der Weltgeschichte.

In »Kapitän Wakusch« schildert Margwelaschwili die Welt- und seine Lebensgeschichte scheinbar leichthin, in origineller Sprache – ein Zeitdokument und zugleich große Literatur!

Giwi Margwelaschwili wurde 1927 als Sohn georgischer Emigranten in Berlin geboren. 1946 wurde er, zusammen mit seinem Vater, vom sowjetischen Geheimdienst NKWD entführt. Der Vater wurde ermordet, Giwi Margwelaschwili in Sachsenhausen interniert und anschließend nach Georgien verschleppt. Dort lehrte er Deutsch. Erst 1987 konnte er nach Deutschland ausreisen. Ihn begleitete eine Unzahl von in der Emigration auf deutsch geschriebenen Romanen und Erzählungen. 1994 erhielt er die deutsche Staatsbürgerschaft und ein Ehrenstipendium des Bundespräsidenten, 1995 den Brandenburgischen Literatur-Ehrenpreis für sein Gesamtwerk, 2006 die Goethe-Medaille, 2008 das Bundesverdienstkreuz. Er ist Mitglied des P.E.N. und lebt in Berlin.

Werke unter anderem: »Muzal«, »Das böse Kapitel«, »Kapitän Wakusch«, »Der ungeworfene Handschuh«. Im Verbrecher Verlag erschienen: »Officer Pembry«, Roman (2007); »Zuschauerräume«, Lesedrama (2008); »Vom Tod eines alten Lesers«, Erzählungen (2008); »Der Kantakt«, Roman (2009) und »Der verwunderte Mauerzeitungsleser«, Essay (2010).

Siehe auch: www.giwi-margwelaschwili.de

Giwi Margwelaschwili

KAPITÄN WAKUSCH

I. In Deuxiland

Roman

VERBRECHER VERLAG

Erste Auflage
Verbrecher Verlag Berlin 2010
www.verbrecherei.de

Einbandentwurf: Sarah Lamparter
Satz: Christian Walter
Lektorat: Konrad Krämer

ISBN: 978-3-940426-65-9

Printed in Germany

Der Verlag dankt Doris Formanek, Rima Hussein und Axel Haase.

Goglimogli

Goglimogli ist mit Zucker angerührtes Eigelb, das die kleinen Wichte zu essen bekommen, damit sie groß und stark werden. Es ist auch die Zeit der kleinen Wichte, die noch kaum angebrochen in ihrem Dotter schwimmt. Und es ist der Anfang aller wichtigen Geschichten, die ein Häuschen und eine Wartburg zum Gegenstand haben. Um daher diese Geschichten richtig beurteilen und erzählen zu können, muß man vor allem ihr Goglimogli untersuchen. Aber eben das ist auch das Schwierigste. Wer brächte uns heute beispielsweise noch den Goglimogli des Jahres 1927 zurück? Er ist längst verbraucht, und seine Geschichten rücken bereits in die Schlußkapitel über. Leider bleibt nun andererseits auch jeder frische Goglimogli – weil ja seine Geschichte dann noch in den Kinderschuhen steckt – bis auf weiteres unbegreiflich. Die Mixtur selbst ist für den Historiker keine Nahrung, das heißt, er kann sie natürlich essen, aber er wird dadurch aus ihr nicht klüger. Zu diesen methodischen Schwierigkeiten kommt außerdem hinzu, daß der Goglimogli als Kinderspeise gewöhnlich niemanden außer Mutter und Wicht (Kind) interessiert. Keiner hält ihn für wichtig genug, um die Geschichte zu verlassen.

Wenn hier nun trotzdem gewagt werden soll, Goglimogli das Vorwort zu geben, so nur deshalb, weil es der Goglimogli des Jahres 1927 und später ist, also einer, dessen historische Wichtigkeit wenigstens allen, die direkt von ihm gegessen haben, einleuchten wird. In den Goglimogli 27 ist – was jeden Altertumsforscher entzücken muß – aber auch der Goglimogli des ersten Jahrhunderts eingeträufelt. Er macht sich gleich durch ein ganzes Kapitel am Eingang der Geschichte von Goglimogli 27 bemerkbar und regiert den Sinn sämtlicher Ereignisse bis an das Ende im Häuschen. Außerdem wird vieles, das erst durch Goglimogli entstanden (zur klassischen Reife gelangt) ist, noch (ko-)existieren, wenn das einundzwanzigste Jahrhundert seinen Einzug hält. Wie man sieht, steht der Goglimogli 27 – er ist weit davon entfernt, ein lokaler Goglimogli zu sein – in Zusammenhang mit Dingen lange vor und nach 27. Unmittelbar mit ihm verschwistert sind die Goglimoglis Nummer 17, 37 und 47, welche seine Geschichte, in die sie gewissermaßen von rechts und links hereinspielen, recht wild zwischen Wartburg und Häuschen hin- und herbewegt haben. Diese Bewegung fängt – für historische Verhältnisse erstaunlich früh – schon bei den meisten Wichten an, die Goglimogli 27 auslöffeln mußten. Individuell machte sie sich nach dem sechsten Löffel, der ungefähr um das Jahr 1933 eingenommen wurde, bemerkbar, um dann in der Folgezeit eine immer wichtigere Bedeutung anzunehmen. Anfänglich war sie bloß die konkrete Abwehrbewegung der Wichte, ihr mit Kopf, Händen und Füßen geführter Kampf gegen den Goglimogli 27. Damals erschallten alle Häuschen, sooft sich dort ein voller Goglimoglilöffel auf die Wichte richtete, von wildem Geplärr. Man hörte auch außer elterlichem Zureden (den üblichen einschmeichelnden Geschichten) das harte Anschlagen der Löffel an eisern geschlossene Milchzähne. Sehr oft fanden panische Hausdurchsuchungen statt, wenn die Wichte sich in den entlegensten Ecken und Winkeln vor dem Goglimogli verkrochen hatten. Da sie aber überall hervorgezogen und Goglimogli unterworfen wurden – Häuschen boten keinen Schutz –, suchten die Wichte ihr Heil bald in größeren Entfernungen. Die schnellsten flohen (fuhren) gleich im Kinderwagen über die Dixiebahn zur Wartburg. Die nächsten folgten, sobald sie gehen gelernt hatten, oder auch vorher schon, auf allen vieren. Um wenigstens in ein anderes

Häuschen mit einem anderen (besseren) Goglimogli zu kommen, versuchten auch viele Wichte ihr Glück als Findlinge. Diejenigen aber des Jahrgangs, welche das Unglück hatten, aus irgendwelchen Gründen in ihrem Häuschen steckenzubleiben und weiteren Arten der Eintrichterung unterzogen zu werden, machten den Goglimogli – eben weil dieser bei ihnen noch keine oder zu wenige Wurzeln in der Seele geschlagen hatte – nur denk- und sprechzimmerlich (also nur als logo-phonisch darauf Bezogene) durch, was sich in der Folge dann auch durch die erstaunliche Leichtigkeit bestätigt hat, mit der der Goglimogli 27 aus ihrem Bewußtseinsstromgebiet verschwand: Als es nach 45 in der Erscheinungswelt damit vorbei war, dachten sie nicht mehr daran und redeten nicht mehr davon (es sei denn kritisch).

Die große Flucht vor Goglimogli 27 begann aber erst im Schulalter, als nämlich die Wichte desselben Jahrgangs (Goglimoglis) ein Klassenbewußtsein entwickelten und damit auch ihre ganze Opposition historisch bildeten. Ihr grundlegendes, zumeist intuitives (stilles) Einverständnis entstand auf der Basis des zwangsverzehrten Goglimoglis. Denn über einen Punkt waren sich alle Wichte dieser Klasse einig: Von diesem Zeug keinen (siebenten) Löffel mehr.

In der Schule wurden zur Verabreichung des Goglimoglis, der hier übrigens viel dicker war als in den individuellen Häuschen, Trichter benutzt. Alle Lehrer hatten, wenn sie untertrichteten, einen in der Hand und bei festlichen Anlässen, Ansprachen, Kundgebungen usw. einen auf dem Kopf. Der Untertricht bei den Wichten des Jahrgangs (Goglimoglis) 27 war von wilden Klassenkämpfen gekennzeichnet. Was die Eintrichterung immer besonders behinderte, war der unheimliche und systematische Lärm der Klasse oder auch nur ein ganz kleines, dafür aber in regelmäßigen Abständen verursachtes (am besten unanständiges)

Geräusch. Von den Hinterbänken stiegen unablässig Papierflugzeuge mit Stinkbomben auf. Sie flogen in Bögen um den Katheter, an welchen man ohne Gasmaske dann nicht mehr treten konnte. Den mit Kreide (auch Goglimogli) an die Tafel geschmierten Satz: »Der Goglimogli ist Sch…« mußten die Lehrer vor dem Untertricht jedesmal selbst abwischen, denn die Klasse rührte sich nicht. Die Trichter wurden auch oft durch unvorhersehbare (ruckartige) Kopfbewegungen der Schüler umgekippt und große Portionen Goglimogli auf den Fußboden vergossen. Die Lehrer, welche solche offenen (An-)Schläge gegen Goglimogli 27 weder dulden konnten noch durften, stürzten sich immer brüllend auf den Klassenfeind, um ihm ein paar von den stärksten (saftigsten) Maulschellen zu verpassen. Oder sie schwangen Rohrstöcke über oft auch gepolsterten Hinterteilen, denn viele Wichte kamen gleich mit Kopfkissen im Hosenboden zum Untertricht. Die Schule handelte in enger Eintracht (Eintricht) mit den meisten Elternhäuschen, wo der Goglimogli mindestens ebenso – wenn nicht noch strenger – kontrolliert (exerziert) und die Klassenfeindschaft vertieft wurde. Jede wichtigere Familie hatte zudem noch einen richtigen Trichter mit endlosen Sendungen über Goglimogli im Häuschen.

Als nach den ersten bewegten Volksschuljahren wegen Trichter-, Goglimogli- und Personalausfalls – die Wichte jagten um diese Zeit 27 Lehrer (amtliche Ziffer für Großdeutschland) in den Ruhestand – der Untertricht zu erlahmen drohte, wurde offiziell die Aufteilung der Klasse in andere, nämlich tiefer und höher gelegene Klassengemeinschaften beschlossen. Das Gros der Wichte war – da sie ja nur lauter Fünfen oder Sechsen in Goglimogli hatten und zu Ostern immer mehr sitzenblieben – am leichtesten umzugruppieren. Die größten (zugleich die faulsten) Stänker flogen überhaupt von der Schule; der nach den damaligen

Begriffen etwas anständigere Rest (5+ in Goglimogli) wurde auf ältere und ernstere Jahrgänge verteilt. Ansätze eines deutlicheren, organisierten Ungehorsams in verschiedenen Ober- und Unterklassen ließen später erkennen, daß die Wichte noch immer bei der Wühlarbeit waren. Doch kam es jetzt schon viel seltener und allgemein auch nur da, wo Goglimogli über die Hutschnur ging, zu offenen Widerspenstigkeiten. Fast alle Wichte hatten nämlich mit den Jahren in ihrer Umwelt außer den zwei goglimoglivollen Häuschen (das heißt außer Eltern- und außer Schulhäuschen) noch viel mehr goglimoglifreie Plätze zu unterscheiden gelernt, auf welche sie sich denn auch am liebsten zurückzogen, sobald sie aus dem Eltern- beziehungsweise Schulhäuschen (heraus) waren. Wenn sie zuvor zwar bis an die Zähne bewaffnet und klassenfeindlich, aber doch wenigstens mit Interesse den Untertricht besucht hatten – etwa so, wie Gegensätze sich anziehen –, stellte ihre immer häufigere (längere) Abwesenheit in allen Häuschen (Elternhäuschen, Schulhäuschen) diese Häuschen vor ein neues und ärgeres Problem. Denn keine Notmaßnahme (Arreste, Eskorten, Züchtigungen) hielt die Wichte (der Klassennummer 27) im Häuschen: Sie gingen mit ihren Spezialdickköpfen sofort durch alle Wände und blieben zur Strafe der Bestrafer dann vielleicht noch viel länger fort als gewöhnlich.

Daß sie sich nicht ganz verloren, daran war paradoxerweise der Goglimogli schuld, genauer: jene vier bis fünf Löffel, welche die Wichte bis zur Einschulung bekommen hatten und wodurch sie nun selbst in kilometerweiten Entfernungen – der Goglimogli war zu alledem elastisch und dehnbarer als Kaugummi – doch immer noch irgendwie an ihren respektiven (Eltern-, Schul-)Häuschen klebten. Die Wichte kamen also fast alle stets zurück nach Häuschen – oft nur, um eine gute Tracht Prügel zu beziehen oder um nachzusehen, ob noch und wenn, wie die Klassen kämpften, um auch selbst ein paar Staatsstreiche gegen die Trichter auszuführen und um – was die Hauptsache war – nach allen Tätlichkeiten aufs neue verschwinden zu können.

Aber auch zu Häuschen zeigten sie jetzt ihre immer unverhülltere Leidenschaft für alles Ungogliche und Unmogliche. In den Elternhäuschen drehten sie zum Beispiel solange an den Trichtern, bis etwas ganz Anderes und von dort meilenweit Entferntes herauskam. Was die Wichte so (und meistens noch maximalstark) einstellten, waren von Dixieländern in Dixieländern gespielte Dixieländer. Auf der Skala begann gleich rechts und links von den paar Sendestellen des Häuschens die Dixiebahn mit Pauken und Trompeten. Jeder Millimeter, den man da weiterging, brachte einem andere (neue) Dixieländer ins Gehör. Den Wichten waren die Stationen niemals laut (nah) genug: Fast alle steckten ihre Köpfe in den Trichter. Zwischendurch kamen Nachrichten in dixieländischen Sprachen (viele auch schon mit recht abfälligen Meinungen über das Häuschen und seinen Goglimogli). Was durchgesagt wurde, begriffen die Wichte, die aus Mangel an dixieländischen Vokabeln unmöglich direkt folgen konnten, indirekt aus den (nach-)gepfefferten Melodien. Sie kannten die besten Dixieländer auswendig und reproduzierten sie bei Stimmung fast ebensogut wie der Trichter. Im Häuschen verbreiteten sich übrigens viele der modischsten dixieländischen Schlager (Lieder wie etwa der Lambeth Walk) gleich mit Spottversen auf das Häuschen beziehungsweise den Goglimogli 27; dann bekamen die Wichte zu dem Rhythmus auch noch den richtigen Refrain.

Ferner legten sie eine ungewöhnliche Begabung für die mit den einzelnen Dixieländern verbundenen Tanzschritte an den Tag; denn es waren Riesenschritte, mit denen man sich binnen kürzester Zeit aus dem Staube (des Häuschens) machen konnte. So liefen die Wichte, die zum Tanzen vielleicht noch zu klein, aber zum Türmen bestimmt schon groß genug waren, oft im Fuchstritt

(Foxtrott) vor dem Goglimogli davon. Es gab verschiedene Fuchstritte, je nachdem, ob man schnell (offen) oder langsam (heimlich) aus dem Häuschen geraten wollte. Im ersten Fall wurde der Fuchstritt von Charleston, im zweiten mehr der von Boston (was zwei Städte in Dixieland sind) angewandt. Die Fuchstritte konnten darüber hinaus noch einem Gegner (Verfolger) auf der Dixiebahn, einem Trichter, mit gutem Effekt versetzt werden und den Klassenkampf zugunsten der Wichte entscheiden.

Eine Dixiebahn, die schon seit langem nicht mehr benutzt worden und daher von Gras überwachsen, meistens auch mit Goglimogli zugedeckt oder zerfallen war, kam – wenn man gehörig nachgrub – überall zum Vorschein, selbst im Schulhäuschen. Mancher Lehrer hatte sie in seinem Trichter, der dann nur bewegt (gestimmt) zu werden brauchte, damit Ungogliches (oft sogar auch Unmogliches) erschallte. Viele Trichter ließen, wenn man sie mit dem verengten Ende wie Fernrohre vor die Augen setzte, ganz klar die Dixiebahn und dahinter, zwar recht verschwommen, aber den Wichten doch ersichtlich genug, die sonnigen Küsten einiger Dixieländer erkennen. Bei diesen Studien war Friede zwischen den Klassen: Wichte und Lehrer kamen aus ihren Verschanzungen hervor und einander (bis zur Mitte des Klassenraums) entgegen. Um jeden Abstand zu verwischen, setzte sich der Lehrer oft sogar noch auf eine Schulbank. Dann wurde der Trichter herumgereicht und ferngesehen, während die Lehrer von ihren Reisen nach Dixieland erzählten, die sie vor dem Goglimogli 27 – als die Dixiebahn noch frei (durch kein Häuschen verbaut) war – gemacht hatten. Die schöneren Perspektiven, wie Ansichten von (über) und Aussichten nach (auch auf) Charleston oder Boston, lagen immer nur rechts. Links war entweder der Horizont des Lehrers nicht weit oder sein Trichter nicht scharf genug, um etwas (für) wahrzunehmen. Weil sich übrigens aus den Dixieländern dieser Richtung keine Dixieländer (kein Charleston, kein Boston) hören ließen, erschienen besagte Länder den Wichten nicht interessant, öde, langweilig, überhaupt unwichtig (auch irgendwie verdächtig). Der Kriegszustand zwischen Wichten und Lehrern erneuerte sich, sobald letztere wieder zum Untertricht übergehen, das heißt mit dem Trichter Goglimogli einschenken wollten. Da sie das Instrument dazu vertikal aufstellen mußten und die Wichte auf der anderen Seite immer daran festhielten, wurde es – falls die Parteien zuletzt nicht doch noch auseinandergingen (auf ihre Oppositionen an den Enden des Klassenraums zurückfielen) – jämmerlich verbogen. Lehrer mit Dixiebahn(-land) im Trichter fanden sich in noch größerer Zahl am Gymnasium, wo mindestens ein bis zwei dixieländische Sprachen Lehrfächer waren und auch objektiv mehr Möglichkeiten bestanden, von Goglimogli abzuschweifen.

Die wichtigste dixiebahnbrechende Bewegung vollzog sich aber auf der Straße als Intervall zwischen Schul- und Elternhäuschen. Denn erstens kamen hier in überwiegender Zahl fremde Leute vorbei, von denen man – wenn sie den Mund hielten – immer annehmen konnte, sie seien Dixieländer. Es gab aber auch Plätze im Straßenbild (Denkmäler, Prunkhäuschen, Museen, historische Torbögen, Alleen usw.), wo die Wichte immer sicher sein durften, ein paar gewöhnlich mit Fotoapparaten bewaffnete Originaldixieländer und Originaldixieländerinnen zu treffen, Originaldixieländisch zu vernehmen. Während dann die Dixieländer irgendein – sagen wir – Häuschen (Monument, Standbild usw.) bewunderten, bewunderten die Wichte die Dixieländer. Zuerst nur von weitem, später schon zutraulich aus nächster Nähe. Manchmal wurden sie von den Dixieländern freundlich vor das Häuschen (Monument, Standbild usw.) gestellt und mitfotografiert. Kommunikation vervollständigte die Annäherung: Die Wichte sagten: »How do you do?« und machten – weil ihr aktiver Wortschatz damit erschöpft war – den Dixieländern einige Fuchstritte vor. Gewöhnlich zeigten die jüngeren (wichtigeren) Dixieländer den Wichten dann auch sofort, wie sie es machten, nämlich den Originalfuchstritt mit Variationen, wie man sie sich nur in Charleston (oder Boston) selbst ausdenken kann. Die Wichte gerieten natürlich alle gleich in Bewegung und hatten schon nach wenigen Lektionen mit verschiedenen Dixieländern vor denselben Standbildern, Häuschen, Monumenten usw. die Originaldixiebahn in (unter) den Füßen. Sie bekamen auch viele dixieländische Souvenirs, Plaketten mit Wappenschildern von Charleston und Boston, dixieländisches Kleingeld (Cents und Pennies), Bonbons, seltener Bücher mit dixieländischen Landschaftsbildern und ähnlichem. Um nicht in der Schuld zu bleiben, schenkten die Wichte den Dixieländern ein paar Trichter, die sie im Klassenkampf von den Lehrern erbeutet hatten, oder eine Flasche mit Goglimogli 27, die aber immer sorgfältig verkorkt sein mußte, denn der nunmehr zehn bis elf Jahre alte Goglimogli stank bereits fürchterlich nach Schwefel. In dieser Zeit kamen die Wichte fast jeden Tag regulär mit ein paar neuen dixieländischen Adressen in der Tasche, manchmal sogar mit ein paar Originaldixieländern nach Hause (in ihr durch solche Besucher mehr un- als angenehm überraschtes Elternhäuschen). Die Gäste waren zwar alle ausgesucht herzlich, aber vor ihren durchdringenden Blicken fühlten sich die meisten Häuschen wie in einem zu schweren Staatsexamen. Manche Gäste stellten direkt viele persönliche (unmögliche) Fragen über Goglimogli 27. Aber sehr oft waren auch die Wichte ungezogen, besonders wenn sie beim Abschied der Dixieländer dermaßen losbrüllten, daß der entsetzte Besuch wie angewurzelt in den Häuschen sitzen(stehen-)

blieb. Dann mußten die Wichte gewöhnlich erst eingeschläfert werden, ehe die Dixieländer sich entfernen konnten.

Zweitens lagen an den Straßen noch unzählige Lichtspielhäuschen mit originaldixieländischen Filmen, die für die Wichte allerdings meistens verboten, aber auf Seitenwegen (krummen Dixiebahnen) doch immer anzusehen waren. Guter Fuchstritt und der Umstand, daß diese Häuschen – wenn sie spielen – immer dunkel sind, begünstigten den Einbruch. Die Wichte rutschten durch alle Hintertüren, Luken, Klappen, oft auch durch den Schornstein des Lichtspielhäuschens und konnten dort – weil sie sich nach Schluß der Vorstellung unter den Sitzen versteckten – den ganzen Tag zubringen. Manche Wichte ließen sich von bestochenen Trunkenbolden, Tagelöhnern usw. gegen ein Bier- oder Schnapsgeld mit Rucksäcken, Handkoffern, größeren Markttaschen und ähnlichem in Lichtspielhäuschen hinein- und aus ihnen hinausbefördern. Manche kamen mit Maskeraden und Verstellungen (retuschiertem Schnurrbart, Bauchreden vor Kassenfenstern und Kontrolleuren) selber zu den Aufführungen durch.

In den dixieländischen Lichtspielen bestand die Dixiebahn vor allem in den tief ausgeschnittenen, oft unbedeckten Mehrbusen der dixieländischen weiblichen Filmsterne, in allen ihren sekundenlang bis zum Delta abgefilmten Lokalitäten, welche darum auch die wichtigsten Stellen jeder Vorstellung waren. Die meisten Wichte hockten zwecks besserer Inspektion dicht unter der Leinwand und ließen sich – wenn sie in den Lichtspielhäuschen einen kleinen Einfluß hatten – das Lichtspiel an den besagten Stellen zweimal (oft auch in Zeitlupe oder sogar vergrößert) vorspielen. Ihren ganz besonderen Zuspruch fanden diese Stellen dort, wo sie in den Lichtspielen von einem dixieländisch männlichen Filmstern besetzt wurden (waren, werden sollten). Leider war das

Licht der Lichtspiele dann niemals hell, und selbst das Filmbild war selten lang genug, um den Vorgang genauer erkennen zu lassen. Er blieb auch niemals bis zum Ende im Blick, denn statt dessen sah man plötzlich in den nackten Himmel (in hohe, von Wildgänsen überflogene Baumkronen, in den Mond); dazu hörte man heiser geflüsterte Koseworte, Liebesschwüre und ähnlich allgemeine, viel zu undeutliche Tonsymbole für die weiteren Ereignisse auf der Dixiebahn. Die Wichte, die sich diese Blickrichtungswechsel objektiv nicht erklären konnten oder wollten, baten das Lichtspielhäuschen (oft sehr energisch), den Fokus nicht zu verlieren. Manche wurden wegen dieser Angelegenheit gleich in den Projektionsräumen vorstellig, manche (radikalere) entfachten aus Protest gleich einen kleinen Stunk (Stink) in den Zuschauerräumen, die – weil sie ja mit Klassenräumen viel gemeinsam haben – für Klassenkämpfe(r) auch sehr gut geeignet sind. Übrigens liefen gewisse dixieländische Filme mit für die Zensur zu tollen (offenen) Dixiebahnen nach und nach auch wirklich immer verkürzter auf den Leinwänden der kleineren Lichtspielhäuschen, so daß die Wichte, um solchen Unterschlagungen zuvorzukommen, sich regelmäßig zu den Premieren versammelten, wo die Dixiebahn noch intakt und in Gesamtheit zu bewundern war.

Auf manchen Straßen gab es nun aber drittens noch richtige Dixiebahnstationen oder Nachtbars als Wallfahrts (Wohlfahrts-) orte für die Wichte. Weil der Eintritt dort sehr schwer, fast gar nicht zu bewerkstelligen war, lagerte sich das Jungvolk gewöhnlich vor den illuminierten Portalen. Die Bars nahmen schon früh am Abend Herren und Damen (diese oft mit den dekolletierten Dixiebahnen) aus allen besseren Häuschen auf; an den Stationseingängen entfaltete sich dann immer so etwas wie eine Modenschau mit Wichten als unmittelbarem und dankbarem Publikum.

Die Herren waren an-, die Damen ausgezogen wie in (und für) Charleston und Boston; vom Glanz der Ringe, der Kolliers wurden dixieländische Lichtspiele lebendig. Alle diese Leute standen tags vielleicht unter, nachts aber in den Dixiebahnstationen (auf der Dixiebahn nach Charleston oder Boston) haushoch über Goglimogli.

Für die Wichte war außer den mitunter originaldixieländischen Dixieländern, die laut genug auf die Straße hinausdrangen und sie veranlaßten, einen kessen Fuchstritt auf den Asphalt zu legen, noch der Torschluß der Bars die große Attraktion. Wer (welcher Herr oder welche Dame) dann nämlich von dort herauskam, der war durchschnittlich mindestens zur Hälfte und über Durchschnitt schon ganz und gar aus dem Häuschen (in Dixieland). Die Vollsten (Dixieländer) torkelten singend oder pfeifend im Zickzack über das Pflaster; ehe ihnen ein Laternenpfahl endgültig den Heimweg versperrte, säten sie noch ihre Kopfbedeckungen, Schals, Handschuhe, Hausschlüssel, Taschentücher wie auch überhaupt Inhalte ganzer Taschen wahllos nach rechts und links aus. Zur Betreuung solcher Gestrauchelten hatten die Wichte auf der Dixiebahn einen kleinen Sicherheitsdienst aus sieben Wichten (Zwergen) eingerichtet, der dafür sorgte, daß den Dixieländern nichts verlorenging, der jeden bewachte, bis er erwachte.

Dies waren aber nur Extremfälle, denn, um die Leute auf den Beinen beziehungsweise in Bewegung zu halten, genügte es schon, wenn die (sieben) Wichte zu einem schmissigen Dixieländer, den sie selbst anstimmten, ihren Heidentanz mit Originalfuchstritt aus Charleston und Boston begannen. Der Tanz riß die Vollsten (Blausten) mit und – mal im Charleston, mal im Boston – über die Straßen zurück ins Häuschen. Gewöhnlich brauchten die Wichte ihren Mann, den es von selbst nach Hause zog, nur anzukurbeln. In den wenigen Fällen, wo ein Herr zu wackelig aussah und nach Hause getanzt werden mußte, gaben die Wichte, welche seine Adresse schon immer gut kannten (da sich ja regelmäßig nur ein und dieselben Leute über Durchschnitt betranken), ihrem Charleston oder Boston unmerklich die Richtung heimwärts. Der Service auf der Dixiebahn (Straße) wurde hochgeschätzt und oft sogar gesucht; denn wer gern einmal ganz und gar aus dem Häuschen, aber mit Garantie unversehrt wieder zu ihm zurückfinden wollte, der bestellte sich die Wichte einfach um soundsoviel Uhr vor die Bar. Besonders Einflußreiche nahmen die Wichte gleich mit auf die Station, wo sie den Protest des Dixiebahnhofsvorstehers gegen die Anwesenheit unmündiger Jugendlicher mit großzügigem Trinkgeld erstickten. Anstatt alkoholischer Getränke erhielten die Wichte in (an) den Bars unschuldigen Tee, Kaffee, ein Glas Milch und stellenweise auch *Goglimogli,* den sie aber niemals zu sich nahmen und entrüstet stehenließen.

Über die Sichtbarkeit dixieländischer Naturerscheinungen brauchten sich die (sieben) Zwerge (Wichte) auf den Stationen nicht mehr zu beklagen: Sie waren hier – sehr im Unterschied zu den dixieländischen Lichtspielen, wo solche Stellen immer fleisch- und blutlos vergaukelten – oft nur eine Handbreit von den lebendigsten und goldigsten Dixiebahnen entfernt. Und was die dixieländischen Lichtspiele immer nur ganz oberflächlich (andeutungsweise) berührt hatten, nämlich die Herrenbesuche auf (an) den zarten Verkehrslinien, das sahen die Wichte – da Besucher und Besuchte ja gewöhnlich schon vollkommen aus ihren respektiven Häuschen waren – jetzt ganz unverdeckt (unversteckt) aus nächster Nähe. Auf der Dixiebahnstraße fiel den Wichten auch die Aufgabe zu, solche Besuche(r) nach rechts und links zu sichern; sehr oft standen sie – weil meistens in

Hausflure gegangen und dort empfangen wurde – dann noch vor einem wildfremden Häuschen Wache.

Nun reichten aber diese Wachen wie auch überhaupt der ganze Sicherheitsdienst nicht aus, um unerwünschte Störungen abzuwenden: Auf der Straße, das heißt unter freiem Himmel, vor unzähligen Häuschen mit Fenstern und Türen, die sich immer öffnen konnten (und aus denen sich in den gelindesten Fällen Eimer Wasser über die Dixieländer und Wachen [Wichte] ergossen, in den schlimmsten die empörten Hausbewohner selber hervorschossen), bestand für die Dixiebahn(er) dauernd Gefahr. Jede Art von Dixiebahnkörper, ja, selbst derjenige, der als vermietbarer den Häuschen strukturmäßig am nächsten verwandt war (und dieser sogar noch mehr als alle übrigen), war in den Häuschen verpönt und den heftigsten Angriffen ausgesetzt. Oft sahen (hörten) zum Beispiel die Wichte – wenn sie einen Schützling im Charleston und Boston glücklich heim (bis vor seine Haustür) gebracht hatten –, daß dort noch ein ganz anderer (viel unangenehmerer) Tanz mit ihm begann. Von den Schlägen, die er dann vielleicht bezog, konnten nicht wenige auch die Wichte – falls sie seinem Häuschen zu nahe gekommen waren – höchst schmerzvoll treffen. Vor den Bars und an vielen Dixiebahnstraßenecken lauerten nicht selten schon Leute auf den Schützling, die von Haus aus irgendein (Faust-)Recht über ihn hatten und die ihn mit schrillem Kriegsgeschrei davonschleppten, ohne die Wichte zu fragen. Manchmal ergaben sich auch wilde Verfolgungen, die aber schnell mit der Gefangennahme des Schützlings endeten, denn die Verfolger (welche aus Kriegslist absichtlich großen Lärm schlugen, manche riefen sogar: »Haltet den Dieb«) hatten immer alle umliegenden Häuschen, in einigen Fällen auch einen Schutzmann auf ihrer Seite, der Schützling hatte nur die Wichte. Dazu kam, daß dann meistens noch die Wichte selbst von ihren eigenen Häuschen, denen sie unendlich wichtiger waren als umgekehrt, gesucht, gestellt und von der Dixiebahn(-bar) weggeholt wurden. Alle diese und ähnliche Repressalien (insbesondere die Internierung und die disziplinarischen Prügelstrafen im Elternhäuschen) gehörten – ehe das Charleston- und Bostonverbot des (Goglimogli) Jahres 37 sie bis zur Unerträglichkeit verschärfte – beinahe mit zur Dixiebahn; sie waren die unabänderlichen (an sich gar nicht unwichtigen) Komponenten des ganzen Abenteuers, das man immer wieder gern probierte (riskierte): Die Wichte, um die Dixiebahn zu schützen, die Schützlinge, um sie zu benützen.

Nun gab es auf dieser relativ frühen Entwicklungsstufe allerdings auch schon viele, gewöhnlich nur streng private, sehr getarnte, sehr befestigte Antihäuschen, wo man den Goglimogli 27 schlecht vertrug und wo man hoffte, das Ende (oder wenigstens den größten Teil) seiner Verabfolgung unbetroffen abwarten (überdauern) zu können. Solche Antihäuschen (anders auch Wartburgen genannt) standen vielleicht nicht gerade an der, aber regulär doch in der Nähe der Dixiebahn, und manche Schützlinge (Wichte) duckten sich, sooft ihnen ein Häuschen auf den Hacken saß, in sie hinein. Zuerst hatten die Wartburgen (Antihäuschen), weil sie an den Häuschen im Grunde nur den Goglimogli 27 (auch bloß abstrakt) bemängelten und sonst meistens regungslos warteten, ohne irgendwelche territorialen Ansprüche geltend zu machen, gar kein (richtiges) Tätigkeitsfeld. Die Dixiebahn, die sie gelegentlich vielleicht mal gerne vor den Häuschen deckten (versteckten), war noch nicht ihr ausgesprochenes Protektorat. Sie sahen in den Dixieländern (links, rechts) noch keine nennenswerten Verbündeten und suchten einen Ausweg aus dem Goglimogli (Häuschen), unabhängig von Charleston und Boston.

Umgekehrt war aber auch die Dixiebahn jener frühen Tage verhältnismäßig schmal und als Gelände zur Stellungnahme gegen Goglimogli (Häuschen) noch nicht besonders günstig. Sie funktionierte (existierte) für die meisten nur feierabends, war etwas Fremd(eben Dixie-)ländisches ohne zuviel Spiegel (Spiegelung) in den Häuschen. Weiterhin muß angemerkt werden, daß vielleicht sogar nach Goglimogli 37 viele Wartburgen von selbst nie dazu gekommen wären, sich der Dixiebahn anzunehmen, wenn die Wichte (vorwiegend KIassennummer 27) sie nicht extra damit betraut (in manchen Fällen einfach dafür in Beschlag genommen) hätten. Zahlreichen Wartburgen (-bürgern) vor und nach 37 waren zum Beispiel Politik und Musik (dixieländische) zweierlei, bis sich ein Wicht bei ihnen einbürgerte, um sie eines Besseren zu belehren: ihre Opposition gegen Häuschen durch Fuchstritt zu stärken.

Diese Umschulung ging nun ihrerseits aber auch wieder nur sehr langsam vonstatten, denn zuerst fand natürlich niemand Charleston (Boston) ebenso lebenswichtig wie der Wicht. Wegen der provinziellen (mehr in- als aus[dixie-]ländischen) Vorkriegsnatur der meisten (insbesondere älteren) Wartburgen und -bürger wurden in den Jahren 37 bis 39 die schönsten (wichtigsten) Teile der Reichsdixiebahn Beute der Häuschen (und später Teile der Reichsautobahn). Die Möglichkeit einer Anlage großartiger, ganz auf Charleston und Boston gegründeter Wartburgen mit den machtvollsten Schlüsselpositionen auf der Dixiebahn ergab sich aber erst in der Kriegszeit (39 bis 45), als alle aus dem Häuschen waren und die Wichte das somit frei (leer) gewordene Häuschen (Wohnungen, Zimmer) für die Wartburgen des wahrhaft großen (dixieländischen) Stils requirieren konnten. Bis dahin waren die Wichte und ihre Schützlinge höchstenfalls nur Wartbürger ohne Wartburgen, das heißt, entweder sie hatten auf der Dixiebahn überhaupt keinen festen Warteplatz für die Häuschen, oder sie hatten einen, der dann aber in erster Linie anderen, viel älteren Wartbürgern (mit viel kleineren Klassennummern) gehörte, welche die Dixiebahn und den Charleston (auch Boston) gewöhnlich nicht (wenn es hochkam, nur zeitweise) bei sich einlassen wollten.

Endlich ließ sich die Dixiebahn vor und um (auch nach) Goglimogli 37 noch gar nicht richtig auf einen Punkt (sicheren Platz) zusammenziehen (in einer Wartburg unterbringen); sie war da, weil noch gelenklos, äußerst unbeweglich, beinahe starr und jedem Angriff von vornherein preisgegeben. Als dann in Folge der neuen Hausordnungen (-verordnungen) gegen Charleston und Boston (im Goglimoglijahr 37) der kleinste Fuchstritt in der Öffentlichkeit mit hohen Geldstrafen belegt oder der Fuchstretende selbst auf lange Zeit in besonderen Häuschen festgehalten werden konnte, war damit auch schon die ganze Dixiebahn faktisch annulliert. Als Bahnkörper (Fahrdamm) bestand sie zwar nach wie vor, aber mit dem Dixie war es – weil nun auch in den Bars die Dixieländer stoppten – *nixie.* Von nun an hatte die Polizei ein extra scharfes Auge auf alle Jugendlichen, welche nachts im Charleston oder Boston zwischen den Häuschen hin- und herkursierten. In ihren Razzien kämmten sie die Straßen immer wieder nach Wichten ab, deren Kommen und Gehen jetzt auch noch zu Hause viel schärfer überwacht wurde als je zuvor. (Um sie wieder etwas seßhafter zu machen, wurden viele Wichte in ihren respektiven Elternhäuschen eine Zeitlang angebunden, auch mit Goglimogli [27, 37], den zu schlucken sie niemand mehr zwingen konnte, eingerieben.)

Die Dixiebahn war durch diese Maßnahmen bald nur noch ein Irrweg für alle Blauen ins Blaue, das heißt, wer nicht ganz und gar von ihr herunter und in die Gosse fiel, der schaukelte ziellos auf ihr herum, um dann halb ausgezogen (oft auch geplündert) und in dem Glauben, endlich wieder zu Hause zu sein, fremde Häuschenbewohner aus der Bettruhe zu klopfen. Zwecks Orientierung krakeelten, tanzten die Irrenden auch selbst mal einen Dixieländer, der aber – besonders weil keine Vorsänger, -tänzer (Wichte) korrigierend einwirkten – viel zu weit vom Original entfernt war (die Ton- und Gangart der Dixiebahn nicht mehr traf). Ohne Wacht (Wicht) wurden auch alle näheren Dixiebahnverbindungen in den Hausfluren jetzt immer öfter zu einem gestörten (gebührlich bestraften) Wagnis. Auf der Dixiebahn zeigte sich zuerst vereinzelt, später schon systematisch dann noch das Reichsauto, ein langer schwarzer Mercedes, der die Fuß(Fuchs-)gänger rücksichtslos anrannte, so daß fast alle unter seine Kotflügel und von dort in Kranken(Irren-)häuschen kamen. Damit die Dixiebahn nun auch in den Bars nicht mehr (zu sehr) aus dem Häuschen geriet, waren dort nach 37 bloß noch Ehepaare zugelassen.

Viele Wartburgen (meistens die, welche der Dixiebahn am nächsten lagen) verfielen damals ebenfalls dem Gesetz: Sie wurden (manche durch Verrat) eingenommen, geschleift, ihre Besatzungen wurden in die Häuschen zurück- oder, wenn das nicht mehr ging, in Zuchthäuschen abgeführt. Um und nach Goglimogli 37 gab es aber auch Wartburgen (-bürger), welche auf den Dixiebahnen und in verschiedenen, kleinen, umliegenden Dixieländern Stimmung für das Häuschen machten, so daß es bald aussah, als sei das Dixieland (links und rechts) Warteland auf das Häuschen. Alle diese Dixieländer und -bahnen kamen um 37 nacheinander wieder unter Dach und Fach. Der Goglimogli 27 erhielt 37 seine eisernen Unterlagen, das heißt, mit dem Goglimogli wurden jetzt schon Mündungen gepfropft zum Rührei(-n) weiterer Dixie(nicht mehr Warte-)länder und -bahnen in das Häuschen.

Während der nächsten Jahre, die noch vergehen mußten, ehe die ersten Schüsse fielen, schrumpfte die Dixiebahn auf allen Leinwänden nach und nach auf den Nullpunkt zusammen, und auch aus Dixieland kam – weil man dort das Häuschen jetzt nicht mehr für sehenswürdig hielt – bald niemand mehr zu Besuch. Diese Jahre waren aber auch Jahre eines neuen unerhörten Aufschwungs von Charleston und Boston in den rechten Dixieländern, welche noch unbekümmert über die Aufrüstung der Häuschen seelenruhig (teils vielleicht auch ganz ahnungslos) ihre Fuchstritte verbesserten.

Dicht neben dem Goglimogli 27/37 existierte nun aber auch der welt- und privatgeschichtlich damals schon mindestens ebenso bedeutende und später noch viel bedeutungsvollere Goglimogli Nummer 17 (1917). Unter den vielen anderen Maximen des Goglimogli Nummer 17 ist die Abschaffung des Privateigentums von Häuschen hier am wichtigsten. Von linken Dixieländern erstmalig im Jahre 17 durchgeführt, bewirkte sie das meist freiwillige (in manchen Fällen vielleicht auch notgedrungene) Exil unzähliger Hausbesitzer in vor allem mitteleuropäischen (noch privat besessenen) Häuschen (weniger in rechten Dixieländern: in Charleston, Boston usw.). Alle diese vormaligen Hausbesitzer waren natürlich auch selbst wie aus dem Häuschen über ihr Schicksal und daher (wenigstens zuerst) ausnahmslos auf der Wartburg gegen den Goglimogli Nummer 17. Weil das Warten aber lange anhielt, zeugten manche vertriebene Hausbesitzer mit ihren Frauen (die auch teilweise aus demselben Häuschen waren) um 27, das heißt genau zu dem Zeitpunkt, als in gewissen Häuschen der Goglimogli gegen die Dixie- und Warteländer rechts und links losging, einen Wicht. Um 37 war der Goglimogli aller Wichte der vertriebenen Hausbesitzer mindestens privatgeschichtlich schon drei (Eier) Stockwerke hoch: 17-27-37. Er bezog sich auch nicht bloß auf ein, sondern gleich auf zwei grundverschiedene Arten von Häuschen: Durch Goglimogli Nummer (Wartburgsnummer) 17 einerseits auf das enteignete, irgendwo im linken Dixieland stehengelassene Urgroßelternhäuschen der Wichte mit dreistöckigem Goglimogli, und durch die Goglimoglis Nummer 27, 37 andererseits auf die immer antidixieländischer eingestellten Privathäuschen in Mitteleuropa, darunter Geburts-, Wohn- und Schulhäuschen der Wichte mit dreistöckigem Goglimogli.

In dem dreistöckigen Goglimogli waren die Goglimoglis außerdem noch, was ihre Ein- und Auslöffelungszeiten betraf, unterschiedlich: Der Ein- und Auslöffelungstermin von Goglimogli Nummer 17 für Wichte fällt zum Beispiel erst auf das viel spätere (Goglimogli-)Jahr 47, das heißt in eine Zeit, als der Goglimogli 27, 37 überall (wenigstens im großen und ganzen) schon ein- und ausgelöffelt war. Mit dem Goglimogli Nummer 17 hingen deshalb bis 47 nur sehr verschwommene Dinge zusammen, lauter Unsichtbarkeiten, in erster Linie natürlich das enteignete Häuschen im linken Dixieland voller Tanten und Verwandten, welches den Wichten mit dreistöckigem Goglimogli von ihren Eltern (den flüchtigen Hausbesitzern) immer wieder ans Herz gelegt wurde. Da nun aber die Wichte (Massennummer 172737) sich nichts Konkreteres darunter vorstellen konnten, war das Häuschen – trotz aller Bemühungen, es ihnen durch seine Sprache, Sitten und Gebräuche, Bilder- und Märchenbücher nahezubringen – für sie doch höchstens nur ein Luftschlößlein. Sie mußten ihre Phantasie blühen lassen, um es zu erreichen. Um 37 schickten manche Wichte mit dreistöckigem Goglimogli übrigens immer noch ab und zu Papierdrachen mit den besten Grüßen an das Luftgebilde (-bäude) in den Himmel. Unter den Wichten desselben Schlages gab es ferner welche (und gerade an einen von diesen knüpft unsere Geschichte an), die das Luftschloß näher kennenlernten, weil ihre Eltern (die flüchtigen Luftschloßherren) es in ihr Asyl (in ihre Wartburg gegen Goglimogli Nummer 17) mit eingebaut hatten.

Das erste, was diese Wichte von dem Luftschloß zu spüren bekamen, war seine außergewöhnlich hohe Lage über dem Meeresspiegel. Wenn zum Beispiel ihre Eltern riefen, mußten die Wichte, um diesen Rufen Folge leisten zu können, schwer und lange klettern. Natürlich erschienen sie immer mit erheblichen Verspätungen und wurden dafür von den Eltern, die den Höhenunterschied gar nicht wahrnahmen, gescholten oder verwalkt. Darüber hinaus war die Atmosphäre auf dem Luftschloß für die meisten Wichte zu dünn (stickig), so daß sie als Wickelkinder statt an Milch- an Sauerstoffflaschen nuckelten. Später (als Schulkinder) lernten sie, sich auf dem Luftschloß mit angehaltenem (in den Niederungen, das heißt außerhalb der Wartburg Nummer 17, geschöpftem) Atem zu bewegen, ungefähr so wie Taucher. Zweitens waren die Wichte in dem Luftschloß einem riesigen Schwindel ausgesetzt, der da nur etwas nachließ, wenn sie Kopf (auch Hand-)stand machten und sich überhaupt in allem, zu allem umgekehrt verhielten. Die Eltern, die wenigstens zuerst (bis zu und etwas nach dem Goglimoglijahr 27) völlig schwindelfrei waren und auch keinerlei Atembeschwerden auf dem Luftschloß hatten, glaubten, durch strengere Zucht in den Wichten eine höhere Anpassungsfähigkeit an ihre (luft-)häuslichen Verhältnisse ausbilden zu können (müssen). Daher sahen sich diese Wichte drittens schon sehr früh vor (beziehungsweise hinter) dem Schloß (im Sinn von Verschluß des Luftschlosses).

Aus solchen wichtigen Gefangenschaften half – weil die Luftschlösser (der Wartburgsnummer 17) für ihre Luftschloßgesellschaften (Luftschloßherren, -frauen, -kinder) das Schicksal selber waren – gewöhnlich nur ein Strick oder eine Strickleiter. Außerdem kam noch hinzu, daß die Luftschlösser (Wartburgsnummer 17) sich mit jedem neuen Goglimoglijahr weiter von der Erde entfernten und alle Rettungsleinen (-leitern) dementsprechend länger (schwerer fabrizierbar) wurden. Die Länge der Strickleiter für Wichte mit dreistöckigem Goglimogli betrug 1927 bis 1937 Stufen. Obwohl die Wichte alles nur irgend Mögliche dazu verflochten: Bettlaken, Handtücher, Hosenbeine, Schnürsenkel, Geduldsfäden (wenn vorhanden, auch Zöpfe ihrer Schwestern), war die Leiter objektiv doch immer viel zu kurz. Sie baumelte in halsbrecherischem Abstand über dieser Welt und so meistens auch bloß über dem Goglimogli 27 bis 37.

Um und nach 37 – ein auch nur halbwegs sicherer Fallschirm für Wichte aus Luftschlössern (der Wartburgsnummer 17) ist trotz Kosmonautik und Planetenumkreisungen bis heute noch nicht erfunden – fanden Landungen von Wichten mit dreistöckigem Goglimogli im Durchschnitt nur sehr selten statt. Auch der Versuch, das Luftschloß selbst zu senken, schlug den Wichten – weil nämlich ihre Eltern (wenigstens noch am Anfang) viel zu fest darin verklammert waren – fehl. Für die Senkung machten sie sich zwar so schwer (schwierig) wie möglich – um 37 wog mancher Wicht (mit dreistöckigem Goglimogli) durch die Schwierigkeiten, welche er seinen Eltern bereitete, oft mehr als eine Tonne –, aber in der Masse waren sie zu jener Zeit doch nur lauter Fliegengewichte und auf dem Luftschloß kaum zu merken. Die meisten dieser Wichte gewannen, als sie älter (später auch Eltern) wurden, das Luftschloß lieb, lieber, am liebsten und saßen (sitzen) mit in manchen Fällen enormer Überheblichkeit über allen anderen (reellen) Häuschen wohl bis an ihr Lebensende dort oben fest. Sehr viele machten sich aus dem Luftschloß dann letztlich noch eine Art Wartburg gegen den Goglimogli 27, der um 37 schon in den Waffen starrte, so daß es ratsamer erschien, darüber zu schweben, als darin zu leben. Gleich weit entfernt blieben (bleiben) diese Luftschloßbewohner dann natürlich noch von allen wichtigen Dixiebahnen zwischen Charleston und Boston. Sie wußten (wissen) keinen einzigen Fuchstritt und kannten (kennen) auch keine Dixieländer – was aber Faktoren sind, ohne die eine Wartburg gegen die Goglimoglis Nummer 17, 27, 37 usw. gar nicht zählt. Nur wo die (oder einer der) Eltern sich dem Luftschloß auf die Dauer nicht mehr gewachsen zeigten, verlor es langsam an Höhe, wurde zum Spielball gelegentlicher Windstöße, gondelte immer tiefer sinkend mal nach links, mal nach rechts, um endlich im Goglimogli 27 oder 17 (eher 27) klebenzubleiben. Alle diese gestrandeten (gelandeten) Luftschlösser sind nach kurzer Zeit von selbst geplatzt, und wer von ihren unglücklichen Insassen bis dahin nicht ausgestiegen war, der kam dabei entweder überhaupt ums Leben, oder er kam um sein Leben in Dixieland (auf der freien Dixiebahn nach Charleston oder Boston).

Um 37 ereignete sich der erste und bis auf weiteres einzige Strandungs(Landungs-)fall eines Luftschlosses (der Wartburgsnummer 17 Komma 27), das genau zehn Jahre später (47) explodierte. Die Henkersfrist war nicht zu kurz (in der Zeitspanne haben bekanntlich die vereinten Dixieländer von rechts und links über den Goglimogli 27 triumphiert), auf alle Fälle lang genug, damit der Wicht dieses Luftschlosses sich hier auf Erden umsehen, noch im Goglimogli 27 gute Dixiebahnen (nach Charleston, Boston) erschließen und in einer richtigen, allen modernen Ansprüchen gerechten Wartburg zum Kapitän befördert werden konnte. Das Luftschloß kam – hauptsächlich deswegen, weil die Eltern sich plötzlich nicht mehr darin vertrugen: Sie wollte leben, anstatt zu schweben, er, umgekehrt, lieber schweben, als in Goglimoglis, besonders im Goglimogli Nummer 27, zu leben – in immer rascherem Gleitflug herunter. In der Luft beschrieb es wilde Zickzacke. Wenn sie (die um jeden Preis auch trotz Goglimogli Nummer 17 zurück ins [enteignete] Häuschen wollte) das Steuerruder bekam, ging es nach links, wenn er (der den Goglimogli Nummer 17 viel zu bedenklich fand, um sich darauf einzulassen) das Ruder hatte, ging es nach rechts. Durch den Sturzflug änderte sich nicht viel: Das Luftschloß blieb territoriell, wo es gewesen war, das heißt, wenn auch nicht mehr im Luft-, so doch immerhin im Raum von Goglimogli 27. Es landete auch ziemlich unsanft, mit schweren Quetschungen an beiden Flügeln und der sicheren Aussicht auf ein langes (vielleicht ewiges) Dasein parterre. Die Notlandung stürzte alle Schloßbewohner, von diesen an erster Stelle aber die Eltern (Älteren), ins Unglück. Bei beiden offenbarten sich kurz darauf Symptome der fatalsten aller Krankheiten, welche das Heimweh (Weh um, nach, allgemein: von dem Häuschen) ist. Das Leiden war bei jedem allerdings nicht genau das gleiche. Bei ihm war's ein Weh nach dem, um das Häuschen vor (ohne, unabhängig von) Goglimogli Nummer 17, ein Weh nach dem Luftschloß; bei ihr war's ein Weh nach (um, von) dem Häuschen als Häuschen ohne Hinsicht auf den Goglimogli Nummer 17, der es füllte.

Wem ein Häuschen zu lange auf dem Herzen liegt, muß sterben. Von dem gestrandeten Ehepaar verstarb (verschwand) sie schon um 37 und er – sicher weil ihn das an und für sich doch viel leichtere Luftschloß drückte – erst zehn Jahre später (47).

Im Heimweh von beiden kam der Tod gleichermaßen von Heim und Weh. So hatte ihr Heim (Häuschen, gestrandetes Luftschloß) zum Beispiel den Gashahn, den sie auf-, und die Fenster (Türen), die sie (bei passender Gelegenheit: als niemand sonst daheim war) zumachte; es hatte aber auch einen anderen Hahn mit Goglimogli Nummer 17, den er nach 45, ohne länger der Gefährlichkeit dieses Goglimogli für sich Rechnung zu tragen, viel zu vorwitzig hin- und herbewegte.

Auf die Liste der Personen, welche durch das Heim (Häuschen, Luftschloß) umkamen, gehörte letztlich (genauer erstlich, denn dieses Unglück geschah noch vor der Strandung, irgendwann zwischen 27 und 37) der leibliche (jüngere) Bruder des Luftschloßherrn: Ein Schwindel (oder ein Zickzack oder beides zusammen) jagte ihn über Bord. Den zwei jüngsten Schloßbewohnern, einem Wicht (Klassennummer 27) und seiner Schwester – diese ist um 37 bereits 17 Jahre alt und geschichtlich nicht mehr so wichtig (das heißt hier, nicht mehr zu der Kategorie Wicht gehörig) –, war das gestrandete Häuschen (Heim, Luftschloß) mit seinem unseligen Goglimogli gleich von Anfang an (nach den Todesfällen 1 und 2) unheimlich. Darum zogen sie ihren Luftschloßherrn und Gebieter (ihren Erzeuger, jetzt Witwer) bei jeder Gelegenheit daraus fort, auf Besuch in andere, freundlichere Häuschen, vor allem zu den kleineren, bescheideneren (nicht bis zu Luftschlössern übertriebenen) Wartburgen gegen den Goglimogli Nummer 17, voller ebenso (das heißt durch denselben Goglimogli) expropriierter und emigrierter Landsleute. Aber öfter gingen sie alleine, denn der Mann begab sich lieber in die echteren (zünftigeren) Wartburgen (Nummer 172737) mit ebensolchen oder mindestens ähnlichen Luftschloßarchitekten, wie er selbst einer war. Nur manchmal durfte ihn sein Wicht – weil der nämlich eine kleine Goglimoglispritze vorne hängen hatte, die zur Gestaltung und Erhaltung von Häuschen (Luftschlössern, Wartburgen) aller Art am wichtigsten war – als kostbares Schaustück (denn die Emigration war kinderarm) dorthin begleiten.

Der Wicht hatte allerdings einen ernsten Defekt, der in allen vaterländischen Wartburgen großes Bedenken (Bedauern) hervorrief, über den man aber (die Unheilbarkeit des Fehlers leuchtete vielleicht auch bloß den wenigsten ein) immer rasch (delikat) hinwegging, um ihn nicht weiter zu irritieren. Der Wicht sprach nicht die Sprache seiner Älteren (Eltern). Er war linguistisch vollkommen aus dem Häuschen. Man mußte ausländisch, nämlich deuxiländisch (deutschländisch) mit ihm reden, damit er verstand. Das eigentliche Hindernis lag nicht in dem Idiom selbst, das er – obwohl es zu den ausgetüfteltsten, von außen unzugänglichsten gehört – mit etwas Liebe und viel Hiebe möglicherweise doch noch erlernt hätte, sondern vielmehr in dem gestrandeten Unglücksheim und -häuschen, welches sich für ihn damit verband, in dem allerersten instinktiven Abstand (es sollte letztlich der einzige sein), den der Wicht sich davon zu nehmen (wahren) wünschte. Hierin unterschied er sich übrigens scharf von seiner um sieben Jahre älteren Schwester, die diese Sprache sprach, weil sie noch lange vor der Strandung (vor 37) – als die Mutter lebte und es in dem Heim (Häuschen) wenigstens äußerlich etwas glücklicher aussah – darin exerzierte (existierte). Aber auch die Verständigung mit dem Wicht in Deuxi (Deutsch) hob – da die meisten älteren Wartbürger (Luftschloßherren und -herrschaften) Deuxi immer bloß sehr mangelhaft beherrschten – den Abstand von ihm nicht auf. Die Siebenmeilensteine dafür waren die vielen, vielleicht kleinen, aber unverbesserlichen grammatischen Redefehler und ganz besonders der furchtbare Akzent aller Älteren (Eltern, enteigneten Hausbesitzer, Wartburgsbegründer) in Deuxi. Alle diese Leute hatten ihr vaterländisches Häuschen viel zu oft auf der Zunge, waren auch viel zu tief mit dem Goglimogli (Nummer 17 usw.) dieses Häuschens verstrickt, um in anderer Mundart geläufig zu werden. So sprach der gestrandete Luftschloßherr und Witwer Deuxi aus langer Erfahrung zwar einwandfrei, aber die Umlaute gelangen ihm doch nur sehr selten; er sagte zum Beispiel für möglich moglich, für unmöglich unmoglich. Nun sind aber gerade die zwei Pünktchen in Deuxi am wichtigsten, das heißt Wichten darum am teuersten, weil sie dem Deutschen einen geheimen (auch gewiß bloß unbeträchtlichen, aber immerhin auch substantiellen) dixieländischen Oberton verleihen. In demselben Sinn und Grade prägen sie auch die Begriffe, so daß immer viel, viel mehr möglich ist als moglich und auch immer viel, viel weniger unmöglich als unmoglich.

Betrachten wir in diesem Zusammenhang die Verhältnisse zwischen unseren Hauptpersonen nach 37, so muß gesagt werden, daß die beiden Kinder des Witwers (Wicht und Schwester) selbst wie zwei kleine Pünktchen waren, die – obwohl sie sich zwar prinzipiell noch in voller Zahl über a und u seines gestrandeten (gelandeten) Häuschens fanden – ihren angestammten Platz immer häufiger (zuerst zusammen, später einzeln) nach links und rechts verlegten. Das Häuschen des Witwers war mit Berücksichtigung der möglichen An- und Abwesenheit beider Kinder (Pünktchen) schon für diese Zeit bald als Hauschen (keiner von beiden daheim), bald als Hàuschen (einer von beiden daheim) dar- und vorstellbar. Ihre allerersten und an sich ganz harmlosen (das heißt noch nicht endgültigen) Ausflüge aus dem Häuschen (Luftschloß) führten – da die beiden ja verschiedenen Alters (verschiedener Klassennummer) und dementsprechend unterschiedlich mit den Goglimoglis verbunden waren – letztlich auch die Geschwister auseinander: Um 47 ist die Schwester schon über alle sieben Berge, in Dixieland, und der Wicht, gefangen in Sachsenhäuschen (-hausen). Das kam einmal daher, weil er als Wicht seiner Zeit weniger mit dem Goglimogli Nummer 17 als mit dem Goglimogli Nummer 2737 zu tun hatte, genauer: mehr mit den großen charlestonschen (bostonschen) Wartburgen gegen diesen Goglimogli. Außerdem war er selbst auch viel zu sehr aus seinem eigenen Heim und Häuschen (Luftschloß), um zu wissen, was darin vorging, um den ebenso wichtigen wie fatalen Experimenten seines Luftschloßherrn und Gebieters mit Goglimogli Nummer 17 – über alle diese Transaktionen ließ sein Vater ihn übrigens vorsätzlich im unklaren – irgendwelchen ernsteren (größeren) Wert beizumessen. Weil er vollkommen äußerlich in dem Häuschen (Luftschloß) lebte, dort wie in einem Hotel bloß Kost und Nachtlager bezog, fiel ihm der Goglimogli Nummer 17, der sich Ende 45 da anbahnte, zuerst auch gar nicht weiter auf; er nahm ihn (wie sein Vater) solange für gratis, bis es zu spät war und bezahlt werden mußte. Darüber hinaus war in einem sehr geheimnisvollen, von dem Wicht selbst auch niemals richtig eingesehenen Säckchen dicht unter seiner kleinen Goglimoglispritze ein beträchtlicher Teil des elterlichen Vermögens deponiert. Der Vater hatte – wohl weil ihm seine eigene Bank nicht mehr sicher genug war – gleich nach der Strandung um 37 eine wichtige Hälfte des Familienschatzes in das Säckchen gesteckt, so daß der Wicht – der auch gar nicht wußte, wo der Vater den Schlüssel zu seinem Säckchen (es hatte einen Reißverschluß) verwahrte – nicht auf und davon gehen konnte, ohne Diebstahl zu begehen.

Auf der Flucht vor (aus) dem Häuschen mußte also der Wicht – wenn er auch innerlich einen unendlich großen Vorsprung vor seiner Schwester besaß – äußerlich (das heißt in Goglimoglizeit und -raum) doch immer mehr hinter ihr zurückbleiben. In den Jahren 37 bis 39 war sie für ihn gerade noch ein Pünktchen am Horizont. Er besorgte damals brüderlich (kameradschaftlich) die Nachhut: verwischte, um ihre Repatriierung in das Häuschen durch Erzeuger zu erschweren, ihre sämtlichen Spuren in dem

Goglimogli. So konnte er, weil er wegen seiner Wichtigkeit immer großen Kredit im Häuschen hatte, dort durch falsche Auskunft jeden Fluchtverdacht leicht von der Schwester ablenken, konnte zum Beispiel sagen, sie sei zu Hause gewesen, wenn sie in Wirklichkeit noch (oder schon) aus dem Häuschen war, und ähnliches. Natürlich kam auch vor, daß er die Schwester im Häuschen verpetzte. Das geschah aber hauptsächlich bloß vor und etwas nach 37, als der Wicht, der für seine hochverwickelte Geschichte da noch viel zu klein war, alle Goglimoglis wahllos durcheinanderwarf, sich und andere damit befleckte. Später entschloß er sich nur noch gelegentlich zu diesen Schritten, besonders wenn ihm seine Schwester (die er zwar außerhalb des Häuschens, aber doch in relativ festen Wartburgen aufgehoben wissen wollte) auf der militärisch damals noch völlig ungeschützten Dixiebahn begegnete. Er sah sie gewöhnlich nur vor (denn als Wicht ließ man ihn noch nirgends mit ein) verjährten, das heißt längst nicht mehr wichtigen, weil um sieben Jahre rückständigen Dixiebahnhaltestellen im Stile des Zigeunerkellers mit den schmachtenden Geigen eines Barnabas von Gezi als einzigem (viel zu schwachem) Trost vor Goglimogli Nummer 17 beziehungsweise 27 und gab, wenn die Schwester sein Angebot, sie mit einem wichtigen Schutztrupp vom Zigeunerkeller nach Häuschen (auch umgekehrt) zu eskortieren, empört ablehnte, Erzeuger einen Wink. Beide (Erzeuger, Schwester) hielten ihn deshalb – jeder freilich in seiner eigenen Weise – für einen würdigen Repräsentanten des Häuschens, was ein vollkommener Trugschluß war, denn der Wicht, der übrigens auf den drolligen Vornamen Wachuschti (deuxe Rufform: Waschti, Wuschti, Chuschti, später Wakusch) hörte, suchte sein, ihr aller Seelenheil bereits von 37 an in der permanenten Emigration aus dem Häuschen auf die Wartburg, aus der Wartburg auf die (immer bessere) Wartburg usw. Das zeigte sich denn auch gleich nach dem endgültigen Ausbruch der Schwester aus dem Häuschen (Luftschloß) kurz vor dem Krieg zwischen Deuxiland und den rechten Dixieländern im Jahre 39, als der Wicht sich weigerte, für Erzeuger, der ihn unaufhörlich mit Fragen über den Aufenthaltsort der Flüchtigen belagerte, den Pfadfinder zu spielen, als er ihm nicht verriet, welche Wartburg die Schwester gegen das unmogliche Häuschen deckte (versteckte). Der Erzeuger, dem alle Hände gebunden waren, denn seine Tochter wurde in demselben Jahre mündig, das heißt, sie erreichte gerade das Alter, in dem er ihr nicht mehr verbieten konnte (durfte), aus dem Häuschen zu sein, hatte nur die Möglichkeit, sie parlamentarisch wieder irgendwie zu sich zurückzulavieren. Als sich der Kontakt mit ihr durch Wicht nicht ergeben wollte, ging er persönlich auf die Suche, war deswegen auch selbst lange Zeit aus dem Häuschen, aber ohne Erfolg: Das Mädchen wechselte, wenn Erzeuger im Anzug war, sofort die Wartburg, verschwand in immer ferneren (festeren) Befestigungen gegen seinen Goglimogli. In panischen Schrecken versetzte sie ganz zuerst auch der jähe, unerwartete Besuch des kleinen Bruders Wuschti, weil sie zu der Zeit noch immer nicht recht wußte, wessen Vertrauensmann er eigentlich war. Als jedoch mit (nach) dem Wicht kein Erzeuger über die Schwelle trat, beruhigte sie sich schnell und ließ den Wicht dann schon ohne weiteres in ihren Burgverstecken aus- und eingehen.

Wie jeder wichtigere Wicht sammelte Wuschti damals schon seine ersten grundlegenden Erfahrungen über die allermöglichsten Typen von Wartburgen: Er besichtigte gewundene Laufgänge, drehte an schweren Eisentüren, lugte durch Schießscharten, von wo aus im Notfall auch glühender Goglimogli (Nummer 17, 27, 37) auf die Köpfe anrennender Erzeuger gegossen werden konnte. Alle diese Festungen kamen ihm aber trotzdem nicht fern (fest) genug von dem Häuschen (Luftschloß) vor, weil sie eben noch nicht auf der Dixiebahn standen, keinen Charleston (keinen Boston) manifestierten. Der Wartburgstyp der Schwester war für seine Begriffe viel zu defensiv und in bezug auf Goglimogli, Häuschen, Erzeuger und ähnliches nicht radikal genug; er war der Typ jener Wartburgen, welche – wenn sie auch mit den aus Goglimogli erzeugten Luftschlössern nicht einverstanden sind – doch patriotisch bleiben. Darum fand der Wicht bei seiner Schwester, als sie schon aus dem Häuschen war, die Atmosphäre des Häuschens wieder und den Goglimogli, zwar verdünnt, aber im Prinzip derselbe. In der Geschichte hat sich paradoxerweise der kompromißlose charlestonsche (bostonsche) Wartburgstyp mit erstklassigem Generalstab und gut gedrillten Besatzungsmannschaften als unzuverlässig erwiesen im Vergleich zu den friedlicheren Wartburgen, die – weil sie zu jedem effektiven Widerstand unfähig waren (keine Schießscharten besaßen) – immer weiter von den gegen sie vordringenden Häuschen fortverlegt werden mußten. Man erkennt die ganze Wichtigkeit dieses Unterschiedes aus den so verschiedenen Schicksalen der Geschwister: Der dynamischere (weil gemäßigte) Festungstyp brachte um 45 die Schwester heil aus dem Schlamassel, und Wuschti blieb wegen seiner unbeweglichen (weil viel machtvolleren) Wartburgsart in dem Goglimogli kleben. Welcher Wartburgstyp man wird (ist), das hängt auch nicht zuletzt von der Klassennummer ab, mit der jeder in seinem Eltern- beziehungsweise Schulhäuschen ankommt. Als 27iger und Wicht unter Wichten in Deuxiland war Wuschti mehr nach Charleston (Boston) zu aus dem Häuschen und auf (an) Wartburgen von Resonanz orientiert (interessiert), welche aus dieser Richtung Goglimogli trutzten. Zwischen 37 und 39 hatte er zwar noch keine gesehen (weil es diese wichtigen, das heißt charlestonschen Wartburgen in Deuxiland einfach noch nicht gab), dennoch war er als guter Wicht und Fuchsvertreter wohl imstande und auch wirklich bemüht, den Wartburgen seiner Schwester militärisch aufzuhelfen.

Ganz zuerst stellte er ihr ein Bataillon Zinnsoldaten vor die Tür. Dann brachte er aus dem Waffenarsenal seiner Klasse Stinkbomben mit und, um der Schwester den Effekt dieser Schrapnells zu demonstrieren, warf er auch mal eine, als sie gerade großen Besuch auf ihrer Wartburg hatte, Freundinnen und Freunde, alles Vaterlandsleute und aus demselben Häuschen wie sie. Der Wurf gehörte zu den wirkungsvollsten: Die Wartburg wurde fluchtartig geräumt, und Wuschti wurde von der erzürnten Schwester in erster Aufwallung sogar für ewige Zeiten ebenfalls weggejagt. Er mußte auch sämtliche Bomben mitnehmen, weil sie die Dinger im Prinzip grauenvoll fand. Verschiedene, bei ihr ganz wahllos aufgeschnappte Worte in Deuxi weckten in Wuschti ferner noch zahlreiche und sehr vage Vorstellungen über alle möglichen Feinde, die den Wartburgen seiner Schwester hätten gefährlich werden können. Da gab es vor allem einen Mann im Tigerfell, der dort immer wieder genannt wurde und der – was Wuschti sofort begriff und alarmierte – der Held aller Häuschen mit dreistöckigen Goglimoglis war, ja, der – Wuschti erbat sich darüber auf Deuxi genaueste Auskunft – mindestens schon ein Mädchen aus der Burg (Wartburg) entführt hatte. Deshalb kam er auch hauptsächlich zu seiner Schwester, um ihr Untertricht im Messerwerfen, Schießen (aus einem von ihm irgendwoher besorgten originaldixieländischen Colt ohne Patronen) und ganz besonders in guten, erprobten Fuchstritten zu erteilen; oft begleiteten ihn dann noch starke Abteilungen entschlossener Wichte (Klassennummer 27), die alle den Mann im Tigerfell sehen wollten, ihr die Wartburg auf den Kopf stellten, und wenn sie sich darüber entsetzte, sagten, es herrsche Verteidigungszustand. Wicht

Wuschti beruhigte sich erst ein wenig, als er erfuhr, daß der Mann im Tigerfell tatsächlich nur in einem allerdings ziemlich dicken Buch lebte, das in schnörkeliger, vaterländischer Geheimschrift geschrieben war (das Wuschti später auch von seiner Schwester geschenkt bekam) und das eine Abbildung desselben Mannes enthielt, der gerade einen Tiger in die Luft stemmte. Er blieb aber trotzdem mißtrauisch und riet – besonders weil ihm zu Ohren kam, daß der Mann im Tigerfell wohl auch sehr bald in Deuxi (nach Deuxiland) übertragen werden würde – zu einer ständigen, genügend starken Garnison Wichte bei der Schwester. Da sie jedoch weiterhin ihrem Häuschen keinen Krieg erklären und sich auf keinem Platz strategisch festsetzen wollte, mußten alle ihre Positionen – wie Wuschti es auch ganz richtig prophezeit hatte – auf die Dauer unhaltbar werden. Es geschah jetzt immer öfter, daß er die Wartburg verlassen (geräumt) vorfand, manchmal mit Spuren von heftigen Auseinandersetzungen: Vasen- oder Spiegelscherben und die Augenzeugenaussagen erschrockener Zimmervermieter, daß das Fräulein nach einem Riesenskandal mit ältlichem Herrn – Zwicker, Halbglatze, scheinbar Ausländer, weil einziges, aus der Flut seiner kehllautigen Sätze auftanzendes Wort in Deuxi, unmoglich, ohne Pünktchen gesprochen – ihren Koffer gepackt habe und unbestimmt verzogen sei. Später standen ihre Wartburgen schon in anderen Städten, aus denen sie gelegentlich mal an Bruder Wuschti schrieb (zum Geburtstags- oder Weihnachtsfest). Dann kam auch bald keine Post mehr von ihr ins Häuschen, und für Wuschti sah es aus, als habe Erzeuger sie schon ganz aus Deuxiland vergrault. Das war zwischen 39 und 45 vielleicht noch nicht zutreffend, denn in dieser Zeit bannte ja der Krieg die meisten mitteleuropäischen Wartburgen gegen zwei- und mehrstöckige Goglimoglis an einen Platz. Aber um 57 (und dann gleich noch einmal um 67) erhielt Wuschti über vorsichtige Umwege wieder Lebenszeichen von ihr aus Dixieland: einen Füller, mehrere Fotografien ihrer neuen Wartburg mit den jetzt schon wirklich sehr alten Freunden und Freundinnen (verjagten Vaterlandsleuten), dazu einen Satz ebenso alter Familienbilder, vorsichtshalber nur mütterlicherseits.

Die Entwicklung Wuschtis vom Wicht zum Wartbürger – zuerst ohne und später mit eigener Burg gegen eigenes Häuschen (eigene Goglimoglis) – verlief, allerdings nur in gewissem, durch Klassenverschiedenheit bestimmtem Maße, in den von der Schwester bereits vorgezeichneten Widerstandslinien im Häuschen. So siedelte Wuschti zum Beispiel sofort in ihr Zimmer über, weil es näher am Ausgang (auch auf der Sonnenseite des Häuschens) lag und – der Schlüssel dazu existierte noch – im Notfall abgeschlossen werden konnte. Der hohe zierliche Spiegel dort erlaubte zu Wuschtis großer Zufriedenheit auch, die Tür des Raumes ständig im Auge zu behalten. Er erbte und las ihre deuxen Bücher, meistens Übersetzungen berühmter dixieländischer Werke, in denen summa summarum alle Hauptpersonen an (durch) Häuschen zugrunde gingen (von zuviel Wind in den Häuschen verweht wurden und ähnliches). Diese sehr aufschlußreichen Studien führten Wuschti letztlich zu vier kolossalen Bänden über einen Supermann namens Tarzan, der – weil völlig aus dem Häuschen, das heißt auf Bäumen mit dem Gorilla-Affen Chita – sicher der glücklichste Mensch auf Erden war (und blieb). Tief beeindruckt empfahl Wuschti jedem das Werk, ganz zuerst natürlich (aber leider erfolglos) Erzeuger, der nur die entgegengesetzten Werke las (auch schrieb), etwa solche, die die brenzlige Frage, wie man sich sein enteignetes Häuschen wieder zu eigen machen kann usw., zum Thema hatten. Wuschti brachte Tarzan auch zu den Wichten seiner Klasse, die ihn noch nicht kannten, denn der Urwaldmann war zusammen mit anderen ähnlich großen Dixieländern seit 37 in Deuxiland (in den Häuschen der Goglimoglinummer 27/37) verboten. Aus einer ihrer verlassenen (aufgegebenen) Wartburgen nahm sich Wuschti dann noch ein unersetzliches, reich gespicktes dixieländisches Plattenalbum, wo die Columbia-Aufnahme mit dem elektrisierenden Titel »House-hop« besonders wertvoll war, weil da Benny Goodmans heiße Klarinette das ganze Häuschen hoppen ließ, das Häuschen aus dem Häuschen brachte. Wegen der Platten, vor allem wegen »House-hop« gab es gleich fürchterlichen Zank zwischen Wuschti und Erzeuger, der den – wie er sagte – unausstehlichen Krach auch deswegen nicht in seinem Häuschen dulden wollte, weil er ihn hinderte, sich auf die Goglimoglis zu konzentrieren.

Zu dieser wie auch überhaupt zu jeder anderen ähnlichen Zwistigkeit (denn im Prinzip wollte Wuschti immer hoppen, Erzeuger wollte Wuschtis Hoppen stoppen) ist zu sagen, daß sie jedesmal als seltsame, aber charakteristische Verwebung zweier für diese Geschichte grundlegender Strukturen, nämlich des Aus- und In-dem-Häuschen-Seins, entstand, welche bei den (gerade in dieser Hinsicht unterschiedlichen) Auftritten mit Wuschtis Schwester (als sie noch im Häuschen war) und Erzeuger fehlte. Denn während die Wortkanonaden zwischen ihr und ihm immer in derselben Sprache (Mutter-, Vater-, Elternsprache, Häuschensprache) hin und her gingen und beide Parteien – obwohl meistens völlig aus dem Häuschen – doch immer noch innerhalb eines Sprachraums (Sprechzimmers) verharrten, gestalteten sich diese Dinge zwischen ihm (Wuschti) und ihm (Erzeuger) nach einem grundverschiedenen Kanon: Die beiden sprachen – wenn sie sich gegenseitig aus dem Häuschen gebracht hatten – nicht mehr in demselben Häuschen (Sprechzimmer) zueinander. Gewöhnlich war er (Erzeuger) es, den der Zorn ganz woanders (anders: mutter-, vater-, elternländisch) sprechen ließ, also dort, wo Wuschti (der ja nur Deuxi konnte) von vornherein (seit 27) ausgeschlossen war. Außer den zwei vaterländischen Schimpfworten *Wirisstawi* (Eselskopf) und dem sehr gefährlichen, weil auf Erzeuger zurückschlagenden *Mamadzachli* (Vater[s]hund) war Wuschti alles unverständlich, womit er angerufen (angedonnert) wurde. Für die größere Begreiflichkeit blieb nun allerdings Erzeuger immer solange wie möglich in Wuschtis deuxem Sprechzimmer. Aber je mehr er aus dem Häuschen war, um so weniger konnte er sich darin halten: zuerst verlor er die Pünktchen, dann die Morphologie, dann die Syntax, und zum Schluß stellten sich bei ihm die deuxen Worte nicht mehr ein (oder vielleicht genügten sie nicht, seinen Ingrimm auszudrücken). Es kam auch vor, daß Wuschti – gewiß nicht, um Erzeuger zu hänseln, sondern nur, um zu verhindern, daß dieser sein deuxes Sprechzimmer verließ – ein paar Berichtigungen in seinen Redefluß einstreute: Meistens setzte er bloß die Pünktchen wieder auf, wo sie abgefallen waren. Solche Korrekturen entfachten oft erst richtig die Wut von Erzeuger, der dann eilig und wegen größerer Diskretion alle Fenster (Türen) des Häuschens schloß, um Wuschti eine Tracht (Tricht) zu geben. Diese stürmischen Entwicklungen brachten Wuschti neben der Differenz der Sprechzimmer auch stets noch die Identität des Häuschens schmerzlich zu Bewußtsein. Übrigens geriet Erzeuger nicht nur durch Wut auf, sondern auch vor Liebe zu Wuschti aus dem Häuschen und somit aus deuxem Sprechzimmer. In diesen Emphasen waren es wiederum nur zwei vaterländische Vokabeln: *genazwale* (Ichsterbfürdich) und *schenitschirime* (Ichladmirdeinenkummerauf), die sich Wuschti besser einprägten, deren eigentlichen Sinn er aber erst viel später (nach 47) erfuhr.

Das Häuschen war, genauer gesagt, eine Dreisprechzimmerwohnung von Erzeuger, wo Wuschtis deuxer Sprachraum eigentlich bloß eine bescheidene Ecke einnahm mit kleinem Tisch, Bücherbord, worauf Tarzan, Benny Goodman und mehrere andere verdeuxte Dixieländer standen. In allen sonstigen Ecken und Räumen überwogen die fremden Zeichen: Da waren lebensgroße, aus schwarzen Trauerrahmen blickende, zumeist bärtige Gesichter solcher ehrwürdigen Vaterlandsmänner wie Ilja Tschawtschawadze, Akaki Zereteli, Schota Rustaweli (dieser mit Gänsefeder, offenbar den Mann im Tigerfell schreibend [beschreibend]). Es gab auch ein ebenso großes Bild der schönen Vaterlandsfrau und -königin Tamar mit einem kleinen Häuschen auf der flachen Hand, das sie zärtlich betrachtete. Wuschti hatte einmal versucht, sich in diesem Bild anstatt des Häuschens eine Wartburg vorzustellen, aber es war nichts dabei herausgekommen: Alle Gesichter an der Wand waren gleich furchtbar böse geworden, und die Königin hatte – Wuschti konnte darauf schwören – ihre Hand zurückgezogen. In die drei Sprechzimmer von Erzeuger kamen ab und zu auch Landsleute aus der Emigration, die mit ihm über die drei Goglimoglis (17, 27, 37) sprechen (die Perspektiven dieser Goglimoglis für die Zukunft besprechen) wollten. Dann hörte Wuschti sie durch die Sprechzimmerwände debattieren, Goglimogli analysieren. In solchen Momenten igelte er sich stets auf seinem kleinen deuxen Flecken ein, genoß seine Unabhängigkeit und gab sich das Versprechen, sein kleines Säckchen, worin er (nicht zu Unrecht) Goglimogli vermutete, Erzeuger eines schönen Tages zurückzugeben.

Um das Häuschen, wo die ordnende Aufsicht fehlte, sauberzuhalten, wären nicht sieben, sondern siebzig Zwerge nötig gewesen. Erzeuger kümmerte sich wenig darum, weil er es prinzipiell nur als Wartburg gegen den Goglimogli Nummer 17, das heißt nur als provisorisches Häuschen, betrachtete, und Wuschti sah als grundsätzlich anders(woanders-)gearteter Sprechzimmermann gleichgültig (oft auch mit grimmer Freude) zu, wie es verrottete. Die einzige Stelle, die er etwas fürsorglicher behandelte, war sein deuxes Eckchen. Haushälterinnen kamen und gingen, weil keine das Häuschen (das eigentlich gar kein Häuschen, sondern eine Wartburg war, wo Tag und Nacht das Schreibmaschinengewehr von Erzeuger ratterte: Vornehmlich gab er Ehrensalven ab für seine Heimat, für die Königin Thamar, für Schota Rustaweli, Akaki Zereteli usw., aber nicht selten war die Schreibmaschine auch mit den drei Goglimoglis geladen) in Ordnung halten konnte. Zuletzt schickte Erzeuger sie alle doch wieder weg; dies oft nach heftigen Szenen, denn er hatte die Angewohnheit, jede Woche vieles (oder alles) in den drei Sprechzimmern umzustellen, was eine Heidenarbeit bedeutete, die niemand gern leisten wollte. Bei diesen Umstellungen verschob sich Wuschtis deuxes Eckchen aus einer Ecke des Häuschens in die andere, manchmal tauchte es vollends in dem Wirrwarr unter und war für ihn dann bis auf weiteres verloren. Weil die Arbeit von Erzeuger, welche hauptsächlich darin bestand, bei Deuxen das Interesse für Schota Rustaweli, Akaki Zereteli usw. zu wecken, nichts oder doch nur sehr wenig einbrachte, begann es dem Häuschen bald an allen Ecken und Enden zu fehlen. Zuerst mußte es seine Gardinen (Vorhänge, Bezüge) ablegen, und später büßte es nacheinander auch alle übrigen (elementaren) Ornamente der Häuslichkeit ein. Oder es behielt – was dann noch trostloser aussah – ein altes Schleifchen auf nackter Wand. Um 39, das heißt am Anfang des zweiten großen deuxi-dixieländischen Krieges, war es, militärisch bis aufs notwendigste eingeschränkt, eine Wartburg des harschesten und kompromißlosesten Typs: Drinnen wachten und schliefen (auf eisernen Feldbetten zusammengerollt) Erzeuger und Erzeugter (Wuschti) wie Soldaten vor dem Sturm. Ihre Kost war dementsprechend frugal, meistens Eintopf, den Erzeuger nach einem Kochbuch zusammenbraute. Nur Sonntags aßen sie etwas besser und reicher im Iß-mich, einem Wartburgslokal extra für enteignete Hausbesitzer von links. Es speisten aber auch viele Deuxe dort, weil die wirklich pikanten, vornehmlich scharfen Nationalgerichte alle Gaumen reizten und überhaupt die große Spezialität des ganzen Ladens waren. Sonntags ging es auch in die kleine russische Kirche, denn Erzeuger war gläubig und Wuschti konfirmierte. Dort beteten sie, aber jeder verschieden, Erzeuger für ein Häuschen (ohne Goglimogli), Wuschti für eine Wartburg (ohne Goglimogli). Die Garderobe der beiden war bescheiden und wie bei den Soldaten an manchen Stellen selbst gestopft. Bei Erzeuger hatte sie sogar ein exotisches Element: Er trug (aber nur im Häuschen) einen dunkelroten Fez mit schwarzer Quaste, made in Turkey (denn der Erzeuger war 1921, als der Goglimogli Nummer 17 anfing, sich auch in Transkaukasien breitzumachen, aus seinem Häuschen über Istanbul nach Deuxiland emigriert). Der spezielle Waffenrock auf allen Wartburgen mit dreistöckigem Goglimogli war – wie Wuschti früh herausfand – aber die Tschocha, ein meistens dunkelfarbiger Überwurf mit gefächerten Patronentaschen auf beiden Brustseiten links und rechts. Die Kluft, ehedem (weit vor und bis Goglimogli Nummer 17) die Uniform aller Vaterlandsleute, wenn sie auszogen, ihre Häuschen zu verteidigen, wurde jetzt gewöhnlich nur an Feiertagen, bei patriotischen Kundgebungen, Volkstänzen usw. im Iß-mich getragen. Auch Wicht Wuschti bekam irgendwann einmal eine kleine Tschocha verpaßt, die jedoch unbenutzt hängenblieb, weil ihm seine dixie-deuxiländische Veranlagung es nicht erlaubte, dergleichen (allerhöchstens vielleicht doch noch für einen Karneval auf der Dixiebahn) anzulegen.

Statt dessen zog Wuschti einmal allerdings bloß probeweise und auch nur sehr vorübergehend etwas ganz anderes an: gelbbraune, kurze Hosen, Hemd, Lederknoten, schwarzer Schlips, Schulterriemen, Armbinde, Koppel mit Runenemblem. In den deuxen Häuschen waren das damals die Kleidungsstücke einer Organisation, deren Aufgabe wesentlich darin bestand, alle Wichte von der Dixiebahn herunter- und für den Goglimogli 27, 37, 39 zusammenzutrommeln. In dem Verein gab es Ausmärsche mit Fähnlein und Tornister, Lagerfeuer, Sport-, Geländespiele und ähnliches, alles Sachen, die zwar lange nicht so zugkräftig wie Charleston und Boston waren, doch immerhin genügten, die Wichte einstweilen bei der Stange zu halten. Um sich den Klimbim (der den meisten auf die Dauer doch lästig wurde) etwas passabler zu machen, stimmten später manche Wichte beim Marschieren trotz der energischen Gegenbefehle wutblasser Zug-, Schar- und Fähnleinführer statt Deuxi- Dixieländer an. Von solchen immer häufigeren und hartnäckigeren Abschweifungen ermutigt, brachte Wuschti einmal auch »House-hop« mit auf einen Heimabend, der dann sofort in einen – wie man nachher sagte – sehr unflätigen Tanzabend ausartete: Es kam, weil sich nämlich da noch mehrere Vertreterinnen aus dem Bund deuxer Mädels befanden, zu Charleston und Boston mit enormem Fuchstritt und zu für Goglimogli jeder Jahreszahl völlig unwürdigen Körperverrenkungen. Die paar oberen Dienstgrade, welche »House-hop« abstellen wollten, wurden mit blauem Auge aus dem Heim hinausgeworfen, und in dem großen Sturm und Drang ging leider auch noch manches von der Einrichtung entzwei. Nach diesem Vorfall fand sich – da die Führung jetzt ihre Wachsamkeit verdoppelte – keine Gelegenheit mehr, in der Organisation einen Dixieländer aufzuziehen, und Wuschti, den man übrigens wegen »House-hop« hart belangte (sein Erzeuger wurde deswegen irgendwohin gerufen), blieb zusammen mit vielen anderen gleichgesinnten Protestanten von dem eigelben Verein weg.

Um den Deuxen klarzumachen, daß er aus gutem Häuschen stammte, nannte Erzeuger sich und Wuschti auf Deuxi mit von. Für diese Adeligkeit bestand nun allerdings – wie Wuschti nach 47 erfuhr – objektiv nicht der geringste Grund, aber in Deuxiland, wo sie doch auf einer äußerst hagestolzen Wartburg mit dreistöckigem Goglimogli und ebenso vielen Sprechzimmern wohnten, war die deuxe Adelspartikel vielleicht kein allzugroßer Schummel. Für Wuschti behielt das *Von* bis zuletzt immer etwas Fragwürdiges, das heißt, es war für ihn mehr ein Wovon. (Unter den Wichten nannte er sich auch häufig zum Scherz Wuschti wovon?. Wenn er dann aber richtig darüber nachdachte, fiel die Antwort nicht schwer. Sie lautete: von Dixieland.) In allen übrigen Wartburgen mit dreistöckigem Goglimogli, welche Wuschti um und nach 39 noch besuchte, gab es neben der inneren Schicksalsverwandtschaft aber auch einige, bestimmt nicht unwichtige strukturelle Unterschiede. In den Sprechzimmern waren zum Beispiel Erzeuger und Erzeugte (Wichte) immer harmonisch vereint. Deuxi wurde von ihnen zur Verständigung bloß sehr selten benutzt. Die Erzeuger selbst (Vater, Mutter) waren hier auch meistens noch vollzählig und hatten ihren Blick mehr für Privathäuschen als für Häuschen im allgemeinen. Darum trat der Wartburgscharakter an ihren Behausungen auch gar nicht so akut (militärisch) hervor wie bei Wuschtis Erzeuger und ähnlichen (zahlenmäßig viel geringeren) Radikalen. Bei verschiedenen Landsleuten, die es über die Jahre zu guten, in einigen Fällen sogar hervorragenden (auf Naturwissenschaft spezialisierten) Fachleuten gebracht hatten, verschwand – weil sie dann sehr gut lebten (besser noch als mancher Deuxer) – die Wartburg wenigstens äußerlich vollkommen aus dem Häuschen. Einer hatte sich sogar aufgrund seines rechtzeitig (vor Goglimogli Nummer 17) in Deuxiland angelegten Vermögens eine feine Villa hingezaubert und wartete von allen Wartbürgern der Goglimogliklasse am angenehmsten, nämlich unter den häuslichsten und komfortabelsten (friedlichsten) Bedingungen. Durch seine Schwester, die dort Freundinnen besaß – zwei Töchter, welche mit ihrer betont südöstlichen Grazie an Antilopen erinnerten, beide auch schon an zwei junge Landsleute verheiratet, die beruflich keine Wartbürger, sondern irgend etwas anderes (Reelleres) waren –, kam Wuschti auch mehrere Male in die Villa Papava. Sie gefiel ihm samt allen wirklich netten Personen, die da hausten, zwar ausnehmend gut, enthüllte sich aber wegen derselben unvermeidlichen Sprechzimmerdifferenzen – in ihr kehliges vaterländisches Idiom verwickelt, befand sich die ganze Gesellschaft immer wie unter einer Käseglocke, wo sie für Wuschti wohl zu sehen, aber nie zu verstehen war – eben doch wieder als Wartburg, auf die er nicht gehörte. Wegen solcher Differenzen kam es zwischen Wuschti und den paar anderen Wichten von einzelnen Wartburgen mit dreistöckigem Goglimogli (die übrigens auch nicht ganz in seinem Alter waren, etwas niedrigere oder höhere Klassennummern hatten) zu keiner näheren Freundschaft. Sie alle besaßen das *Dedaena* (Elementarlesebuch für vaterländische Abc-Schützen) und buchstabierten unter der fürsorglichen Aufsicht ihrer Erzeuger artig daraus: *Ei Ia* (zu deuxi soviel wie: sieh mal, ein Veilchen) und ähnliches. Weil diese Wichte kleine *Eiias* waren, die, aus einem ganz anderen Goglimogli gezogen, sich auch nicht für das Ei des Kolumbus (mit Charleston, Boston und »House-hop« in der Potenz) erwärmen konnten, hielt Wuschti von ihnen (wie auch sie von ihm) instinktiv Abstand. Er hatte nur zu einem *Schota* (kleineren) und zu einem *Gogi* (größeren) Beziehungen, welche aber – da die beiden keine ausgesprochenen Wartburgsnaturen und über Dixieländer auch gar nicht im Bilde waren – nur sehr lose Kontakte blieben.

Die Wartburgen mit dreistöckigem Goglimogli unterschieden sich nun alle stark nach ihrem Volkstum: Es gab russische, ukrainische, armenische, später noch ein Dutzend mehr, alle scharf voneinander abgesondert, weil sie ja erstens wirklich aus verschiedenen Häuschen (auch verschieden aus dem Häuschen) waren und zweitens völlig entgegengesetzte Standpunkte vertraten: So schlossen zum Beispiel die Russen alle übrigen Volkstümer nach wie vor (Goglimogli Nummer 17) in ihr Häuschen ein, die übrigen Volkstümer, umgekehrt, die Russen aus ihren (respektiven) Häuschen aus usw. Jede dieser Wartburgsgemeinschaften besaß ein eigenes Iß-mich (das allerdings anders benannt war) auf russisch, armenisch, ukrainisch usw., wo sie sich versammelte, um zu dinieren und (öfter noch) den Goglimogli zu analysieren. Auch Wuschti hatte mehrmals solche Plätze besucht, sie aber wegen des Balalaika-Gezirps und der bekordelten Kosakenchöre (alle bezeichnenderweise in Tschochas) schleunigst wieder verlassen. Für die Deuxen vor (und auch ein paar Jährchen nach) 37 waren alle Wartburgen mit dreistöckigem Goglimogli völlig fremde, von ihnen nicht weiter eingesehene, auch meistens vollkommen unbeachtete, geschichtliche Strukturen. Sie hatten damals nur Wartburgen mit zweistöckigem Goglimogli (also solche gegen den Goglimogli 27, 37) aufzuweisen, und diese waren – wenn sie in Deuxiland standen – ja auch gar nicht richtig aus dem Häuschen. Damit wurde es aber nach 47 anders, als nämlich die deuxen Wartburgen noch den Goglimogli Nummer 17 aufgesteckt bekamen. Seither waren auch diese Burgen über ihr relatives (deuxes) Häuschen sehr geteilter Meinung und entwickelten deswegen sogar schon Sprechzimmerdifferenzen. Wuschtis wichtigste Freunde (Wichte) entstammten deuxen Wartburgen mit zweistöckigem Goglimogli, und fast alle kennzeichnete das Bestreben, noch weiter aus dem Häuschen zu sein als ihre Erzeuger, nämlich auf der Dixiebahn nach Charleston und Boston. Der große Stein im Wege dahin waren aber die deuxen Häuschen, welche den Goglimogli 27, 37 manifestierten und zur Verhinderung weiterer Emigrationen die Dixiebahn um 37 in Deuxiland kurzerhand abschnitten. Damit verbunden war eine heftige Propaganda gegen die Dixieländer links und rechts, welche den Deuxen in der Zeit irgendeinen Korridor nicht zurückgeben wollten. So wurde zum Beispiel deuxerseits und mit dokumentalem Hinweis auf wirklich bedauernswerte Unordentlichkeiten, wie etwa Frauenringkämpfe in krepiertem Fisch (rechts) oder Ausgießen von Milch in Flüsse (rechts), auf Genickschüsse für aufständische enteignete Hausbesitzer, Kulaken (links), Christusstatue unter Gewehrfeuer einer johlenden Soldateska (links) und ähnliches oft dem Verdacht (dann auch der Überzeugung) Ausdruck gegeben, die Dixieländer seien alle ein loses, unberechenbares Territorium mit – wenn überhaupt nur – kopfstehenden, also Freuden- oder Irrenhäuschen.

Schon gleich in den Jahren nach 39 hörten die Wichte (welche sich solche Angriffe nie entgehen ließen und oft trotz scharfen Verbots vom Erzeuger mit Feldstechern auf ihre Häuschen krabbelten, um den Himmel sehnsuchtsvoll abzusuchen) die Dixieländer über sich summen. Das waren die Vickers. (So hieß nämlich eine Wuschti und allen anderen interessierten Wichten wohlbekannte angelsächsische Flugzeugfabrik, die die meisten und für Deuxiland gefährlichsten Hornissen produzierte. Alle Muster dixieländischer Flugzeugtypen [sogar eine Mig war darunter] konnten übrigens von den Wichten aus damals überall käuflichen Pappbögen ausgeschnitten und nachgebaut werden. Wuschti hatte sich einen besonders schönen Vicker über seinem Bett aufgehängt.) In den Radiotrichtern hatten die rechten Dixieländer inzwischen auch auf deuxi zu senden angefangen. Da sprach der zwar sichtbare, aber nichtsdestoweniger unendlich wichtige Lindley Frazer mit dem singenden, auch etwas schleppenden (alles um- und ablautenden) Akzent der Angelsachsen, den die Wichte (die statt des O.K.W. regelmäßig Lindley Frazer hörten) sofort begeistert übernahmen. Mit ihrem feindlichen Tonfall und ihren von Lindley Frazer dixieländisch geschwängerten, das heißt den ganzen Krieg ins Kleine, Schäbige um-, ablautenden, Ansichten fielen viele dann auch in ihren respektiven (Eltern-, Schul-)Häuschen unangenehm auf und mußten sich – um Frazer in Ruhe weiterlauschen zu können – nach einer Wartburg umsehen. In den Lichtspielhäuschen lief jetzt vor jedem Unterhaltungsfilm noch die deuxe Wochenschau über deuxe Vormärsche in den Dixieländern links und rechts. Die Dixieländer wurden da von den Deuxen tüchtig versohlt und aus ihren eigenen (dixieländischen) Sprachräumen (Sprechzimmern) getrieben. Man sah sie aus zerschossenen Freuden- und Irrenhäuschen mit erhobenen Händen hervortaumeln, blickte auf ihre mit allem möglichen Kriegsgerät bestreuten Fluchtwege, die sich irgendwohin nach rechts verloren, hinter einen Horizont, der unter deuxem Bombenhagel dauernd hochspritzte oder dicke, schwarze Rauchschwaden von sich gab. Auf den Ozeanen steckte die dixieländische Tonnage ihr Heck gerade noch aus dem Meeresspiegel hervor. Allen schien, als habe der Feind rein gar nichts mehr gegen Deuxiland aufzubieten. Nur die Wichte wußten es besser: Die wichtigste Waffe der Dixieländer waren ihre jetzt übrigens schon extra an deuxe Wichte adressierten Dixieländer (Musik), die nach wie vor und jetzt sogar noch schmissiger aus den Trichtern kamen. Wer so wacker musizierte, der pfiff noch lange nicht aus dem letzten Loch (seines Häuschens).

Die Wichte waren – weil sie nicht für die Deuxi-, sondern Dixieländer den Daumen drückten und auch wunden Herzens immer jede Stelle besuchten, wo ein Vicker (in der Zeit wurden noch häufig welche über den Häuschen abgeschossen) vom Himmel gefallen war – in Deuxiland die fünfte Kolonne. Viele legten sich heimlich oder nach wüsten Nah(Hand-)kämpfen mit Erzeuger eine kleine Dixiebahn quer durch ihr Häuschen. Wuschti und seine zwei nächsten Freunde Wolf(gang) und Hans Georg (beide gegen jede Form von Goglimogli – außer dem, den sie eingebeutelt an sich selbst herumtrugen und auch nicht selten mit der Hand hervorholten) träumten aber von einer guten charlestonschen (bostonschen) Schutzburg mit sicherem Landeplatz für alle, insbesondere dixieländische Vickers. Damals (kurz nach 39) beunruhigten die drei die deuxen Häuschen vielleicht noch mehr als die dixieländischen Vickers. So sagten sie zum Beispiel – wenn sich in den Trichtern über (von ihnen betätigten) Klingelknöpfen an Haustüren eine fragende Stimme meldete – drohend: »Lindley Frazer!« und versprachen, das Häuschen zu skalpieren, wenn es nicht sofort eine weiße Fahne heraussteckte, oder ähnliches. Besonders gerne fesselten sie auch die Häuschen, was so geschah, daß die Knöpfe zweier gegenüberliegender Wohnungstüren mit festem Strick verbunden wurden. Die Häuschen konnten sich dann nicht mehr rühren (vor den Vickers davonlaufen usw.). In diese Zeit fielen schon die ersten, wegen Erzeuger jedoch fruchtlosen Versuche der drei, die Häuschen in Wartburgen mit Charleston (Boston) zu verwandeln.

So wurde Hans Georg einmal von seiner zu früh nach Häuschen gekommenen Mutter mit Schlägen um den großen schnapsübergossenen (auch etwas zigarettenversengten) Mahagonitisch gejagt, unter dem das ganze übrige Kommando (Wuschti, Wolf und zwei Mädchen, die sich von den Wichten bereits naturwissenschaftlich betrachten, aber nicht behandeln ließen) atemlos versteckt war. Erst als der kleine Dixieländer (Vicker) vom Erzeuger gehetzt in ein entferntes Nebenzimmer floh, entwischte der Rest ungeschoren durch das Fenster (Hans Georg wohnte im Erdgeschoß) aus dem Häuschen. Alle drei störte ungemein der Umstand, daß in jedem Häuschen mindestens ein Erzeuger wie ein Kanarienvogel im Bauer saß. Wuschtis Fall war deshalb für Wolf und Hans Georg der Quell eines nie abreißenden, bewundernden Fragens: »Dein Vater ist also seit 1921 aus dem Häuschen? Hat's einfach stehenlassen und ist weg? Warum ist er dann aber nicht gleich nach Boston? Wo ist der her, sagst du, aus dem Kakausus?« Die Entfernung imponierte, erschien aber doch nicht groß genug, und die zwei Freunde sprachen Wuschti häufig ihr Beileid und ihre Überzeugung darüber aus, durch Erzeuger vom Regen (Goglimogli Nummer 17) in die Traufe (Goglimogli Nummer 27, 37, 39, 40 usw.) geraten zu sein. Ehe sie sich von Erzeuger auf eine richtige charleston-bostonsche Wartburg mit dixieländischen Vickers aus Fleisch und Blut entfernten, entfernten sie – um ihre Häuschen wenigstens eine kleine Zeit für Fuchstritt frei zu haben – Erzeuger oftmals von sich, beispielsweise in Lichtspielhäuschen mit deuxen Wochenschauen.

Mit dem Eintritt in das Übergangsalter (von 1940, 41 bis 45) war für alle diese und ähnliche Wichte die Goglimogliperiode schon im Großen und Ganzen zu Ende. Von nun an vermochte sie nichts mehr im Häuschen (Eltern-, Schul-), aber auch nichts mehr auf den unzureichenden (viel zu niedrigen zwei-, dreistöckigen) Wartburgen zu halten. Ihr Übergang (den etwas später [45] alle Älter[e]n bedauerlicherweise auch viel, viel schmerzlicher nachmachen mußten) war der Übergang von Deuxi- auf Dixieland, zum Beispiel von dem Goglimogli (27, 37 bis 45) nach Charleston zu den Vickers. Natürlich klappte der Übergang nicht regulär bei allen Wichten. Solche, die wie unsere drei Freunde keinerlei Ballast von Häuschen mitbrachten (ohne Fahne und

Tornister vom Erzeuger übergingen), vollzogen ihn schnell. Aber auch für Hans Georg und Wolf (beide gebürtige Deuxe und noch dazu zwei Jahre älter als Wuschti) waren die Fahne und der Tornister unvermeidlich, wenn der Krieg (was besonders nach 41 so aussah) andauerte, bis sie wehrpflichtig wurden. Beide hatten daher den festen Vorsatz, im Notfall trotz des Gepäcks (und mit ihm) zu den Dixieländern (aber nur zu denen aus Charleston, Boston) überzulaufen. Am Anfang des Übergangsalters beobachtete Wuschti (wie übrigens jeder Wicht derselben Klasse) seinen Erzeuger mißtrauisch, ob der ihm nicht etwa einen (seinen) Tornister aufbinden wollte. Nun geschah zwar nichts dergleichen (Wuschtis Erzeuger hatte andere Sorgen [Goglimogli 17, 27, 37 usw.], und vielleicht hielt er auch das Übergangsstadium seines Sohnes für nicht so wichtig), aber Wuschti blieb auf der Hut: Die Fahne und den Tornister, welche sein Erzeuger nach Deuxiland mitgebracht hatte, wollte er (Wuschti) auf keinen Fall nach Dixieland weiterschleppen. Er war immerhin entschlossen, noch einen ersten und letzten Blick in das Gepäck von Erzeuger zu tun (für den Fall, daß sich dort etwas Nützlicheres für ihn [etwas aus der nunmehr über zwanzigjährigen Wartburgserfahrung seiner Familie] finden würde), ehe er es ganz verwarf (abwarf). Da war zum Beispiel der *Kantzi*, ein bis zum Rand mit Wein gefülltes Ochsenhorn, das bei festlichen Geselligkeiten auf allen Wartburgen mit dreistöckigem Goglimogli (oder in diesbezüglichen Häuschen, in der Villa Papava usw.) herumgereicht wurde. Wicht Wuschti hatte zwar noch nie daraus getrunken, und das endlose Tafeln unter der strengen Aufsicht des *Thamada* (Tischherrn) machte ihn immer gleich zappelig, aber der Kantzi erschien – weil er alle Leute im Prinzip aus dem Häuschen brachte (bringen konnte) – Wuschti doch ungeheuer wichtig, auch beim Übergang nach Charleston (Boston) als Geschenk für die Vickers mitnehmenswert.

Fockers gegen Vickers

In demselben Jahr, in dem deuxe Truppen Norwegen besetzten (1940), glitten auch in Deuxiland einmal drei Gestalten über die Schwelle eines skandinavischen, genauer: schwedischen Häuschens. Es zu öffnen war schwierig gewesen, weil die Bösewichte den richtigen Schlüssel nicht sofort gefunden hatten und lange leise fluchend und schwitzend (aus Angst, hier von Nachbarn überrascht zu werden) an der widerspenstigen Tür herumgewerkt hatten. Sie kamen mit mehreren Flaschen Wein, einem Kantzi und »House-hop«, um sich in der Wohnung, die jetzt leerstand, selbständig zu machen (ihr Besitzer, ein gewisser O. Nyström, Geschäftsmann und -freund von Wolfs Erzeugern, war wegen der Ereignisse im hohen Norden schleunigst abgereist. In der Hast waren ihm alle Schlüssel aus der Tasche gefallen, und Wolf, der beim Gepäcktragen geholfen hatte, hatte sie unbemerkt gefischt). Die geräumige Wohnung mit vier Zimmern (Eß-, Schlaf-, Arbeits-, Rauch- oder Empfangszimmer mit Telefon und Telefunken, Küche, Kammer, Bad usw.) bot das Bild eines sehr behaglichen, eckenweise verspielten, dixieländischen Interieurs. Im Rauchzimmer saß vor offener Zigarrenschachtel ein riesiger Teddybär auf dem Sofa. Wuschti, der zuerst dachte, da kauere wirklich jemand, war kreidebleich zu Wolf herausgestolpert: »Du, da, da ist einer!« Wolf, der gerade in der Schublade des Arbeitstischs von O. Nyström kramte, sah bestürzt auf. Hans Georg brach das Pfeifen ab und flüsterte aufgeregt: »Ich hab's doch gleich gesagt, die Bude ist nicht frei: Raus hier, solange wir noch können!« Der Irrtum klärte sich nach langem, vorsichtigen Fernstudium der vermeintlichen Person durch den Türspalt und dem schrittweisen Vormarsch des dann schon beherzter gewordenen

Spähtrupps mit wie einen Tomahawk gezücktem Kantzi. Der Teddy wurde übrigens, weil er den Freunden wirklich zu anthropomorph war und jedem auch später noch verschiedene Male einen mächtigen Schrecken einjagte, schnell von ihnen weggeschlossen.

Großen Nervenkitzel bereitete auch das Telefon. Es klingelte schon gleich am ersten Tag ununterbrochen. Gewöhnlich waren es Frauenstimmen, die sich nach dem Dixieländer Nyström erkundigten und stets große Bestürzung errieten, wenn die Freunde sagten, er sei in Upsala. Häufig kam es – weil bei einigen Damen der erste Unmut sofort in starkes Interesse für die drei neuen Dixieländer und entfernten Vettern des Herrn Nyström umschlug – zu langen, lebhaften Zwiegesprächen. Man war bald per du, noch bevor man sich gesehen hatte, wußte das Allernötigste voneinander: Augen-, Haar-, Hautfarben, Dixiebahnkörpergröße, -umfang (oben, unten, hinten, vorn), kannte sich auch schon beim Namen (die drei waren in diesen Kreisen lange als Palm-, Sund- und Golfström bekannt, ihren originaldixieländischen Ursprung beglaubigte noch der unfehlbare [aus der BBC von L. Frazer übernommene] Akzent in Deuxi). Elemente einer kleinen beiderseitigen Enttäuschung machten sich mit der Zeit aber doch bemerkbar. Denn die Damen wollten, wie sie von O. Nyström gewöhnt waren, nun auch von den drei neuen Dixieländern in die deuxen (nach Kriegsausbruch noch offenen, aber schon damals sehr teuren) Nachtlokale (Dixiebahnstationen) ausgeführt werden. Die drei neuen Dixieländer konnten sich dergleichen aber nicht erlauben, weil sie erstens kein Geld hatten, um solche Ausflüge zu bestreiten (im Arbeitstisch und -schrank von O. Nyström hatten sich nur Pfennige befunden), und weil zweitens die Bars gerade jetzt für Wichte (deuxe, dixieländische) strengstens verboten waren, so daß die Freunde (vielleicht außer Wolf, der etwas älter aussah) es gar nicht wagen durften, sich dort zu präsentieren. Außerdem mußten die Damen nach ihrer Ankunft bei O. Nyström – manche erschienen unaufgefordert – feststellen, daß von dem neuen Personal dort zwei (Wuschti und Hans Georg) vielleicht Dixieländer, aber sicherlich keine Vickers waren, das heißt keine Leute, mit denen man im Flug (flugs) auf der Dixiebahn vorwärts kam: Das Flugzeug dazu war bei den beiden Wichten in diesem Sinne noch gar nicht vorhangen (vorhanden). Aber auch Wolf, der gewiß schon zu den Vickers zählte, entpuppte sich als Versager. Die Damen beschwerten sich immer über sein viel zu kleines Flugzeug, was objektiv sicherlich nicht stimmte, denn Wolf hatte für sein Alter jedenfalls ein sehr gut ausgebildetes im Hangar. Er hingegen schob die Schuld auf die Damen und nannte sie – wenn er zu den Wichten darüber sprach – verächtlich Tanten mit Flugplatz für Elefanten.

Abgesehen von diesen paar Haken, welche bald dazu führten, daß die meisten Damen sich immer seltener, zuletzt gar nicht mehr sehen ließen (sie zogen allen Dixieländern, das heißt Wolf, Wuschti, Hans Georg und »House-hop«, solide Vickers vor), bot die Dixiebahn bei O. Nyström alles, was sich ein Wicht der Klassennummer (Goglimoglinummer) 27 nur wünschen konnte, in erster Linie: Entfernung vom Häuschen (Elternhäuschen). Kein Erzeuger störte hier die Perspektive, und die Goglimoglis Nummer 17, 27, 37, 39, 40 usw. mit den entsprechenden Wartburgen dazu waren hier nicht (wenigstens nicht direkt) zu spüren. Wenn die Wichte dann noch einen kräftigen Schluck aus dem Kantzi taten, war die Illusion, ganz aus dem Häuschen, nämlich irgendwo in einem (rechten) Dixieland, beispielsweise in Schweden, zu sein, besonders ausgeprägt. In dieser Verfassung brachten sie nicht selten ein dankbares Hoch auf Nyström, kürzer Olaf (denn so hieß der Schwede mit Vorname), oder auch auf den – wie derselbe

Mann oft von seinen eigenen Freundinnen genannt wurde, wenn diese sich an ihn erinnerten – lieben ollen Affen aus. Da man die Kantzis nicht ohne weiteres runterkippen durfte, sondern immer erst ein paar artige Worte über das Häuschen sagen mußte, in dem man sich gerade befand, wie auch über alle, die es besaßen, bewohnten (so wollte es die Sitte in allen Wartburgen mit dreistöckigem Goglimogli), sprach Wicht Wuschti immer sehr, für seine ungeduldigen Freunde sogar zu ausführlich über das Haus und die Person von O. Nyström. Das Häuschen lobte er schon gleich am ersten Tag vom Schornstein bis zum Keller und stellte als erfahrener Wartburgenspezialist auch sofort begeistert alle dessen strategischen Vorzüge heraus: die Sicherheitsschlösser an der Wohnungstür mit der schweren Vorlegekette, das Guckloch und der Briefschlitz, so schmal wie eine Schießscharte, der (Not-)Ausgang zur Dienstbotentreppe, die direkte Verbindung – es gab auch einen langen Korridor – zwischen allen Zimmern nebst den gut verjalousierbaren Fenstern. Alle diese Elemente waren (weil sie die Wichte beziehungsweise kleinen Dixieländer und angehenden Vickers gegen jeden unvermuteten Überfall sicherten) neben dem ganzen dort befindlichen dixieländischen Komfort gewiß das Wichtigste in Olafs Domizil. Mit vollem Kantzi gedachte Wuschti dann des Schweden in Schweden, der – so argumentierte ungefähr der Wicht – doch bestimmt zufrieden sein müßte, wenn er erführe, daß seine Wohnung nicht von Deuxi-, sondern Dixieländern in Beschlag genommen worden, also in die richtigen Hände gekommen war. In seiner Rede machte Wuschti manchmal auch eine höfliche Verbeugung nach Norden, so daß der Kantzi überschwappte. Er unterstrich darüber hinaus noch bei allen Wichten das Gefühl der Solidarität mit dem wildfremden, dazu so weit entfernten Mann und schloß mit der feierlichen Versicherung: »Olaf marschiert im Geist in unseren Reihen mit.«

»In unseren Reihen mit!« sangen Wolf und Hans Georg aus vollem Halse nach dem Text und der Melodie der bekannten deuxen Hymne über den Goglimogli Nummer 27. Darauf machte der Kantzi noch mehrere Male die Runde, denn es war der erste Tag der Übernahme und Einweihung der vielversprechenden (das Telefon hatte bereits geklingelt und Fernbekanntschaften mit mehreren Exfreundinnen von O. Nyström vermittelt) Dixiebahn des Schweden. Sie sah auch dementsprechend festlich aus: Bunte Papierlianen schaukelten von den Zimmerdecken, die ganze Einrichtung war mit Konfetti gepudert, und auf Olafs großem Balkon zündeten die Wichte einige Feuerwerkskörper.

Draußen graute der erste Tag des Jahres 1941. Es war, wenigstens ganz am Anfang, ein für die deuxen Häuschen und Wartburgen noch wirklich glückliches Jahr. Denn an jenem Neujahrsmorgen standen sie alle noch heil und vollzählig auf ihren Füßen. Der rote Schein, der ab und zu von ihnen ausging, war nicht etwa das Werk des Feuers, sondern auch bloß Feuerwerk (deuxes, bengalisches) zu dem Rutsch ins neue Jahr. In den Häuschen selbst konnte man – vielleicht etwas veraltet, aber immerhin – echte Dixieländer hören, womit hier nur die Musik gemeint ist, denn die rechten Dixieländer persönlich waren, außer den paar Vickers, welche manchmal im Scheinwerferlicht heransummten, von deuxen Häuschen aus noch nicht wahrnehmbar; die linken Dixieländer standen kraft eines Nichtangriffspakts noch unberührt in der Ferne. Tiefer Frieden herrschte vorläufig auch zwischen den neuen Quartieranten bei O. Nyström und der ganzen übrigen unmittelbaren Nachbarschaft, welche den Personenwechsel in der Wohnung des Schweden wohl zur Kenntnis genommen, sich aber darüber keine weiteren Gedanken gemacht hatte. Wie hätte auch nur jemand in den drei Freunden, die stets artig guten Tag sagten, wenn sie jemandem auf den Treppen begegneten

(Olafs Wohnung lag im dritten Stock), jene unverfrorenen dixieländischen (charleston-bostonschen) Wartbürger vermutet, die schon ein halbes Jahr später alle aus dem Häuschen brachten?

Man glaubte an den Zuzug einer kinderreichen, aber wohlgestellten (denn das Häuschen war schick und darin zu wohnen kostete, weil die schon an sich hohe Miete auf mindestens zwei, drei Jahre vorausbezahlt werden mußte, allerhand), womöglich neutral aus- beziehungsweise dixieländischen, eher schwedischen (da ja der Name Nyström an der Tür stehengeblieben war) Familie. Befremden mochte nur, daß so lange kein Erzeuger (Älterer, keine Eltern) aus der Wohnung hervorkam. Immerhin ließ das gepflegte Äußere der Wichte Wolf und Hans Georg allgemein auf dessen Anwesenheit schließen. Als mögliche (dixieländisch-schwedische) Mutter der drei wurden im Häuschen später auch noch verschiedene ältere (angepinselte) Freundinnen des ollen Affen Nyström angesehen, und viele, darunter der Hauswirt, waren lange Zeit überhaupt der Meinung, O. Nyström habe Weib und Kind aus Schweden herübergebracht. Aber auch innerlich war – wenn wir davon absehen wollen, daß dort Erzeuger fehlten – Olafs Wohnung in jener Frühperiode noch vollkommen auf dem Niveau des (eines) Häuschens. So beschäftigten sich die Wichte da zuerst nur mit Foto- und nicht etwa Pfotografie, welche – auch anders Pornographie geheißen – alle Dixielandschaften (-bahnen) unverdeckt (handgreiflich nah) ins Bild bringt und zwischen (an) den Wänden keines besseren Häuschens geduldet wird. Von dem ersten Einzugs(auch Neujahrs-)tag existierte zum Beispiel eine Gruppenaufnahme der Freunde, welche diese mit gezücktem Kantzi hinter einer Batterie Weinflaschen zeigt, und wo diese ihre Hände (Pfoten) noch gegenseitig auf den Schultern und nicht auf unzulässigen Dixiebahnen, -landschaften usw. liegen haben.

Die Lichter hinter Olafs Fenstern erloschen fast immer gleichzeitig, denn die Wichte legten sich, wie sie es noch von ihren eigenen, respektiven Häuschen her gewohnt waren, früh schlafen und standen auch – weil sie doch in die Schulhäuschen gehen mußten – zeitig auf. Als dann wegen der immer hartnäckigeren nächtlichen Anflüge dixieländischer Vickers (denen es übrigens vereinzelt schon gelungen war, Brandbomben abzuwerfen und der städtischen Feuerwehr Arbeit zu verschaffen) die allgemeine Verdunkelung obligatorisch wurde, waren Olafs Fenster in den Abendstunden ebenso schwarz wie alle übrigen Fenster des Häuschens: Die Wichte hatten die dicken Papierrollen überall selbst angebracht und dafür gesorgt, daß kein Schimmer mehr durch sie hindurchkam. Endlich war es bei Olaf – mit Ausnahme der Fälle, wenn sich dort »House-hop« vernehmen ließ (was man ganz in Ordnung fand, denn es schien logisch, daß Dixieländer [Schweden] Dixieländer spielten) –, genauso ruhig wie in allen anderen Appartements des Häuschens. Die Ruhe in dieser ersten Zeit rührte aber einfach daher, daß die Wichte sich noch mehr zu Häuschen (das heißt bei ihren eigenen respektiven Erzeugern) als bei Olaf aufhielten. Sie kamen nur gelegentlich (meistens an Feiertagen) dorthin und blieben, um ihre eigenen Häuschen nicht unnötig aufmerksam zu machen, auch selten über Nacht. In der Wohnung selbst änderte sich nichts; sie stand genauso da wie am ersten Tag, denn die Wichte legten jeden Gegenstand gewissenhaft wieder an seinen Platz zurück und räumten auf, was sie durcheinandergebracht hatten. Bei Olaf waren sie also in jener Zeit noch nicht so aus dem, sondern immer noch im Häuschen (wie zu Hause). Deswegen ließen ganz langsam ihr erster Enthusiasmus und bald ihre Besuche bei Olaf merklich nach. Jeder zog sein Häuschen vor, wo er wenigstens immer etwas Warmes essen und gegen Erzeuger opponieren konnte. In der Folge stand die Wohnung des Schweden manchmal über ganze Wochen leer, und dann dachten links und rechts die Nachbarn wirklich, Nyströms wären verreist.

Wie in jedem anderen Häuschen, so wurden auch in Olafs Wohnung die Zeugungsakte (welche sich ausschließlich zwischen Wolf und gewissen Freundinnen des ollen Affen Nyström ereigneten) peinlichst geheimgehalten. Es spricht für die angeborene Häuslichkeit der Wichte, daß sie (besonders Wuschti und Hans Georg) von Anfang an darauf bedacht waren, alle unnötigen Zeugen von der Zeugung auszuschließen. Die Dixiebahn bei Olaf war in jenen ersten Tagen streng inkognito. Sie gab noch keinen Grund zu Beschwerden von Häuschen über Häuschen, denn Wuschti und Hans Georg erwiesen sich als geradezu ideale Zeugungswächter, die es verstanden, die nackte Wahrheit auf ihrem Platz zusammenzuhalten. Beispielsweise fingen manche guten alten Bekannten von O. Nyström an, schon nach den ersten paar Kantzis zu strippen, und dann sprangen die zwei Wichte immer gleich zu den Fenstern, um zu verdunkeln. Damit die Vickers auf der Dixiebahn nicht die Grenzen des Häuschens überschritten, versteckten die beiden Wichte vor jedem Damenbesuch sorgsam den Kantzi. Die Vickers bekamen von ihnen schon bald statt Wein nur dünnen Tee, Kaffee oder Goglimogli. Um bei den harmloseren Besuchern (beim Postboten, Gasmann, bei Nachbarn, engeren Schulfreunden), welche manchmal anklopften, kein weiteres Auf(Ein-)sehen zu erregen, hatten die Wichte viele Schlüssellöcher von Olafs Zimmertüren mit Knete dichtgemacht. Weil Olafs Wohnung unter den Wichten in jeder Hinsicht immer noch das blieb, was man getrost mit dem Namen »Häuschen« belegen darf, nämlich ein geordneter, verschwiegener, äußerlich völlig korrekt auf- und angezogener Organismus, weil sie von ihrer Umgebung beinahe durch nichts abstach und vor allem die Dixiebahn dort mit zum Haushalt gehörte, konnte sich sogar an diesem doch relativ freieren Platz noch lange keine Wartburg entwickeln. Es läßt sich zum Beispiel nicht sagen, daß die Vickers da sehnsüchtig aufeinander gewartet hätten. Sie zeigten – wie das oft zwischen alten Erzeugern in alten Häuschen passiert – allmählich immer weniger Lust, die Dixiebahn in Betrieb zu nehmen. So waren Wolf und die meisten anderen Vickers häufig nur sehr neutral zusammen, das heißt mit Spielzeug oder gar bloß Zeug statt Flugzeug. Zum Schluß kam es auch noch dazu, daß Wolf die Dixiebahn selbst dann nicht bemerkte, wenn man sie ihm direkt (und unverhüllt) unter die Nase hielt: Der Verkehr zwischen allen Vickers bei Olaf flaute daher langsam ab und wurde trotz der hartnäckigen Versuche von Wuschti und Hans Georg, ihn mit Musik (»House-hop« und anderen Dixieländern) zu stimulieren, letzten Endes eingestellt.

Wolf, den man sich zur besseren Unterscheidung von allen übrigen Vickers schwachen Geschlechts auch gut als Focke-Wulf (eine bis 45 bekannte deuxe Kriegsflugzeugmarke), aber natürlich mit dixieländischen (charleston-bostonschen) Kokarden vorstellen kann, Focke-Wulf also, brachten keine zehn Pferde mehr auf die alten Dixiebahnen des alten Affen Nyström (der Schwede war in der Tat Mitte Fünfzig gewesen). Focke-Wulf brauchte und verlangte – was genau dem Wunsch aller von Häuschen und Mäuschen enttäuschten Erzeuger entsprach – auf jedem diesbezüglichen Kriegsrat der Wichte Dixiebahnen höherer Klasse (Klassennummer). Er war, wie übrigens auch Hans Georg, bereits müde geworden, stets ein und dieselben Dixieländer (Platten) zu hören. Sogar »House-hop« rührte beide, die früher davon immer schnell in ekstatischen Fuchstritt verfallen waren, jetzt kaum mehr. Wenn später Wuschti dann verstohlen mal irgend etwas spielen ließ, stellten sie den Swing (meistens ohne zu fragen) einfach ab. Als endlich die letzten verschmähten Vickers gekränkt (auch erzürnt) weggegangen waren, meldete sich bei jedem Wicht in Olafs Wohnung langsam wieder der Rhythmus seines Häuschens. So machten Wuschti und Hans Georg aus Ermangelung anderer, wichtigerer Funktionen dort nun auch schon sehr oft ihre Schularbeiten. Manchmal entsannen sie sich plötzlich irgendeines Auftrages von Erzeuger und saßen da wie auf glühenden Kohlen. Häufig geschah es, daß die beiden nach den allernötigsten Vorkehrungen auf der Dixiebahn (nachdem sie diese Bahn nach allen vier Himmelsrichtungen sorgfältig verdunkelt hatten) unter einem Vorwand eilig nach Hause aufbrachen und die verblüfften Vickers sich selbst überließen. Zum Beispiel mußte Focke-Wulf, der immer sehr wütend wurde, wenn die beiden Wichte sich abmelden wollten, schon in den ersten Wochen wiederholt feststellen, daß er ganz allein auf der Dixiebahn war: Die Wichte hatten höflichkeitshalber einen Kantzi mitgetrunken und sich dann leise verdrückt. Als später alle Verbindungen zerfallen waren, als es bei Olaf nichts mehr zu verdunkeln gab und keine Möglichkeit bestand, von dort unbemerkt fortzukommen, mußten die zwei Wichte oft warten, bis Focke-Wulf halb zermürbt, halb aufgebracht durch ihre Quengelei sie gnädig aus dem Häuschen nach Hause entließ.

Im Geist marschierte O. Nyström wenigstens ganz zu Anfang aber auch tatsächlich noch in ihren Reihen (Häuschen) mit. Er erschien den Wichten Wuschti und Hans Georg, besonders Hans Georg, schon nach den ersten Tagen, verbarrikadierte mit drohend erhobenem Zeigefinger die Dixiebahn und sagte: »Einbrecher!« Als dann auf ihr entsetztes Geschrei hin Focke-Wulf mehrmals heraussprang, stellte sich das Gesehene jedes Mal als ein Irrtum heraus. Die Wichte hatten irgendwelche Vickers für den Schweden gehalten, und die Zeigefinger waren in Wirklichkeit gekrümmt, also ganz im Gegenteil eine Einladung zum Einbruch gewesen. Aber bei den Wichten wurden diese Halluzinationen trotz der Kaltwasserkuren, die Focke-Wulf, unterstützt von hilfsbereiten Vickers, mit ihnen in Olafs Badezimmer vornahm, immer häufiger. Die beiden wären deshalb auch sicherlich bald weg-, das heißt in ihren respektiven Häuschen geblieben, wenn Focke-Wulf nach langem Kopfzerbrechen nicht endlich noch die richtige Zauberformel gegen den Spuk gefunden hätte. Sooft nun die beiden Wichte den Geist von O. Nyström auf der Dixiebahn erblickten, beschworen sie ihn ungefähr folgendermaßen: »Sei mal ganz ruhig, du! Det is keen Einbruch, det is Protektorat. Is Luftschutz vor den Vickers. Wenn die hier Bomben schmeißen, dann löschen wir dein Häuschen. Oder wir retten alles raus, was wertvoll ist, und nach'm Krieg kannst du dir deine Klamotten bei uns abholen. Hast also allen Grund, dankbar zu sein, daß wir da sind.« Das Argument war schlagend. Es verscheuchte den Geist zwar nicht sofort vollständig, aber eine genügend große Entfernung von dem Schatten kam doch schnell dadurch zustande. Um ganz sicher zu gehen, brüllten die zwei Wichte, wenn sie später auf der Dixiebahn erschienen, noch sehr oft: »Tatütata!« oder »Hurra, die Feuerwehr ist da!« Mit der langsamen Eingewöhnung bei Olaf begannen die Wichte dann auch schneller zu wachsen: Sie wurden selbstsicherer und ruhiger, eben so, wie alle Leute sind, die ein eigenes Häuschen haben. Obwohl sie dort eigentlich noch gar nicht richtig Position bezogen hatten, war das Bewußtsein, sich jederzeit von Goglimogli weg (aus den älteren Sprechzimmern fort) und dahin zurückziehen zu können, schon für die Souveränität grundlegend. Die ersten Anzeichen dafür waren merkwürdigerweise nicht etwa ein resoluteres Auftreten oder gar wilde Aufsässigkeit Erzeugern gegenüber, sondern ein Ausweichen vor den großen Skandalen, die Aufgabe aller wichtigen Standpunkte in den Sprechzimmern von Papi und Mami und der geheime, sich vorerst nur unter der Oberfläche vollziehende Übergang in das andere Häuschen.

Der Auszug der Wichte fing damit an, daß jeder von ihnen langsam, Stück für Stück, seine sieben wichtigsten Sachen zu Olaf brachte. In den Elternhäuschen wurde das Verschwinden dieser Sachen, welche dort völlig unwichtig waren, entweder gar nicht bemerkt oder – da man dort immer froh war, sie los zu sein – gutgeheißen. Manche Erzeuger kamen dadurch sogar zu dem irrigen Glauben, ihr Wicht wäre im Begriff, seine Vorliebe für Dixieländisches abzulegen und endlich ernster, das heißt für die Goglimoglis zugänglicher zu werden. Irgendeinen Verdacht aus diesem Grund zu schöpfen, hätte aber damals noch keinen richtigen Sinn gehabt, denn daß sie faktisch schon auszogen, wußten die Wichte selbst am wenigsten. Vorerst brachten sie ihr Zeug (meistens Spielzeug) nicht etwa deshalb zu Olaf, um es für ewig dort zu lassen, sondern nur, um damit vereinzelte, wichtigere Zusammenkünfte der Vickers auf der Dixiebahn besser auszuschmücken. Sie wachten auch mit Argusaugen darüber und nahmen nach jedem Feierabend alles wieder mit nach Hause. Was so zwischen den Häuschen hin und her pendelte, waren vornehmlich Schallplatten wie »House-hop« von Benny Goodman und anderen Dixieländern; mit der Zeit blieb – weil es doch besser war, der Musik als den Vickers zuzuhören – dann aber immer mehr und mehr davon bei dem Schweden liegen. Ferner schleppten die Wichte Wuschti und Hans Georg in einer kleinen Kiste viel zerfetztes, angebranntes, auch wunderlich verbogenes Blech zu Olaf, das aus den Rümpfen (Stümpfen) echter, über Häuschen abgeschossener dixieländischer Vickers stammte und von allen Wichten jener Zeit liebevoll (in der vagen Hoffnung, einen ganzen Vicker wieder daraus rekonstruieren zu können) gesammelt beziehungsweise eingetauscht wurde. Diese – übrigens nach jedem Bombenangriff sorgfältig erweiterte – Kollektion von Altmetall kam bei Olaf, wo es immer genügend Platz dafür gab, zur Ausstellung, dann konnten die Vickers dort (wenigstens teilweise) richtige Vickers besichtigen. Und weil es der sonst bestimmt vollständigen Sammlung nur an Sprengkörpern (welche schon in der Luft krepierten oder auch besser eingezielt mitunter deuxe Häuschen demolierten) mangelte, fügten die Wichte ihren kostbaren Schaustücken die besten Stinkbomben eigener Produktion hinzu. Langsam, aber sicher wechselten ebenfalls alle dixieländischen Glanzwerke ex libris von Wuschti und Hans Georg ihren Platz. Beispielsweise war Wuschtis vielgelesener Tarzan außer bei den Affen sehr bald auch (und zu allererst) bei dem ollen Affen Nyström. Während Wuschti und Hans Georg die Dixiebahn mit solchen oder ähnlich wichtigen Gegenständen bestückten, suchte Focke-Wulf, dem kein Spielzeug mehr genügte, dauernd nach neuen – sein Traum waren die jüngsten und schnittigsten Modelle – Vickers. Wolf war übrigens der einzige von den dreien, der den Auszug schon beinahe vollzogen hatte: Er verlebte manchmal Wochen bei dem Schweden, ohne sich irgendwelche Gedanken über den Erzeuger (wut-, angsttolles Elternhäuschen) zu machen.

In dieser für den Goglimogli Nummer 27 noch seligen Maienzeit des Jahres 1941, als die Dixieländer rechts fühlbar aufs Haupt geschlagen worden waren und ihr Generalstab auf der Dixiebahn von Deuxen umstellt und gefangengenommen worden war, als in allen Luft- und Sprachräumen bloß noch Deuxi, Deuxes, Deuxe zu sehen und zu hören waren, formierte sich die erste zarte Brustwehr gewisser, bis dahin latenter Wartburgen in den Häuschen. Hinter dieser Wehr kamen die halbzerschmetterten

Dixieländer erst wieder zur Besinnung, von hier ausgehend tauchten sie sogar damals schon wieder in jenen Bezirken auf, welche das deuxe Militär ihnen eben (vor buchstäblich fünf geschichtlichen Minuten) schmählich entrissen hatte. Besonders beispielhaft für einen solchen Prozeß war die Wohnung von O. Nyström mit ihren In- und Tausendsassen. Infolge der immer stärker und häufiger werdenden nächtlichen Bombenangriffe seitens Charleston (Boston) auf deuxe Häuschen stiegen, von dem wohlorganisierten (disziplinierten) Umzug der Bevölkerung unter die Erde mitgerissen, verschiedene Male auch die Vickers und Dixieländer bei O. Nyström in den Unterleib des Häuschens, das heißt in sein durch die allgemeine Notlage zu deuxem Sprach- und Luft (schutz)raum erhobenes Kellergewölbe, hinab. Ganz zuerst fielen sie hier noch gar nicht so unangenehm auf, denn die Deuxen waren mit ihren Ohren und Augen – einzelne saßen mit Opernglas auf dem Dach – völlig aus dem Häuschen und auf die (meistenteils akustischen) Phänomene des für damals noch sehr neuartigen Luftkrieges (Scheinwerferarme, Bomben, Motoren) ausgerichtet. Aber sobald sie sich an den feindlichen Brummern am Himmel sattgesehen, meistens gar keinen richtig erspäht hatten (denn die verhältnismäßig noch schüchternen Dixieländer flogen immer unsichtbar hoch und hinter starken Wolkendecken), wandten sie – das auch noch besonders während der nun schon häufig langweiligen, weil ereignislosen Alarmzustände – allmählich ihren Blick wieder nach innen (in das Häuschen). Viele Deuxe durchzuckte da so etwas wie ein elektrischer Schlag, als sie nämlich anstatt (außer) über ihren Köpfen (Dächern) nun auch noch ganz dicht neben sich waschechter Vickers und Dixieländer gewahr wurden, welche mit allen aus dem Häuschen zusammen im Luft(schutz)raum versammelt waren und hier der Entwarnung harrten. Die entsprechende Reaktion ließ nicht lange auf sich warten: Im Keller wurde es stiller und stiller, bis die Vickers (unter denen wir hauptsächlich die alten Freundinnen des ollen Affen Nyström verstehen müssen, welche ganz unzweideutig die Farben von Charleston beziehungsweise Boston, Rot, Weiß, Blau, im Gesicht aufgelegt und noch dazu so wenig anhatten, daß ihr nacktes [auf der Dixiebahn meistens auch frisch an- und abgegriffenes] Flug-Zeug überall hervorstach), von dem allgemeinen eisigen Schweigen plötzlich angeföstelt, dann ebenfalls (und als letzte) ihre Münder zuklappten. Sie hüllten mit einer ersten instinktiven Abwehrbewegung ihre Rümpfe dichter ein und drängten sich, von den prüfenden Blicken der älteren Hausgemeinschaft verfolgt, in die dunkleren Ecken (Gänge) des Kellers. Die Luft im Luft(schutz)raum schien auf einmal mit Sprengstoff geladen, und die vielen Deuxi- gegen Dixieländer aufrufenden Plakate an der Kellerwand, besonders eines mit der Inschrift: »Achtung! Feind hört mit!«, schienen zeitgemäßer denn je zu sein. Gerade wollte jemand den Vickers die kitzlige Frage vorlegen, aus welchem Häuschen sie seien, als die Entwarnung kam, was alle Deuxe sofort besänftigte, sie von den Vickers ab- und treppaufwärts in ihre warmen Betten zurücklenkte.

So war fürs erste zwar alles glimpflich abgelaufen, aber dem Häuschen behauptete sich danach doch immer ein kleiner innerer Fliegeralarm: Es hatte nämlich die Vickers bei O. Nyström verschwinden sehen und diese Wohnung vielleicht noch nicht geradezu als dixieländischen (Wart-)Burg-, aber immerhin schon als einen solchen Flugplatz in Verdacht. Sein Argwohn wuchs auch später noch, als es bei wiederholter Gelegenheit (auf den Treppen, im Luftschutzkeller) sehen mußte, wie die besten Herren des Häuschens sich an die Vickers heranmachten, nicht etwa, um sie entschlossen vor die Tür zu setzen, sondern – wie das ja sehr leicht zu erraten war – um mit ihnen über die Dixiebahn zu sprechen (sich mit ihnen auf der Dixiebahn zu verabreden usw.). Zugleich wurden manche schlechten Erinnerungen an den Dixieländer Nyström wach, man entsann sich plötzlich der fragwürdigen Besuche, die er im Häuschen erhalten hatte, man legte ihm den Umgang mit den Vickers zur Last, die jetzt das Häuschen beunruhigten. Doch kam es vorerst noch zu keinen ausgesprochenen Kollisionen zwischen den Parteien; denn erstens waren die Fliegeralarme in jener Zeit nicht zu kritisch, weshalb der Luftschutzraum unterm Häuschen meist leer blieb (die Dixie- mit den Deuxiländern dort nicht so häufig zusammentrafen), und zweitens flogen – da sie selbst auf Jagd nach (aber sicherlich auch gejagt von) größeren, besseren Flugzeugen, wie etwa Messer-Schmidts, Messer-Müllers, -Schulzes usw., waren – jetzt schon immer weniger Vickers das Domizil von O. Nyström an, so daß im Häuschen viele Deuxe ihren Verdacht gegen diesen Ort nach und nach wieder fallenließen. Zur Vermeidung lästiger Frager und Interessenten hielten sich auch die drei Freunde vorsorglich fern vom Luftschutzkeller; aus dem gleichen Grund flitzten sie immer wie der Wind über die Treppen, um niemandem Zeit zum Ansehen oder Ansprechen zu geben. Am schnellsten war Wuschti, weil seine kakausische (das heißt kaukasisch schwarze) Haar- und Augenfarbe den Deuxen leicht Erinnerungen an Fremd-, das heißt Feind- beziehungsweise Dixieländisches, eingeben konnte. Focke-Wulf und Hans Georg gingen als einheimische (blonde) Flugzeugmuster einen Deut langsamer durch das Häuschen. Durch diese klugen Vorsichtsmaßnahmen und dann nicht zuletzt auch noch durch den Feldzug der Deuxi- gegen die Dixieländer links (im Osten, im Juni), der das gesamte deuxe Augenmerk von innen- auf außenpolitische Ereignisse abwandte, wurde Unmogliches Mögliches: Der viel größere (wichtigere) dixieländische Gegenpol, nämlich die Wartburg als Start-

und Landeplatz für Vickers und ähnliches (Flug-)Zeug, welche sich eben noch deutlich (greifbar, zerstörbar) genug im dritten Stock abgezeichnet hatte, verblaßte bei den Deuxen wieder bis zur Unerkenntlichkeit. Sie sank aber nur zurück, um (wie übrigens alle guten [historisch wichtigen] in Evolution begriffenen Parteien) später um so machtvoller und unabweisbarer, das heißt mit frischen Vickers und neuem Dixiebahnprogramm, aus dem Häuschen hervor- und ihm entgegenzutreten.

Die moderne Wartburg ist in ihrer eigentlichen, historisch ausgereiften Form ein durchgliedertes System von Haupt- und Nebenpersonen, wo die letzteren unermüdlich für die (genauer: an, auf der) Dixiebahn tätig, also in exakt dixieländischem (vor allem charleston-bostonschem) Sinne Werktätige sind. Man kann sie anders auch als fliegendes Personal bezeichnen, als Inhaber enormen Flugzeugs (Vickers, Fockes, Zeppeline), das – wie immer man es auch putzt und stutzt – in kein gewöhnliches Häuschen mehr reingeht. Den Hauptpersonen kommt es zu, die Dixiebahn samt Personal hermetisch von außen (vor den Goglimoglis, vor den Älteren, den Häuschen usw.) abzuriegeln, was bei der Quicklebendigkeit dieser Bahn (welche alle Rahmen sprengt) gewiß eine der schwierigsten Aufgaben ist, die man sich stellen kann. Zu ihrer effektiven Lösung ist es bestimmt am besten, wenn die Hauptpersonen sich auf der Burg so wenig wie möglich (am besten überhaupt nicht) mit Nebensachen beschäftigen, wenn sie sich statt dessen lieber voll und ganz auf die theoretischen (strategischen) Fragen über Sicherheit und Verteidigung der Dixiebahn konzentrieren. Die Wichte bei O. Nyström waren – obwohl sie dort eine für ihr Alter bestimmt schon sehr große Umsicht (Vorsicht) bewiesen – selbst doch noch nicht genügend differenziert, um echte (vollentwickelte) Wartbürger abzugeben. Sie machten bis jetzt den zwar grundlegenden, aber an sich eben doch nur sehr vagen Strich zwischen Freund und Feind, nämlich zwischen Dixiebahn, -land einerseits und Häuschen andererseits, ohne genauere Kenntnisnahme der beiden Seiten, ohne vor allem tiefer in den Feind, das heißt in das Häuschen, hineinzuschauen und ohne auch nur irgendein entferntes analytisches Verständnis davon zu haben. Genauso einen strukturlosen und unartikulierten Begriff hatten sie von der Wartburg, deren Notwendigkeit sie praktisch nur für Nebensachen (Vickers, Fockes usw.), nicht aber für die Hauptsache, das heißt für den guten Kampf der Dixie- gegen die Deuxiländer, einsahen.

Es fehlte die Oberhauptperson, das heißt der große Dixieländer, der die wichtigen Wartburgen erst ins Leben ruft, der das System in die freien Buden bringt und für die Dixiebahn ganze Heerscharen ausgesuchter Vickers aus dem Boden (den Buden) hervorstampft. Es ist dies ein Mann, der das Flug-Zeug hat, um Berge, geschweige denn Häuschen, zu versetzen, also einer, der die Goglimoglis niemals über, sondern höchstens nur unter sich anerkennt, wenn sie nämlich auf der Dixiebahn vertröpfeln. Mit und unter dem großen Dixieländer erhält aber auch die Dixiebahn (ohne dadurch ihr Flugwesen zu verlieren) dann noch den viel solideren, maritimen Sinn eines Seeweges aus dem Häuschen um das Kap Horn (Hoorn) herum direkt nach Charleston (Boston). Die ganze Mannschaft auf der Burg wird dementsprechend umgebildet, teilweise neu gesammelt. Der große Dixieländer stellt außer Vickers auch alle nötigen Lotsen für das fliegende Personal. Er ernennt und benennt die Kapitäne. Durch ihn wird der ganze Platz auch erst wehrfähig: Er kommt mit dixieländischen Kanonen und Munition, genug bis zum Ende des Krieges. Er richtet den Geheimdienst auf der Dixiebahn ein und die dafür unentbehrliche fotografische Abteilung. Der große Dixieländer schafft das Vakuum im Goglimogli: Er macht die Wartburg von Häuschen ökonomisch unabhängig und gibt ihr eine Hymne. Trotz allen diesen hohen Befähigungen ist der große Dixieländer alleine allerdings nur imstande, die Wichte mit Leib und viel weniger (meistens überhaupt nicht) mit Seele über ihr Häuschen hinauszuheben. Sein einzelner Einfluß genügt – wie mitreißend er manchmal auch sein mag – in der Regel doch nicht, um irgendeine geschichtlich wertvollere (nennbare, erzählbare) Opposition zu begründen. Es kommt unter solchen einseitigen Bedingungen sehr leicht vor, daß der große Dixieländer wahrhaftig nur Vickers (Focker usw.) auf der Wartburg hat, welche zwar tüchtig von der Dixiebahn profitieren, aber selbst gar nicht aus dem (geschweige gegen das) Häuschen (etwa für Charleston, Boston usw.) sind. Auf einer Wartburg (wie auch überhaupt auf jeder anderen Burg) von Niveau müssen die Truppen sich über die Einheit aller jener Gegensätze im klaren sein, welche von den Goglimoglis in der Welt angeregt und aufeinander zubewegt werden.

Sie müssen, um als richtige Wartbürger zu gelten, ebenfalls die Oberhauptperson im Häuschen gut kennen, welche der geschworene Feind aller großen Dixieländer (aller Vickers usw.) ist, welche ihnen pausenlos die Dixiebahn (die Sprechzimmer, die Luftschutzräume etc.) streitig macht und welche auch sehr oft das ganze Häuschen gegen sie aufstachelt. Von dieser Person hatten die Wichte bei O. Nyström nun aber fast keine oder jedenfalls bloß eine sehr verschwommene Ahnung, was sich vor allem daraus erklärt, daß sie nur eine verhältnismäßig kurze Zeit in allen Häuschen (das heißt seit Goglimogli 27 also 14 bis 15 Jahre in den Eltern-, davon sechs Jahre im Schul- und auch nur einige wenige Monate [ihr Realaufenthalt dort belief sich höchstens auf ein paar Wochen] in O. Nyströms Häuschen) waren. Wie der Hauptdixieländer, so hatte sich auch der Hauptdeuxiländer für sie noch nirgends (aus keiner Situation, in keinem Häuschen) deutlich genug herausgepellt: Ihre Dixiebahn in Kinderschuhen reichte nicht aus, um ihn näher in Erfahrung zu bringen.

Gewöhnlich zeigt uns erst die Bekanntschaft mit dem Hauptdeuxiländer früher oder später den Weg zu den Hauptdixieländern auf der Wartburg, oder allgemeiner gesprochen: Ein jeder kann seinen großen Dixieländer nur finden, wenn er sich zuvor in seinem eigenen Häuschen richtig umgesehen, dort die Oberhauptperson gesehen hat, wenn er genau weiß, was und wie ihre Oberhauptsachen sind. Von diesem Augenblick an ist er dann nämlich meistens nicht mehr im, sondern ganz aus dem Häuschen, also im Freien, eben dort, wo ihm die großen Dixieländer bloß begegnen können. Daß die großen Dixieländer von selbst die Wichte adoptieren, um echte (über alle Oberhauptsachen avisierte) Wartbürger aus ihnen zu machen, kommt – besonders wenn sie leichten (charleston-bostonschen) Schlages sind und sich die Dixiebahn nur für Vickers freihalten – seltener vor. Man darf niemals zu viel (beileibe schon kein Häuschen) von ihnen verlangen. Der zuverlässigste, obwohl in der Regel leider sehr (zu) späte Lehrer, der groß und klein (Wichte) am gründlichsten mit den Oberhauptpersonen und ihren Sachen bekanntmacht, ist der Lauf der Zeit, in dem der große prinzipielle Streit zwischen diesen Personen um den Vortritt (mit Goglimogli) auf der Dixiebahn links und rechts seiner letzten blutigen Entscheidung entgegengeht, wenn die Häuschen durch Volltreffer von Vickers, oft auch durch stillen Aufstand der Massen im Luftschutzkeller und anderen Sprachräumen der Reihe nach auseinanderfliegen und kein Zweifel mehr darüber bestehen kann, daß die Hauptdixieländer ihre Sache siegreich durchbringen werden. Für alle persönlich (geschichtlich) darin Verwickelten empfiehlt es sich aber, solche Untergänge lieber auf guter Wartburg als anderswo (und schon gar nicht in Häuschen, die ja in direktem Sinne lebensgefährlich) mitzuerleben. Nur so kann es sein, daß man von Goglimogli unbefleckt, meistens auch mit heilen Knochen den ganzen Wirrwarr übersteht. Da nun wirklich alles darauf ankommt, sich möglichst zeitig und richtig zu orientieren, das heißt für Dixie contra Deuxi zu optieren, ist es immer sehr vorteilhaft, wenn sich im Häuschen unter den Vickers, Wichten, Dixie-, Deuxiländern usw. jemand findet, der die Oberhauptpersonen und -sachen besser kennt, der vielleicht gar selber schon irgendeiner Wartburg entstammt und den anderen seine Kenntnisse vermittelt.

In dieser Hinsicht kam den Wichten bei O. Nyström besonders der Umstand zugute, daß einer von ihnen, nämlich Wuschti, der Sohn von allerdings nicht deuxen, sondern kakausischen-kolchidischen Wartbürgern war, also einer, den sein verzwackter Geburtsort in der Form eines kakausischen Luftschlosses (einer unmoglichen Wartburg) bereits von der Wiege an dazu gebildet hatte, die Häuschen nüchterner zu sehen, mit ihnen auch größtenteils auf Kriegsfuß zu stehen. Außerdem war Wuschti als Sprößling von Wartbürgern mit dreistöckigem Goglimogli seinen deuxen Klassenkameraden mindestens um einen, wenn nicht um zwei Goglimoglis voraus, was ihn schneller befähigte, die Goglimoglis zu vergleichen, sie zu kombinieren, subtrahieren und schon verhältnismäßig früh alle entsprechenden Schlüsse zu ziehen. Die Erkenntnis der Hierarchie (der Oberhaupt-, Haupt- und Nebenpersonen) des Häuschen war – im Gegensatz zu der Bekanntschaft mit den Hauptdixieländern, die uns meistens der Zufall schenkt oder die sich jedenfalls viel leichter bewerkstelligen lassen – theoretischer Natur, das heißt, man muß, um sich darüber zu unterrichten, etwas lesen, am besten eine dreiteilige Einführung in das Häuschen (in Ober-, Unter-, Hinterhäuschen). Die

Literatur dieser Art geht nie aus: Sie findet sich natürlich an erster Stelle in den Häuschen selbst, dann aber auch auf den Wartburgen, hier in Koffern oder Rucksäcken der vornehmlich älteren, kolchidischen (um 1917 und 1920 emigrierten, exilierten) Wartbürger, welche am liebsten immer etwas über ihr Häuschen lesen (wie es vor und ohne Goglimogli gewesen ist) und – falls ihre Qualifikation es zuläßt – auch etwas in Deuxi oder anderen Sprachen darüber schreiben. Alle solchen und ähnlichen Quellen sind – abgesehen davon, daß es auch seine Zeit braucht, bis ein ganz auf »House-hop« und Tarzan gestellter Wartburgssohn sie aufstöbert – eine komplizierte Lektüre, weil sie ja niemals gegenwärtige, hauptsächlich nur längst verflossene Goglimoglis berücksichtigen und noch dazu von Häuschen handeln, die in allen ihren Zimmern (Sprech-, Musik-, Eß- usw.) ganz anders eingerichtet sind, als man es in Deuxi- und auch meistenteils in Dixieland gewohnt ist. Die Oberhauptpersonen (-sachen) haben in diesen Schriften immer eine starke lokale Färbung, was ihre Erkenntnis ungemein erschwert und selten erlaubt, sie in anderen Geschichten (beispielsweise in deuxen Häuschen oder gar in dixieländischen Wartburgen mit Vickers, Fockes etc., mit historisch grundverschiedenen Goglimoglis usw.) nutzbar anzuwenden. Endlich kommt es noch auf die Quelle selber an, die möglichst verständlich (am besten in Deuxi) geschrieben und auch außerhalb des Häuschens gelegen sein muß, damit die Oberhauptsachen(-personen) drinnen klarer hervortreten.

Kolchis, Iberien und Albanien

Wenn Wachuschti allein zu Hause blieb, kramte er in dem Tornister seines Vaters. Er wollte endlich wissen, was sein Papa mit sich herumtrug. Der Tornister war voll von Büchern und Schriftstücken, welche alle über die ferne Heimat drunten im Südosten berichteten. Wachuschti erriet das an den Bildern, die die vielen fremdsprachigen Texte begleiteten. Die Königin Tamar kam wieder zum Vorschein, der Dichter Schota Rustaweli, der gute Tschawtschawadze und viele andere, Wachuschti wohlbekannte Gesichter. Der bedeutendste Fund war eine kleine deutsche Broschüre mit dem Titel: »Kolchis, Iberien und Albanien um die Wende des 1. Jahrhunderts v. Chr. mit besonderer Berücksichtigung Strabos«. Es war die Inaugural-Dissertation seines Vaters, vorgelegt zur Erlangung der Doktorwürde der Hohen Philosophischen Fakultät der Vereinigten Friedrichs-Universität Halle-Wittenberg im Jahre 1914. Neugierig vertiefte sich Wachuschti in Kolchis. Jede Seite der Schrift gab mehr Auskunft über seine Wurzeln.

Kolchis war der alte Name für die Heimat. Im ersten Kapitel vermaß der Vater den alten Landstrich Kolchis. Dabei halfen ihm mehrere alte Griechen, welche Kolchis vormals bereist und ihre Eindrücke aufgeschrieben hatten. In dem Tornister des Vaters lagen also noch die Tornister von Strabo und Ptolemäus, von Xenophon, Herodot und Arrian. Der Kampf um Kolchis war eine »Rucksackologie«. Immer mit Hinweis auf Strabo und Ptolemäus zog Wachuschtis Papa die Grenzen von Kolchis. Er folgte Strabo das Kaukasusgebirge entlang bis an die Schwarzmeerküste zu den Gebieten Pityus und Dioskurias, wo ein kleines Flüßchen mit dem wunderlichen Namen Korax ganz Kolchis von seinen nördlichen Nachbarn, den Heniochen, abgetrennt haben sollte. Im Osten führte Strabo den Papa bis zu dem Ort Sarapana. Dann schwenkten beide nach Süden und gerieten in die meskhischen Berge. Von hier aus ging es weiter an den verschiedensten Ortschaften vorbei gen Westen bis zu dem Städtchen Trapezunt, wo Wachuschtis Vater Strabo verabschiedete und sich den Griechen Arrian zum Reiseführer nahm. Arrian brachte ihn bis an den Fluß Ophis.

Damit war es mit der Geduld von Wachuschti zu Ende. Er legte den Rucksack ab und ließ den Vater mit seinen Griechen alleine weiterziehen. Für die gab es noch viel zu tun. Sie wanderten zu den zwei anderen altheimatlichen Landschaften Iberien und Albanien, deren Grenzen seinem Papa natürlich ebenso am Herzen lagen wie die von Kolchis. Wachuschti blinzelte erschrocken bei soviel Erdkunde. Der Vater und Strabo diskutierten jeden Fluß, jeden Berg und jede Stadt. Wenn ihre Meinungen zu weit auseinandergingen, riefen sie andere alte Topologen zu Hilfe, den Plinius, den Xenophon, manchmal sogar den Aristoteles. Sie steckten dann alle die Köpfe zusammen und zankten seitenlang. Die Grenzen waren sehr umstritten. Aber Wachuschtis Papa hatte alle Fäden in der Hand. Er nähte sein Land zusammen mit gutem kolchischen Zwirn, und ohne sich viel um die alten Topographen zu kümmern, die dabeistanden und höhnisch mit ihren Scheren klapperten. Wachuschti holte Luft und wandte seine Aufmerksamkeit jetzt jenem Kapitel zu, das die drei altheimatlichen Landschaften mehr von innen beschrieb.

Zusammen mit Strabo lobte der Vater das Klima der Provinz Kolchis. Er lobte Pech, Wachs, Hanf und auch den Flachs von Kolchis, der, wie dies Strabo bezeugen konnte, in ganz Griechenland, ja sogar in Ägypten hoch geschätzt wurde. In den Gebirgsbächen von Kolchis lag Gold, und bei der kleinen Stadt

Pharnakia gab es Eisengruben. Danach lobten der Vater und Strabo das Klima von Iberien. Sie lobten den Ackerbau und die Viehzucht an den Ufern des Flusses Aragus. Sie lobten ebenfalls die Fruchtbarkeit von Albanien, wo man die Felder nur einmal bestellte und dreimal Ernte bekam. Sie lobten auch den Wein, der hier besonders gut gedieh. Nur flüchtig wurde einer gefährlichen Kehrseite Albaniens gedacht: gewisser giftiger Reptilien, die den gewissenhaften Angaben Strabos nach das Leben dort schwermachten.

Ein anderes Kapitel berichtete Näheres über die Bevölkerung der drei Landschaften. In Kolchis hausten damals die Lasen und Manralen. Das waren schon Landsmänner im engeren Sinn gewesen, so, wie sie noch jetzt als großer zweigabliger Ast dem Heimatstamm entwuchsen. Kolcher hatte Strabo auf seinen Wanderungen leider nicht mehr zu sehen bekommen, und Wachuschtis Papa war auf die spärlichen Angaben angewiesen, die der Grieche Herodot über diese Leute zu machen wußte. Danach waren die Kolcher von dunkler Farbe und kraushaarig. Der Papa fand das befremdend. Er war ganz und gar nicht einverstanden mit dieser Charakteristik und wollte wenigstens die dunkle Hautfarbe der Kolcher als mäßig hell verstanden wissen. Dann wurde erwähnt, daß die Kolcher ein kriegerisches Volk gewesen seien. Zum Schluß kam noch ein verwirrendes Detail, das auch von Herodot stammte und das der Vater nur sehr kurz erwähnte: Die Kolcher hatten bei ihren männlichen Nachkommen die Beschneidung vorgenommen. Wachuschti schüttelte besorgt den Kopf. Mitten im Geäst der Volksgenossen saß ein dunkles, kraushaariges, kriegerisches Geschöpf, und niemand wußte, wie es dort hinaufgekommen war. In Iberien wohnten die Iberer oder Imerer. Nun hatte Wachuschti seinen Papa oft sagen hören, daß sie selbst Imeretiner seien. Also war Iberien der Stammplatz seiner Vorfahren. Am meisten gefielen Wachuschti aber die Albaner. Nach den Berichten von Strabo waren sie von stattlicher Figur und lebten sorglos in ihrem fruchtbaren Ländchen, wo sie, dem Rebsaft zugeneigt, ein fröhliches Jägerdasein führten.

Die Heimat war ein Fahrstuhl im alten Haus der Welt. Über die Etagen Albanien – Iberien – Kolchis fuhr man leicht aufs Dach nach Europa, oder man fuhr über Kolchis – Iberien – Albanien schnell hinab ins Erdgeschoß nach Asien. Strabo erzählte durch den Papa von kostbaren Waren, welche seit undenkbaren Zeiten aus Indien und China über das Kaspische Meer bis an die Kyrosmündung geschifft wurden. Von hier kamen sie flußaufwärts nach Sarapana und dann über den Phasis ans Schwarze Meer, wo griechische und römische Handelsschiffe sie auf europäische Märkte brachten. In den drei altväterlichen Provinzen trafen Kontinente zusammen. Die Väter selbst hatten aber, wie es schien, an dem Verkehr kaum teilgenommen. Es gab keine griechische Quelle, aus der hervorgegangen wäre, daß die Bevölkerung des Landes an dem Transithandel beteiligt war. Die alten Topographen nannten keine iberischen Geschäftsleute. Der Fahrstuhl war nur von Ausländern bedient worden, hauptsächlich von Griechen. Die Ahnen hatten dem losen Hin und Her nur zugesehen. Ab und zu machten manche wohl eine kleine Fahrt nach oben oder unten, in der Regel aber saßen alle fest auf ihren Etagen. Bei Strabo machte das Vaterland einen recht unbeweglichen Eindruck. Es war stark befestigt. Jeder Berg wies eine Burg auf, die das Land weithin überragte. Nur in den Tälern, wo die griechischen Handelsstädte lagen, ging es reger zu. Dort blühte das Geschäft, da fand ein Durchzug von rechts nach links und umgekehrt statt. Die Vohrfahren selbst vertrieben nichts. Aber sie vertrieben auch niemanden. Der Fahrstuhl konnte ungestört auf- und niedersteigen. Die Ahnen mischten sich nicht ein. Gewiß bekamen sie auch von den vielen guten Dingen, die der Handel durch ihre Grenzen schob, etwas ab, aber sie nahmen nur wenig und in Abständen. Bei Strabo sah es aus, als ob die Ahnen sich den Lift aus Spaß zugelegt hatten, etwa so, wie ein Millionär sich einen Rennstall leistet. Vielleicht waren die Ahnen Millionäre, die nur den Stall am Rennen sahen. Vielleicht hatte Herodot recht, und der Fahrstuhl war zu hoch für ihre krausen Köpfe.

Die Vohrfahren blieben zu Hause bei ihrem König, den sie Mamassachlissi nannten. Diese verschachtelte Bezeichnung hieß wörtlich: »Vater des Hauses«. Der Mamassachlissi hatte selbstverständlich einen Bart, auch wenn davon nichts bei Strabo zu lesen war. Ferner hatte der Mamassachlissi einen großen Tornister. Auch davon ließ Strabo nichts verlauten, aber Wachuschti war überzeugt. Und der Mamassachlissi hatte eine Fahne. Wachuschti sah sie ganz deutlich vor sich, obwohl auch dafür nur sehr geringe und indirekte Anhaltspunkte bestanden. Die Fahne mußte ein rotes Feld gewesen sein, das einen Mond in der Mitte trug. Es war ein guter runder Vollmond, der alle »Zigeuner« in Schach hielt. Die Ahnen huldigten diesem Gestirn. Der Papa und Strabo erzählten, wie man in den tiefen iberischen Wäldern selbstvergessen seiner weißen Scheibe nachhing. Besonders Verzückte, die allein in den Wäldern umherschweiften und sich nur mit kargen Beeren am Leben hielten, wurden, immer nach Strabo, von den Priestern aufgegriffen, ein Jahr lang abgefüttert und dann gesalbt dem Mond geopfert. Wo der Mond im Spiel ist, da wird gesalbt gestorben, wenn es der Mamassachlissi so anordnet. Wachuschti sah jetzt viel klarer: Der Mamassachlissi war der im Mond, der die Ahnen um sich versammelte in seinem bleichen stummen Kreis.

Auf den letzten Seiten der Kolchisschrift berührte der Papa auch spätere christliche Jahrhunderte. Sogar Christus hatte es nicht vermocht, die Ahnen von ihrem Mond herunterzuholen. Es war vielmehr umgekehrt. Die Ahnen hatten ihn zu sich auf den Mond hinaufgehißt mit seinem ganzen Gefolge. Aber dort erfreute sich der heilige Georg ihrer besonderen Aufmerksamkeit. Bei den Ahnen hatte Christus eigentlich noch gar nicht viel zu sagen. Auf dem Mond war der heilige Georg viel wichtiger. Er gab der Heimat seinen Namen. Er hatte auch gar nichts dagegen einzuwenden, daß die Ahnen von ihm immer in Anlehnung an ihr heidnisches Gestirn als dem weißen Georg sprachen und sein Fest stets im August bei Vollmond begingen. Der heilige Georg steckte mit dem Mamassachlissi unter einer Decke. Vielleicht liebte er Jagd und Rebe ebenso leidenschaftlich wie dieser. Georgien war ein getaufter Mond.

Auf der Rückseite der Kolchis-Abhandlung stand kurz die Vita des Papa. Der Verfasser von Kolchis war am 2. April 1891 in Koutais (Georgien) geboren worden. 1899 war er in die Realschule seiner Vaterstadt eingetreten und hatte diese bis 1908 absolviert. Ein Jahr darauf wurde er an der Universität zu Leipzig immatrikuliert, wo er acht Semester studierte. Im Jahre 1913 meldete er sich zur Promotion an der Universität Halle-Wittenberg. Der weite Weg von Koutais nach Leipzig war der Weg nach Kolchis um die Wende des ersten Jahrhunderts.

Mondbeschwörung

Auf die großen Bezüge zwischen Kolchis, Iberien und Albanien um die Wende des 1. Jahrhunderts und den Deuxen und Deuxiland im Wendejahr 1941 (als man nun auch im Osten gegen die linken Dixieländer losschlug und der deuxe Generalstab anfing, sich auf allen Dixiebahnen links und rechts siegreich zu verlieren) kam der Wicht Wuschti erstmals durch die Feststellung eines für die besagten Länder charakteristischen Merkmals, nämlich der Mondsüchtigkeit. Denn wie einstmals in Kolchis, Iberien usw., so gab es jetzt auch in Deuxiland sehr viele Deuxe, welche unverwandt zu der runden Milchkugel am Himmel emporstarrten, dabei irgendwelche – wie es aussah – Gebetsformeln murmelnd, auch sehr beschwörende, flehende Handbewegungen vollführend, wenn der Planet sich hinter Wolken verstecken oder abnehmen wollte. Diese Leute waren zumeist Hausväter (-besitzer), das heißt deuxe Mamassachlissis, die aus Furcht um ihre jetzt beinah schon jede Nacht vom Bombenhagel dixieländischer Flugzeuge strapazierten Häuschen den Mond beschworen, doch ja am Firmament zu bleiben und die Nacht zu erhellen, damit die Vickers sich nicht heranwagten oder, wenn sie kamen, leichter abgeknallt werden konnten. Gleich nach Sonnenuntergang standen die deuxen Mamassachlissis (viele von ihnen bereits für die Nacht [für Goglimogli] bekleidet, das in Pyjamas, Pantoffeln, Nachtmützen, mit wallendem Bart und Schlafrock) gewöhnlich schon auf ihren Häuschen und prognostizierten das Mondwetter. Und wie die Mamassachlissis im alten Kolchis, so hatten auch die deuxen Mamassachlissis – wenigstens für die Zeitspanne 1941/42 – den Mond ganz auf ihrer Seite: Hunderte von Vickers fielen damals in die Feuerschlünde deuxer Flaks und Packs, weil das fahle Gestirn – wie verabredet – gerade immer dann aus irgendeiner Wolkenhöhle hervorgekrochen kam, wenn ihre Geschwader den deuxen Häuschen und Mamassachlissis auf den Leib rückten. Bekanntlich fing der Mond erst ab 43, nämlich nachdem er etwas gründlicher in gewisse mit Stacheldraht umzogene, mit Pritschen, Posten und Schäferhunden eingerichtete deuxe Häuschen hineingeleuchtet hatte, an, die Dixieländer mehr und mehr zu begünstigen: sich (und die Nacht) zu verdunkeln, damit die Vickers ihre Bomben den Mamassachlissis besser an die Köpfe (auf die Häuschen) werfen konnten, etc. Zum Schluß (von 44 bis 45) erschien er, was seinerseits sicher schon übertrieben (strategisch völlig überflüssig) war und im Kurs des somit blinden Luftkrieges dann leider auch zu großen Verwüstungen zwischen deuxen Wartburgen führte, überhaupt nicht mehr über Deuxiland. Er hat sich in der Folge immer mehr zu einem ausgeprägt dixieländischen Weltkörper entwickelt und will – bis heute scheint es so – bloß Raketenbesuche von Vickers empfangen.

Bei O. Nyström war es der kolchidische Wartburgsjunge Wuschti, der die Wichte dort zuallererst mit den deuxen Hauptpersonen und -sachen vertraut machte, der ihnen während der jetzt manchmal schon sehr früh nach Abendbrot einsetzenden Alarme den Mond und die Mamassachlissis (welche sich – wenn man nicht schärfer hinsah – kaum von ihren dunklen Schornsteinen unterscheiden ließen) auf den Nachbarhäuschen zeigte. Er sprach zu seinen beiden Freunden dann auch lange von der fatalen Macht des Mondes oder des – wie er sich manchmal kultisch (kolchidisch) ausdrückte – weißen Georgs über alle braven Dixieländer, von dem nunmehr schon 1900jährigen Bündnis zwischen diesem Trabanten und allen Mamassachlissis zum Schaden Charlestons und Bostons. Nach Wuschtis sensationellen Eröffnungen war die wichtige Wohnung des Schweden O. Nyström geschichtlich schon viel mehr ausgerichtet: Sie hatte – weil die Wichte hier nun bereits regelmäßig die Mamassachlissis bei der Mondbeschwörung beobachteten und jedesmal grimme Freude bekundeten, wenn der weiße Georg widerspenstig war (zu langsam oder gar nicht erschien) – einen kleinen ersten Wartburgscharakter angenommen. Von hier aus versuchten die Freunde in einem Drang nach aktiverer, effektiverer Opposition dann auch sehr bald, die Ereignisse am Himmel durch Gegenbeschwörungen zu beeinflussen: Sooft ein Vicker vom Mond angestrahlt und zur bequemen Zielscheibe für deuxe Kanonen wurde, baten sie den Planeten kniefällig, zu verschwinden oder sich doch wenigstens etwas zu verdünnen. Dabei streckten sie ihre Arme ebenso verzweifelt in die Höhe wie die deuxen (und sicher auch altkolchidischen) Mamassachlissis. Anstatt aber irgendwelche Formeln (Gebete, Flüche) zu murmeln, pfiffen oder summten sie irgendeinen Dixieländer. Alle Einzelheiten des Rituals entnahm Wuschti der Kolchisschrift seines Erzeugers, sogar die Opferung wurde, zwar nicht auf tatsächliche, aber immerhin symbolische Weise eingehalten: Die Wichte hatten sich dafür mehrere Bilder des höchsten deuxen Mamassachlissis (das heißt der Oberhauptperson und des Erzeugers von Goglimogli 27 in allen deuxen Häuschen bis 45) besorgt, welche sie mit Schuhputzmittel (quasi Salbe) bestrichen und dann feierlich im Mondschein zerrissen. Um sich dem Planeten sichtbarer zu machen, waren die Freunde erstmals auch geneigt gewesen, den Kult aus der Wohnung (wo sie ihn vor offenem Fenster praktiziert hatten) auf das Dach des Häuschens zu verlegen, natürlich nicht gerade dorthin, wo die Mamassachlissis standen, sondern in eine vor deren Blicken geschützte Ecke. Nur ihre für Wartburg und -bürger schon sehr typischen Überlegungen, daß es im Häuschen bei Mamassachlissi doch geboten wäre, alle Solidaritätsbekenntnisse für Vickers

(Dixieländer, Charleston, Boston etc.) so geheim wie möglich zu halten, brachte sie zuletzt dazu, die Wohnung des Schweden, wo übrigens der Mond, wenn er nur aufmerksam war, sie unbedingt sehen mußte, nicht zu verlassen.

Wir dürfen heute sagen: Die seit 42 von den Dixieländern mit allen Mitteln (sogar mit Extradixieländern wie zum Beispiel der Mondscheinserenade von Glenn Miller – in den deuxen Häuschen beschworen die Mamassachlissis den Mond wie immer mit der Mondscheinsonate des deuxen Komponisten Ludwig van Beethoven, und es ist der durch nahezu zwei Jahrhunderte geschärften Kosmologik dieses Trabanten zuzuschreiben, daß er dann 43 nicht mehr auf die Sonaten und Kantaten hereinfiel und seine ganze Gunst den Dixieländern mit den Boogie-woogies, den Lindyhops und Charlestons, Bostons schenkte), die also mit allen Mitteln und seit 42 fieberhaft betriebene dixieländische Politik der Abwendung des weißen Georgs von deuxen Häuschen und Mamassachlissis haben die wichtigen Gegenbeschwörungen bei dem Schweden O. Nyström und auf anderen deuxen Wartburgen (wo sie in irgendeiner anderen, möglicherweise altdeuxen Form stattfanden) gewiß auch ein bißchen unterstützt. Mitte 42 leuchtete der Mond, der dann schon viel achtsamer auf Stimmen aus Wartburgen, Dixieländern (rechten wie linken) geworden war und allen Anrufungen beziehungsweise Verlockungen mit süßem Kulturhonig deuxerseits kaum noch folgen wollte, mehr und mehr den Dixieländern auf der Deuxibahn voran: Er machte sich zum Wegweiser der für diese Bahn nebst allen ihren unmoglichen Häuschen (Mamassachlissis) bestimmten dixieländischen Eiern, und er legte auch schon sehr oft manche schützende dichte Wolkenkissen zwischen die Vickers und die deuxen Kanonenrohre, die Fockes, Scheinwerferarme, Antennen, Radars etc. Eine weitere Folge dieses wichtigen Mondwechsels war, daß die Mamassachlissis, denen es da oben zu gefährlich wurde, langsam von den Dächern der Häuschen verschwanden, was auf allen realen und potentiellen Wartburgen natürlich freudig begrüßt, ja beinahe schon als Zeichen baldiger Kapitulation der Häuschen vor den Vickers gewertet wurde. Andererseits ergab sich, vom Stand- und Blickpunkt Wartburg aus betrachtet, dadurch ein kleiner strategischer Nachteil: Die Mamassachlissis waren wieder unsichtbar, das heißt, sie saßen zwischen den vier dicken Wänden ihrer Häuschen oder Luftschutzkeller, wo Vickers keinen (oder doch nur sehr gefahrvollen) Zutritt hatten. Auf einem ersten diesbezüglichen Kriegsrat in der wichtigen Wohnung des Schweden O. Nyström, wo zur Frage stand, wie es möglich wäre, den Mamassachlissis das Leben weiter heiß zu machen, wurden schon Projekte hörbar, welche dem entschlossensten (aktivsten) Wartbürger gegen Goglimogli 27 Ehre gemacht hätten; man sprach zum Beispiel davon, nachts, wenn alles schlief, das blau-weiß-rote Banner der Vickers und Dixieländer auf dem Dach des Häuschens zu hissen, die Hauswände mit charlestonschen (bostonschen) Losungen zu beschmieren. Sogar der Vorschlag, den Vickers oben am Himmel direkte Unterstützung zu leisten, kam auf, nämlich Nyströms Wohnung samt Häuschen über dem Kopf des Mamassachlissi (wenn er im Luftschutzkeller saß) anzuzünden und zu verschwinden. Zum Glück wurde mit keiner dieser Maßnahmen Ernst gemacht, denn für die kommenden Ereignisse war es doch unendlich wichtiger, sich weiterhin in dem Häuschen zu halten, dort eine richtige, vollwertige, mit guten Vickers ausgerüstete Wartburg gegen den Mamassachlissi zu unterhalten und heimlich Kräfte zum Umsturz zu sammeln. Außerdem hatte, wie es sich auf gewissen Papieren herausstellte, der Schwede Nyström dem Mamassachlissi die Wohnung abgekauft, was noch ein Grund mehr war, den Ort zu bewahren, ihn im Sinne Dixielands zu verwalten.

Einen kleinen Ersatz für die verlorene Feindberührung fanden die Wichte zunächst in ihren respektiven Häuschen, nämlich bei ihren eigenen Mamassachlissis (Erzeugern); diese in ein offenes Gespräch über Vickers zu ziehen und womöglich selbst zu Vickers zu bekehren (zu machen), war ihnen jetzt natürlich auch sehr wichtig (wenn nicht am wichtigsten). Da erwies sich nun, daß ganz paradoxerweise (denn als Erzeuger mußten sie doch logisch auch Vickers oder jedenfalls nicht allzuweit von solchen entfernt sein) alle Mamassachlissis sofort sehr ungnädig wurden, wenn ihr Wicht die Vickers vor ihnen auch nur in den Mund nahm oder gar darüber diskurrierte. Die Freunde mußten sich für den ehrenhaften Versuch, ihre geheimen Neigungen Mama (Papa-)ssachlissi zu bekennen, die fürchterlichsten Beschimpfungen (auch Schläge von Papassachlissis) gefallenlassen und – weil die entsetzten Eltern glaubten, die Wichte träfen sich schon lange mit lebendigen Dixieländern auf der Dixiebahn – auch einem längeren Hausarrest unterziehen. Dadurch wurde es eine Zeitlang leer bei O. Nyström, und später gingen die Wichte aus Furcht, von Mamassachlissi beschattet zu werden, nur auf großen Umwegen (auch mit Kennwort) dorthin. Bis zum Erscheinen des großen Vickers und Dixieländers Tullio Mobiglia, der den freien schwedischen Platz erst in einen richtigen Burgplatz mit Warteräumen für Pipos, Pipas, Pipoos, Musipos etc. verwandelte, rundeten die Freunde noch durch manche wichtige, eigens dazu unternommene Studie in den Luftschutzkellern verschiedenster (fremder) Häuschen ihr Wissen über Mamassachlissis ab. Um sie in diesem historischen Punkt vollkommen zu unterrichten, zeigte ihnen Wachuschti zum Schluß noch richtige kolchidische Mamassachlissis, also solche, die – weil sie an den Mond beziehungsweise weißen Georg (den viele von ihnen als Abzeichen am Jackettaufschlag trugen) glaubten – jetzt ganz aus dem Häuschen, das heißt eigentlich Exmamassachlissis, waren. Wachuschti führte seine Freunde in das Iß-mich, wo diese Mamassachlissis fast täglich zusammenkamen, um wehmütige Erinnerungen über ihr Häuschen im Kakausus auszutauschen.

Im Iß-mich hatten die Freunde zuerst herzliche Aufnahme gefunden. Sie bekamen einen Tisch und durften den allerdings in Georgisch (das heißt Kolchidisch, Iberisch und Albanisch) gehaltenen Reden der Mamassachlissis, die hier nur so sprachen, wie sie es vom Häuschen aus gewohnt waren, zuhören. Man gab Focke-Wulf und Hans Georg die verschiedensten, leckersten kolchidischen Nationalspeisen zu kosten, fütterte sie mit *Chatschapuri, Tschachochbili, Ssatziwi* und *Mzwadis* (was zu Deuxi und in derselben Reihenfolge annähernd soviel bedeutet wie Käsekuchen, geschmortes Huhn in Tomatentunke, Truthahnkeulen in kalter Nußsauce und gebratenes Hammelfleisch direkt vom Spieß). Dazu erhielten die Freunde auch noch mehrere Gläschen Schnaps und – was am folgenschwersten war – je einen geschweiften Kantzi, bis obenhin voll mit Wein. Wuschti fühlte natürlich besondere Zufriedenheit über die Gastfreundschaft, welche man seinen zwei deuxen Kameraden erwies (solches Essen war infolge des strengen Kartensystems schon lange eine Seltenheit und nur für Ehrengäste vorrätig). Er zeigte den zwei anderen Wichten die wichtigsten kolchidischen Persönlichkeiten in der Menge, vor allem den Fürsten – eine hohe, dürre Gestalt mit schlohweißer Mähne, Adlernase und herrischer Stimme –, der im Kreis irgendwelcher ihm emsig dazwischenredender iberischer Mamassachlissis (Exmamassachlissis) stand und alle fünf Minuten donnernd Ruhe beziehungsweise Gehör forderte. Seine Meinung, die hier übrigens immer noch von vielen angegriffen wurde, war, daß die gesamte deux-kolchidische Wartburgschaft jetzt, wo der Krieg auch links (im Osten) entfacht war, wieder etwas mehr an ihr Häuschen am Aragus denken müßte, da die Zeit gekommen sei, in der alle Exmamassachlissis sich mehr denn je als Mamassachlissis zu fühlen hätten, und ähnliches. Im Iß-mich wurde der Goglimogli um so angeregter verhandelt, je mehr die deuxen Heeresspitzen sich links dem Kaukasus näherten.

Mittlerweile hatten die Freunde tüchtig zugegriffen und in schon ziemlich aufgeräumter Stimmung (der Schnaps und die Kantzis machten sich bemerkbar) eine Unterhaltung mit den neben ihnen sitzenden kolchidischen Exmamassachlissis begonnen. Diese waren freudig überrascht von den tiefen, wenn auch zeitlich überholten, aber für Wichte gewiß außergewöhnlichen Kenntnissen über Georgien, welche die drei an den Tag legten. Solche historischen Tatsachen wie die Mondanbetungen (leider auch -opferungen) waren für viele sogar eine drollige Neuigkeit. Als Focke-Wulf alle anwesenden Exmamassachlissis Mamassachlissis nannte und dann gar noch den weißen Georg erwähnte, fand das Entzücken der Mamassachlissis (Exmamassachlissis) keine Grenzen mehr. Sie bestaunten den Jungen und schenkten ihm dankbar ihr Abzeichen desselben Ritters zu Pferde über zuckend verendendem Drachenleib. Die Wichte, vor allem die zwei deuxen, waren natürlich auch vor Begeisterung ganz aus dem Häuschen, aber nicht links, sondern – wie es ja ihre Art war – rechts davon und folglich auch versucht, das Iß-mich mit der ganzen kolchidischen Wartburgschaft und ihrem weißen Georg dixieländisch (charleston-bostonisch) aufzunehmen. Darum ging Focke-Wulf die bereits schleppende (er hatte alle Kantzis schon endgültig im Kopf) Zunge durch, das heißt, er tat etwas, was den entsetzten Wuschti husten und alle Mamassachlissis, die zum Unglück genug Deuxi verstanden, sofort die unwilligsten, empörtesten Gesichter machen ließ. Er redete nach kurzem, triumphierenden Hinweis auf den für das Kriegsjahr 1942 noch ganz neuen und ziemlich unglaubwürdigen Mondwechsel von Deuxinach (rechtem) Dixieland die alten kolchidischen (Ex-)Mamassachlissis mit und (was vielleicht noch schlimmer war) wie Vickers an, das heißt, er verlor jedes Zeremoniell, schlug ihnen auf die Schultern, zog sie am Bart. Daraufhin mußten die Freunde das Iß-mich hurtig verlassen, ungefähr so wie Diplomaten, welche in einem Häuschen eine Kriegserklärung abgegeben haben. Ohne diesen Zwischenfall hätten sich die Wichte in ihrer Wartburgsnatur vielleicht mehr und mehr (durch wiederholte Iß- und Trink-mich-Besuche bei den georgischen Exmamassachlissis) von Kolchis, Iberien und Albanien beeinflussen lassen, vermutlich wäre aus ihrem schwedischen Unterschlupf, wo ja schon manches Iberische (wie zum Beispiel Mondbeschwörungen) Fuß gefaßt hatte, auch langsam eine kolchidische Wartburg mit mehrstöckigem Goglimogli im Stil des 1. Jahrhunderts geworden. So aber war das einzige und historisch sicherlich viel vernünftigere Wartbürgertum, welches die Wichte in Deuxiland anno 42 noch annehmen konnten, das eigentlich dixieländische (charlestonbostonsche). Allerdings tappten sie auf diesem Weg vorerst lange im Dunkeln. Viel leichter ist es ja beispielsweise, über Bücher, Werke, welche der Mamassachlissi zum Teil selbst geschrieben hat, zu ihm (in sein Häuschen) zu finden als in die großen Wartburgen, das heißt zu den Dixieländern von Ruf (welche selbst gewöhnlich gar nichts schreiben und, wenn sie es tun, in den Häuschen niemals oder nur sehr schwer gedruckt werden).

Der erste von den Wichten, der in dieser grundlegenden Richtung Spuren aufnahm, war – als der ältere im Umgang mit den Vickers des ollen Affen Nyström auch mehr erprobt – natürlich Focke-

Wulf. Er hielt seine dixieländischen Kontakte jedoch zunächst geheim, wohl um sich erst selbst in ihnen zu festigen und eine möglichst breite Basis für Annäherungen mit der Feindseite (den deuxen Häuschen und Mamassachlissis) zu schaffen. Als dann die Dinge so weit gediehen waren, überraschte er die Wichte mit der sensationellen Erklärung, es würden nun bald echte (lebendige) Dixieländer inkognito zu O. Nyström kommen, um sich vielleicht ein Stabsquartier einzurichten, und er legte es den Freunden sehr nahe, ja nichts davon in den Häuschen auszuplaudern. Die Wichte waren still wie ein Grab, mutmaßten aber unter sich alles Mögliche, 42 in Deuxiland bestimmt auch noch ganz Unmogliche, nämlich nichts Geringeres als den geheimen Besuch dixieländischer Fallschirmjäger auf deuxen Häuschen, getarntes Eindringen der Dixieländer bei Mamassachlissis durch Luftschächte, Schornsteine, Dachluken. So eingenommen waren die beiden von dieser Idee, daß sie trotz der Winterkälte ein paar Tage den Kamin bei O. Nyström nicht heizten, ihn vielmehr blank gescheuert und zur bequemeren Landung des Fallschirmjägers mit einem Kissen und einem großen handgeschriebenen Plakat »Welcome« versehen hatten. Um die Ankunft (Herabkunft) der charleston-bostonschen Vickers in dem Häuschen nicht zu versäumen, brachten sie es nun auch schon fertig, unter dem Vorwand irgendwelcher ausgedehnter Geburtstagsfeiern, Ausflüge, Wichtentreffen, vor allem aber auch durch Ausnutzung der dafür sehr geeigneten Fliegeralarme und notwendiger Luftschutzaufenthalte in fremden Kellern, sich bis zur Geisterstunde oder sogar über die ganze Nacht von ihren eigenen Häuschen (Mamassachlissis) zu dispensieren. Focke-Wulf war jetzt meistens abwesend; wie man seinen flüchtigen Bemerkungen entnehmen konnte, traf er sich schon mit den Dixieländern an verschiedenen diskreten, von allen Häuschen jedenfalls sehr weit entfernten Stellen, vielleicht sogar in

Charleston (Boston) selbst. (Mit einem schnellen Vicker war es – wie das ja die häufigen dixieländischen Flugzeugvisiten deutlich bewiesen – kaum eine Stunde bis dorthin.)

Die Wichte Wuschti und Hans Georg mußten noch lange ihre Neugier bezähmen, bis Focke-Wulf – einmal übermäßig beschwipst von »dort« zurückgekehrt – etwas von einem Lokal nach der Art des Iß-mich, aber ohne Goglimogli, durchblicken ließ. Er nannte die Örtlichkeit auch halbwegs beim Namen, sagte: »Kaka-«, verschluckte aber den Rest, sicherlich, um den Geheimplatz, wo die Dixieländer doch zum Komplott gegen die Mamassachlissis (Häuschen) zusammenkamen, nicht vorzeitig preiszugeben. Da war großes Rätselraten angesagt. Die Wichte brüteten lange angestrengt über »Kaka-«, konnten sich aber nichts Besseres dazu ergänzen als Kakausus, der in dem gegebenen Zusammenhang (mit charleston-bostonschen Dixieländern) nun allerdings kaum in Frage kam. Die Wohnung des Schweden O. Nyström war – obwohl zu der Zeit noch weit davon entfernt, eine Wartburg zu sein – so immerhin schon durch intensives Warten auf Vickers gekennzeichnet. Wenn es dort klopfte, rissen Wuschti und Hans Georg mit dem Jubelruf »Da sind sie!« jedesmal stürmisch die Tür auf. Es waren aber vorläufig nur der Gasmann oder der Mann für das elektrische Licht, die bezahlt werden wollten (beides wurde übrigens mit dem Taschengeld der Wichte bestritten), oder sonst wer, und der ganze feierliche Empfang – Wuschti hatte als entsprechenden Tusch oft noch einen Dixieländer, zum Beispiel »House-hop«, aufgelegt – fiel dann ins Wasser. In allen Häuschen lassen die echten dixieländischen Vickers gewöhnlich sehr lange auf sich warten. Man muß eine richtige Engelsgeduld haben, bis sie mal hineinspazieren oder – so lautet jedenfalls der Text eines weltbekannten Dixieländers – wie Heilige da reinmarschieren *(When the saints go marching in).* Gewöhnlich kommen die Dixieländer an, wenn man sie gar nicht mehr erwartet, wenn das Häuschen, das doch für ihren Besuch festlich geschmückt gewesen ist, wieder sein altes Aussehen angenommen und alle Hoffnungen aufgegeben hat, die Ersehnten jemals bei sich zu sehen. Wuschti und Hans Georg verbargen, als sich nach Wochen noch immer niemand von drüben zeigte, ihre bittere Enttäuschung nicht mehr; sie saßen oder standen jetzt mit immer längeren Gesichtern, an denen die Existenzfrage: »Wo bleiben deine Vickers?« deutlich abzulesen war, vor Focke-Wulf, der nun auch schon recht verlegen dreinschaute, denn offenbar klappte die Sache mit den Vickers nicht oder wenigstens nicht so schnell. Auf der Suche nach passendem Unterschlupf visitierten diese – wie Wuschti und Hans Georg es einmal von Focke-Wulf erfahren hatten – bis jetzt immer noch andere Häuschen. Focke-Wulf hatte ihnen die Wohnung von O. Nyström genau beschrieben, auch einen Plan davon aufgekritzelt, aber außer vagen Versprechungen der Dixieländer, sich den Platz einmal anzusehen, hatte er nichts Reales bei ihnen erreicht. Nach langem Grübeln fragte Wuschti Focke-Wulf, ob er zu den Dixieländern auch über den wichtigsten Vorteil von O. Nyströms Wohnung, nämlich daß sie eine Wohnung ohne (direkten) Mamassachlissi war, gesprochen habe. Focke-Wulf griff sich verstört an den Kopf und gab sein Versäumnis zu. Am nächsten Tag waren die Vickers da.

Als ihre Gruppe von mehreren Personen bei O. Nyström eintraf, schlugen Wuschti und Hans Georg, die von Focke-Wulf vorher telefonisch verständigt worden waren, sofort dienstfertig die Hacken zusammen. Sie machten nach der ersten sehr formellen, beinahe wortlosen Begrüßung die Führer und schritten, ihre Aufregung nur mühsam beherrschend, den Vickers voran in die Zimmer, wo auf einem Grammophon sich schon die Nationalhymne der werten Gäste, nämlich »House-hop«, wild um die eigene

Achse drehte. Wie zufällig nahmen die Dixieländer auch gerade in diesem Augenblick ihre Hüte ab, was die Feierlichkeit der ganzen Zeremonie noch unterstrich. Bei »House-hop« hatten die Wichte zuerst aus achtungsvoller Rücksicht auf die Gäste stramme Haltung bewahrt und in soldatischem Gruß auch zwei Finger an die Schläfe genommen. Beide besannen sich aber schnell eines Besseren, dem »House-hop« auch weit mehr Entsprechenden, als sie sahen, wie plötzlich der längste, seinem Grad nach auch sicherlich höchste Dixieländer – und nach ihm dann auch alle übrigen Vickers – mit einem Fuß vergnügt den Takt dazu klopfte. Im nächsten Moment bekam das Häuschen wohl zum ersten Mal, denn es schwankte bedenklich ob des ungewohnten Schlages, den großen, das heißt von waschechten (charlestonbostonschen) Dixieländern verabreichten, Fuchstritt zu spüren. Es erzitterte dermaßen, daß auf allen seinen Stockwerken alle Mamassachlissis, in der Meinung, sie hätten die Sirenen verpaßt, sich hastig für den Luftschutzkeller fertigmachten. Bei O. Nyström aber wurde in diesem Augenblick (das heißt vermittelst des durch »House-hop« ein- oder abgerufenen Veitstanzes) die erste Brücke zwischen den Wichten von hüben (aus dem Häuschen) und den Vickers von drüben (aus Dixieland) hergestellt, die allgemeine Grundlage für eine richtige charleston-bostonsche Wartburg hohen Stils auf deuxem Boden geschaffen.

Der Dixieländer hatte alle erwärmt und verbindlicher gemacht, beide Seiten lächelten sich schon zu, die Vickers boten Zigaretten an, die Wichte gaben Feuer und Aschenbecher. Es zeigte sich, daß man nicht in demselben Sprechzimmer war: Die Gäste verstanden nur sehr wenig Deuxi, doch gab es verschiedene wichtige Grundbegriffe, die ihnen ohne weiteres eingingen, zum Beispiel das Wort Vickers (in seinem dixie- sowie deuxiländischen Sinn), bei dem alle Besucher geschmeichelt lächelten, als Wicht Wuschti es ehrfürchtig auf sie bezogen anwandte, oder der Ausdruck Dixieland, der für alle etwas sehr Nahes, innerlich tief Verwandtes, für die Gäste aber nicht nur ein Hobby, sondern – wie es sich herausstellte – auch berufliches Handwerk bedeutete, das iberokakausische Wort Mamassachlissi, das den Dixieländern wenigstens seinem ersten Bestandteil (Mama- beziehungsweise Papa-) nach perfekt bekannt war und das sie in voller Übereinstimmung mit den Wichten als Kennwort für etwas in (von) den Häuschen durchaus Unannehmbares, auf jeder Art von Dixiebahn auch sorgsam zu umgehendes Hindernis begriffen, und ähnliches. Focke-Wulf stellte die Wichte den Dixieländern vor, und der größte, hier an sich auch der wichtigste Vicker, ein Mann gegen Vierzig, mit marmorblassem Teint und ungewöhnlich leuchtender, schwarzer Haarfarbe, wiederholte, wie um sie sich besser, das heißt in möglichst fehlerloser Aussprache, einzuprägen, alle Namen. Da es kein »ch« in seinem Sprechzimmer zu geben schien, bereitete ihm Wuschtis voller Vorname »Wachuschti« kolossale Schwierigkeiten. Er nahm mehrere Anläufe, aber das »ch« wurde bei ihm immer zum »k«, Wachuschti zu Wakuschti. Letzteres abrundend, sagte er dann einfach: »Wakuscho«, mit Verkleinerungssuffix manchmal auch »Wakuschino«. Damit hatte Wuschti seinen – später in der Wartburg, auf allen Dixiebahnen und in den meisten Häuschen wurde er nur Wakusch genannt – geschichtlich gültigen Spitznamen weg. Der große Dixieländer, der ihn so getauft hatte, hieß selbst Tullio Mobiglia. Die Freunde redeten ihn schon am ersten Tag mit Signor Mobiglia, dann, seiner liebenswürdigen Weisung folgend, auch mit Signor Tullio und, als man noch vertraulicher wurde, schließlich bloß mit Tullio an. Er kam aus Italien, hatte aber die Hauptstrecken seines Lebens teils in Charleston, teils in Boston verbracht, dort lange Musik gemacht und arbeitete – wie Focke-Wulf vielsagend einwarf – auch jetzt noch in (mit) Dixieländern. Wuschti und Hans Georg blinzelten sich verständnisvoll zu und waren – obwohl sie es ja eigentlich schon von Anfang an gewußt hatten – sprachlos vor Ehre, einen Emissär der Dixieländer bei sich im Häuschen zu sehen. Beide nickten auch wortlos mit dem Kopf, als Focke-Wulf, der den Sprecher für die Dixieländer machte, ihnen feierlich die Versicherung abnahm, über den möglicherweise längeren Aufenthalt von Signor Mobiglia und vor allem über dessen Beschäftigungen mit Dixieländern, das heißt echten Vickers usw., bei O. Nyström strenge Diskretion zu wahren. Ein Händedruck besiegelte das Abkommen. Dabei zogen viele Gäste die Wichte auch gleich temperamentvoll an sich und gaben den beiden einen von ihren flotten Menjou-Schnurrbärten kitzlig umrahmten Bruderkuß.

Dann ließen sich die Vickers durch die ganze Wohnung führen, deren Luxus ihnen übrigens auf Schritt und Tritt beifälliges Gemurmel entlockte. Den Glauben, echtes, wenn auch verkleidetes, dixieländisches Militär vor sich zu haben, festigte bei Wuschti (den wir von nun an schon Wakusch nennen müssen) und Hans Georg auch noch der Umstand, daß die Besucher vor allem den strategischen Vorzügen des Häuschens die gehörige Beachtung schenkten. So zeigte sich zum Beispiel Signor Mobiglia über das Vorhandensein eines zweiten Ausgangs (Eingangs), nämlich der Dienstbotentür in der Küche, maßlos entzückt. Der lange Korridor und die guten Verbindungstüren in fast allen Räumen fanden zusammen mit den schweren Schlössern und Schlüsseln überall, mit den dicken Zimmerwänden und den verdunkelbaren Fenstern ebenfalls seine volle Anerkennung. Er sah auch interessiert zu, wie die Wichte, um ihm das Mobiliar zu demonstrieren, den großen Tisch im Eßzimmer auseinanderzogen: Auf seiner riesigen Platte hatten die vereinten Generalstabskarten von Großdeuxi- und Dixieland Platz genug; außerdem – Wakusch hob die

Sache nachdrücklich hervor – lag der Tisch die ganze Nacht über in vollem Mondschein und war daher für jeden geheimen Nachrichtendienst, für alle Beschwörungen und Verschwörungen zwischen Vickers (am Himmel und im Häuschen) besonders geeignet. Signor Mobiglia quittierte alle Erläuterungen dankbar mit einem: »Si, si«, und fragte dann nach dem Schlafzimmer. Die Freunde führten ihn sofort in das etwas abgelegene Gemach, wo die Dixieländer ihrer Zufriedenheit über die gute Federung der breiten, den ganzen Raum beinahe füllenden Liegestätte Ausdruck verliehen. Sie wippten anspruchsvoll auf den Matratzen, und Signor Tullio streckte sich, um zu sehen, ob das Bett ihn auch faßte, sogar der Länge nach darauf aus. Ebensolches Interesse erweckten bei den Besuchern alle Divane, Sofas und tiefere Klubsessel, wovon bei O. Nyström eine beträchtliche Anzahl herumstand. Wakusch und Hans Georg, welche noch immer nicht begriffen, daß hier schon die für Vickers ganz spezifische weiche (gepolsterte) Rollbahn ausprobiert wurde, dachten, die Gäste seien einfach müde, und wollten, nachdem sie es erst kurz betuschelt hatten, Signor Tullio schon herzlich einladen zu übernachten. Aber die Dixieländer hatten es plötzlich sehr eilig. Anscheinend waren sie noch woanders stationiert, vielleicht mußten sie sich von Vorgesetzten auch erst die Genehmigung für den Positionswechsel einholen.

In den nächsten paar Tagen hörten Wakusch und Hans Georg nichts von ihnen. Sie übermittelten über Focke-Wulf, der irgendwelche Verbindungen zu den Dixieländern behalten hatte, viele Grüße an Signor Mobiglia, welche alle freundlich entgegengenommen, aber nicht viel inhaltsreicher beantwortet wurden. Dann – nach einer harten Wartezeit, während der selbst Focke-Wulf keine Nachrichten mehr von den Dixieländern hatte und die enttäuschten Freunde dachten, Signor Mobiglia habe ein anderes Häuschen bezogen – kam zwar noch nicht der Vicker persönlich, aber immerhin schon sein Gepäck: mehrere Koffer, darunter zwei von Kleiderschrankgröße mit der ganzen Garderobe des Herrn. Es wurde in einem Opel herangefahren und von den triumphierenden Freunden zu O. Nyström hinaufgeschleppt. Die Hausbewohner (Mama-, Papassachlissis), die ihnen dabei auf den Treppen begegneten, mußten sich ganz dünn machen, um an den großen, mit allen nur erdenklichen dixieländischen Städtenamen (Charleston, Boston, Manila, Milano) bepflasterten Tornistern von Tullio vorbei und in das oder aus dem Häuschen zu kommen. Obwohl das Wichtigste, nämlich der Vicker selbst, immer noch ausblieb, vergrößerten seine gigantischen Koffer die Entfernung der Freunde von ihren respektiven Eltern(Schul-)häuschen, den natürlichen Abstand der drei von allen drei Goglimoglis und den damit verbundenen Mamassachlissis wieder mächtig. Mit dem Gepäck von Tullio war die Wohnung von O. Nyström schon fast soviel wie eine meilenweite, mehr nach Charleston (Boston) zu gelegene Dixiebahnstation. Über das, was in ihr enthalten war, bestanden bei Wakusch und Hans Georg keine Zweifel; sie mutmaßten Waffen, Munition und Flugblätter der Dixieländer gegen die Mamassachlissis, und beide waren deshalb auch bemüht gewesen, das Gepäck so schnell wie möglich bei O. Nyström zu verstauen. Es war das Zeichen dafür, daß Signor Mobiglia der Wohnung des Schweden den Vorzug vor allen anderen Häuschen gegeben hatte, der sicherste Pfand für sein baldiges Erscheinen. Darum blieben die Freunde jetzt schon Tag und Nacht auf dem Posten, das heißt, sie ignorierten Schul- und, wo es sich einrichten ließ, auch schon Elternhäuschen, um ja da zu sein, wenn der Vicker endlich kam. Ein Weilchen mußten sie sich aber doch noch gedulden, denn ein Vicker braucht eben nicht unbedingt dort zu sein, wo sein Koffer ist, und umgekehrt. Die zwei Freunde waren sehr betrübt über Signor Tullios hartnäckiges Ausbleiben und neigten, als die Zeit verging, ohne daß der Italiener sich sehen ließ, schon zu der Annahme, Signor Mobiglia habe bei ihnen nur ein Waffenlager anlegen wollen, sein Stabsquartier aber ganz woanders eingerichtet.

Endlich – die Freunde hatten alle Hoffnung, dem Dixieländer jemals wieder zu begegnen, endgültig aufgegeben – brach das Eis: Signor Mobiglia machte ihnen ganz unvermutet und auch gleich mehrere Male hintereinander seine Aufwartung. Er kam vorerst nur für ein, zwei Stunden zu geheimen Sprechstunden mit den verschiedensten weiblichen Dixieländern, alle bildschöne Frauen, manche – wie es Wakusch an ihren Eheringen sofort bemerkte – auch vornehme Ehehälften von Mamassachlissis. Signor Mobiglia besaß also schon ein weites Netz von Agentinnen in den besten deuxen Häuschen. Wakusch und Hans Georg vergingen natürlich vor Neugier zu erfahren, was in Signor Mobiglias Sprechstunden besprochen wurde. Sicherlich waren Staatsgeheimnisse im Spiel, denn die Vickers redeten gerade über das Wichtigste immer nur in einem sehr gedämpften, den Wichten völlig unverständlichen Flüsterton. Manchen Besucherinnen sagte Signor Mobiglia etwas ganz leise und unausgesetzt ins Ohr. Auch mit dem besten Gedächtnis waren solche langen Instruktionen nur sehr schwer zu behalten, und so machten die zwei Freunde, welche den Verhandlungen atemlos durch das Schlüsselloch zusahen, auch mehrmals die Sprechzimmertür mit der höflichen Frage auf, ob kein Papier und kein Bleistift gebraucht würden. Oft legten sie gleich, und um unnütze Unterbrechungen zu vermeiden, den Vickers schweigend einen Notizblock vor. Die Agentinnen trugen aber – wie Wakusch beschwören konnte – auch Signor Mobiglia Geheimnachrichten zu: Er fischte danach in ihren Halsausschnitten, unter ihren Röcken und Strümpfen. Um ihm schneller zu zeigen, wo sie es hatten, zogen sich manche Agentinnen auch gleich aus. Alle diese nahmen ihrerseits von Signor Mobiglia Verschiedenes entgegen. Was es war, konnte Wakusch wegen der Enge des Schlüssellochs nicht genauer feststellen. Aber es mußten, da die Dixieländer sich dann immer besonders dicht zusammendrängten, auch geheime Drucksachen sein.

Strenges Inkognito herrschte aus nur zu begreiflichen Sicherheitsgründen auch innerhalb der Organisation, denn alle Vickers, die Signor Mobiglia instruierte, durften nichts von, nichts übereinander wissen. Alle hatten, wie es schien, scharf umgrenzte Einzelaufgaben, also Diversion auf dem kleinsten (privatesten) Sektor auszuführen, meistens wohl bloß in ihren eigenen Häuschen, gegen eigene Mamassachlissis und ähnliches. Manche Vickers (feminin) stelzten sicher unter der Last des von Signor Mobiglia empfangenen Sprengstoffes geradezu breitbeinig nach Hause ab, und dann sahen ihnen die zwei Freunde, die fürchteten, es könnte schon unterwegs etwas explodieren, immer angstvoll hinterher. Focke-Wulf, der in die ganze dixieländische Tätigkeit eingeweiht war und auf Tullios Sprechstunden auch schon selbst manchmal Geheimnisse mit den Dixieländern teilte, übermittelte den beiden von Signor Mobiglia ein periodisches, aber nichtsdestoweniger vielversprechendes »Noch-nicht« als Antwort auf ihre wiederholte Bitte um aktivere Verwendung in Sabotageakten auf der Dixiebahn gegen Mamassachlissis. Inzwischen waren die zwei, welche das Warten bereits gelernt hatten, bemüht, sich mit hunderterlei Aufmerksamkeiten Signor Tullios Lob zu verdienen. So hängten sie ihm zum Beispiel einen großen Stadtplan in das Sprechzimmer, damit er auf seinen Sprechstunden alle Häuschen, in denen seine Diversanten für ihn arbeiteten, besser übersehen, den Vickers ihre Einzelaufgaben schneller stellen konnte, etc.

Später beschafften sie ihm auch noch große Dixielandkarten, wo die feindlichen, von den Deuxen verächtlich auch als lockeres Revier bezeichneten Gebiete links und rechts mit allen hauptsächlichen Chausseen, Straßen, Dixiebahnen, mit Irrendörfern, Freudenstädtchen usw. genaustens aufgezeichnet waren. Sie sorgten ebenfalls dafür, daß diese Karten zu jeder neuen Sprechstunde von Tullio die exakte militärische Lage des Tages widerspiegelten: Buntköpfige, von Wakusch und Hans Georg nach den neuesten Kriegsberichten (laut deuxi-, dixieländischer Trichter) sorgfältig hin und her gespikte Stecknadeln veranschaulichten da die Vor- und Rückmärsche der Parteien. Damit Tullio seinen Leuten den Stand der Dinge leichter erklären konnte, besorgten sie ihm dann noch einen Zeigestock. Beide brachten auch die bis jetzt zwar immer noch recht seltenen, aber irgendwie doch spürbaren Anzeichen dixieländischen Kriegsglücks mit Signor Mobiglias Untergrundbewegung zusammen. Besonders symptomatisch dafür erschienen ihnen die nun schon viel zielsichereren Luftangriffe der Vickers auf deuxe Häuschen. Ganz sicher lenkte Tullio ihre Bomben auf die Mamassachlissis. Wakusch und Hans Georg wollten aber – da ihnen die langsam wachsende Verheerung deuxer Wohnstätten durch Vickers nicht mehr gefiel – Signor Tullio Mobiglia bitten, eine neue Taktik auszuarbeiten, also lieber die Mamassachlissis der Häuschen als die Häuschen der Mamassachlissis auszuschalten. In diesem Zusammenhang waren überraschende Luftlandungen der Vickers in deuxen Sprech-, Schlaf-, Eß- und sonstigen Zimmern auf Signor Mobiglias Sprechstunden besonders erwähnens(empfehlens-)wert.

Um dem Italiener ihre Meinung flüssiger zu unterbreiten, rechneten die beiden auf Focke-Wulf als Dolmetscher. Sie hätten aber bald, wenn es ihnen nur nicht so eilig gewesen wäre, Tullio zu sprechen, keinen Übersetzer mehr gebraucht, denn die klangvolle

Mundart von Signor Mobiglia & Co. färbte auf sie ab. Zuallererst übertünchte sie ihre dixieländischen Grundbegriffe. So sagten Wakusch und Hans Georg für Vickers schon sehr oft Vickeros, Vickerinos, für Dixieländer – Dixielandos oder Dixielandinos und ähnliches. Tullio nannten sie wie übrigens alle, die ihn näher kannten, mit dem italienischen Ehrentitel achtungsvoll Maestro. Der bis dahin vorherrschend deuxe Ton in allen Sprechzimmern von O. Nyström bekam so immer mehr Anflüge von Welsch und – weil (wenn) sich die Idiome mischten – dann auch noch Kauderwelsch. Dadurch wurde die jetzt ohnehin sehr beträchtliche Entfernung des ganzen Platzes von der Umwelt, insbesondere von dem Häuschen, in dem er gelegen war, ungemein vergrößert. In der Schule bekamen Wakusch und Hans Georg nun oft Sechsen in Deuxi, weil sie jedem zweiten Wort manchmal ganz mechanisch ein »o« anhängten und auch überhaupt der Stil ihrer Hausaufsätze sehr zu wünschen übrigließ. Trotz ihrer großen Fortschritte in Kauderwelsch und trotz des auch ansonsten besten Einvernehmens mit Signor Tullio zauderten die zwei Freunde doch, ihm ihr Anliegen über die deuxen Häuschen vorzutragen. Der Verdacht, daß es vielleicht nicht ganz zu seiner Sprechstunde (in sein Sprechzimmer) paßte, bewegte die beiden, welche sich aber davon noch nichts anmerken ließen und auch untereinander noch nie davon gesprochen hatten, nämlich schon längere Zeit. So bekam Wakusch gleich in den ersten Tagen die durch das Schlüsselloch oder die halboffene Sprechzimmertür erwiesene Gewißheit: Die Agentinnen boten Tullio Mund und Dixiebahn zum Kuß. Der Maestro stürzte sich jedesmal mit wahrhaft geschäftlichem Eifer auf beides, so daß Wakusch, der dergleichen bisher nur in Lichtspielhäuschen gesehen hatte, zuerst glaubte, es handle sich um »secret service«. Dann aber geschah etwas, was die Ideen von Wakusch vollständig durcheinanderbrachte und ihn später (auch aufgrund vieler analoger Betrachtungen) langsam dazu veranlaßte, Signor Mobiglias Sprechstunden zwar immer noch unter dixieländischen, aber doch neuen, angemesseneren Gesichtspunkten zu betrachten. Tullio zückte dann nämlich ein direkt unnennbares, auch ziemlich langes Bestandteil der Verschwörung (Beschwörung), um es den Agentinnen, die nur darauf warteten, nach allen Regeln der Kunst einzuhändigen. Wakusch war platt, aber nicht zu sehr enttäuscht, denn die Gäste hatten sich, wenn auch in einem für ihn völlig unerwarteten Sinne, doch unabweisbar als Vickers entpuppt. Er verlor auch nicht sein Gleichgewicht, als Hans Georg, der inzwischen ebenfalls Signor Mobiglias Geheimdienst durchschaut hatte, ihn stotternd und mit feuerrotem Kopf auf die wahre Sachlage aufmerksam machte. Seine unerschütterliche Gemütsruhe und feste Zuversicht, daß alles, was in den Sprechzimmern bei O. Nyström geschah, zum Besten für die Dixiebahn und zum Nachteil für die Mamassachlissis ausschlagen würde, verfehlten ihren Eindruck auf Hans Georg nicht und hielten ihn an, die besagten Vorgänge in ihren wichtigeren (größeren) Zusammenhängen aufzufassen. Wenn sie nur scharf und lang genug sind, kommen alle Säbel, die man gegen ein Häuschen schwingt, schließlich doch auf dasselbe, nämlich auf dessen völlige Vernichtung heraus. Außerdem hielt es Wakusch noch immer für sehr gut möglich, daß Tullios jetzt schon sehr häufige, beinahe (sprech-)stündliche Kampfhandlungen bestimmte, ihm in Charleston oder Boston eingeimpfte Diversionstaktiken widerspiegelten. Und dann bestand ja auch die Aussicht auf viel akutere (militärisch weit mehr spezialisierte, auch geschlossenere) Sabotageakte auf der Dixiebahn, wenn – was nun schon soviel wie feststand – der Maestro sein Hauptquartier zu Nyström verlegen und dort alle Vickers aus den Häuschen zu entscheidenden Gegenstößen versammeln würde, etc.

Das Iß-mich und seine Gefangenen

Im Iß-mich wählte man einen neuen Präsidenten. Der alte war gestorben, und die Kolonie brauchte ein neues Haupt. Es bestand kein Zweifel, daß jetzt der Fürst den hohen Platz einnehmen würde. Der Moment war der denkbar günstigste für sein entschlossenes Programm. Die Welt rückte mehr und mehr zusammen. Mit jedem Tag wurde es dichter auf dem Planeten. Georgien stand vor der Tür. Seine Vorboten saßen schon im Iß-mich. Es waren schwere, braune Gesichter, die sich unter die Iß-mich-Kunden mengten wie neue Heimatgrüße. Man umarmte sie, man weinte und küßte sie. Das Fragen nahm kein Ende. Jeder wollte wissen, wie die Dinge zu Hause standen.

Die Vorboten steckten in Zivil. Einige trugen Jacketts, die ihnen über den Schultern zu eng waren. Anderen hingen die Ärmel über die Hände. Alle saßen steif auf ihren Ehrenplätzen. Hin und wieder versuchten sie ein Lächeln. Das geschah, wenn jemand herantrat, sich vorstellte und ihnen teilnahmsvoll die Hand drückte. In solchen Fällen erwies sich oft, daß man mit dem Vorboten aus ein und demselben Dorf gebürtig war, oder man hatte die Verwandtschaft in derselben Stadt. Die Vorboten waren Gefangene. Sie gehörten zu jenen langen, geschlagenen Heereszügen, die der Krieg in immer wachsender Zahl von links und rechts herantrieb. Für den Iß-mich-Verein waren diese stummen Menschenschlangen von größter Bedeutung, denn sein Vaterland lag links. Der Geisterzug aus dem Osten enthielt vertraute Gesichter. So kam es, daß der Ruf: »Die Unsrigen sind dazwischen!« von nun an auf den Iß-mich-Sitzungen als Kampfparole ausgegeben wurde. Es galt, jeden Unsrigen der Gefangenschaft zu entreißen und ihn in die Iß-mich-Familie einzureihen.

Der Kampf der Hünen um die Welt zog die Heimat in seinen Bann. Das Schicksal hatte es wieder einmal so bestimmt, daß der Mamassachlissi am Aragus in dem Bereich der großen Erdbeben zu sitzen kam. Klein-Kolchis tanzte auf und nieder wie ein Korken im Meeressturm. Es gab seine Insassen ab in den Höllentanz. Es wurde kleiner und durchsichtiger. Korken können untergehen. Die Iß-mich-Assoziation entwickelte eine fieberhafte Tätigkeit. Wenn der erste Aderlaß an den Fronten nicht zu verhindern war, so konnte und mußte der zweite im Elend der Kriegsgefangenenlager, der Zwangsarbeit bei dürftiger Ernährung im Schutt des Krieges von den Landsmännern abgewendet werden.

Die Iß-mich-Zentrale wickelte Fäden ab. Sie schickte ihre Vertreter hinauf in die braunsten Instanzen. Sie verhandelte hinter gepolsterten Türen vor hohen betreßten Hüten um Kolchis. Sie bürgte für den festen Grund eines winzigen Landfleckens links im lockeren Revier. Sie bürgte für das feste Gemüt der Bevölkerung eines Korken. Sie bürgte für den vollen festen Mond in drei Provinzen. Die Vertreter öffneten ihre Tornister und legten Schriften vor als Dokumentation für ihre Bürgschaft. Sie ließen das erste Jahrhundert für das Gewicht ihres Volkes zeugen. Sie wiesen die lange und zähe Geschichte von ihrem Häuschen vor. In dem losen Durcheinander links war die Heimat der feste Punkt. Der Mamassachlissi hatte gegen die Mongolen ausgehalten; er hatte die Araber und Perser abgewiesen; heute überstand er die Russen in einem verblüffenden und doch sehr bedeutsamen Sinn, sofern er nämlich über ihnen stand als ihr Oberhaupt. Der Führer links war ein Landsmann. Im Kreml saß der Mamassachlissi am Ruder. Der linke Vulkan war ein Schornstein an einem kleinen dreistöckigen Häuschen hinter den Bergen des Kaukasus. Er rauchte nur auf Befehl des Mamassachlissi.

In dem Tornister der Iß-mich-Vertreter war diese Tatsache der große Trumpf. Sie war ein neuer Beweis für die Güte des Häuschens, ein Zeugnis dafür, welche bedeutende Rolle es beim Aufbau anderer, viel größerer Häuschen zu spielen vermochte. Seine tiefen Keller bargen Leim, Dämpfer und Schirme aller Art. Es besaß ein kleines Riesenarsenal von Widerständen, dessen Fundamente ebenso alt waren wie Himmel und Erde. Schon nach den ersten großen Legenden war es der sicherste Zwinger für jeden verwirrten Schwärmer. So war Prometheus ins Häuschen unter den festen Hut des Mamassachlissi gekommen, zur Strafe für seinen Unfug mit dem himmlischen Feuer. Er saß noch heute dort. Das Häuschen war die Wiege aller Prometheuswächter. Es war das Heim der Unerschütterlichen, die links im lockeren Revier die Dixiebahn domestizieren. Die Vertreter baten für alle versprengten Wächter ihres Häuschens. Es gab derer ohnehin schon viel zu wenig auf der Welt, als daß man sie unachtsam zugrunde gehen lassen durfte. Man hatte sie alle vielmehr auf ihren Posten zurück zu versammeln, wo sie seit Jahrhunderten getreu die Wacht über der Erde besorgten.

Die Iß-mich-Bitte blieb nicht ohne Gehör. Die Vertreter wurden eingeladen, ihre Gewichte für Kolchis schriftlich aufzusetzen. Eine Aktensache entstand, die das Häuschen in Sicht brachte. Es wurde Gegenstand unzähliger Referate mit Kopf und Stempel des Reiches. Der Mamassachlissi erhielt sein Fach in Schränken und Mappen. Er kam in die ganz wichtigen Papiere, welche ihren Inhalt einer besonderen Beachtung empfahlen. Man begann, mit ihm zu rechnen. Das Häuschen links war für tauglich befunden worden. Die Vertreter hatten gewonnen.

In jenen Tagen erfuhr das Iß-mich große Verwandlungen. Die Eingangstür wurde mit Girlanden behängt. Ein Bild von dem weißen Georg mit der Lanze und dem Drachen kam in das

Schaufenster. Darüber prangte ein hieroglyphischer Willkommensgruß für die befreiten Gefangenen. Im Iß-mich steckte der Mamassachlissi von nun an seine Fahne heraus. Es gab keine Gastwirtschaft mehr. Das Iß-mich war jetzt in erster Linie der Unterstand für alle, die aus dem Häuschen am Aragus waren.

Der erste Gefangenentrupp zog festlich in das Iß-mich ein – unter Händeklatschen und jubelnden Zurufen der Kolonisten, welche natürlich nicht versäumt hatten, diesen bedeutenden Tag mit ihren Präsidentenwahlen zusammenzubringen. Die Ankömmlinge waren mit lautem »Bravo« auf das Podium genötigt worden. Kinder gingen mit Büchsen herum für eine Geldspende zugunsten der befreiten Männer. Nach den Zeremonien wartete ein Festessen, zu dem jeder Iß-mich-Kolonist seinen Anteil beigetragen hatte. Ein Befreiter richtete einige Sätze an die Anwesenden. Alle drängten nach vorn, um die ersten lieben Töne des fernen Heimatlandes besser in sich aufzunehmen. Es waren Dankesworte, die, verlegen hervorgestottert, wie runde Erbsen zwischen die Leute fielen. Die Rührung war allgemein, und manchem alten Kolonisten traten sogar Tränen in die Augen. Dann sollte als kleiner, aber herzlicher Iß-mich-Gruß an die Erlösten ein kleines Mädchen auf der Bühne ein Gedicht aufsagen. Leider konnte man keinen Ton aus ihm herausbekommen. Es hatte das Mündchen krampfhaft geschlossen und war durch nichts zu bewegen, es aufzutun.

Anders der Fürst. Er hielt sofort eine glänzende Rede über das Häuschen. Dieses war nach seiner Ansicht als Mamassachlissi das Häuschen Nummer 1a. Denn erstens hatte es – wie jetzt bloß die wenigsten Häuschen – noch alle Patriarchen ehrlich gern; zweitens besaß es einen erstklassigen Nachwuchs an Mamassachlissis, welche in jedem steuerlosen Häuschen der Welt zu entsprechender Verwendung kommen konnten und kamen. So hatte die

Geschichte dem Neubau an der Moskwa, dessen Theorie es war, daß es sich ohne Mamassachlissis besser lebt als mit, gerade einen Mamassachlissi aus dem Häuschen Nummer 1a am Aragus verpaßt.

Nicht im Sinne von Theorien, die Mamassachlissis ablehnen, sondern im Sinne der Geschichte, welche Mamassachlissis braucht, werden Häuschen renoviert. Und nur weil die Mamassachlissis praktisch wichtiger sind, können sie sich theoretisch vieles erlauben. Sie können zum Beispiel neuartige Titel annehmen und behaupten, mit Mamassachlissis nichts mehr gemein zu haben. Sie können philosophieren und sagen, der einzig rechtmäßige Herr im Häuschen sei das Häuschen. Sie können auch die Pluralformen des Häuschens vergessen und es bloß noch im Singular begreifen. Was sie aber nicht können, ist, den Mamassachlissi abschaffen, der sie selber sind. Man hatte, obwohl er ganz anders sprach und schrieb, einen waschechten Mamassachlissi in Rußland.

Häuschen kann nur ein Mamassachlissi haben. Zwei Mamassachlissis haben vielleicht noch ein Häuschen, aber dieses ist dann meistens kaum bewohnbar. Mehrere Mamassachlissis sind in einem Häuschen praktisch ausgeschlossen. Zu Hause bleibt entweder nur der beste oder der schlechteste. Alle übrigen müssen, wenn sie nicht an irgendeine Wand ihres eigenen Häuschens gestellt werden wollen, in fremde Häuschen gehen.

Jeder Mamassachlissi gibt heute in seinem Häuschen schon unzähligen Exmamassachlissis aus anderen Häuschen Unterkunft. Es ist hier aber wieder die Geschichte, welche im Interesse der Häuschen allen Mamassachlissis jetzt auch noch Exmamassachlissis zugesellt. Denn wo jene das Häuschen herunterbringen, stellen es diese wieder auf die Beine und umgekehrt. Die Exmamassachlissis können beispielsweise niemals gleichgültig zusehen, wenn – und gerade das ist ja heute der Fall – die Mamassachlissis plötzlich Kriege erklären und jeder dem anderen zu Lande, zu Wasser oder aus der Luft das Häuschen demoliert. Alle Exmamassachlissis müssen sich dann im Namen ihrer Häuschen zwischen die Mamassachlissis werfen und – so gut es geht – die gegenseitige Zerstörung verhindern. Sie müssen – jeder auf seiner Seite – den Frieden wiederherstellen oder – wenn es dafür zu spät ist – die Mamassachlissis bitten, ihre Duelle wenigstens in angemessener Entfernung von den Häuschen auszutragen. Sie müssen geduldig versuchen, jedem Mamassachlissi klarzumachen, daß sein Häuschen halb so schlimm ist, wie es aussieht. Sie müssen alle Schläge lindern, welche ihre Häuschen von den Mamassachlissis bekommen.

Die Exmamassachlissis appellieren heute an alle siegreichen Mamassachlissis, das Häuschen ihres Gegners zu schonen. Sie appellieren aber ebenso an alle geschlagenen Mamassachlissis, sich zeitig zu ergeben, damit ihr Häuschen bestehen bleibt. Sie appellieren schließlich auch an alle Häuschen, ihre Exmamassachlissis – wo es nötig ist – als Mamassachlissis und ihre Mamassachlissis als Exmamassachlissis zu betrachten.

Seit es Häuschen gibt, haben Mamassachlissis nur das Blut von Exmamassachlissis und Exmamassachlissis nur das Blut von Mamassachlissis vergossen. Aber sie vertilgten einander, ohne jemals zum Ziele zu kommen: Noch nie schaffte sich ein Mamassachlissi alle Exmamassachlissis oder ein Exmamassachlissi alle Mamassachlissis vom Halse. Immer waren genug Häuschen da, um genug Exmamassachlissis vor Mamassachlissis oder auch genug Mamassachlissis vor Exmamassachlissis zu verstecken.

In einer Zeit wie heute hat die Verfolgung von Exmamassachlissis durch Mamassachlissis und von Mamassachlissis durch Exmamassachlissis – abgesehen von ihrer Zwecklosigkeit – noch den Nachteil, daß sie die Exmamassachlissis hindert, zwischen den feindlichen Mamassachlissis zu vermitteln. Toleranz für Exmamassachlissis bei Mamassachlissis und für Mamassachlissis bei Exmamassachlissis ist der erste Schritt zum Frieden.

Alle Exmamassachlissis und Mamassachlissis stehen – wenn sie aus demselben Häuschen sind – menschlich einander am nächsten. Sie können sich – um nur das erste und wichtigste zu nennen – ohne Übersetzer verständigen. Es gibt aber andererseits auch überall, wo es sich darum handelt, ein neues Verständnis zwischen den feindlichen Mamassachlissis zu erzielen, keine geeigneteren Übersetzer als Exmamassachlissis. Sie sind die besten Kenner der Häuschen vis-à-vis und daher imstande, jedem Mamassachlissi klaren Wein über den anderen einzuschenken.

Außerdem haben sich Exmamassachlissis und Mamassachlissis noch als Mamassachlissis zu respektieren. Der Höchste im Häuschen ist ebenso hoch wie der Höchste aus dem Häuschen. Hier steht nur tiefer, wer den Rang des anderen mißachtet. Bisher haben leider die meisten Mamassachlissis gegenüber Exmamassachlissis (und leider auch die meisten Exmamassachlissis gegenüber Mamassachlissis) ihre Hoheit verloren. Wenn sie nicht die niedrigsten im und aus dem Häuschen sein wollen, müssen alle Mamassachlissis den Exmamassachlissis und alle Exmamassachlissis den Mamassachlissis würdig begegnen.

Die Exmamassachlissis können schließlich noch vieles von Mamassachlissis lernen, und die Mamassachlissis vieles von Exmamassachlissis. Sie können sich, wenn sie aufeinander hören, als Mamassachlissis vervollständigen.

In ihrer Bereitschaft, sich in allen Häuschen zu verwenden, gehen heute die Exmamassachlissis des Häuschens Nummer 1a am Aragus den Exmamassachlissis aller anderen Häuschen mit gutem Beispiel voran. Sie haben ein Komitee gegründet, welches alle, die aus ihrem Häuschen sind, zu betreuen und auch dafür zu sorgen hat, daß diese wieder unversehrt in ihre Häuschen zurückkommen.

Sie haben mit jedem kriegführenden Mamassachlissi, der für sie erreichbar ist, Verbindungen über ihr Häuschen aufgenommen. Sie haben auch beschlossen, den Mamassachlissi in Rußland – wenn er mit sich sprechen läßt – in Sachen ihres gemeinsamen Häuschens zu beraten.

Sie haben Geld für eine eigene Zeitung gespendet, die jedem Exmamassachlissi, der den Mamassachlissis etwas über sein Häuschen zu sagen hat, als Tribüne dienen wird. Sie haben sich, um ihrem Häuschen besser das Wort zu reden, bei allen Mamassachlissis als Übersetzer gemeldet. Sie haben auch die Absicht, in allen Stabsquartieren an der Front vor ihrem Häuschen unmittelbar Zurückhaltung zu predigen.

Krieg kommt von Mamassachlissis, Frieden von Exmamassachlissis. Nur die, die aus dem Häuschen sind, können Häuschen heute noch retten.

Der Fürst bekam alle Stimmen. Als er ausgesprochen hatte, rauschte ein Beifall auf, daß die Scheiben im Iß-mich zu klirren begannen. Man umdrängte den alten hageren Mann, man beglückwünschte ihn zu seiner Rede. Die Kriegsgefangenen zogen im Gänsemarsch vorbei an dem Patriarchen und drückten ihm ehrerbietig die Hand. Der Mamassachlissi feierte Geburtstag, seine Familie gratulierte. An jenem Abend wurden die Kriegsgefangenen noch einmal gefangengenommen. Sie waren die verlorenen Söhne, welche ihren Weg zurück ins Häuschen gefunden hatten. Ein rundlicher Herr bezeichnete sie als erste Schwalben der Heimat. Die Iß-mich-Kolonisten stritten sich um die Ehre, wenigstens einen befreiten Gefangenen bei sich zu beherbergen.

Da blieb keiner zurück. Man zankte sich förmlich darum. Denn es waren leider viel zu wenige Gefangene da. Jeder Glückliche, der sich einen Gefangenen erobert hatte, hielt seinen Mann fest am Arm und zog ihn überall mit sich herum. Man durfte den verlorenen Sohn keine Sekunde alleine lassen. Er wurde sofort von irgend jemandem in Beschlag genommen und war dann unwiderruflich verloren.

Zwei deutsche Berichterstatter machten Notizen für ihre Blätter. Kellner boten kostenlose Erfrischungen. Von irgendwoher erklang die schöne Weise der alten georgischen Volksmelodie *Mrawal Schamier.* An der großen Festtafel wollten alle neben einem Gefangenen sitzen, und der Zank darüber nahm erst ein Ende, als der Fürst nachdrücklich um Ruhe bat. Die Versammelten hüllten sich sofort in ein musterhaftes Schweigen. Sogar die Kellner wagten nicht mehr zu tuscheln. Der Fürst sprach wieder. Er wandte sich jetzt an die Gefangenen, und diese erhoben sich mit einem Ruck von ihren Stühlen. Man füllte einen großen geschweiften Kantzi. Dann sprach der Fürst über den frischen Zuwachs, den die Iß-mich-Familie erhalten hatte. Er erzählte in knappen Worten den Lebenslauf jedes Gefangenen. Er lobte die Befreiten als gute Patrioten und empfahl sie der Fürsorge der Kolonie. Er nannte die Gefangenen seine Söhne.

Dann tranken alle Männer in der Runde auf den Wink des Fürsten aus dem großen gewundenen Horn. Jeder mußte zu Ehren der Gefangenen eine Rede halten. Die Versammlung lauschte aufmerksam und belohnte besonders treffende Gedanken mit beifälligem, die abgenutzten Redewendungen mit mißbilligendem Gemurmel. Dies war ein Wettkampf von Rhetorikern bei schwerem italienischen Wein, der in großen Kantziportionen durch aller Kehlen glitt. Die Kellner standen bewundernd dabei und zeigten sich gegenseitig die wachsende Zahl der geleerten

Flaschen. Je mehr getrunken wurde, desto tiefer wurde die Stille am Tisch und desto bedächtiger sprachen die Redner. Es war ein beherrschtes Gelage, das in den vertrunkensten Phasen seinen festlichen Ernst bewahrte. In jedem Gast durfte der Frohsinn nicht viel mehr glimmen als ein Streichholz in der Nacht. Sich nicht in Brand stecken zu lassen bei soviel Zündstoff war die Pflicht aller Ritter vom Orden des weißen Georg. Hier tafelten die Beherrschten, welche nach den vollsten Gläsern immer noch gezügelt auf ihren Plätzen bleiben und Reihe halten im Turnier. Der höchste Trunk dieser Gesellschaft ging auf das Wohl des Herrschers. Man rief den Mamassachlissi an und ließ ihn donnernd hochleben mit allen Tornistern und Fahnen. Jeder prostete begeistert dem Fürsten zu, und manch einer dachte da vielleicht auch bewundernd an den ganz anderen Fürsten im Kreml. Denn der Mond bleibt stets derselbe, ob er rechts oder links von uns stehen mag.

Im Kakadu

Die Freunde liefen auf Zehenspitzen umher. Sie legten den Zeigefinger an die Lippen und sagten: »Pst, Tullio schläft.« Der Maestro, welcher nun schon seit einigen Tagen Quartirant und Ehrengast der Entfernten war, machte die Nacht zum Tag und den Tag zur Nacht. Wenn es dunkelte, erschallte ein fröhliches »Tirilala« aus dem Schlafzimmer. Signor Tullio war aufgewacht und übte seine Stimme. Die Freunde stürzten sofort zu ihm, um seine Befehle zu empfangen. Der Maestro bestellte sich zunächst lauwarmes Wasser in die Wanne. Ein kräftiger Schuß Lavendelparfüm hatte dabei zu sein. Der lockere Musiker legte großen Wert auf gute Gerüche. Bevor Herr Mobiglia in sein duftendes Bad verschwand, aß er zwei rohe Eier, welche man ihm aus einer großen, aus dem Kakadu beschafften Kiste kredenzte. Während Signor Tullio im Bade seine Glieder kühlte, legten ihm die Freunde sein Abendkostüm zurecht. Sie deckten auch den Tisch für ein kräftiges Frühstück, dessen Hühnerbrüste, Heringssalat und Leberwurst zusammen mit hundert anderen Köstlichkeiten jeden Tag in blechernen Dosen von Wachuschti oder Hans Georg aus dem Kakadu herbeigetragen wurden.

Frisch rasiert und gebadet erschien Signor Tullio inmitten dieser Vorbereitungen und verteilte freundliche Klapse an die drei als Zeichen lobesvoller Ermunterung. Aber man ging noch nicht zu Tisch, sondern erst vor den Spiegel, wo Signor Mobiglia begann, seinem reichen Haar die letzte Politur zu geben. Er ölte seinen Kopf mit den verschiedensten Tinkturen und werkte mit einem langen Kamm fleißig an sich herum wie ein Bildhauer an einem Stück Gips. Nach einem Viertelstündchen küßte Signor Mobiglia sein Spiegelbild. Das Wunder war erreicht. Der Maestro hatte sein Haar schwarz verglast. Es lag jetzt glatt und tadellos um seinen Kopf. »Specchio«, riefen die Freunde mit Bewunderung. Das italienische Wort für Spiegel war die passendste Bezeichnung für Signor Mobiglias Frisur. Tullio wedelte dankbar mit der Hand und bat zu Tisch. Die Freunde kauten mit vollen Backen und sahen ehrfürchtig auf das Wunder in ihrer Mitte, auf den schwarzen Spiegel in blütenweißem Hemd und mit Hosenträgern. Signor Mobiglia schuf die richtige Entfernung. Bei ihm dachte niemand mehr an zu Hause. Specchio! Alle Raben waren fortgeflogen.

Die Freunde speisten und wagten hin und wieder einen schrägen Blick auf Signor Tullios Kollektion. Es war dies ein wahllos ausgestreuter Haufen von Fotografien junger Damen aus dem weiten Bekanntenkreis des Maestro. Sie hatten gar nichts an und lagen lose in den Bildchen wie herrliche, unverschämte Geschenke. Jeden Morgen kramte Signor Mobiglia ein wenig in diesen Porträts. Er sonderte die Runden von den Schlanken, die Dunklen von den Blonden. Er sortierte sie nach ihren Vorzügen und warf die Bilder zuletzt doch wieder durcheinander. Eine Einteilung war ausgeschlossen. Die Damen waren alle vorzüglich.

Nach dem Frühstück schlüpfte Signor Tullio in sein Jackett und stand nun blitzblank vor den Freunden wie ein Wohlfahrtsminister. Er sagte: »Presto, presto!« zu den dreien. Die Uhr ging schon auf acht. Die Entfernten machten hastig Toilette. Sie umdrängten den Spiegel mit Kamm und Bürste, sie schnitzten und kneteten an sich herum, bis der Specchio bei ihnen ebenso aufleuchtete wie bei dem Maestro. Inzwischen ging Signor Tullio in den Zimmern auf und ab und blies auf seinem Saxophon. Er improvisierte einen Witz nach dem anderen, scherzte und schäkerte dermaßen herum, daß es einem ganz ursprünglich zumute wurde dabei. Dann dudelte er den Hokuspokus weg und rief nach den Entfernten. Die Freunde traten an, geschniegelt und gestriegelt nach der Vorschrift des Maestro. Die Entfernung war komplett. Sogar ihre Väter hätten sie nicht wiedererkannt. Der Signor hatte mit ein paar Griffen die verblüffendsten Veränderungen an den dreien bewirkt. Bei Wolf und Hans Georg saß der Menjou-Bart jetzt prachtvoller denn je. Der Maestro hatte ihn selbst ausrasiert und in Schwung gebracht. Nur mit Wakusch war leider nichts zu machen gewesen, weil ihm der Bart noch immer nicht wachsen wollte. Aber diese Lücke fiel eigentlich gar nicht so ins Gewicht, denn Wachuschti hatte seine Mähne aufpoliert wie einen Scheinwerfer. Sie überstrahlte zuweilen sogar den Specchio des Maestro.

Signor Tullio sagte: »Bravo!« und stellte sich an die Spitze des Zuges. Unterwegs erhielt die Delegation einen großen Schwanz von Begleitern, die mit spitzen Ohren neben ihr einherschritten, um zu erlauschen, in welcher Sprache sich diese fremdartigen Gestalten untereinander verständigten. Die drei Freunde hielten aber eisern ihren Mund. Sie gaben niemandem Gehör und blieben distanziert. Wolf trug das große, in ein ledernes Etui verpackte Saxophon des Maestro vor sich her wie eine Maschinenpistole. Hans Georg war mit einem Bündel Fotoapparaten bepackt. Wachuschti schleppte die riesige schweinslederne Aktentasche des Maestro, in der sich eine Blitzlichtbatterie, mehrere Fotolampen, Filter, Rollfilmkassetten und anderes Zubehör befanden. Allen voran glitt Signor Tullio wie ein geölter Torpedo.

Der stumme Trupp erregte nicht nur Aufsehen, sondern auch Anstoß. Ein Schupo gesellte sich zu den Neugierigen, die zu der seltsamen Bande an allen Straßenecken angelaufen kamen. Er wollte sehen, welchem Mauseloch diese parfümierten Vorkriegsfiguren zustrebten. Wie es schien, waren im Vaterland noch nicht alle Ecken ausgekehrt. Das Mauseloch war der Kakadu. Ein Wunder hatte die Vergnügungsstätte bestehen lassen. Sie existierte anspruchslos im Keller des Imperiums und war gut besucht. Vor allem stiegen die jungen Leute sehr gern und oft dort hinunter, um sich ein wenig von den Alten auszuruhen. Der Kakadu spannte seine Flügel weit über die Stadt und pickte aus allen Taschen. Seine Verbindungen liefen in ungeahnte Fernen. Sie griffen sogar nach links und rechts über die Reichsgrenzen hinaus ins lockere Revier. Der Kakadu hatte Signor Tullio engagiert.

Herr Mobiglia war die große Sensation im Keller. Als er mit seinem Gefolge den Kakadu betrat, erhob sich ein Beifall wie bei den großen Parteitreffen, wenn der Führer sprach. Eine Wolke von Verehrern senkte sich auf den Maestro und verlangte Autogramme. Signor Tullio kratzte mit dem Füller über sein eigenes Fotoporträt, das Wachuschti in hundert Abzügen an die hungrige Menge verteilte. Jedesmal waren leider nie genug Fotos da, und Herr Mobiglia schrieb auf Zeitungen, Notizbücher und Zigarettenschachteln. Dabei beschossen ihn Wolf und Hans Georg ausgiebig mit Kamera und Fotoblitz. Wenn die wachsende Zahl der Bewunderer den Maestro verdeckte, hielten sie die Apparate über alle Köpfe und knipsten blind in die Richtung, wo sich Signor Tullio befinden mußte. Oder sie kletterten auf einen Tisch und bannten den Maestro von oben auf ihren Film. Unter dröhnendem Applaus betrat Herr Mobiglia endlich das Podium, wo sein Orchester wartete. Es bestand aus lauter Leuten, die nicht aus diesem Land stammten, unter ihnen zwei Schwarze. Sie trugen alle einen Menjou und Specchio, hatten eine Rose im Knopfloch und saßen hinter ihren Instrumenten wie Rennfahrer am Steuerrad. Es konnte losgehen.

Signor Tullio winkte nach dem Mikrofon und sang in weichem

Deutsch sein Eingangslied, das ihn über Nacht berühmt gemacht hatte. Es führte den sonderbaren Titel »Pipo non lo sa«, »Pipo weiß es nicht«, und wurde halb italienisch, halb deutsch vorgetragen. »Stellen Sie sich doch nur vor«, trällerte der Maestro, »Pipo kann die Uhr nicht lesen. Ist das nicht unerhört? Mit zwanzig Jahren so unerfahren! Pipo, was hat die Uhr geschlagen? Pipo schüttelt den Kopf. Er kann es nicht sagen. Na, ist Pipo nicht ein Esel?

Fragen sich die Onkel böse.
Pipo aber lacht und spricht:
›Eure Zeit, die brauch ich nicht.
Ich habe meine eigene Uhr.
Die les' ich nur.
Die tickt in einem anderen Schritt.
Jede Sekunde ist eine Stunde.
Kommt ihr da noch mit?
Jeder Schlag macht einen Tag.
Kommt ihr da noch mit?
Ich habe meine eigene Zeit.
Und die ist weit.
Wenn eure Uhren stillestehen,
wird meine immer weiter gehen.
Wie spät es ist, müßt ihr nur fragen.
Wie früh es ist, kann ich nur sagen.
Drum Onkels, laßt das Wettern sein,
für mich ist eure Zeit zu klein.
Da paß' ich gar nicht mehr hinein!‹«

Der Kakadu stand auf den Beinen und sang die letzten Verse jauchzend mit. Hier hatten alle denselben Tick wie die Uhr von

Pipo. Hier besaß jeder eine Masse Zeit, und abgelaufene Onkel waren unerwünscht. Der Applaus für Pipo ließ die Wände beben. Signor Tullio wedelte dankbar mit der Hand und formte ein paar Worte, die in dem Tumult unhörbar blieben. »Da passen wir gar nicht mehr hinein«, skandierte man begeistert. Ein Blumenkorb wurde auf die Bühne getragen. Der Maestro warf Kußhände nach allen Seiten. Emsig geknipst von Wolf und Hans Georg, beugte er sich hinab zu seinen Jüngern und drückte hundert Hände.

Unterdessen machte Wakusch in einer Ecke neue Kameras schußfertig. Dabei gab er Autogramme an besonders glühende Kakadu-Apostel, welche jeden, der mit Signor Tullio etwas zu tun hatte, wegen einer Unterschrift belagerten. Ein Kreis aufgeregter Pipos bildete sich um den Fotografen Wakusch. Alle wollten Näheres über den Maestro erfahren. Wie alt er war, wollte man wissen. Ob er verheiratet war und wie lange er sich im Reiche aufzuhalten gedenke. »Er wird doch hoffentlich noch nicht so bald wegfahren?« fragten die Pipos besorgt. »Bitte sagen Sie ihm, daß es unser aller Wunsch ist, ihn solange wie möglich bei uns zu behalten.« Dann kamen endlose Musikwünsche. Man wollte nur die ganz lockere Musik gespielt haben. Man begehrte die Melodien, welche der feindliche Zigeunerfunk jeden Abend in das Imperium ausstrahlte. Die Pipos kannten alle Jazzbarone und Grafen beim Namen. Sie wußten genau Bescheid über jeden König. Der ganze Adel draußen im offenen Revier war ihnen ebenso vertraut wie ihr Stundenplan in der Schule. Man steckte Wakusch eine Unmenge Zettel zu mit den verschiedensten Liedertiteln aus Repertoiren solcher Jazzkometen wie Woody Herman, Chick Webb, Louis Armstrong, Tommy Dorsey und Glenn Miller. Wakusch sagte freundlich: »Yes.« Er versprach, jeden Wunsch Signor Tullio auf das genaueste auszurichten. Er war auch bereit, alle Anwesenden mit dem Maestro persönlich bekanntzumachen. »Aber gewiß doch! Haben sie nur Geduld!« Die Pipos strahlten und klopften Wakusch kameradschaftlich auf die Schulter. Das Geplauder mit dem kleinen Fotografen versetzte sie in ein weites, fremdes Klima, in dem sie sich mehr zu Hause fühlten als irgendwo sonst.

Der Kreis wurde enger. Ein Tuscheln brachte die Frage auf, wie die Dinge drüben stünden und wo es besser sei: hier oder dort. Über den ersten Punkt hüllte sich der Fotograf Wakusch jedesmal in Schweigen. Denn was drüben los war, wußte er ebensowenig wie die Frager. Er konnte den Pipos nichts Bestimmtes angeben über das Leben in den freien Zonen jenseits der Grenzen. Er hatte es ebensowenig gelebt wie sie. Von Wakusch waren keine exakten Auskünfte zu bekommen. Dafür war aber etwas anderes und vielleicht viel Wertvolleres bei ihm erlangbar. Wakusch war imstande, seinen Belagerern den klimatischen Blick nach drüben zu vermitteln. Er konnte sie das Jenseits durch den glitzernden Specchio von Signor Tullio fühlen lassen. Er konnte jedem Pipo direkt von der Entfernung zu kosten geben, weil er im Spiegel des Maestro stand, der die weite, lose Freiheit schaufelweise in alle jungen Herzen grub. Er konnte die Pipos auf einer luftigen Sternenbahn hinausschmuggeln in den großen Swing. Aber es durfte nichts gefragt werden dabei. Worte konnten alles verderben. Wakusch hatte den Pipos nichts zu sagen. Er durfte ihnen nur stumme Interviews gewähren, um der sonnige Sonderling bleiben zu können, als den sie ihn sehen wollten. Der ganze Zauber hing davon ab, in welchem Maße es ihm gelang, den Pipos zu verheimlichen, daß er im Grunde genauso ein Pipo war wie sie. Wakusch ließ seine Antworten in der Luft hängen. Damit hatte er alles gesagt. Wie es drüben war, das stand aufs beste in dem Specchio zu lesen. Das lag in der Luft, die man im Kakadu atmete, seit Signor Tullio dort musizierte. Das sahen alle, die jeden Riß zu schätzen wußten, durch den es zu Hause etwas heller wurde. Worte waren überflüssig.

Der zweite Punkt oblag gar keiner Erörterung. Die Frage, ob es hüben besser ist oder drüben, ist gar keine Frage, weil ein jeder, der sie stellt, im voraus sehr gut Bescheid weiß, daß es nur drüben besser sein kann. So fragt man lediglich, wenn man beim Mamassachlissi im Häuschen sitzt, wo alles das, was man in seinem jungen Herzen hat, nur als Frage gewagt werden kann. So fragt man nur, wenn man ein Pipo ist.

Der Fotograf Wakusch rückte lächelnd an seinem Specchio und ließ sich von den Pipos bewundern, soviel sie wollten. Er drehte sich verbindlichst nach allen Seiten und verteilte seinen losen Segen an die verswingten Jünger wie ein stummer Weihnachtsmann. Er gab den Pipos reihenweise von seiner großen Entfernung zu schmecken, bis ein neues Ereignis auf der Bühne diese magische Speisung in weit geübtere Hände legte. Jetzt fuhr die Kapelle los. Ein jubilierender Pfiff stob über alle Instrumente und forderte freie Bahn. Der Expreß nach drüben stand unter Dampf. Die Pipos nahmen Platz unter Trompete, Saxophon und Baß. Der Kakadu glich einem lärmenden Bahnsteig. Es ging ab nach Dixieland. Die Reise stand auf keinem offiziellen Fahrplan. Dies war ein schwarzer Zug, der jede Vorschrift überfuhr. Mauern fielen ein, Dächer rauschten in die Keller, Tornister und Fahnen wurden auf Nimmerwiedersehen begraben, wenn ein solcher Expreß seine Pipos hinaus in die offenen Zonen trug. Signor Mobiglia und die sieben Banditen legten sich dermaßen ins Zeug, daß ihnen der Schweiß auf die Stirne trat.

Das Tempo wurde schwindelnd. Der Kakadu ächzte vor Entzücken, weil er leicht und beschwingt durch ungeahnte Kurven in die heiß ersehnte Freiheit sauste. Der Abstand zur Rabenheimat nahm zu. Weit hinten saß der Mamassachlissi in seinem Unterstand und schmiedete neue Pläne. Die Pipos sahen nicht zurück. Sie knieten vor ihren bunten Propheten und ließen sich freudig verführen. Hol der Teufel alle festen Orte! Die Kapelle dröhnte über flimmernde Schienen, die ein genialer Zigeuner erdacht und zusammengelegt hatte. Sie liefen kreuz und quer wie Dschungellianen und wickelten sich trotzdem mit einer behenden Logik ab, wie sie nur den leichten Köpfen jener verdrehten Glücksbolde entspringt, die rechts auf der losen Seite leben.

Die Linie nach Dixieland war eine mörderische Strecke, welche nur die ganz gewandten Zugführer befahren konnten. Sie wies eine Reihe katastrophaler Stellen auf, wo sich jeder unerfahrene Expreß den Hals gebrochen hätte. An gewissen kitzligen Punkten klafften Lücken im Geleise, die ein verjazzter Ingenieur absichtlich über das Schienenwerk ausgestreut hatte wie Knallbonbons. Über diese Lufthosen war nur hinwegzukommen, wenn findige Maschinisten in die Bresche sprangen. Die Zugführer im Kakadu waren große Akrobaten, welche jeden Ausfall auf der Linie mit einem Einfall zustopften. Sie stürzten sich tapfer in alle leeren Momente und schufen in ein paar Sekunden den gewünschten Übergang. Auf jeden heiklen Punkt kam aber immer nur ein Bandit. Einmal war es Signor Mobiglia, der mit seinem Saxophon die gewagte Brücke schlug. In anderen Schleifen turnten andere Maschinisten. Hinüber ging es vorerst nur im Solo. Wenn der provisorische Schienenstrang von einem Musikanten alleine ausgewunden worden war, schoß die Kapelle lärmend nach. Auf der Dixiebahn geht es nur glatt ab, sofern der Einsatz selbstvergessener Solisten den Expreß heil über jede Lücke bringt. Deshalb sind die leeren Stellen auf der Dixiebahn auch immer die vollsten. Der Maschinist muß alles einlegen, was an

Energie und Phantasie in ihm ist, um sich und seiner Bande einen passablen Ausweg zu erpirschen. Sein freier Einfall ist der Triumph aller Halunken, die sich in swingenden D-Zügen aus dem Staube machen. Von einem virtuosen Banditen über alle Stellen sicher nach rechts hinausgeschwungen zu werden, ist das höchste Pipoglück.

Wenn die Solos kamen, geriet der Kakadu in Ekstase. Das einsame Spiel in den Lücken war wie ein Kilometerstein, der allen Ausreißern die Entfernung ansagte, welche der Expreß auf der Dixiestrecke gewonnen hatte. Jeder momentane Einsatz in einen Knallbonbon gab kund, wie jung und weit man war. Er brachte das süße Gefühl jener flockigen Unbeschwertheit mit, das einen nur dann erfaßt, wenn man ganz aus dem Häuschen ist. Die Solos waren Kanonenschläge vor den berauschten Köpfen aller schwarzen Passagiere im Kakadu. Sie kamen als große wuchtige Schwinger, welche man erst weg haben muß, um sich der ganzen luftigen Distanz bewußt zu werden, die in jedem Menschen schlummert, und sei er auch der nächste Fähnrich des Mamassachlissi.

Mit jedem sprühenden Einfall auf der Dixiestrecke wurde den Pipos lockerer und leichter zumute. Ein unerhörter Ort, an dem die ganze Bande zuschlug, war das Ende. Der Kakadu taumelte in ein süßes K.o., das ihn in den Abstand rückte, den ein Fixstern zur Erde hat. Die Pipos gingen hoch von ihren Plätzen wie Luftballons. Sie pendelten oder hingen in losen Gruppen herum, beglückt und benebelt zugleich von der blauen Fahrt.

Der Expreß verschnaufte. Die Maschinisten steckten sich Zigaretten in den Mund und tranken einen Schnaps. Dabei wurde ihnen mit einer glühenden Begeisterung gehuldigt, wie sie nur bei den ganz jungen Jüngern denkbar ist. Die Pipos überfluteten das Podium. Die Band wurde buchstäblich angebetet. Man umstand sie mit verzückt gefalteten Händen und lauschte andachtsvoll ihren Worten. Man trat an ihre Instrumente wie an einen Altar mit scheuer Ehrfurcht und hundert Kanonenschlägen im Herzen. Acht Heilande hatten im Kakadu eine neue wilde Messe gelesen. Ihre Predigt hatte gezündet. Die Pipos brannten lichterloh. Es war auf einmal ganz hell und warm geworden im Keller. Jeder trank mit seinem Heiland ein Gläschen. Die Stimmung wurde immer unbändiger.

An den Tischen aß man gut und reichlich zu hohen Preisen. Es war alles da. Der Kakadu bezog seine Vorräte kartenlos von links. Er verfügte über ein traumhaftes Menü, bei dem den verdutzten Kunden die Augen übergingen. Wer nach der grauen, kargen Feldkost, welche der Mamassachlissi zu Hause auftischte, in den Kakadu geriet, den erfaßte ein wohliger Schwindel bei soviel Überfluß. Man konnte haben, was man wollte, weil man sich an einem seitlich gelegenen Ort befand, der keine Schranken kannte. Die Speisekarte war lückenlos. Im Kakadu kochte man wie im Frieden. Seine vollen Töpfe waren ein kostbares Solo in der leeren Küche des Mamassachlissi. Man mußte sehr tief in die Tasche greifen, um an sie heranzukommen. Man hatte selbst ein Solist zu sein, wenn man im Kakadu essen wollte. Trotzdem war es dort jeden Abend übervoll. Man zahlte, ohne mit der Wimper zu zucken. Für himmlische Mahlzeiten verstehen sich astronomische Rechnungen von selbst. Sie leuchten jedem ein, der in der Ferne ißt.

Der Kakadu war eine Sternwarte, wo rechts getanzt und links gespeist wurde. Seine Musik und sein Menü entstammten derselben leichten Hand. Beides war von Außenseitern komponiert worden, die ihre blendendsten Einfälle haben, wenn es lückenhaft wird. Die Maschinisten und Astronomen des Kakadu waren ein und dieselbe Gilde. Denn womit sie ihre Solos bestritten, war auf die gleiche Weise unerklärlich. Die Noten flogen ihnen zu wie im Spiel. Geheime Windstöße trieben sie von rechts und links herein als luftiges Gut für alle Gewandten. Es zog gewaltig im Kakadu. Standpunkte waren unhaltbar. Der Strudel nahm jeden mit. Laterale Beziehungen wurden geknüpft. Eine verborgene Spindel fing an, sich zu drehen. Man war im Nu eingespult. Der windige Kakadu lag auf der Karavanenstraße nach Eldorado. Er verfügte über ein Teleskop, das einem die schönsten und rarsten Dinge direkt vor die Nase brachte. Für Astronomen ist alles erschwinglich.

Nach kurzer Rast spielte Signor Mobiglias Septett gewöhnlich einen Boogie-Woogie als ersten Tusch im Planetarium. Das Stück war eine zweite Eröffnung. Die Musikanten traten mit ihrem unbändigen Thema an die Rampe, und der Kakadu toste ab wie ein Düsenjäger. Die kleine Tanzfläche wurde jetzt zum Flugfeld für die ausgerückte Jugend. Auf dem in grünes Licht getauchten Viereck begannen die Flüchtlinge einen neuen wilden Reigen. Ihre überfrohen und verschwitzten Gesichter sagten an, daß nur glücklich ist, wer Beine macht. Man türmte über das Parkett, als ob man den Mamassachlissi in Person auf den Fersen gehabt hätte. Mit diesem Tanz wurde noch einmal der Zwischenraum erstürmt, der die Jungen von den Alten trennt. Im Boogie war man unerreichbar.

Jeder riß aus nach Herzenslust. Alle Kniffe waren erlaubt, wenn es nur beim Tempo blieb. Der Kakadu besaß hervorragende Spezialisten für die komplizierte Flucht im Boogie. Es gab Pipos, deren einfallreiches und blitzartiges Manöver das Planetarium verzückt erstarren ließ. Ihr Getriebe funktionierte selbst auf den höchsten Touren immer noch tadellos. Seine unerschöpfliche Energie gründete in einem besonderen Sinn für freie Mechanik, den nur die ultra entfernten Söhne entwickeln. Der Boogie rief die großen Talente ins Geschäft, welche es verstehen, sich mit Haut und Haar in Bewegung umzusetzen. Die Elite im Kakadu hatte ihre Masse überwunden und existierte nur noch in der Schwebe zwischen rechts und links. Sie war immer bereit, die Beine in die Hand zu nehmen und seitwärts abzutanzen ins Perpetuum mobile. Eher wurde der Kapelle die Luft zu knapp, als daß der Elite auf dem Fluchtplatz der Atem ausging. Der Boogie im Kakadu brachte Akrobaten aufs Trapez, deren Nummer die zügellose Sehnsucht aller Jünger nach dem gelobten Land zum Ausdruck brachte. Sie bot das Schauspiel eines jähen und ungestümen Bekenntnisses zu den freien Flanken der Welt.

Im Kakadu war die Nummer der Elite nach der Küche die größte Attraktion, weil sie das grüne Revier rechts vom Blockhaus des Mamassachlissi dem Publikum nun auch noch als Augenschmaus servierte. Man ritt mit an allen Tischen. Jeder war dabei, selbst wenn er nicht ebenso gut im Sattel saß wie die Cowboys auf dem Flugplatz. Der Rhythmus des Boogie vereinigte alle Weidmänner in einer Kavalkade, bei der es keine Rolle spielte, ob man hinter demselben Hasen her war oder nicht. Pipo oder Astronom – im Kakadu hatten alle Jäger den gleichen Galopp. Man stob über Stock und Stuhl zu den schallenden Fanfaren von Signor Mobiglia. Der Kakadu wurde immer hitziger, je weiter die Stunde vorrückte.

Die Kapelle brannte einen Boogie nach dem anderen ab. Sie stieg mit allen Instrumenten von dem Podium herunter und mischte sich unter die Gäste wie ein Fackelzug. Solos glühten an den Tischen. Zwischendurch schwelte ein Blues als Rauchsignal für jeden Faun. Der Maestro und seine Helfer heizten dermaßen ein, daß das Publikum sich wie neu gebacken fühlte. Man war ganz knusprig geworden von der Hetze. Die Welt sah appetitlich aus auf Signor Mobiglias feurigen Runden. Liebespärchen naschten voneinander, soweit es die Dunkelheit zuließ. An der Bar wurden Witze über den Mamassachlissi erzählt, die einem wie Pfannkuchen im Munde zergingen. Jede Bekanntschaft versprach Süßigkeiten. Nach Mitternacht war der Kakadu schon weit fortgeschritten auf der Milchstraße als dem losesten und verwirrendsten aller Wege. Was nun verfolgt wurde, war nicht mehr abzusehen. Die verjagte Gesellschaft begann sich selbst zu jagen. Das Planetarium wurde immer süßer und süßer und verwandelte sich gegen drei Uhr morgens in eine bodenlose Konditorei.

An diesem schwindelnden Punkt machten die Bäcker Schluß. Der Kakadu zog die Flügel ein und löschte alle Lampen. Um seinen endlosen Verehrern zu entgehen, zog sich Signor Mobiglia unauffällig durch eine Hintertür zurück. Er verschwand, wie er gekommen war: gedeckt von den drei Freunden. Der Expreß löste sich auf. Er ließ seine Passagiere sitzen und verschwand mit allen Schienen. Plötzlich war nichts mehr da, was noch an ihn erinnert hätte. Das Solo war vorbei. Der Mamassachlissi hatte den Kakadu zurückgestülpt in seinen grauen Tornister. Man konnte wieder nach Hause gehen. Die Pipos, Bäcker und Astronomen verstreuten sich mit lautem Hallo in den verdunkelten Straßen. Morgen abend würden sie wieder desertieren. Sie würden ihrem Alten wieder durch die Lappen gehen und sich seitwärts verziehen. Morgen Abend, jeden Abend!

Die Entwicklung

Hans Georg legte das Fotopapier in den Entwickler und bewegte es dort mit einer Pinzette vorsichtig hin und her. Auf dem glatten, weißen Karton erschien ein matter Strich. Er wuchs flink nach rechts und links, dunkelte im Nu und war am Ende schwarz wie Pech. Nach ein paar Sekunden wurden die vertrauten Züge des Maestro sichtbar. Der Strich war der Menjou-Bart von Signor Mobiglia. Als das Bild in aller Deutlichkeit ausgereift war, legte es Wachuschti behutsam in die Fixierschüssel. Neben ihm, in Olafs Badewanne, schwamm Signor Tullios glückliches Gesicht bereits stapelweise umher. Manche Fotos hielten auch den Expreß des Maestro fest und zeigten alle Phasen der großen Fahrt im Kakadu. Ein Album der Freiheit tat sich auf mit Bildern von Tempo und Entfernung als Augenweide für jeden Pipo in der Feste des Mamassachlissi. Dies war der Spiegel aller Triumphzüge von Signor Mobiglia, der Specchio seiner endlosen Siege auf der Rennbahn nach Dixieland.

Er kam in hundert Abzügen unter den Gästen und Zaungästen des Kakadu zur Verteilung. Dadurch wurden zahllose Ebenbilder von Signor Tullio ins Leben gerufen. Denn viele unterdrückte Söhne machten sich nach der Art und Weise des Maestro zurecht und setzten ihre ganze Ehre darein, ebenso ungebunden zu erscheinen wie er. Der Effekt dieser Maskeraden war in den meisten Fällen komplett. Wer hätte hinter den langen, gestriegelten Tollen, den messerscharfen Menjous in mausgrauen Sakkos und mit Schaumgummisohlen jemals einen Erben des Mamassachlissi vermutet? So vermummte Nachkommen sahen aus wie Durchreisende, welche nur auf einen Augenblick da sind und morgen wieder händewinkend verschwinden.

Der Maestro hatte einen Maskenball gestartet, dessen Bedeutung weit über den Kakadu hinausging. Man stieß von allen Seiten zu Signor Tullios Bande. Jeder kam, um seinen Rucksack loszuwerden. Der Specchio kappte die meisten von ihren Wurzeln. Er war das glitzernde Kennzeichen aller jungen Durchgänger nach rechts.

Hans Georg stieß Wachuschti an. »Sieh mal!« sagte er im Flüsterton. Die beiden steckten die Köpfe zusammen und arbeiteten mit doppeltem Eifer. Jetzt kam der Höhepunkt ihrer Entwicklung. Der Specchio wurde persönlicher. Er fing an, von den Seitensprüngen des Maestro zu berichten. Die Freunde produzierten Bilder von reizenden Pipas, welche mit Signor Tullio gingen, wohin und wie weit er wollte. Was da im roten Licht zutage trat, war mitunter das Äußerste. Es war die Endstation in Eden, das Ziel aller tollen D-Züge, die bei jedem einmal irgendwann und irgendwie im Fahrplan stehen.

Der Maestro war ein besonders häufiger Gast jener letzten Grenzen. Er gelangte immer mit den verschiedensten und angenehmsten Gefährtinnen tadellos dorthin. Seine bunten Rekorde standen alle im Specchio verzeichnet. Denn in den äußersten Situationen legte Signor Tullio alles ab bis auf den Fotoapparat. Wenn er am Ziele war, trat die Kamera in Aktion. Auf diese Weise wurden die delikatesten Dinge Beute des Specchio.

Die Freunde sahen Filme von den ganz bedingungslosen Zuständen aller Pipas des Maestro. Manchmal lag auch er im Blickfeld, ein wenig ermattet zwar, jedoch sieghaft lächelnd nach der langen, anstrengenden Tour. Da war das Konzert zu Ende. Die Pipas machten dasselbe dankbar verzückte Gesicht wie im Kakadu. Der Maestro hatte ihnen aus Leibeskräften aufgespielt. Jetzt zehrten sie von der Erinnerung an sein Solo. Der Anblick dieser kessen Engel hätte sogar den Mamassachlissi außer Fassung gebracht. Sie schenkten sich dem Specchio ohne Vorbehalt. An ihren reizenden Gaben zu entgleisen mußte der Traum jedes guten Saxophonisten sein. Sie weckten die Lust zur Improvisation mit hunderttausend Stecknadeln. Die gewissen Kader im Specchio des Maestro waren wie die Knallbonbons auf der Dixiebahn im Kakadu. Man bekam alles und nichts auf einmal.

Am Guckloch des Specchio verging die Zeit wie im Flug. Die zwei Fotografen schauten sich die Augen aus an den vielen betörenden Dingen. Jede intime Seite des Specchio war wie ein magisches Teleskop, das erlaubte, die fernsten und verlockendsten Gefilde abzutasten. Auch bot sie guten Ersatz für alle, die nicht gewandt genug waren, um sich selbst bis dorthin vorzuwagen. Hans Georg und Wachuschti hatten ihren Posten vor dem Specchio nie verlassen. Ihre Entwicklung beschränkte sich voll und ganz auf Signor Tullios loses Bilderbuch. Sie hatten keine Pipas in Eden. Ihr Zug war noch lange kein D-Zug, denn er scheute die Endstation, fuhr stets vorher zurück. Nichts war den beiden angenehmer, als sich ziellos auf fremdem Geleise herumzutreiben. Ihre Hemmungen wurden nur durch den Specchio aufgehoben. Am Fernrohr des Maestro fühlten sie sich jedem Ziel gewachsen. Es gab keinen Rekord, den sie nicht visionär geschlagen hätten. Der Specchio trainierte die Vorstellungskraft. So weitsichtig waren die zwei geworden, daß sie die nächsten und greifbarsten Dinge nicht mehr bemerkten.

Die Fotografie hatte sie auch nicht wenig von Wolf weggerückt, der eine viel zu tatkräftige Natur war, um sich mit dem Specchio abzufinden. Er war neben dem Maestro einer der viel umstrittenen Champions des Kakadu. Signor Tullio machte ihm oft ein Geschenk aus seinem eigenen Rosenpark. So wurde der Specchio mehr und mehr zum Triumphbogen zweier Imperatoren.

Seit einiger Zeit häuften sich die Fälle, da der Maestro und Wolf mit ihren Pipas nach irgendeinem späten Ringelreihen noch bei Olaf erschienen zum letzten und entscheidenden Tanz. Durch diese blitzartigen Besuche zerschmolz der Specchio wie Butter an der Sonne. Man brauchte kein Fernrohr mehr, um etwas zu entdecken. Die geheimsten Sachen auf der Milchstraße waren mit bloßem Auge wahrnehmbar. Wenn die Champions zu Olaf kamen, konnte jeder bedachte Fotograf auf seine Kosten kommen. Hans Georg und Wachuschti sahen nichts. Sie profitierten nie von ihren Aussichten. Sie waren blinde Ehrenwachen für die extremen Idyllen in Olafs samtenen Gemächern.

Auf die Pipas vom Championat wirkten die zwei Knappen zunächst befremdend. Sie begriffen nicht, warum die beiden so teilnahmslos waren, und argwöhnten erst irgendeinen Schlich. Bald aber gewöhnten sie sich an die neutralen Gestalten. Viele nahmen die beiden auch als Zeitvertreib und machten sich einen Extraspaß daraus, ihren Abstand zu erproben. Sie setzten sich während der Rennpausen zu ihnen, wie frischgebackene Engelein aus der Konditorei des Himmels. Ihr luftiger Aufzug ließ jeden Schlagbaum von selbst hochgehen. Er walzte alle Vorwände zu Blech und gab die Straße nach Eden frei. Die Ehrenwachen schwitzten Blut und Wasser. Sie verloren aber nie ihre Fassung und verharrten zäh auf ihrem Platz. Die Pipas zogen stets unverrichteter Dinge ab. Hans Georg und Wachuschti ließen sich auf nichts ein. Sie behandelten alle Zugvögel in Olafs Liebeshain mit derselben uneigennützigen Aufmerksamkeit, mit der sie den Specchio in der Dunkelkammer umsorgten.

Für den reibungslosen Verlauf der Besuche in Olafs Knotenpunkt war die Ehrenwache einfach unentbehrlich. Denn das Championat wuchs allmählich sogar den Champions über den Kopf. Auf ihrer Rennbahn waren viel zu viele Pipas im Spiel. Jederzeit konnte ein Engel klingeln, um sich zur Endstation zu melden, und niemand wußte, ob es gerade der erwünschte war. Ein Erkennungsdienst wurde nötig, der die Züge sortierte und den Bahnsteig in Ordnung hielt. Die Champions hatten dies zunächst selbst besorgt, indem sie großen Gebrauch von dem Spion machten, der in Olafs Wohnungstür angebracht war. So wahrten sie den gebührenden Abstand von ihren Partnerinnen und behielten die Zügel über das Rennen. Beide bezogen immer auf Zehenspitzen ihren Ausguck, wo sie sich ebenso konzentriert und behutsam verhielten wie die zwei Fotografen vor dem Specchio. Wenn die Pipa die richtige war, wurde sie ohne Zögern empfangen. Im umgekehrten Fall sahen die Champions von einer Aufnahme ab, und das Tor blieb verschlossen. Durch diese weitsichtige Maßnahme wurde der Verkehr bei Olaf lange ganz leidlich filtriert, bis ein unvorhergesehener Zwischenfall die Champions zwang, ihre Informationsmethode zu ändern.

Im Flur begann nämlich das Parkett so zu knarren, daß der Engel die Ohren spitzte, wenn jemand an den Ausguck trat. Er schöpfte sofort Verdacht gegen den Spion und benutzte ihn zur eigenen Erkundung. Dann sahen sich zwei Polarforscher in die Pupille, was für beide Teile meistens sehr verdrießlich war. Es konnte furchtbaren Krach auf dem Bahnsteig geben, wenn das Fräulein draußen hinter den Filter kam. Manchmal erschien es schon wutentbrannt vor Olafs Toren und hätte seinem Champion durch den Sehschlitz mit Vergnügen das Auge ausgekratzt. Weil der Ausguck nach draußen mehr und mehr zu einem Einguck nach drinnen wurde, erwies sich die Spionage bald als zu riskant. Hinter Olafs transparenter Wohnungstür war es nunmehr unmöglich, das Championat länger in Gang zu halten. Die Tür war so durchlauschbar und durchschaubar, als ob es sie gar nicht gegeben hätte.

Die Champions mußten sich der Initiative im Guckkasten versichern, um weiterhin das Rennen zu machen. Darum überließen sie es den zwei Fotografen, ihre Pipas aufzunehmen, und verschwanden selbst im Hintergrund. Die Ehrenwache brachte mit einem Schlage wieder Ordnung in die Kundschaft. Die Champions hätten keine geeignetere Schleuse finden können. Die meisten Züge auf der Strecke waren den beiden ja schon durch den Specchio bekannt. Wenn die Pipas bei Olaf klopften, wurde ihnen von zwei Schutzmännern aufgetan, die längst über sie im Bilde waren. Keine Maus kam durch, wenn sie nicht im Fahrplan stand.

Die Ehrenwache war auch ein sehr elastischer Kordon. Man konnte an ihr vorbeischlüpfen und trotzdem an keine Adresse geraten. Sie gab nach, ohne auszuweichen, und war gerade darum für das Championat besonders nützlich. Denn jedes Mäuslein wollte stets so unbedingt zu einem Champion, daß ihm alle Finten recht waren, um die Posten zu betrügen. Viele wischten im Wimpernschlag durch die Sperre, ehe es überhaupt gelang, sie näher zu fixieren. Sehr schwer abbremsbar waren vor allem die Anwärterinnen des Maestro. Er hatte es meistens mit stattlichen Güterzügen zu tun, die sich durch niemand anderen abfertigen lassen wollten als durch ihn. Seine Pipa fuhr an und durch wie ein Pullmannwagen aus San Francisco. Solche ertrotzten Besuche waren aber nur Einbrüche in leere Zimmer. Der Champion war nämlich durch die Dienstbotentür längst davon, und die Pipas hatten jedesmal das Nachsehen. Gewöhnlich war dann Haussuchung auf der freien Olafsburg. Die Damen stöberten in allen Winkeln nach ihren entlaufenen Prinzen, ohne auf die Vorstellungen der zwei Fotografen zu achten, welche sie händeringend umtanzten. Das Drama begann aber erst richtig, wenn der ungebetene Gast sein Näschen in die Küche steckte. Hier wartete nämlich Signor Tullios ungeheurer Köter, der die neugierigen

Pipas mit brüllendem Gebell empfing und zähnefletschend auf sie lostobte wie ein hungriger Löwe. Der Maestro hatte ihn besorgt als letzten und effektvollsten Behüter seiner Vorsprünge im Championat. Das Ungetüm war da als Prellbock, um wieder reinen Tisch zu machen. Bei seinem Anblick fuhren die Pipas kreischend zurück durch die Schleuse, und man sah sie wenigstens in den nächsten Tagen nicht wieder.

Vorher waren sie ohne Hund kaum fortgegangen. Jede kam, um zu bleiben. Manche erschienen sogar mit einem Koffer. Die meisten hätten sich am liebsten für ewig auf der Endstation eingerichtet und wären nur allzu gern die erste Frau des Sultans geworden. In allen brannte der Wunsch, sich beim Maestro anzusiedeln. Darum hatten ihre Einbrüche auch immer die peinlichsten Verkehrsstörungen auf der Dixiebahn zur Folge. Wenn in der Zeit vor dem Prellbock die Siedlerinnen auf der Bildfläche erschienen waren, hatte sich Olafs Station stets in so etwas wie eine Wartburg verwandelt. Dann hatten hier nämlich die Siedlerinnen auf das Kommen der Champions und die Champions auf das Gehen der Siedlerinnen gewartet. Manchmal wurden diese Lagen noch durch das Bevorstehen eines zweiten fahrplanmäßigen Besuches gewürzt, der mit dem ersten kaum noch vereinbar war.

Bei Olaf konnten die Kollisionen zwischen Anwärterinnen auf den ersten Preis nur durch die äußerste Wachsamkeit der Fotografen vermieden werden. Als geschulte Späher im Erkennungsdienst des Maestro gelang es den beiden jedesmal, die Favoritin des Tages schon zwei Straßenecken vor der Wartburg abzufangen. Sie pfiffen dann sofort den Champion herbei, der seine verdutzte Pipa eilig in das nächste Taxi stopfte, um mit ihr in andere, sicherere Jagdgründe zu entweichen. Dann saßen die Fotografen wieder auf der Wartburg, wo sie der Siedlerin Gesellschaft leisteten. Für den kleinsten Zeitvertreib waren die Damen hier immer sehr dankbar. Am häufigsten spielte man Domino. Dabei fragte die Siedlerin alle fünf Minuten sehnsüchtig nach ihrem Schatz. Anfangs versuchten die Fotografen, sie von diesem Thema abzulenken, aber die Siedlerin kam immer wieder darauf zurück. Je mehr die Stunde vorrückte, um so hartnäckiger wurde sie, was diesen Punkt betraf. Schließlich konnte sie nichts mehr zerstreuen. Ihre Ungeduld warf immer längere Schatten. Die Fotografen schritten bedauernd auf und ab. Manchmal traten sie zusammen und tuschelten sorgenvoll hinter dem Rücken der Siedlerin. Beide sahen aus wie zwei Ärzte, die am Ende ihrer Weisheit waren.

Inzwischen wurde die Pipa immer finsterer. Das leere Häuschen mißfiel ihr auf die Dauer. Sie ahnte das Theater. Die Spannung stieg. Gegen Morgengrauen rief der Champion von irgendwoher an, um sich zu informieren, wie die Dinge auf der Wartburg standen. Am Apparat ließen die Fotografen der Siedlerin immer höflich den Vortritt. Dadurch regelte sich vieles von selbst. Denn solange es im Telefon auf der Wartburg piepste, wußte der Maestro, daß die Damen dort noch siedelten. Es lag dann an ihm zu entscheiden, ob er sich hören ließ. Gewöhnlich hängte er einfach ab, um nach ein paar Stunden wieder anzuklingeln. So ging es eine Weile, bis die Pipa sich auf denselben Kniff verlegte und nur noch Ohr war an der Leitung. Damit wurde aus dem Warten auf der Wartburg ein Lauern. Den Sultan im Telefon festzunageln war das Bestreben jeder Siedlerin, die seinen Schachzug durchschaute. Es blieb aber vorerst bei ihrem Wunsch. Denn so, wie sie vorher keinen Zipfel von ihm zu sehen bekommen hatte, so vernahm sie jetzt von ihm auch keinen Laut. Das Fernhören bei Olaf brachte die Siedlerinnen oft an den Rand der Verzweiflung, weil sie dabei mit ihrem Schatz auf Tuchfühlung waren, ohne es ihm beweisen zu können.

In den Telefonduellen auf der Wartburg machten die Pipas zuletzt doch zuerst den Mund auf. Sie sprachen dann laut und lange, indem sie leidenschaftlich gegen den Laufpaß protestierten, den ihnen der Sultan gegeben hatte. So groß war bei den meisten das Verlangen, auf der Dixiebahn seßhaft zu werden, daß sie auch dann nicht verschwanden, wenn es dem Champion in der Muschel zu bunt wurde und er sein Schweigen brach, um sie zum Teufel zu schicken. Für die zürnende Stimme ihres Herrn hatten die Siedlerinnen bei Olaf nur taube Ohren. Sie pusteten in den Apparat und meinten erschrocken, es sei jemand anderes dazwischengefahren. Oder sie riefen besorgt über ihren erbosten Liebling hinweg nach ihrem Liebling. Zuletzt legten sie einfach auf, um das Gewitter abzuwarten. Auf der Wartburg konnte sich der Sultan niemals Gehör verschaffen, solange er zornig war. Er durfte nur liebenswürdig sein, um Anschluß zu bekommen. Da sein Geduldsfaden nun aber wirklich gerissen war, traf er nur in den wenigsten Fällen den richtigen Ton.

Jetzt war die Wartburg für den Sultan eine unnahbare Feste geworden, mit der er sich nicht einmal mehr telefonisch in Verbindung setzen konnte. Die Pipas hatten ihn von seiner Residenz abgeschnitten. Wenn er nun weiterhin ihrer Belagerung standhalten wollte, so mußte er zusehen, wie er anderswo unterkam. Manchmal legte er sein müdes Haupt bei einem Bekannten zur Ruhe. Oder er übernachtete bei einer Freundin. Am häufigsten schlief er im Kakadu. Wenn die Pipas auf der Wartburg Proviant bei sich hatten, konnte das Exil des Sultans tagelang dauern. Mit einem entsprechenden Eßpäckchen ausgerüstet waren alle Damen, die ihn zum zweiten, zum dritten oder gar zum vierten Mal besiedelten.

Um seiner eigenen Entfernung nicht länger zum Opfer zu fallen, ersann der Maestro schließlich den Prellbock. Es kostete aber auch dann noch viel Geduld, bis das Vieh begriff, wozu es da war. Am Anfang hätte es auch die Fotografen und Champions mit großem Behagen aufgefressen. Seine Abrichtung beanspruchte einen ganzen Monat. Während dieser mühevollen Zeit riß es sich einmal von der Leine los und jagte seine erschrockenen Dompteure auf der Dixiebahn herum. Sie entkamen nur im letzten Augenblick ihrer Zerfetzung, indem sie wie ein panisches Affenrudel über Olafs Schwelle stoben und dem Biest die Wohnungstür gerade noch vor seinem Rachen zuknallten. Danach bedurfte es geraumer Zeit, bis die Gesellschaft wieder Herz genug fand, um sich auf die Wartburg zurück zu wagen.

Durch die versöhnenden Zusprüche seines Besitzers – eines Karnickelzüchters aus Spandau – und nicht zuletzt auch durch gewisse Knackwürste, die ihm der Maestro per Besenstiel überreichte, wurde der Hund zum Schluß doch etwas freundlicher. Die Fotografen tauften ihn Olaf, weil sein vulkanischer Eifer, die Wohnung des Schweden gegen jeden Fremdling zu verteidigen, sie manchmal denken ließ, er sei der Schwede selbst oder zumindest dessen Stellvertreter. Nun hatte Olaf ein sehr schlechtes Gedächtnis, was den Umgang mit ihm ungemein erschwerte. Wenn er dazu aufgelegt war, konnte er zwischendurch auch den Champions und Fotografen an die Hosen fahren. Darum trug er vorsichtshalber einen Maulkorb und saß am hintersten Ende der Dixiebahn, in der Küche.

Die meisten Siedlerinnen wurden ihm durch ihre Neugier von selbst zugetragen. Die Fotografen hatten dann nichts weiter zu tun, als seine Entdeckung abzuwarten. Aber es gab auch Fälle, wo der Schwede extra gestartet werden mußte. Sehr oft setzte man ihn ein, um die Verhandlungen an der Schleuse abzukürzen.

Oder der Maestro ließ ihn kommen, wenn er sich die Pipas geselliger machen wollte. Sie fielen ihm sofort um den Hals, wenn sie den Schweden zu Gesicht bekamen. Der Prellbock vereinfachte alle Prozesse. Seine richtige Handhabe erforderte ein hohes Maß von Umsicht und Wartburgserfahrung. Ein falscher Auftritt des Schweden hätte das ganze Lustspiel verdorben. Mit der Regie im Zirkus waren daher die Fotografen betraut. Sie hatten Olaf ein- und auszuschalten. Sie mußten die Schleuse bedienen und den Specchio entwickeln. Auf der Dixiebahn rannte niemand mehr umher als die Fotografen.

Die Champions waren seltener zu sehen. Sie kamen nur hervor, wenn die Luft rein war. Gewöhnlich steckten sie in Pyjamas. Nach ihren Rekorden sahen sie immer etwas benebelt aus und brauchten einen Whisky. Bei Olaf besaß jeder Champion seine eigene Arena. Der Maestro hatte das Schlafzimmer, Wolf das Rauchzimmer, der Schwede hatte den Flur. Die Pipas waren an keinen bestimmten Sportplatz gebunden. Sie konnten überall trainiert werden. Von den drei Manegen war die des Schweden am heikelsten. Sie verlangte von den Pipas den höchsten Spurt. Darum hatten die Fotografen jedes störende Möbel aus dem Gang entfernt, um den Pipas das Ausreißen zu erleichtern. Der Korridor bei Olaf war vielleicht der einzige auf der ganzen Welt, der der rennsportlichen Bedeutung seines Namens noch direkt entsprach. Hier zogen sich alle Siedlerinnen den Schweden zu, um von ihm das Springen zu lernen. In den drei Manegen auf der Dixiebahn herrschte immer Hochbetrieb. Jeder Tag sah neue Olympiaden. Der Specchio wuchs und funkelte als kostbares Unkraut in dem Treibhaus eines Mamassachlissi, der vielleicht der beste war, sofern er einen Maulkorb trug.

Die Fotografen ließen ihre Filme fließen, bis alles genau fixiert war. Danach saßen sie vor der Badewanne und starrten verzückt in den scheckigen Lustgarten, der dort wässerte. Dies war der faszinierendste Parkplatz aller Fischzüge auf der Dixiebahn, das glitzrige Aquarium für die bei Olaf gespickten Karpfen. Der Specchio wurde da so dicht, daß selbst die Fotografen, die ja immerhin schon an allerlei gewöhnt waren, ihm mit Haut und Haar verfielen. Sie wühlten berauscht in dem Lotosteich und weideten sich ausgiebig an seinem freien Panorama. Beide hoben ohne Ende Blumensträuße aus der Wanne, um sie dann wieder Blatt für Blatt gegen andere einzutauschen. Ihr Erntefest in Olafs Bad war gerade in vollem Gange, als ein langes, helles Klingeln durch die Dixiebahn schrillte. Die Champions waren da. Es rumorte und quiekte vor den Toren. Gleich würden die Wettspiele im Stadion beginnen. Hans Georg warf noch einen prüfenden Blick auf alle Manegen, bevor er würdevoll wie ein Empfangschef zur Schleuse schritt, um aufzumachen.

Unterdessen räumte Wakusch eilig den Lotosteich aus der Wanne. Er schüttete alle Karpfen in einen Eimer und verbarg sie in dem dunkelsten Verschlag der Dixiebahn zwischen Besen, Bürsten und Staubsauger. Dann schlüpfte er in die Küche, um den Schweden zu besänftigen, der schon mit blutrünstigem Geheul wie irr an seiner Leine zerrte, weil er roch, daß vorne frische Pipas eingetrudelt waren. »Kusch dich!« bat Wakusch den struppigen Mamassachlissi aus respektvoller Entfernung. Der Schwede stellte die Ohren hoch. Sein Gekläff ging in ein fragendes Japsen über. »Ruhe im Saal«, sagte Wakusch schon etwas sicherer. Der Mamassachlissi wurde still und wedelte mit dem Schwanz. Er ließ sich sogar kraulen. Jetzt kam das Schwierigste. Der Prellbock mußte entschärft werden, damit die Pipas ihren Hosenboden heil aus der dritten Manege herausbekamen. Wakusch langte nach dem Maulkorb. Der Mamassachlissi begann sofort zu knurren. Er machte immer große Umstände, wenn man ihm den Mund verbieten wollte. Nur mit viel Schmeicheleien und Geduld konnten ihn die Fotografen dazu bewegen, das Leder anzunehmen. Am ehesten nahm er es von Wakusch, dem er überhaupt weit mehr Sympathie entgegenbrachte als jedem anderen Zirkusdiener. Nach langem Hin und Her war der Schwede endlich gezähmt. Währenddessen hatte Hans Georg schon mehrmals seinen Kopf ungeduldig in die Küche hineingesteckt. »Wo bleibt ihr nur so lange?« zischte er. »Mach ihn schnell fertig, und raus mit ihm aufs Gelände. Allerhöchste Eisenbahn.« Wakusch band den Prellbock los und gab ihm einen Klaps.

Auf der Wartburg

Im Rauchzimmer auf dem Diwan saß ein Zug eleganter Pipas. Um sie herum standen die Champions und noch ein junger unbekannter Mann, der die Damen dringlich bat, ihre Mäntel abzulegen. Am Tisch entkorkte Hans Georg schon ein Fläschchen. »Es tut uns furchtbar leid«, sagten jedoch die Pipas, »wir müssen wirklich fort.« »O nein!« Sie wollten auch nichts trinken. Der Maestro prasselte etwas ungeduldig auf Italienisch. Man stand auf. Der junge Mann war untröstlich. »Das ist Fahnenflucht«, rief er vorwurfsvoll. »Und nach Hause kommen Sie sowieso nicht mehr. Gleich ist Fliegeralarm. Bleiben Sie lieber hier. Wir garantieren Ihnen einen angenehmen Luftschutzkeller.« »Vielen Dank!« sagten die Pipas, »bei Gelegenheit probieren wir Ihren Keller gern, ein anderes Mal.« »Arrivederci«, sagte der Maestro mit einer leichten Verbeugung, um es kurz zu machen. Ein Dämchen klinkte ahnungslos an der Tür zum Flur. Im nächsten Augenblick war der Schwede da. Die Pipas fuhren kreischend auseinander. Auf der Dixiebahn ging das Licht aus. Im Kabinett stürzten Stühle um. Gläser klirrten zu Boden. Prellbock Olaf warf sich begeistert nach links und rechts. Seine kalte Schnauze überzog die Pipas mit einer Sturmflut dämonischer Küsse. Es jaulte und quietschte in allen Ecken. Der Zirkus hatte begonnen.

Die Champions verloren keine Zeit. Bald flammten ihre Taschenlampen auf als Hoffnungsfunken für die Pipas, welche unter Olafs wilden Angriffen schon wie Ertrinkende um sich schlugen. Jetzt legte das Rettungskommando Hand an die bedrängten Damen. Dies war gewissermaßen die zweite Nummer im Programm und hatte stets den gewünschten Effekt. Die Pipas umschlangen nämlich frenetisch ihre Retter und ließen sich von ihnen wegschleppen wie Kartoffelsäcke. Geschleppt wurde nach Plan. Jeder wußte genau, wen er zu retten hatte. Man kam sich selten in die Quere. Umstände verursachte nur der Hund. Er gab die Pipas nie gutwillig heraus und hielt sie oft an ihren Mänteln oder Röcken zurück, soweit ihm dies sein Maulkorb erlaubte. Manchmal konnte er sich sogar aufrichten und wie ein zweibeiniger Konkurrent auf die Champions losgehen. Oder er fiel so aufgerichtet den Pipas um den Hals, welche sofort zusammenknickten und dann besonders schwer von ihm zu befreien waren.

Nach einem Viertelstündchen wurde es plötzlich sehr still auf der Dixiebahn. Man hörte nur ein Klackern von Tatzen auf dem Parkett, das von Olaf kam, der immer noch hechelnd in der Finsternis herumraste. Die Champions hatten ihn endlich von sich weggetrampelt und waren mit den Pipas in ihren Manegen verschwunden. Damit war der offizielle Teil des Programms zu Ende. Auf die nächsten Ereignisse hatten die zwei Regisseure in den Kulissen keinen direkten Einfluß mehr. Darum zogen sie sich jetzt in die Küche zurück, wo sie bei einer Kerze alle weiteren Entwicklungen abzuwarten pflegten. Der Mamassachlissi blieb für alle Fälle noch auf der Bühne. Denn oft genug gab es Stockungen im Betrieb, besonders wenn die Pipas ihre Retter zu aufdringlich fanden und sich ihnen zu entziehen versuchten. Deshalb war es ratsam, den Schweden noch eine Weile fauchend an den Manegen herumkratzen zu lassen wie ein besessener Tiger. Sein Rumoren hielt die Pipas unter beständigem Druck, so daß sie sich immer weiter retten ließen, ohne viel darauf zu achten, wohin es damit kam. Aus denselben strategischen Gründen fiel auch die Beleuchtung im Stadion immer noch aus. Es ging hier flotter vorwärts, wenn es dunkel blieb. Die Zweikämpfe in den Manegen waren doch sehr lichtempfindliche Prozesse und wurden daher am besten im Finstern ausgetragen.

Inzwischen würfelten die Regisseure am Küchentisch um ein Nickerchen. Die Verwaltung der Dixiebahn war ein zu anstrengendes Geschäft, um pausenlos besorgt werden zu können. Da es nun aber wiederum auch undenkbar war, den Betrieb ganz ohne Aufsicht zu lassen, knobelten die zwei jedesmal aus, wer von ihnen ruhen durfte. Hans Georg warf zwei Sechsen und bettete sich zum Schlaf. »Wenn es was Neues gibt, weckst du mich sofort«, mahnte er noch gähnend im Liegestuhl. Wakusch starrte in die Kerze, um nicht einzuschlafen. Jetzt war er auf dem Fliegenden Holländer Kapitän und Steuermann zugleich. Außer ihm wachte niemand mehr über den Kurs. Die Mannschaft lag in ihren Kojen. Wakusch zwickte sich ein paarmal. Nur nicht pennen! Gerade um diese Zeit konnte immer noch allerhand passieren. Eine Matrosin konnte meutern. Dann mußte der Mamassachlissi ihr zusätzlich einen Besuch in der Kajüte abstatten. Außerdem hatte man diesmal noch einen Neuen mit, von dem man nicht wußte, wie er sich halten würde. Kapitän Wakusch runzelte die Stirn. Er liebte keinen neuen Matrosen. Mit denen hatte man oft nachträgliche Scherereien. Denn wie die Siedlerinnen kamen die meisten unaufgefordert immer wieder und bereiteten besonders den Regisseuren großen Verdruß. Seemänner waren viel schwerer auszuschleusen.

Die Dixiebahn lag still. Außer Olaf rührte sich nichts mehr an Bord. In den Kojen hatte man ausgetuschelt. Nach einer halben Stunde oder so würden alle Passagiere genug Eigenkontakt entwickelt haben, und man konnte den Schweden abrufen. Das Kap der guten Hoffnung war umschifft. Der Fliegende Holländer kreuzte schon im Stillen Ozean, dem tiefsten und verwirrendsten aller Meere. Sein Schweigen sprach Bände, und Kapitän

Wakusch verstand sehr gut, darin zu lesen. Es war ja auch sein Werk, in das er sich da versenkte. Am Vorwort hatte er mitgeschrieben. Soviel war sicher.

Aus den Kojen kam ein sekundenlanges Kichern. Wakusch stand auf und nahm die Kerze. Es war höchste Zeit. Der Fliegende Holländer stieß mit seinem Schnabel bereits an paradiesische Gestade. Sicher schwamm er schon in der lieblichen Bucht von Manila. Darum mußte man jetzt Olaf einziehen, um nicht im letzten Moment noch irgendwo festzufahren. Es gab immer Ärger in den Kajüten, wenn die Hochseemanöver des Schweden zu lange dauerten. Kapitän Wakusch begab sich eilig zur Schleuse, wo die Tafel mit den Sicherungen hing. Ein rascher Griff brachte das Licht in den Flur zurück als Signal an Olaf zum Abtreten. Der Schwede erschien pünktlich wie immer, angelockt von der Beleuchtung, in seiner Manege. Er war mit einigen Trophäen beladen, die ihm Kapitän Wakusch sofort abnahm. Es waren ein Schnupftuch, ein leeres Handtäschchen und ein Damenschuh. Dann gingen die Sirenen los.

Fliegeralarm! Kapitän Wakusch zerrte den Mamassachlissi am Halsband in die Küche und band ihn dort schleunigst wieder fest. Hans Georg schlief immer noch den Schlaf des Seligen. In der Bucht von Manila hatte man natürlich auch nichts gehört, denn die Kojen blieben still. Um so lebendiger wurde die Nachbarschaft. Es rumorte derart an Bug und Heck, als ob eine Unzahl Kobolde daran wäre, den Fliegenden Holländer zu entern. Kapitän Wakusch löschte das Licht und rannte zum Ausguck. Das dunkle Treppenhaus hallte von Gepolter und Rufen. Türen schlugen. Taschenlampen tanzten über Gesichter und Wände. Alles sah genauso aus wie die erste Zirkusnummer auf der Dixiebahn des Maestro. Es ging auch fast ebenso schnell vorbei. Denn bald kam kein Laut mehr von den Treppen. Das ganze Haus stand leer über einem Keller voller Menschen, die warteten. Nur der Fliegende Holländer war oben geblieben.

Kapitän Wakusch wurde unruhig. Wenn er jetzt eine Bombe aufs Verdeck bekam, konnten alle ihre Knochen auf der Milchstraße suchen gehen, und die Entfernung war endgültig. Er mußte Hans Georg wecken und sich mit ihm beraten. Es war zuviel im Anzug, um weiter sorglos auf der Dixiebahn herumzuschaukeln. Man mußte an die Kojen klopfen und die Matrosen vorwarnen. Man mußte sie dazu bewegen, Manila zeitweilig zu verlassen, damit kein Unglück geschah. Eben dies war gerade so kompliziert. Die Matrosen waren gewohnt, von den Philippinen abzulegen, wann und wie es ihnen paßte. Um den Alarm in den Kojen geltend zu machen, bedurfte es einer Autorität, wie sie nur die ganz großen Kapitäne besitzen. Irgendwo ballerte schon die Flak, am Himmel surrten Flugzeuge, und der Fliegende Holländer lag noch immer friedlich vertaut in seiner Bucht. Das rührte gewiß daher, daß sein Kapitän ein kleiner war, also einer von jener Sorte, die nur am Vorwort mitbeteiligt sind und in den anderen Kapiteln nichts mehr zu sagen haben. Indessen ist es auch besonders schwer, von Manila abzustoßen, wenn man sich dort eben erst verankert hat.

Aus voller Einsicht in diese große Schwierigkeit pochte der kleine Kapitän jetzt auch bloß im Vorbeigehen sehr vorsichtig an alle Kajüten und flüsterte zaghaft: »Fliegeralarm!« Natürlich reagierte niemand. Vielleicht mußte es wirklich erst Bomben hageln, ehe die Mannschaft begriff, was es bedeutet, wenn in Manila ein kleiner Kapitän ihr durch seine schüchternen Zeichen die Abfahrt empfiehlt. Vielleicht mußte die Wartburg erst explodieren, damit die Matrosen daran dachten, in den Keller zu gehen. Diese Möglichkeit wollte Wakusch auf keinen Fall zulassen. Schließlich war er ja auch für die Philippinen mitverantwortlich. Diese waren der wichtigste Schlupfwinkel seines Holländers auf der Dixiebahn nach Neufundland. Er durfte nicht erlauben, daß ihnen etwas passierte.

Als Kapitän und Unterschlupfskommandant des Fliegenden Holländers trug Wakusch die doppelte Sorge um Hafen und Schiff. Er sah sich so vor der beinahe unlösbaren Aufgabe, Manila zu evakuieren und zu befestigen. Denn als zentraler Stützpunkt für alle Freibeuter im Stillen Ozean ist Manila von sich aus ein schlüpfriger Ort und mit keinem Schützengraben zu umgeben. Es gibt keine Bastionen in Dixieland. Welcher Kapitän oder Kommandant konnte unter diesen chaotischen Umständen noch seine Sicherheit bewahren?

Hans Georg schlief wie ein Murmeltier und ließ sich nicht wecken, so sehr Kapitän Wakusch auch an ihm rupfte und zupfte. Der Schwede hatte seinen Kopf zwischen den Vorderpfoten und schlummerte ebenfalls. Was war von einer Mannschaft zu erwarten, deren Offiziere sich als noch größere Schlafmützen erwiesen? Kapitän Wakusch riß schon den Mund auf, um »Fliegeralarm!« zu brüllen, als er plötzlich von den Kojen her ein Geräusch vernahm. Jemand hatte Manila liegenlassen und seinen Weg an Deck gefunden. Dem kleinen Kapitän fiel ein Stein vom Herzen. Er machte kehrt und raste auf den Flur. Keine Zeit war zu verlieren. Er mußte die Person sprechen, bevor sie wieder auf die Philippinen zurück entschlüpfte. In der Bucht von Manila ist die persönliche Kontaktnahme mit den Matrosen für jeden kleinen Kapitän besonders dann wichtig, wenn ein Fliegeralarm dem Holländer das Auslaufen gebietet.

Beim Rennen verlöschte die Kerze. Es war keine Zeit mehr, nach den Streichhölzern zu suchen. Kapitän Wakusch tappte mit ausgestreckten Armen durch das Dunkel und rief leise in einem fort: »Hallo, bitte einen Augenblick!« Auf der Höhe des Badezimmers stieß er auch wirklich gegen einen Brustkasten, dessen Eigentümer ihn sofort fragte: »Verzeihung, haben Sie Feuer?« Es war der Neue. »Nein«, entgegnete Kapitän Wakusch. »Mir ist die Kerze ausgegangen.« »Schade«, bemerkte der Neue. »Ich hätte so gerne geraucht.« Eine Pause entstand. »Es ist Fliegeralarm«, sagte Kapitän Wakusch bedeutungsvoll. Der Neue antwortete nicht. Hatte er sich aufgelöst? Kapitän Wakusch griff aus und in die Luft. Vor ihm stand niemand mehr. Die Person war fort. »Warten Sie!« befahl Kapitän Wakusch ärgerlich in das Dunkel. »Ich muß Sie sprechen.« Der Neue gab keine Antwort. Er war sicher barfuß oder in Socken und wahrscheinlich schon sehr weit weg.

Um ihm den Rückzug auf die Philippinen abzuschneiden, schnellte Kapitän Wakusch mit einer Serie von Riesensprüngen über den kürzesten Weg zu den Kojen. Er erwischte den Neuen gerade noch am Hemd, als dieser bereits dabei war, die Tür nach Manila hinter sich zuzuziehen. »Einen Moment!« sagte Kapitän Wakusch beschwörend. »Du lieber Himmel. So warten Sie doch!« »Lassen Sie mich!« zischte der Neue empört. »Ich habe jetzt keine Zeit. Kommen Sie morgen, wenn Sie etwas von mir wollen. Na, wird's bald?« »Nein«, sagte Kapitän Wakusch entschlossen und packte den Neuen noch fester an. »Von morgen kann keine Rede sein. Das werden Sie selbst einsehen, wenn ich Ihnen jetzt sage, daß …« »Pssst!« fauchte der Neue. »Was schreien Sie hier um Mitternacht? Wollen Sie die Welt aufwecken? Wer zum Teufel sind Sie überhaupt?« »Das ist jetzt Nebensache«, knurrte Kapitän Wakusch, nicht wenig ergrimmt über den kuriosen Umstand, sich auf seinem eigenen Schiff vor einem Matrosen ausweisen zu müssen, der obendrein noch ein neuer war. »Ich komme Ihretwegen, und Sie laufen fort. Sie machen Krach, wenn ich Sie anhalte. Sie werden unhöflich. Ist das ein Benehmen?« »Hilfe!« murmelte der Neue. »Wo ist der Hund? Vorhin war doch noch ein Hund da.« »Können Sie einen Augenblick lang ruhig sein?« fragte Kapitän Wakusch aufgebracht. »Der Hund ist angebunden. Hören Sie endlich zu ...« »Wenn Sie meinetwegen kommen, so kommen Sie umsonst«, unterbrach ihn der Neue wieder. »Auf Wiedersehen!« »Geduld, mein Freund«, sagte Kapitän Wakusch unerschütterlich. »Es gibt jetzt wichtigere Dinge.« »Herr!« rief der Neue wild. »Es ist dunkel hier. Mir scheint, Sie verwechseln mich mit jemand anderem. Gute Nacht!« »Halt!« keuchte Kapitän Wakusch, denn der Neue machte Anstrengungen, sich zu befreien. »So kommen Sie nicht fort.« »Das wollen wir mal sehen.« »Hören Sie auf, oder ich rufe den Hund.« »Der Hund ist angebunden.« »Es ist Fliegeralarm, Sie Trottel!« Der Neue schlug und wand sich wie ein Hecht am Angelhaken. »Flie-ger-a-larm!« schrie ihm Kapitän Wakusch noch einmal ins Ohr, als ihre Gesichter im Gefecht für kurze Zeit aneinanderstießen. Aber der Neue kämpfte stumm und verbissen weiter um seine Freiheit. Kapitän Wakusch fühlte seine Kräfte erlahmen.

Er ließ aber trotzdem nicht locker und wurde so von dem Neuen ein paar Meter in die Koje hineingeschleift. Da sah Kapitän Wakusch die große Chance, seine Warnung direkt nach Manila zu tragen. Er gab den Neuen plötzlich frei und schlug einen Haken in der Finsternis. Der Neue durchschaute jedoch sofort seine Absicht und sprang ihm fluchend hinterdrein. Dabei schrie er: »Halt! Stehenbleiben! Warten Sie!«, so daß es für einen Augenblick aussah, als ob er der Kapitän sei, und Wakusch wäre Matrose. »Lassen Sie mich!« schnaufte Wakusch, als ihn sein Verfolger fatalerweise an der Schulter erwischte. »Ich habe mit Ihnen nichts mehr zu tun. Sie sind gewarnt. Was wollen Sie eigentlich noch?« Aber der Neue griff zu wie ein Gepäckträger.

Er umspannte machtvoll den kleinen Kapitän und drängte ihn unaufhaltsam zurück zur Tür. Unterwegs schrie Kapitän Wakusch ein paarmal aus vollen Lungen: »Fliegeralarm!«, bis der Neue ihm mit wilden Verwünschungen den Mund zuhielt. Dann gurgelte es noch mehrmals in der Düsternis wie ein letzter Abschiedsgruß. Kapitäne haben in Manila nichts zu suchen. Sie dürfen die Philippinen nur von ihrer Kommandobrücke aus beobachten. Wenn es hochkommt, durch den Specchio. Selbst einen Fliegeralarm zur Geltung zu bringen ist ihnen dort untersagt. Neue Matrosen sind in dieser Hinsicht besonders unbestechlich. Kapitän Wakusch plumpste auf den Flur und blieb eine Weile beleidigt liegen. Die respektlose Behandlung durch den Neuen, dessen Puffe und Tritte und vor allem seine eigene Ohnmacht, sich in den Kojen durchzusetzen, schürten gewaltig Wakuschs Groll. Er schwor sich, in Zukunft den Schweden auf alle Patrouillengänge mitzunehmen. Er erwog auch, sich mit einem Pfeifchen auszurüsten, um Hans Georg herbeitrillern zu können, wenn jemand zu anzüglich wurde. In Dixieland müssen alle Kapitäne vereint auftreten, wenn sie wollen, daß man ihre Warnungen beherzigt.

Auf dem Flur zog es ein bißchen. Kapitän Wakusch rappelte sich hoch und klopfte seine Kleidung ab. Dabei lauschte er unentwegt nach den Kojen, um sofort wieder hinzuzuspringen, falls dort noch jemand hervorkäme. Aber es rührte sich nichts.

Schlangenhemd

Auf der alten kolchidischen Wartburg von Kapitän Wakuschs Erzeuger hatte sich die bisher zweiköpfige (das heißt aus Wakusch und seinem Vater bestehende) Mannschaft jetzt noch um eine Person vergrößert. Der Neue paßte vorzüglich in ihre drei kolchidischen Sprechzimmer, weil er nämlich, selbst aus Kolchis (Kolchos), zu jenen vielen Landsleuten gehörte, die von den Deuxen bei Kertsch gefangengenommen und dann durch das Einschreiten der vereinigten kolchidischen Mamassachlissis in Deuxiland wieder auf etwas freieren Fuß gesetzt, genauer: im Iß-mich versammelt und dort auf die zuständigen Wartburgen verteilt worden waren. Obwohl er schon einen deuxen Ausweis besaß und wenigstens formal das Recht hatte, jedes Häuschen zu besuchen, mußte man doch auf ihn aufpassen, denn sein ausgesprochen südöstlicher Gesichtsschnitt (Hakennase, Falkenaugen, buschiger Schnurrbart, dichtes, dunkles Kopfhaar, der sonnenverbrannte Teint) und dann besonders alle seine kolchidischen Ausrufungsworte wie *Cho* (Ausdruck der Zustimmung), *Wah* (Ausdruck des Erstaunens) und ähnliches verrieten unvermeidlich den Ausbeziehungsweise Dixieländer.

Er schlief auf dem Sofa unweit von Kapitän Wakuschs deuxem Eckchen, so daß die beiden sich sehr gut bis spät nachts unterhalten, in erster Linie ihre Häuschen mit allem, was darin war, besprechen konnten. Amiran war von Beruf Schäfer, was er Wakusch durch eine erstaunlich exakt zu Papier gebrachte Schafherde nebst Hund, Hüter und Lagerfeuer klarmachte. Aus dem kläglichen Gesicht, das er zog, wenn er auf die Herde wies, und auch aus dem in sehr hoffnungslosem Ton hervorgestoßenen Wortschwall, der diese Geste begleitete, schloß Wakusch zuerst, daß irgendwelche wilden Tiere, vielleicht Wölfe, oder eine Seuche, möglicherweise Goglimoglis (der Krieg tobte ja inzwischen auch schon im Kakausus), Amirans Schafe umgebracht hatten. Aber Amiran nahm wieder den Bleistift und strich auf der Zeichnung den Hirten aus. Somit wurde alles verständlich: Den Mann grämte seine verwaiste Herde. Dann malte Amiran ein Häuschen hin, das Wakusch wegen der wuchtigen Breitseite und der wenigen Fenster zuerst wie eine Wartburg vorkam. Aus den Fensterlöchern ließ Amiran seine Eltern, zwei bejahrte Mamassachlissis (maskulin, feminin), hervorschauen, und in den Hof vor dem großen Weingarten, dessen steif ausgerichtete Rebstöcke an Soldatenkolonnen erinnerten, setzte er seinen kleinen Bruder. Um ihn zu trösten, zeichnete Wakusch dann noch eine Dixiebahn auf die ganze Skizze, einen zwar vielfach gewundenen, aber zum Schluß doch glücklich auf Amirans Häuschen zu führenden Weg, der haargenau in die Türe mündete. Danach zeigte er zuerst auf den jungen Schäfer, setzte dann den Finger auf die Dixiebahn und trippelte ihn zurück nach Hause, zu den Schafen, Weinstöcken und Mamassachlissis. An den Anfang der Dixiebahn, sozusagen als ergänzender und von Amirans Häuschen auch am weitesten entfernter Gegenpol, malte Wakusch die altkolchidische Wartburg seines Vaters, deren Wände und Türme er allerdings viel dicker (zuverlässiger) und höher entwarf, als sie ihm persönlich vorkamen. Von dem leisen Zweifel eines kolchidischen Kapitäns am eigenen Haus, Hof und Mamassachlissi durfte Amiran nichts wissen. Außerdem – Wakusch ließ diese Möglichkeit immer noch gelten – war es wirklich nicht ausgeschlossen, daß die Wartburgen der Emigration für Leute wie Amiran etwas Vernünftiges taten, sie zum Beispiel bei sich verbargen, bis die Luft reiner (die Goglimoglis dünner) wurden, und ähnliches.

Amiran brachte durch seine Anwesenheit wieder etwas frischere Farbe in den über die Jahre stark verwitterten kolchidischen Anstrich von Kapitän Wakuschs altväterlicher Behausung. Rustaweli, Akaki Zereteli, Tschawtschawadze usw. blickten, sichtlich zufrieden mit der Verstärkung, welche sie in ihren Sprechzimmern bekommen hatten, jetzt viel lebendiger (auch freundlicher) von ihren Bildern herab. Einmal überraschte der Schäfer Wakusch mit einer kleinen, in einsamen Stunden (wenn sonst niemand auf der Wartburg war) geschnitzten Flöte, der er vorsichtig, wie um sie nicht zu zerbrechen, die kristallklare Weise des kolchidischen Volksliedes Ssuliko (Seelchen) entlockte. Er gab aber auch reiche Proben seiner sonoren kräftigen Stimme ab, wenn er zusammen mit Wakuschs Erzeuger zu etlichen Kantzis Wein am Tisch saß und feurige Reden über Kolchis hielt. Häufig versammelte der kleine Kreis noch mehrere engere Hausfreunde, vornehmlich alte Exmamassachlissis wie den dicken Kirile Wekua und andere, die seit (wegen) Goglimogli Nummer 17 aus dem Häuschen waren. Dann konnte es geschehen, daß die alten Herrschaften, ja sogar der sonst unmusikalische Erzeuger von Wakusch, mit erster und zweiter Stimme einfielen und ein richtiger kolchidischer Männerchor zustande kam, der die Exmamassachlissis, nicht ohne Mitwirkung der vielen Kantzis, zusehends verjüngte. Natürlich fragten die Exmamassachlissis Amiran eifrig über Kolchis aus, vor allem über den kolchidischen Mamassachlissi im Kreml voll von Goglimogli Nummer 17 und über dessen Popularität in den Häuschen am Aragus. Zu solchen und ähnlichen Fragen äußerte sich der junge Schäfer, der die Exmamassachlissis nicht verstimmen, ihnen aber auch keinen blauen Dunst vormachen wollte, gewöhnlich sehr diplomatisch. Er sagte, alle Häuschen dort (besonders diejenigen, die seit 1917 gegründet worden seien) wären in der Mehrzahl für den Mamassachlissi und seinen Goglimogli oder für diesen Goglimogli, gegen den Mamassachlissi oder (was aber noch seltener vorkäme) für den Mamassachlissi und gegen den Goglimogli; die allerwenigsten, schon im Aussterben begriffenen Häuschen seien für Exmamassachlissi, und noch weniger (aber in realer Zahl bestimmt vorhandene) seien weder für Mamassachlissi noch für Exmamassachlissi. Der letzte Typ kolchidischer Häuschen, den Amiran genannt hatte (weder für Mamassachlissi noch für Exmamassachlissi), gefiel Kapitän Wakusch am besten. Denn wenn diese Häuschen für keinen von beiden waren, so konnten sie nur (anderes war ausgeschlossen) für die charleston-bostonschen Dixieländer sein. Solche Häuschen waren sein Fall. Da gehörte er hin.

Mit Amiran wurde auch sehr oft über den deuxen Goglimogli Nummer 27 debattiert, der inzwischen schon von Moskau und anderen, an den verschiedensten Dixiebahnen (in den weitesten Dixieländern) gelegenen Knotenpunkten links und rechts abgeblitzt war. In der Meinung des Schäfers, welcher er nur in den vier Wänden von Wakuschs Erzeuger offen Ausdruck gab und der die meisten kolchidischen Exmamassachlissis dort im Stillen längst zustimmten, war dieser Goglimogli im Felde bisher nur deshalb so erfolgreich gewesen, weil er als erster beziehungsweise einziger alle Schläge nach links und rechts verteilt hatte. Es sei noch abzuwarten, wie er sich in der zweiten Runde halten würde, wenn die Dixieländer ihrer- und beiderseits auf ihn losgingen. Alle diese Zusammenkünfte, bei denen, weil es sicherer war, nur in kolchidisch politisiert wurde, schlossen stets mit einem Lob auf die Wartburg, in deren schützenden Mauern Leute verschiedener Nationalitäten: Deuxi-, Dixieländer, vor allem Kolcher, Iberer, Albaner und ähnliche untertauchen konnten, bis die Häuschen ausgetobt hatten und wieder Frieden auf Erden war. Der Wartbürger bezeugte Amiran seine Dankbarkeit dadurch, daß er ihre löchrigen Stellen (Hähne, Wasserleitungen) zusammenflickte, klempnerte und tischlerte, wo ein Fenster oder eine Tür nicht dicht genug schloß. Er übernahm auch die für Wakuschs Erzeuger schon viel zu harte Arbeit des Ofenheizens (es gab vier große Kachelöfen auf der Wartburg) und lehrte – er hatte in Kolchis ein paar Grundschulklassen absolviert – Wakusch den Namen Wakusch auf Kolchidisch zu lesen und zu schreiben. Kapitän Wakuschs Steckenpferde waren Amiran völlig unbekannt: Dem fröhlichen Lärm von »House-hop« stand er, als Wakusch ihm die Platte einmal vorspielte, verständnislos gegenüber, und von Tarzan hatte er auch noch nichts gehört. Wenn die dixieländischen Vickers angeflogen kamen, erschien es ihm logischer, sie nicht etwa anzuhimmeln, sondern schleunigst in den Luftschutzkeller hinunterzusteigen, wo ihn übrigens der Exmamassachlissi von Kapitän Wakusch bei wiederholten Gelegenheiten mit mehreren freundlicheren deuxen Mamassachlissis bekanntmachte.

Auf der schlüpfrigen und an solchen Stellen wie Kertsch auch sehr lebensgefährlichen Dixiebahn, welche ihn aus dem Häuschen (am Aragus) über das deuxe Gefangenenlager bis in das Ißmich und dann in die Wartburg von Kapitän Wakuschs Erzeuger gebracht hatte, war Amiran mehrmals – und zwar in genauer Entsprechung aller von ihm durchgangenen Etappen – gezwungen gewesen, seine Kleider zu wechseln. Ein paar Fotos, welche sich bei ihm durch (an und für sich erstaunlichen) Zufall erhalten hatten, gaben Kapitän Wakusch ein klares Bild über Amirans Metamorphosen. Da war vor allem sein Ausgangszustand noch im Häuschen auf den hohen kolchidischen Bergen: ein heimatlicher Amiran in Schafsfellmütze und im Nabadi, dem schwarzen, an den Schultern sehr weiten, auch sehr eckigen Überwurf der kolchidischen Schäfer. Auf dem zweiten Foto bot sich Amiran als Soldat und Verteidiger von Goglimogli (17) gegen Goglimogli (27) dar. Der dixieländische Waffenrock schloß sich durch eine Reihe kleiner besternter Knöpfe hermetisch um seinen Hals. Auf der Brust glänzte ein in Einzelheiten unerkennbarer Orden oder ein Abzeichen, vielleicht mit Kopf und Fahne des Mamassachlissi. Ein drittes Foto zeigte den Schäfer bei den Deuxen als Kriegsgefangenen in gestreiftem Sträflingspyjama. Er stand da in einer Gruppe von kolchidischen Schicksalsgefährten. Rechts von ihnen posierte gönnerhaft noch ein deuxer Wachtmeister mit SA-Armbinde. Den Anlaß zu dieser Aufnahme hatte die Befreiung aller dort abgebildeten kolchidischen Kriegsgefangenen gegeben, nämlich ihre Entlassung aus dem Konzentrationslager und ihre Aufnahme in der Emigration. Der Maskenball war aber noch nicht zu Ende: In der kolchidischen Wartburg von Wakuschs Erzeuger erwartete Amiran, sauber über einen Stuhl gelegt, nun auch noch eine deuxe Uniform, das heißt Käppi, Koppel, beadlerte Jacke, dazu Hose und Feldbeutel. Die Kluft hatte man Amiran im Iß-mich verpaßt, und in derselben Weise waren in den anderen kolchidischen Wartburgen schnellstens auch alle übrigen kolchidischen Kriegsgefangenen eingekleidet beziehungsweise verkleidet worden. Mit der Farbe und Kokarde ihrer Umgebung fielen die Leute nirgendwo mehr auf, oder besser: Das Auffällige, nämlich Fremd- beziehungsweise Dixieländische an ihnen wurde dadurch zur Genüge entschuldigt. Die Tracht bewies, daß sie, wenn auch nicht gerade direkt zu deuxen Mamassachlissis, so doch im Prinzip (nach Fahne und Tornister) zu deuxem Häuschen gehörten, also befugt waren, sich ungestört in dessen Sprachraum (Sprechzimmer) zu bewegen.

Das deuxe Gewand für Amiran und seinesgleichen hatte aber einen, bis jetzt zwar noch in tiefer Potenz verborgenen, allen aber dennoch sehr bewußten Nachteil, welcher sich über kurz oder lang bemerkbar machte: Es bestimmte seine Träger wieder für den Krieg, diesmal jedoch nicht auf dixie-, sondern auf deuxiländischer Seite, für das Völkergemetzel, dem sie eben entronnen waren und das (Ende 42) stellenweise links wie rechts schon anfing, zugunsten der Dixieländer auszuschlagen. In dieser Uniform durften sich Amiran und seinesgleichen auch nicht einmal mehr gefangennehmen lassen, denn die Dixieländer, besonders die linken, mußten jeden zuerst für ihren Goglimogli (Nummer 17), unter ihren Fahnen, Tornistern etc. ausgezogenen und dann auf einmal feindlich angezogenen Landsmann, der ihnen in die Hände fiel, natürlich als Verräter betrachten und kurzen Prozeß mit ihm machen. Die Emigration, in der übrigens schon Flüsterstimmen laut geworden waren, welche auf diese zweischneidige Unsicherheit der deuxen Uniform für kolchidische Kriegsgefangene hinwiesen und zu größerer Reserve gegen alle voreiligen Umlegungen solcher Gefangenen aus deuxen Konzentrationslagern auf kolchidische Wartburgen aufriefen, tröstete sich aber mit dem Gedanken, daß die Formierung eines effektiven kolchidischen Gegenheeres (contra Dixieländer, contra Vickers) und seine Einreihung in die deuxe Front auf langwierige, daher auch zeitgewinnende Schwierigkeiten stoßen würden, vor allem auf die großen, beinahe unüberbrückbaren Sprechzimmerdifferenzen: Schäfer wie Amiran und seinesgleichen sprachen weder Deuxi- noch Dixieländisch, und es gab deshalb fast niemanden auf der ganzen Welt, um sie zu kommandieren.

Kapitän Wakusch, der weder das Iß-mich noch die kolchidischen Wartburgen (-bürger) für fähig hielt, ihren Schützlingen totale Sicherheit vor den Goglimoglis zu gewähren, war entschlossen, wenigstens den Schäfer Amiran langsam von allen Exmamassachlissis und Mamassachlissis fort-, nämlich auf seine – wie ihm schien – viel bessere (sicherere, festere) dixieländische Wartburg, das heißt in die Wohnung des Schweden zu Tullio und den dortigen Vickers (zu den Holländern: Pipos, Pipas), zu bringen. Man konnte ihn in die Küche zu Olaf stecken, der (auch dem) Amiran bestimmt gefallen würde, weil er zwar kein Schäferhund, aber immerhin etwas Ähnliches war. Natürlich würde Amiran volle Gleichberechtigung mit allen Insassen der Wartburg erhalten und sich folglich auch aller Schäfchen (Pipas), die es dort zu striegeln gab, nach seinem Belieben annehmen können. Außerdem brauchte die Wartburg wegen der immer zahlreicheren Bewerber um Zutritt auf der Dixiebahn einen stämmigeren Hüter als Hans Georg oder Wakusch. Bevor man aber ernstlich daran denken konnte, Amiran umzusiedeln – sein völliger Umzug schien wegen der unzähligen Verpflichtungen des Schäfers allen Exmamassachlissis und Mamassachlissis gegenüber wenigstens fürs erste ausgeschlossen; er würde, ebenso wie Wakusch, ein Doppelleben zu führen, sich bald auf kolchidischer, bald auf dixieländischer Wartburg aufzuhalten haben (letzteres in immer ausgedehnteren Zeitabschnitten), ehe er, sobald es die Umstände zuließen, endgültig dort verschwand –, mußte man ihn prüfen, ob er für den Wartburgstyp von Signor Tullio auch reif genug, das heißt selbst genügend aus dem Häuschen (am Aragus) war. Nur ein der Dixiebahn mit Haut und Haaren ergebener Amiran durfte bei den Vickers angestellt beziehungsweise angesiedelt werden. Andernfalls war immer zu befürchten, daß er im Iß-mich etwas ausplauderte, den Exmamassachlissis und Mamassachlissis die geheimen Umtriebe von Tullio hinterbrachte und das ganze dixieländische System, das nicht zuletzt auch durch die Anstrengungen der zwei Kapitäne Wakusch und Hans Georg jetzt schon vorzüglich funktionierte, unwiderruflich aufflog.

Darum begann Kapitän Wakusch vorsichtig mit Versuchen,

Amiran langsam auf Dixieländisches (Dixieländer, -bahnen) zu orientieren. Da – wie das Experiment mit »House-hop« deutlich genug bewiesen hatte – brüske Eröffnungen in dieser Hinsicht zu nichts führten, pfiff Kapitän Wakusch Amiran nun mehrmals georgische Liedchen über *Ssuliko* verdixieländert (von Tullio extra rhythmisiert und synkopiert) vor. Der Schäfer grinste – was an und für sich kein übles Zeichen war – dann gleich über sein breites Gesicht, zeigte sich aber selbst noch nicht genügend interessiert, um das verjazzte *Ssuliko* im Gedächtnis zu behalten, geschweige denn auf seiner Flöte wiederzugeben. Obwohl Kapitän Wakusch schnellere Fortschritte lieber gesehen hätte, war er doch sehr zufrieden, daß der Schäfer für die dixieländischen Variationen des *Ssuliko* wenigstens ein Lächeln übrig hatte. Leute, die nie etwas davon gehört beziehungsweise gesehen haben, darf man mit den Dixieländern (-bahnen, Vickers usw.) nicht gleich ins Häuschen fallen, man hat sie vielmehr graduell darauf vorzubereiten. Am besten ist es, wenn ihnen der Wert der Dixieländer (-bahnen etc.) an Sachen (Liedern, Trachten, Trichtern) einleuchtet, welche sich in ihrem eigenen Häuschen finden. Gerade deswegen war Wakusch auch sehr erfreut, als er sah, mit welchem Unwillen Amiran sich die deuxe Uniform anlegte: Er sah immer zum Erbarmen traurig darin aus, schüttelte, wendete, kratzte sich und wurde erst wieder ruhig, wenn er aus den grauen Klamotten heraus- und in ein ziviles Kleidungsstück (das aus der Garderobe von Wakuschs Erzeuger kam) hineinschlüpfte. Aufgrund dieser offensichtlichen Abneigung gegen die deuxiländische Soldatentracht konnte der Schäfer schon viel leichter dazu bestimmt werden, sich ihrem dixieländischen Gegenstück, das heißt der Uniform der Vickers, welche das Adams (beziehungsweise Eva-)kostüm ist, zu verschreiben. Außer dieser ersten und grundsätzlich wichtigsten Abneigung Amirans gegen jeden konkreteren deuxen Modeschnitt war bei ihm auch noch eine sicher mehr äußere, aber doch genügend große Entfernung von den zwei ursprünglichen, seinen Lebenslauf in Kolchis wie auch überhaupt auf der ganzen linken Weltseite primär bestimmenden Verkleidungsarten, nämlich von dem *Nabadi* der kolchidischen Schäfer und von dem hochgeknöpften Waffenrock der linken Dixieländer, unbedingt nötig. Beides erschien Wakusch mit Recht aus einem ganz anderen, den Vickers bei Tullio völlig entgegengesetzten Geist heraus zusammengeschneidert und in den charleston-bostonschen Verhältnissen untragbar (unertragbar). Nun hatte Amiran im Moment zwar keines dieser kompromittierenden Kleider an, aber zweifellos war er innerlich noch damit ausstaffiert, wenigstens im *Nabadi* steckte sein Herz noch ganz bestimmt. Das merkte Kapitän Wakusch aus hundert Weisen, in denen der Schäfer über Kolchis (über die Berge und Schafe dort) sprach, in denen er seine kleine Flöte blies oder den Exmamassachlissis und Mamassachlissis bei Tisch artige Höflichkeiten sagte. Einmal hatte Wakusch den Schäfer sogar einem kleinen, heimlichen Examen in (über) Entfernungen unterzogen und ihm nicht gerade ein *Nabadi* (der kolchidische Umhang war nirgends erhältlich), aber etwas Ähnliches, nämlich eine *Tschocha* (aus dem Bestand irgendeines Exmamassachlissis) aufs Bett gelegt. Als Amiran den Rock entdeckte, stieß er Jubelrufe aus, warf alles ab und fuhr mit Windeseile in die heimatliche Tracht. Dann schritt er, die Hände ausgestreckt, im *Lekuri* (schöner kolchidischer Volkstanz, jedoch ohne Fuchstritt) mehrere Male durch das ganze Sprechzimmer, lachte, sang und weigerte sich lange Zeit, den kolchidischen Aufputz abzulegen. Amiran – so dachte Wakusch ärgerlich bei sich – war also immer noch ein Schäfer, ein Schaf von drüben, das sich, wenigstens bis jetzt, auf keiner Dixiebahn (auf keiner dixieländischen Wartburg im Stile Tullios) denken ließ: Die Geschichte hatte ihn nur äußerlich gehäutet.

Während seiner anstrengenden Suche nach einem genügend scharfen Messer, das das Schaf Amiran scheren, es vom Nabadi (aber auch von der Tschocha, die ja mit ihren Patronentaschen auf beiden Brustseiten rechts und links eine Art Übergangsstufe zu jedem [deuxi- sowie dixieländischen] Soldatenrock vorstellt) abtrennen könnte, stieß Wakusch – geleitet von dem vagen (jedoch auch durch seine ähnliche Erfahrung mit »Kolchis, Iberien und Albanien« bestimmten) Gefühl, daß nämlich ein solches Messer aus entsprechendem Lesestoff geschmiedet sein müßte – beim Revidieren der Bibliothek von Erzeuger auf ein kolchidisches Buch mit dem seltsamen Titel »Das Schlangenhemd«, Dieser Roman von Grigol Robakidze (einem zuerst in Kolchis, aber dann noch viel mehr im Iß-mich geschätzten kolchidischen Schriftsteller) handelte – wie es ja zu erwarten war – von der langen, umwegigen, jedoch an sich ganz reibungslosen Rückkehr eines Exmamassachlissis in sein Häuschen (am Aragus) und wurde gerade deshalb in der Kolonie viel gelesen. Von dem gleichen Buch fand Wakusch neben der deuxen Übersetzung auch noch eine ältere kolchidische Ausgabe im Originaltext mit Schlangenemblem auf dem roten Einband. Das Grundgefühl, nämlich unbändige Liebe zu Mamassachlissis, aus dem sich das gesamte Schlangenhemd zusammenfügte, stimmte Wakusch, der in diesem Punkt schon früh gelernt hatte, sich zu mäßigen, erst vorsichtig. Er hätte darum dem Schäfer das »Schlangenhemd« auch niemals zur Lektüre vorgeschlagen, wenn nicht auch ein paar sehr gute Lehrsätze über den Kleiderwechsel bei allen geschichtlich Betroffenen wie Amiran und seinesgleichen mit darin gewesen wären. Diese Sätze erschienen Wakusch eigentlich viel mehr auf Exmamassachlissis als auf Mamassachlissis zugeschnitten.

Trotz der scharf entgegengesetzten Sinnrichtung des ganzen übrigen Textes gaben sie zu vermuten, daß ihr Verfasser in sehr vielem gleichfalls aus dem Häuschen war. Im »Schlangenhemd« wurde dem Leser empfohlen, alle abgelegten Uniformen etwa so zu betrachten wie die Schlange ihr Hemd, dem sie entschlüpfte: als ausgetragene und weiter unbenutzbare (untragbare) Vergangenheiten. Das Leben – so hieß es da im Schlußwort – sei nur auf diese Weise (das heißt nur mit der Kaltblütigkeit der Kaltblüter alten Hüllen gegenüber) zu ertragen. Das war gerade die Maxime, welche Amiran so dringend brauchte, welche ihn mit einem allerersten inneren Abstand von Nabadi, Tschocha etc. imprägnieren konnte.

Zu alledem hatte aber das Symbol bei Robakidze auch noch einen Haken, der es erlaubte, die alten Häute nicht einfach abzuwerfen (zu verwerfen), sondern für einen neuen Gebrauch aufzuhängen (zu bewahren), also einen Kleiderhaken. Denn die Schlange wechselt zwar ihr Hemd, aber im Prinzip bleibt sie doch so, wie sie der liebe Gott (der liebe Mamassachlissi) angezogen hat: so gefleckt (gescheckt) wie vorher. Es war deshalb gar nicht unbedingt notwendig, daß Amiran nach der Lektüre des »Schlangenhemdes« auf ewig Abschied (Abstand) von Haut und Haus in Kolchis nahm. Mit Geduld, das heißt mit genügend vorsichtigem (langem) Ausdauern auf den gewissen Wartburgen in Deuxi(Dixie-)land, konnte beides wieder zu ihm zurückkehren. Bis dahin war es für Amiran das Richtigste, wenn er im Unter-Hemd der Vickers (aus Charleston, Boston) blieb, wenn er sich mehr in der Adamsuniform herumbewegte, das heißt in der Uniform, in der man sich keinem Häuschen so ohne weiteres zeigen darf, weil sie allein für den Goglimogli auf der Dixiebahn bestimmt ist. Mit dem Schlangenhemd war schließlich noch der deuxe Soldatenrock, den man sich für Amiran ausgedacht hatte, besonders treffend gekennzeichnet. Der Rock kam durch den bösen Widerspruch, dem der Schäfer jedesmal ausgesetzt war, wenn er da hineinstieg, genau einem Giftschlangenhemd gleich. Im zeitlichen Sinn sprengte er auch das Symbol: Dieses traf ja, weil es doch nur Vergangenes berücksichtigte, auf alle Hemden, Häute, Hüte, welche die Mamassachlissis beziehungsweise Exmamassachlissis für ihre Leute bereithalten können, gar nicht mehr zu. Dieses Loch im Schlangenhemd ließ sich nur durch eine gute dixieländische Wartburg füllen, das heißt durch gute Schutzhaft von Amiran und seinesgleichen bei den Vickers von Signor Mobiglia.

Um selbst im Bilde darüber zu sein, wie weit der Schäfer im »Schlangenhemd« war (ob er sich überhaupt damit beschäftigte), hatte Kapitän Wakusch ein Lesezeichen mit in das Buch gelegt. Für den ersten und klarsten symbolischen Bezug ließ er eines Morgens vor dem In-die-Schule-Gehen, als alles noch schlief, den mitteldicken Band unbemerkt auf Amirans deuxer Uniform liegen. Den ganzen übrigen Tag, zuerst im Schulhäuschen, dann bei O. Nyström auf Ehrenwache für die verschiedensten Vickers, hier auch beim Fotografieren und Entwickeln vorzüglicher Specchios, saß und stand Wakusch wie auf glühenden Kohlen. Alles hing davon ab, ob der Schäfer das »Schlangenhemd« angefaßt und damit endlich seinen Einleitungskursus in die Dixiebahn begonnen hatte. Wakusch dachte auch daran, eventuell ein Interview von Robakidze mit Amiran und seinesgleichen zu vermitteln. Der Schriftsteller konnte den Leuten sein »Schlangenhemd« am besten erklären. Für das Interview wollte Kapitän Wakusch auf keinen Fall das altväterliche Iß-mich, sondern einen möglichst neutralen, mehr in der Richtung von guten Vickers gelegenen Ort, vielleicht den Kakadu, wählen. Natürlich blieb es bei diesem Vorsatz, und das nicht nur deshalb, weil der große

»Schlangenhemd«-Verfasser für so einen kleinen Kapitän wie Wakusch nicht zu sprechen war, sondern auch deshalb, weil Kapitän Wakusch diesem Mann nicht bis zu Ende traute, weil er zweifelte, ob der Abstand von Mamassachlissi im »Schlangenhemd« wirklich ernst (weit) genug gemeint war. Bei seiner Rückkehr in die alte kolchidische Wartburg von Erzeuger fand Wakusch Amiran zwar nicht am Buch, sondern am Tisch mit Kantzis und Exmamassachlissis, aber das Lesezeichen steckte schon über ein Kapitel tief im »Schlangenhemd«.

Zur Schleifung des Schäfers hielt es Wakusch dann auch für nötig, ihm einen wichtigen Fuchstritt beizubringen, vielleicht zuerst einen leichteren (weil langsameren) aus Boston, der Amiran wenigstens schon zum Gehen auf der Dixiebahn befähigen würde. Einmal in Boston, ließen sich alle anderen Städtchen in Dixieland: Charleston, Manila usw., ohne große Schwierigkeiten erreichen. Nun war Amiran zwar allen Dixieländern fest verschlossen, aber Wakusch hoffte doch, daß ihm beim Tanzunterricht die Jugend des Schäfers, der ja kaum viel älter war als die meisten Pipos im Kakadu, zu Hilfe kommen würde. Er hatte sich an unzähligen, durch Signor Mobiglias Septett zum Swing bekehrten Pipos (Pipas) von der Durchschlagskraft aller Dixieländer bei der Hitler- und jeder anderen Jugend überzeugen können, um auch in einem so komplizierten Fall wie Amiran zuversichtlich zu sein. Dieser Fall war für die dixieländische Wartburg von Tullio sogar ein höchst verantwortlicher Test: Denn wenn es ihr gelang, den Schäfer Amiran aus Kolchis zu sich hinüberzuziehen, ihn zu einem ihrer Pipos zu machen, dann war auch am Aragus ihr Triumph über Mamassachlissi (über alle Häuschen) im voraus entschieden. Um den bostonschen Fuchstritt möglichst passend, nämlich auf kolchidischer Basis, anzubringen, ließ sich Kapitän Wakusch zuerst von Amiran ein paar Tanzstunden in *Lekuri* geben. Der Schäfer, begeistert von Wakuschs aktivem Interesse für den kolchidischen Volkstanz, machte dem Wicht die kleinen, zierlich über den Boden wischenden Schritte vor und ließ dann – selbst den Takt mit den Händen abklatschend – Wakusch in derselben Weise im Zimmer herumgehen. Wakusch tat sein Bestes, um sich vor allem das Lob seines Lehrers zu verdienen, ehe er es wagen wollte, von Lekuri auf Boston (Charleston) umzuschalten. Solcher Übergang war wegen des flotten und abgehackten Rhythmus in Lekuri durchaus möglich. Als dann Wakusch zu einem günstigen Zeitpunkt plötzlich die ganz anderen, viel lässigeren, aus sich (und Häuschen) herausgehenden Bewegungen irgendeines modischen Dixieländers ausführte, blieb dem Schäfer zuerst der Mund offenstehen. Er vergaß das Klatschen und sah auf den wendigen Fuchstritt. Wakusch, der eigentlich kein besonderer Tänzer war, übertraf in diesem Moment alle Virtuosen (Pipos, Pipas) im Kakadu. Sein Tanz, der auch noch verschiedene, ganz neu improvisierte Elemente mit einschloß, entfaltete sich auf der alten kolchidischen Wartburgsdiele wie das stolze blau-weiß-rote Banner von Dixieland über Freudenhäuschen von Vickers. Er wirbelte große Staubwolken von Goglimoglis auf und riß – was die Hauptsache war – dann auch noch Amiran mit hinaus auf die Dixiebahn. Plötzlich ging der Schäfer auch im Fuchstritt hinter Wakusch her: Die Rollen von Lehrer und Schüler hatten sich vertauscht, denn Amiran wetzte jetzt unter den Anfeuerungen von Wakusch wie besessen hin und her. Seiner Zungenspitze, die wie ein kleiner roter Schlangenkopf zwischen seinen Zähnen hervorstach, war es anzusehen, mit welchem redlichen Eifer er sich bemühte. Am Anfang ließ Amirans Fuchstritt allerdings noch viel zu wünschen übrig, er war noch viel zu sehr vom Häuschen (in Kolchis) beschwert, also noch kein charleston-bostonscher, sondern mehr ein lekurischer

Dixieländer, aber wenn man von allen Unebenheiten absah, so schien der erste entscheidendste Tanzschritt in Richtung der Vickers schon gemacht. In den folgenden Proben spielte Wakusch dann mit dem Grammophon richtige Dixieländer auf, so daß Amiran neben seiner Kunstfertigkeit im Fuchstritt auch noch ein kleines Verständnis für »House-hop« und ähnliches entwickelte. Seinem Prozeß auf der Dixiebahn entsprechend rückte auch das Lesezeichen im »Schlangenhemd« langsam, aber sicher vor.

Das nächste Ziel, das sich Kapitän Wakusch setzte, war, den Schnurrbart des Schäfers zu gestalten, ihn auf dixieländisch – à la Menjou – zu modellieren. Er hing wie ein kleiner schwarzer, borstiger Bremsklotz unter Amirans Hakennase und wurde in dieser urväterlichen Form von ihm auch noch sorgfältig gepflegt, beschnitten und gewichst. Amiran war sehr stolz auf dieses Wahrzeichen seiner Männlichkeit und lehnte alle Verbesserungsvorschläge zuerst entrüstet ab. Aber Wakusch ließ nicht locker. Er versuchte über alle möglichen Wege (zuerst durch Skizzen) Amiran klarzumachen, was seine Absicht war. Wenn der Schäfer sich rasierte, legte er ihm probeweise auch oft den kleinen Finger von links und rechts über die Staude. Die Verdünnung des Bartes kam Amiran ungeheuerlich vor. Er schüttelte energisch den Kopf zu seinem Spiegelbild und schob Wakuschs Hände entschieden beiseite. Da es sich um eine prinzipielle Frage handelte – ungeschoren würde Amiran bei den Vickers niemals (richtigen) Eingang finden –, dachte Wakusch schon daran, den Schäfer zu stutzen, wenn er schlief. Mehrere Male schwebte in aller Morgenfrühe auch tatsächlich die Schere über dem ahnungslos schnarchenden Amiran. Glücklicherweise gab es aber außer diesem Gewaltakt noch andere, viel wirksamere Mittel, um den scheußlichen kolchidischen Bart fortzubekommen. Das waren die lachenden Fotoporträts von Signor Tullio Mobiglia. Kapitän Wakusch wählte ein paar Großaufnahmen aus, welche den Menjou des Maestro am genauesten festhielten, und zeigte sie dem Schäfer. Diesem gefiel der elegant funkelnde Kopf des großen Dixieländers und natürlich auch der Menjou, der auf den Bildern in seiner echten originaldixieländischen Form zu bewundern war, ausnehmend. Er fragte Wakusch sofort, wer der Mann sei. Aber Wakusch verriet noch nichts. Er tippte nur herausfordernd auf den Menjou und sah nun seinerseits den Schäfer fragend an. Nach einem Zaudern legte Amiran seinen Bart freiwillig unter das Messer. Hinterher studierte er unausgesetzt und einige Male sicherlich auch mit kleinem Bedauern sein neues Konterfei. Aber da sich der Menjou (wenigstens so bald) nicht mehr rückgängig machen ließ und Wakusch zu der vielleicht nicht vollständig gelungenen Veränderung trostvolles Lob spendete, begann er sich doch langsam daran zu gewöhnen. Das Lesezeichen guckte – wie Wakusch nicht versäumte festzustellen – zu diesem Zeitpunkt an noch viel weiteren (tieferen) Stellen aus dem »Schlangenhemd« hervor.

Übrigens las der Schäfer dieses Buch nur, wenn es für ihn auf der alten kolchidischen Wartburg von Wakuschs Erzeuger nichts weiter zu tun gab. Kopf und Augen wurden ihm dann schnell müde, so daß es oft Kapitän Wakuschs gütigen Zuspruchs bedurfte, damit er seine Nase wieder in das »Schlangenhemd« steckte. Vielleicht las er überhaupt bloß Wakusch zuliebe. Zuerst sah es jedenfalls ganz so aus, denn Amiran griff sich den Schmöker nur, wenn der Kapitän im Anzug war. Manchmal fand ihn Wakusch eingeschlafen über dem Text, und dann war er nur durch langes Reden, Rütteln und Knuffen zu dem »Schlangenhemd« zurückzubringen. Manchmal weigerte sich Amiran sogar entschieden, die Lektüre wieder zu beginnen; er konnte dann das »Schlangenhemd« mit einem Ruck von sich oder gar (was aber nur zweimal geschah) in eine entfernte Ecke werfen. In solchen Fällen setzte Wakusch ein gekränktes Gesicht auf und sprach solange kein Wort mehr mit dem Schäfer, bis dieser sich recht reuevoll an das »Schlangenhemd« begab. Wakusch ärgerte jetzt auch noch besonders der Umstand, daß er kein Kolchidisch verstand und deshalb den Schäfer nicht kontrollieren konnte. Er hätte ihn nur zu gerne abgehört, gewisse Sätze, wie zum Beispiel die über den Schlangenhemdwechsel bei hominibus sapientibus, auswendig aufsagen lassen und ähnliches. Aber wie die Dinge nun lagen, war es ihm unmöglich, Amirans Fortschritte zu überprüfen, ja, er wußte nicht einmal genau, wo der Schäfer im Text stand, denn die deuxe Ausgabe des »Schlangenhemdes« hatte eine viel stärkere Seitenzahl als die kolchidische. Es gab auch eine Periode, während der Kapitän Wakusch den Verdacht nicht loswurde, daß der Schäfer schummelte, daß er nur vorgab, sich mit dem »Schlangenhemd« zu beschäftigen, obwohl er in Wirklichkeit gar nicht darin las. Diesen Argwohn festigte das Lesezeichen, welches Wakusch – weil es ihm nämlich viel zu flott vorzurücken schien – einmal unauffällig um ein paar Kapitel zurückstellte. Als Amiran dann die Lektüre wieder aufnahm, ohne dessen Ortswechsel auch nur zu bemerken, als er bei wiederholten, ähnlichen Proben ebensowenig reagierte, nahm Wakusch einmal in seiner Anwesenheit das »Schlangenhemd«, zog das Lesezeichen heraus und warf – ehe er die Wartburg verließ (er war mit den Vickers von Tullio verabredet) – beides Amiran wortlos auf den Tisch. Nach diesem Vorfall war – weil sich Amiran jetzt ehrlich dahinterklemmte – das Lesezeichen am »Schlangenhemd« kein leeres Symbol mehr.

Für Kapitän Wakusch gab es – da ja alle Bedingungen, die er Amiran gestellt hatte, von diesem trotz anfänglicher Hindernisse eingehalten und erfüllt wurden – nun auch keinen Grund mehr, mit dem Schäfer unzufrieden zu sein. Wenn er aber doch sein sorgenvolles Gesicht behielt und seinen Zögling (wenn dieser es nicht merkte) oft grübelnd, auch forschend von der Seite betrachtete, so war das noch auf ein letztes und allergrößtes Problem zurückzuführen, welches zwischen Amiran und der Dixiebahn (nach Charleston, Boston zu den Vickers von Tullio) stand. Die Sache war die, daß der Schäfer in seinem ersten und natürlichsten Schlangenunterhemd, welches sich übrigens vorzüglich um seinen muskulösen, jeglichen Fettansatzes entbehrenden Körper spannte, doch immer noch etwas von seinen früheren Hüllen anbehielt, nämlich ein Abzeichen, wie es nur in den festesten Häuschen verliehen wird: Amiran war tätowiert. Ein kleiner kolchidischer Satz prangte tintengrün auf seinem linken Oberarm und erweckte durch die schnörkeligen Linien der Buchstaben bei jedem unkundigen Betrachter zunächst den Eindruck irgendeiner abstrakten, vielleicht auch mißglückten Zeichnung. Es war aber ein Ideogramm, und zwar ein sehr heikles, für die guten Vickers in Charleston auch ganz unannehmbares, das sich der junge Amiran noch in Kolchis (beim Militär) völlig unüberlegt hatte einritzen (-spritzen) lassen. Der kolchidische Ausdruck war zwar in dem deuxen Sprachraum, gottlob, unlesbar, konnte sich aber – weil ja in diesem Raum schon genug Georgier herumliefen – doch herumsprechen und Amiran in große Unannehmlichkeiten stürzen. Kapitän Wakusch hatte – als der Schäfer schlief – sich die Inschrift abgeschrieben und im Iß-mich vorsichtig nach ihrer Bedeutung gefragt. Sie lautete in ungefährer deuxer Übersetzung: »Es lebe der Mamassachlissimus« (gemeint/genannt war der, welcher, selbst kolchidischen Ursprungs, jetzt im Kreml regierte). Diese Losung hatte zu verschwinden, ehe ein unberufenes Auge sie entdeckte. Auf Amirans Haut gab es noch etliche

Leitsätze, wie zum Beispiel: »Meine Mutter vergesse ich nicht« (komischerweise in Russisch, obwohl der Schäfer diese Sprache überhaupt nicht beherrschte), an denen Kapitän Wakusch im Prinzip nichts auszusetzen hatte und die Amiran vielleicht sogar von Nutzen sein, ihn irgendwie im Zaume halten würden, wenn er erst einmal auf der Dixiebahn bei den Vickers von Tullio war.

Was man sich auf sein Schlangenunterhemd schreibt, ist nicht mehr so leicht fortzukriegen. Es geht nur auf Kosten des Unterhemds ab, das man sich dann mindestens zum Teil, nämlich dort, wo es beschriftet ist, aus- beziehungsweise abziehen muß. Die Prozedur gehört – weil das Schlangenunterhemd an jedem Menschen ein organisches, dazu ausgesprochen dixieländisches, das heißt hochempfindsames, vornehmlich zum Sonntagsstaat von Dixieländern bestimmtes Gewebe ist – mit zu den schmerzhaftesten. Zugleich bezeugt sie bei allen, die sich ihr unterziehen, den eisernen Willen, aus alter in neue Haut zu fahren, sich von Grund auf zu verändern. Darum hielt Kapitän Wakusch die Häutung mit Recht für das letzte und größte Examen des Schäfers auf der Dixiebahn zu den Vickers von Tullio. Flüchtig dachte er auch daran, Amiran das schwere Examen zu erleichtern. So ließ sich im Prinzip zum Beispiel ein dicker Strich durch Amirans alten Wahlspruch tätowieren, was sicherlich viel leichter auszuhalten war als das peinvollere Schneiden. Dieser Weg barg allerdings die Gefahr, daß Amiran – falls sein Schicksal ihn wieder mit den linken Dixieländern zusammenführte – sich dann niemandem mehr (oder nur den allerwenigsten) im Schlangenunterhemd zeigen durfte. Die Operation war also unerläßlich, und Wakusch zeigte sich auch vorsichtig genug, um sie für den Endtermin des ganzen Einleitungskursus festzulegen. Dieser kam mit dem Ende der Lektüre des »Schlangenhemdes« heran, in dem sich Amiran jetzt schon ohne zusätzliche Aufforderungen vorwärtsbewegte.

Wakusch hatte sich vorgenommen, ihm das Buch, sobald er es durch hatte, wegzunehmen. Wegen der vielen, dort enthaltenen Lobgesänge auf Mamassachlissis erschien es nicht ratsam, Amiran das »Schlangenhemd« länger zu lassen, als unbedingt notwendig war. Nach der Häutung Amirans beabsichtigte Kapitän Wakusch mit ihm schon die allerersten Ausflüge, vorerst allerdings noch immer nicht auf der Dixie-, sondern der Deuxibahn: Er wollte Amiran, der bis dahin nur im Iß-mich oder in der alten kolchidischen Wartburg von Wakuschs Erzeuger saß, etwas von Deuxiland zeigen, die schönsten Ansichten der Spree und Umgebung, ganz zum Schluß aber das beste aller Schaustücke: die Wartburg von Tullio.

Als Amiran schon über den letzten Kapiteln des »Schlangenhemdes« brütete, begann Kapitän Wakusch vorsichtig seinen wohlüberlegten Angriff auf die Haut des Schäfers. Sooft dieser im Schlangenunterhemd dastand, stellte er sich vor ihm auf, studierte mit unwillig zusammengekniffenen Brauen die Schriftzeichen auf dessen Oberarm und drohte mit dem Finger. Einmal klebte er nach einer langen deuxen Rede über die Unstatthaftigkeit der dixieländischen These in Deuxiland auch ein großes Pflaster über den Satz. Der Schäfer wurde vor Schreck, daß seine prodixieländische Tätowierung erkannt und gelesen worden war, zunächst leichenblaß. Er wurde aber gleich wieder sicherer, als Wakusch in der klaren Absicht, das Motto zu entfernen, mit Rasierklinge, Federmesser und jod-, benzin(auch essig-)getränkter Watte daran herumschabte oder -rieb. Leider blieben alle Versuche zuerst erfolglos: Der Mamassachlissimus saß viel zu tief in den Poren des Schäfers. Scheinbar war er nur mit Stumpf und Stiel, das heißt mit Amirans Arm zusammen, zu liquidieren. Trotz dieser großen Schwierigkeiten freute es Wakusch aber doch, daß der Schäfer so bereitwillig seinen Arm zu den bestimmt nicht angenehmen Prozeduren hinhielt. Er biß die Zähne zusammen, wenn Wakusch sein Schlangenunterhemd stückweise von ihm abzog oder die Haut an der Schriftstelle mit den allermöglichsten Säuren bearbeitete. Manchmal sah ihn Wakusch auch selbst Messer oder Schere gegen sich führen. Diese eigenhändigen Bestrebungen deuteten schon darauf hin, daß Amiran nun auch innerlich bereit war, sich aus alter Haut (altem Häuschen) hinauszuschlängeln. Die Annullierung des Mottos gelang aber erst, als Wakusch einen glühenden Zigarettenkopf an Amirans Schlangenunterhemd legte. Es folgten der Geruch verbrannten Fleisches und Amirans wildes Gebrüll. Aber er hielt aus, was es kostete. Das einzige, was von Mamassachlissimus später noch an Amiran, allerdings für immer, übrigblieb, war – wie in allen solchen und ähnlichen historischen Geschichten – eine tiefe Narbe.

Ein Specchio, ein Kapitän und ein Mamassachlissi

Im Herbst entdeckte Frau Meyer zwischen den Sachen ihres Sohnes einen Striptease aus dem Specchio von Signor Tullio. Die Negative ließen noch vermuten, daß Georg den Film selbst gedreht haben könnte. Frau Meyer alarmierte ihren Mann, und der Fotograf saß in der Klemme.

Wo der Specchio ans Licht kommt, will gewöhnlich keiner mehr etwas mit ihm zu tun haben. Daher ist es immer sehr kompliziert, seine Produzenten festzustellen. Gefilmte Philippinen sind das tiefste Niemandsland. Solange man sich nicht verplappert, bleiben sie auch in dem strengsten Häuschen in Hinsicht auf ihre Uraufführung schleierhaft. Hans Georg behauptete, den Specchio auf der Straße gefunden zu haben. Er schützte ein totales Unverständnis im Zusammenhang mit den Aufnahmen vor und bat noch dreist um eine Erklärung. Natürlich glaubte man ihm kein Wort. Dafür war Signor Tullios negativer Fernseher viel zu selbstverständlich.

Hans Georg log mit gutem Gewissen. Als Torwart des Maestro ging ihn der Specchio persönlich gar nichts an. Er hatte die Philippinen selbst nie besucht, kannte sie bis dahin wirklich nur aus Signor Tullios Bilderreportagen und vom Hörensagen. Nun weiß aber jeder Mamassachlissi im voraus sehr gut, daß es mit einem Specchio stets mehr auf sich hat, als sein Unschuldskind zugeben will. Ansichten von Manila sind kein Geschenk des Zufalls. Vielmehr zählen sie zu den ersten Etappen auf der Dixiebahn, und diese wird im allgemeinen nur mit Absicht beschritten. Dem Verhör folgte eine blitzartige und systematische Durchsuchung von Hans Georgs Stube. Kommt der Mamassachlissi seinem Pipo einmal auf die Spur, so stellt er das ganze Häuschen auf den

Kopf. Er sieht sich dann alles zweimal an und guckt hinter jeden Spiegel.

In der Geschichte jedes Häuschens ist die gewaltsame Erkundung der Dixiebahn durch den Mamassachlissi vielleicht das längste und aufregendste Kapitel. Da der Pipo sich niemals gutwillig dazu bewegen läßt, sein Niemandsland zu verraten, ist eine friedliche Beilegung des Konflikts von vornherein ausgeschlossen. Der Mamassachlissi fackelt denn auch nicht lange. Er stößt in Windeseile die Dixiebahn entlang, um ihre Produzenten zu überrumpeln und den Specchio mit Stumpf und Stiel zu liquidieren. Dabei will er vor allem jener ganz gerissenen Globetrotter habhaft werden, die persönlich auf den Philippinen sitzen und mit ihren losen Ansichten sein Häuschen von dort aus untergraben. Während der Razzia in Hans Georgs Kammer kam ein zweiter Fernseher zum Vorschein. Er war noch nagelneu und hatte eine Staniolplombe.

An Hans Georgs puterrotem und betroffenem Gesicht erkannte Herr Meyer sofort, daß er etwas Entscheidendes in den Händen hielt. Plombierte Fernseher sind nun wohl auch das Beste, was der Mamassachlissi bei seinem Spähzug auf der Dixiebahn je erbeuten kann. Er hat dann immer gute Aussichten auf neue wichtige Anhaltspunkte, um den Wühler von Manila zu demaskieren und im ganzen Niemandsland restlos aufzuräumen. Der zweite Film versprach in der Tat die extremsten Enthüllungen. Er zeigte an mehreren Stellen den Globetrotter am Globus und war darum in jeder Hinsicht noch viel gepfefferter als der erste. Es handelte sich nicht länger um herrenlose Hügel und Wiesen, weil der Nutznießer dieser ganzen lieblichen Natur mit paradiesischer Unbefangenheit hier in ihrem Vorder- und Hintergrund ruhte. Nichts ist so sonnenklar wie ein Specchio über Hügel mit Herr. Sein Bildbericht macht die ganze Dixiebahn von A bis Z erfahrbar. Noch eindeutiger wird er aber, wenn der Herr ein Signor ist, dessen Tanzkapelle sich im Häuschen eines gewaltigen Zuspruchs erfreut. Es dauert dann auch nicht sehr lange, bis der Mamassachlissi herausbekommt, an wen er sich zu halten hat. In festen Verhältnissen sind Menjou und Saxophon viel zu flagrante Merkmale, um ein Inkognito zu wahren.

Der zweite Film gab alles preis. Die Paßbilder des Signors waren untrügliche Fingerzeige. Sie konnten Tullio den Globus kosten. Visitenkarten dieser Art ermöglichen einen raschen und unerwarteten Besuch des Mamassachlissi in Manila, die blitzartige Besetzung aller Hügel und die Festnahme des Uraufrührers. Wenn rechts die Wartburg fällt, haben Pipos nichts mehr zu hoffen. Dann liegt der Specchio in Scherben, und es mögen Jahrhunderte vergehen, bis sich wieder ein Privatweg findet. Dann wird kein Globus mehr umsegelt, und alle Kapitäne bleiben zu Hause. Ebenso unmöglich ist es dann, die Philippinen anzufliegen, weil keine Kakadus mehr da sind.

Wenn also nichts geschah, hatte Tullio ausgespielt. Angstvoll sah Hans Georg das nahende Fiasko. Er durfte nicht zulassen, daß der letzte Kakadu beerdigt wurde. Der D-Zugvogel mußte leben, damit der Specchio gedieh, damit die Pipos fliegen und die Pipas siedeln konnten.

Hans Georgs jäher Gegenstoß ließ das ganze Häuschen in seinen Fundamenten wanken. Er setzte die Parteien auf das schärfste voneinander ab, indem er ihren Gegensatz auf den Siedepunkt brachte. Kapitäne, die einen seltenen Vogel zu schützen haben, schrecken selbst vor dem Mamassachlissi nicht zurück. Sie werden handgemein mit ihm um jener sanften Hügel willen, auf denen ihre Wartburg steht. Der Ausgang dieser Scharmützel ist nie ganz sicher im voraus zu bestimmen, sofern sich beide Seiten allemal mit der gleichen Verbissenheit gegeneinander behaupten.

Es kommt auch viel darauf an, wie der Kapitän es anfängt. Vermasselt er den ersten Streich, so ist die Dixiebahn schon meistenteils geliefert. Der Mamassachlissi verdoppelt dann seinen Posten, so daß ihn nichts mehr hindern kann, den Dingen auf den Grund zu gehen.

Damit ihr Hieb nun gleich am Anfang sitzt, nehmen sich die Kapitäne immer das aufs Korn, was den Mamassachlissi für den Kakadu so gefährlich macht und die eigentliche Basis für seinen Feldzug gegen die Wartburg bildet. Sie springen ihm auf den Fernseher, noch ehe er etwas Entscheidendes bemerken kann. Der Klamauk, der dabei entsteht, bringt oft die Nachbarschaft zusammen. In diesen Lagen hat der Mamassachlissi auch noch einen besonders sauren Stand, wenn das Streitobjekt plombiert ist. Der kleinste Lichtstrahl kann dann dem Specchio schädlich sein. Die Plombe darf keinen Knacks erhalten, damit der Mamassachlissi auf der Dixiebahn vorwärtskommt. Gerade deshalb ist sie für jeden entschlossenen Kapitän naturgemäß immer die letzte große Chance. Ihr gilt denn auch sein vernichtender Anschlag, dessen hohe Zielsicherheit sich noch daraus erklärt, daß der Kapitän als verdienter Wartburgsfotograf über alle Plomben besonders gut Bescheid weiß. Wo er zuhaut, gibt es nichts mehr zu entwickeln. Dem Mamassachlissi verbleibt dann bestenfalls ein Film, bei dem es ganz egal ist, ob er ihn sich von rechts nach links ansieht oder umgekehrt.

Nur der umsichtigste Plombenschutz kann ihm den Globus in die Hände spielen. Er muß weit erhaben sein über alle Finten, welche sich die Desperados von der Wartburg je ausdenken mögen, um seinen Vormarsch zu vereiteln. Niemand fliegt leichter von der Dixiebahn als derjenige, der sich dort zu früh am Ziel glaubt und deshalb vergißt, auf der Hut zu sein. Es ist nicht unwahrscheinlich, daß Herr Meyer gerade in diesem Wahn befangen war, als er den zweiten Film kurz nach der Konfiskation noch einige Male triumphierend vor Hans Georgs Nase herumschwenkte. Jeder Kapitän, der eine Plombe in Reichweite sieht, weiß sofort, was er zu tun hat. Hans Georg schnappte automatisch zu und brachte mit einem Ruck den Fernseher wieder auf seine Seite.

Nach diesen und ähnlichen Überfällen leistet die sekundenlange Verblüffung des Mamassachlissi den Wartbürgern oft guten Vorschub, um das Weite zu suchen. Sie genügt schon vollkommen für den ersten entscheidenden Abstand, welcher in der Regel ein Tisch zu sein pflegt, den der Kapitän kraft zweier olympischer Sätze zwischen sich und den Mamassachlissi bringt. Danach kann dem Kakadu nichts mehr passieren, weil der Kapitän die Möglichkeit hat, den Specchio von Kopf bis Fuß zu belichten, bevor der Mamassachlissi um den Tisch herum ist.

In jedem Häuschen gehört der Moment, wo der Kapitän die Hand an die Plombe legt, fraglos zu den spannendsten. Er ist ja schon deshalb so unerhört kitzlig, weil der Mamassachlissi wegen des Tisches fassungslos zusehen muß, wie man ihm vis-à-vis den Globus nach rechts und links auseinanderrollt. Sein sprühender Befehl, die Plombe unberührt zu lassen, schüchtert niemanden mehr ein. Zuallerletzt schlägt der Mamassachlissi noch krachend auf den Tisch, daß die Funken fliegen. Er tut das übrigens jedesmal, wenn ihm die Felle auf der Dixiebahn davonschwimmen. Ist der Fernseher dann enthüllt, so wird es für eine Zeitlang totenstill. Oft läßt dieser leere Augenblick die verstörte Umwelt meinen, im Häuschen wäre ausgetobt. In Wirklichkeit hat sie aber noch so mancherlei zu erwarten, da die beiden Parteien sich jetzt viel unversöhnlicher gegenüberstehen als ehedem.

Der Mamassachlissi weiß nun sehr genau, wen er vor sich hat, weil der Kapitän durch seinen Gewaltakt alle Masken fallenließ.

Die Weise, in der sich die beiden Antagonisten nach der Belichtung über den Tisch hinweg fixieren, macht die stürmischsten Entwicklungen prophezeibar. Im allgemeinen ist sie das stumme Vorspiel zu einer wilden Jagd nach dem Kapitän, die zwar hauptsächlich um den Tisch, aber auch oft genug durch das ganze Häuschen geht. Dabei sind die Hoffnungen, mit heiler Haut davonzukommen, für jeden Kapitän nur sehr gering. Denn wohin er sich auch wenden mag, die Rache des Mamassachlissi ereilt ihn doch zu guter Letzt.

Sein einziger und phantastischer Ausweg wäre vielleicht nur, sich bis nach Holland durchzuschlagen. Leider ist daran fast nie zu denken. Es liegt in dem paradoxen Lebenslauf aller Kapitäne, die Wartburg meiden zu müssen, wenn ihnen der Mamassachlissi direkt auf den Fersen sitzt und sie ihr schützendes Asyl gerade am dringendsten benötigen. Der konsequente Kapitän nimmt daher stets bewußt in Kauf, daß ihn der Mamassachlissi hinterher zur Zielscheibe seines ohnmächtigen Zornes macht. Er rückt auch meistens gar nicht aus. Viel eher bleibt er in Erwartung des Kommenden am Tisch. Berücksichtigt man nun noch, was ihm dann blüht, so ist es bestimmt bemerkenswert, daß die konsequenten Kapitäne in den Häuschen nie alle werden. Immer ist noch ein Wagehals da, um den zweiten Film zu verpfuschen. Dies hängt teilweise mit dem Tisch zusammen, der – wie wir gesehen haben – solche Verpfuschungen erst ermöglicht und darum auch als wichtigstes strategisches Möbelstück für alle Kapitäne gelten kann. Er ist von alters her der vierbeinige Verbündete ihres Wagemuts, der große Klotz im Wege des Mamassachlissi, wenn die Entscheidung drängt.

Selbstverständlich muß auch der Kapitän aus dem rechten Holze sein. Andernfalls wird ihm der beste Tisch nichts nützen. Denn mit der Belichtung allein ist zwar schon viel, aber lange noch nicht alles erreicht. Gerade jetzt gibt es im Häuschen immer noch einen dritten und letzten Fernseher, den sich kein Mamassachlissi mehr nehmen läßt und der alles verraten kann, wenn er zusammenklappt. Der dritte Fernseher ist der Kapitän persönlich. Er hat den ganzen Specchio im Kopf, so daß der Mamassachlissi sich eigentlich nichts Besseres wünschen kann, als ihm die Zunge zu lösen. Nun sind aber konsequente Kapitäne vielleicht mit das Widerspenstigste, was einem Mamassachlissi jemals begegnen kann. Ihre Plombe ist nicht aus Pappe. Auch wird sie um so undurchdringlicher, je mehr man versucht, ihr gewaltsam beizukommen. Der Mamassachlissi, der gleich vom Leder zieht und auf ihr herumtrommelt, was das Zeug hält, gelangt darum nur höchst selten zu einem Aufschluß.

Es kann deshalb geschehen, daß er den Kapitän ohne langes Federlesen in ein dunkles Gemach einschließt, mit der Absicht, ihn graduell zu zermürben. Diese Methode ist in manchen Häuschen dann auch die üblichste. Der Kapitän bleibt stets auf geraume Zeit im Karzer. Hin und wieder kommt nur der Mamassachlissi, um ihn zu fragen, ob er sich den Kakadu endlich aus dem Kopf geschlagen hat und wo die Wartburg liegt. Dem Häftling wird nicht selten dabei noch ins Gewissen geredet. Der Mamassachlissi erinnert ihn dann an das Häuschen und daran, was es gekostet hat. Er zeigt ihm seine Fahne und seinen Tornister, welche beides Dinge sind, die sich schlecht mit dem Specchio vereinbaren lassen. Er beweist ihm klipp und klar, daß es eine Schande ist, angesichts dieser unverrückbaren Tatsachen mit weiß Gott wem auf der Dixiebahn herumzulümmeln. Zum Schluß stellt er die versöhnende Bedingung: Alles soll vergeben und vergessen sein, wenn nur der Kapitän verspricht, seine Verbindungen mit der Wartburg abzubrechen, das Fernsehen für immer zu unterlassen und auch selbst nie mehr etwas Globales zu entwickeln.

Das Ehrenwort des Kapitäns genügt meistens schon vollständig, um ihn fürs Leben im Häuschen zu behalten. Der Mamassachlissi fühlt sich dann auch noch besonders sicher, wenn er es schriftlich hat. So kann es sein, daß er mit Blatt und Feder in dem Karzer erscheint. Während dieser Besuche ist er immer sehr gütig gegen den Kapitän. Liebevoll tritt er auf ihn zu und tätschelt ihm die Plombe. Nichts kann ihn mehr verstimmen, selbst die abweisende Miene nicht, welche man gewöhnlich zu seinem Vorschlag macht. Er verweilt sich auch nie allzu lange im Karzer, sondern geht nach einer kurzen, mahnenden Ansprache scherzend fort, damit der Kapitän reichlich Zeit hat, die Bedingung zu studieren und alles gründlich zu überlegen. Es kommt allerdings ebenfalls vor, daß er ihm zur schnelleren Beeinflussung noch das ganze Häuschen auf die Kammer schickt. Nur scheitern seine Gesandtschaften leider alle ohne Unterschied, weil sich der Kapitän grundsätzlich nicht dazu bewegen läßt, der Wartburg abzuschwören. Er kann's nicht anders. Denn ihr gehört sein Herz, zumal er weiß, wie sehr sie ihn benötigt. Der Mamassachlissi bekommt also auch keine Unterschrift.

Jetzt ist guter Rat teuer. Den Kapitän im direkten Anlauf kleinzukriegen, hält nunmehr jeder für unmöglich. Damit sind wir an dem Punkt, wo entweder die Verstoßung des Kapitäns erfolgen kann oder der Status quo von vor der Belichtung sich im Häuschen erneuert. Von ersterem wird heute – wie es scheint – mehr und mehr Abstand genommen. Die Häuschen sind durch die Jahrhunderte nur leerer geworden. Es gibt nirgends mehr Kapitäne im Überschuß. Zuviel ist nach rechts und links abgesprungen, als daß der Mamassachlissi sich noch Verstoßungen zu leisten vermag. Er faßt darum lieber Geduld und läßt den Kapitän vorerst einmal in Frieden. Nun sieht es ganz so aus, als sei alles wieder beim alten. Die Haft ist aufgehoben. Der Kapitän wird fortan nicht mehr behelligt. Er kriegt auch seinen Platz am Tisch zurück und darf mit dem Mamassachlissi tafeln. Über die zwei Filme verliert niemand mehr ein Wort. Jeder behält für sich, was er gesehen hat, und spricht von anderen Sachen. Nichtsdestoweniger beschäftigt der Specchio nach wie vor alle Geister. Es ist nur am Tisch nicht mehr die Rede von ihm. Im übrigen bleibt das ganze Häuschen durchweg in Alarmbereitschaft. Jetzt könnte kein Kapitän der Welt dort einen dritten Film zurückgewinnen. Der Mamassachlissi hat natürlich nichts vergessen und wartet nur auf seine nächste Chance.

Bei diesen Verhältnissen werden alle Häuschen zu eigenartigen Kapitänsfallen, welche im Unterschied zu den gewöhnlichen kurzen Mäusefallen darauf eingerichtet sind, ihre Opfer auswärts zu schnappen. Es sind jetzt nämlich sämtliche Türen und Fenster Tag und Nacht weit geöffnet, um den Kapitän zu einem neuen Ausflug auf die Wartburg zu verleiten. Ginge er nun etwa wirklich dorthin, so wäre der Mamassachlissi bald darauf mit einer vollen Kompanie zur Stelle und würde reinen Tisch machen. Ein weiser Kapitän bleibt deshalb in seiner Falle, ohne die geringste Notiz davon zu nehmen, daß ihm alle Klappen dort sperrangelweit aufgetan sind. Seine Unbeweglichkeit ist ein neuer Strich durch die Rechnung des Mamassachlissi. Obendrein enthüllt sie noch den Kapitän selbst als einen der versessensten und darum vielleicht auch bedenklichsten Wartburgspartisanen, welche es jemals im Häuschen gegeben haben mag.

Andererseits ist ein unbeweglicher Kapitän immer noch besser als gar keiner. Der Mamassachlissi wird deshalb alles tun, um diesen Zustand zu verlängern. Er wird naturgemäß sein Häuschen offenhalten, damit ihm niemand mehr entwischt. Wir kennen

Fälle, wo der Kapitän auf solche Weise internierter war als Napoleon auf Sankt Helena. Die Taktik der offenen Klappen hat nämlich oft zur Folge, daß der Kapitän ihnen gegenüber auch dann noch mißtrauisch ist, wenn sie wirklich offen sind und er die Wartburg ganz gefahrlos besuchen könnte. Der Kapitän ist so sich selbst der schärfste Wächter, weshalb ihn denn auch keine Macht der Welt jemals mehr aus dem Häuschen bringt. Für den Mamassachlissi gibt es nichts Bequemeres. Er hat dann alle Hände frei. Wenn er will, kann er sogar verreisen.

Ein Kapitän, der nach der Wartburg schmachtet, wenn ihn schier gar nichts mehr von ihr trennt, ist bestimmt eine sehr verwunderliche und ganz gewiß auch keine zu seltene Erscheinung. Denn gerade die nur ihm eigene Bedachtsamkeit allen offenen Klappen gegenüber macht es wohl, daß sich in den meisten Häuschen bis auf den heutigen Tag immer noch ein paar Offiziere finden.

Und trotzdem wird im Grunde seines Herzens der Mamassachlissi sich niemals recht an den Status quo gewöhnen können, da doch dann der Specchio ganz ungehindert von links und rechts zu ihm hereinscheint. Dabei hegt er manchmal noch die bestimmt nicht unbegründete Furcht vor einer beiderseitigen Durchdringung seines Häuschens durch Wartburgsapostel und das Um-sich-Greifen globaler Anschauungen im eigenen Lager. Gerade unter diesem Gesichtspunkt ist das zu lange Aufhalten der Klappen im Status quo niemals empfehlenswert. Kann es doch etwas hereinleiten, was man hinterher nur mit der allergrößten Mühe – wenn überhaupt jemals – wieder herausbekommt. Wem der Kakadu sein Kukkucksei ins Nest legt, der wird immer einen sehr windigen Nachwuchs haben, wodurch dann alles sehr gefährdet ist. Es gibt ja auch Beispiele genug, wo als Ergebnis solcher Entartungen manches Häuschen für immer aus den Fugen kam. Im Prinzip ist jede runde Wartburgsfiliale ein umgekrempeltes altes Herrenhaus, wo uns gewöhnlich kaum mehr etwas an den Mamassachlissi erinnert. Günstigstenfalls mag sich dort nur der Tisch erhalten haben, an dem er vormals so häufig saß und arbeitete, um gewisse Plomben gegen seine Offiziere zu verfechten. Von ihm selbst aber hat niemand mehr die geringste Ahnung, außer daß in der Hausgemeinschaft vielleicht noch die widersprüchlichsten und meistens allertraurigsten Hypothesen über seinen Verbleib zirkulieren.

Der Mamassachlissi darf sich also auch den Status quo aus eigenen Sicherheitsgründen niemals allzu lange gefallen lassen. So klappt er meistens sein Häuschen zu, bevor ihm der Specchio über den Kopf wächst. Gesetzmäßig kann der Kapitän dann wieder an die Wartburg denken. Er erwacht aus seiner Lethargie. Er pocht und bummert an die Klappen. Jeder Tag sieht ihn mit einem neuen Dietrich. Der Mamassachlissi bleibt selbstverständlich auf der Hut und pariert mit stärkeren Schlössern. Es wandelt sich nun Verschiedenes. Vor allem wird der Konflikt unpersönlicher, da beide Seiten sich fortan als Mechanismus und Gegenmechanismus begegnen. Ihre plombentechnische Kniffigkeit ist jetzt allein ausschlaggebend. In vielen Häuschen sind durch diese Klempnerei oft die erstaunlichsten Verriegelungs- und Entriegelungssysteme erfunden worden. Daß aber dabei bisher nirgends etwas Universales zustande kam, ist gewiß ebenfalls nicht ohne Bedeutung. Jedes System hat seinen schwachen Punkt, weshalb Mamassachlissi und Kapitän endlos weiterbasteln müssen, wenn keiner will, daß ihn der andere überflügelt.

Die unpersönlichen Grundlagen dieser Stufe bewirken ferner einen fühlbaren Mangel an taktischer Information, was nun allerdings weder für den Mamassachlissi noch für den Kapitän sehr vorteilhaft ist. Es gibt jetzt keinen Tisch, über den hinweg die beiden sich noch beobachten könnten. Das System des anderen ist nicht mehr der andere selbst. Es ist im Gegenteil etwas abscheulich Selbständiges, das schon an und für sich genug Kopfzerbrechen verursacht. Mit dem polaren Wuchs der Plombentechnik verdunkeln sich alle Kriegsschauplätze im Häuschen. Die Gegner sind dann füreinander unanpackbar, weil sie viel zu viel ausgeknobelt haben, um noch auf Tuchfühlung zu sein.

Die prinzipielle Verflüchtigung des anderen durch sein System kann zu keiner Lösung in der Kapitänsfrage führen. Sie verschärft nur das Problem und macht alle Beteiligten nervöser. Für diese und ähnliche Lagen ist der Einsamkeitskomplex eines jeden Gegners noch besonders charakteristisch. Er drückt mit Macht auf die Gemüter, weshalb man nun im Häuschen niemals richtig beisammen ist. Selbst der Tisch hat seine einende Kraft verloren und dient bestenfalls nur noch als fiktives Zentrum. Er ist so der alltägliche Sammelpunkt einer eisig schweigenden Gesellschaft, welche den Eindruck erweckt, als bestünde sie aus lauter sich abgeneigten Fremden, die der Zufall nebeneinander setzte. Wegen dieser düsteren Gestalten wird das Häuschen bald zu einem der ungemütlichsten Plätze im Kosmos. Wir haben Beispiele, wo auf wenigen Quadratmetern dem Mamassachlissi eine ganze Fremdenlegion erwuchs, mit der er sich bis an sein Lebensende nicht wieder vertraut machen konnte. Obwohl ihm niemand fehlte, war dort doch keiner mehr daheim.

Wo immer in den Häuschen die Entfremdung eingerissen hat, sind alle nur sehr geisterhaft zur Stelle. Auch der gründlichste Appell kann dann keine Gewißheit geben. Gerade jetzt ist nichts mehr ausgeschlossen, so daß die grundsätzlichen Befürchtungen, welche der Mamassachlissi für sein Anwesen hegt, mit jedem Tag akuter werden. Wirklich ist jedes Häuschen niemals so wartburgsreif wie in diesen vagen Lagen. Man fühlt nun sehr deutlich, wie dort alle bloß vorübergehend da sind. Ein großer Umzug meldet sich an.

Die ersten Anzeichen dafür sammelt der Mamassachlissi aus dem Gebaren seiner Kapitäne. Vor allem legt ihm ihr fahriges Benehmen jetzt den Gedanken nahe, daß sie wieder einmal desertiert haben könnten. Strenggenommen ist das zunächst nur seine Halluzination, denn die Kapitäne sind eigentlich alle noch am Fleck. Sie sind gewiß zerstreut, aber doch noch lange nicht so, daß man sie auswärts suchen müßte. Die Auflösung eines Häuschens beginnt, wenn es soweit ist, immer im Kopf desjenigen, der sein Lebtag nur daran dachte, es davor zu bewahren. Manchmal kommt sie gleich mit solcher Gewalt über den Mamassachlissi, daß er droht, den Verstand zu verlieren. Es häufen sich dann die Augenblicke, wo ihm selbst seine eigenen Fremden nicht mehr echt genug sind. Er hätte jetzt viel lieber andere gehabt, aber dafür ist es natürlich schon längst zu spät. Der Mamassachlissi vermißt nun viel zu viel, um noch ganz bei sich sein zu können. So ist er denn auch fast überall der erste, der aus dem Häuschen weicht.

Nach ihm fallen alle Plomben beinahe von selbst. Man braucht gar nichts oder nur sehr wenig dazu zu tun. Es sind auch plötzlich sehr viele Informationen da. Eine Umzugsmeldung jagt die andere. Jeder verschwindet auf seiner Seite, meistens ohne Gruß und Kuß. Nur die Kapitäne sitzen vielleicht anstandshalber noch etwas länger bei dem Mamassachlissi, der nun aber doch viel zu abwesend ist, um diesen Umstand zu würdigen.

Für die Mehrzahl der Häuschen sind solche abrupten Ausgänge allerdings nicht charakteristisch. Gewöhnlich wickelt sich die Auflösung bedeutend langsamer ab. Schockeffekte gibt es mehr am Schluß, wenn alles auseinanderfliegt. Anfangs erleben wir bei dem Mamassachlissi keinerlei nennenswerte Erschütterungen. Er wird normalerweise zunächst nur stutzig. Irgendwelche äußeren und manchmal auch sicher unbedeutenden Details haben plötzlich für ihn einen Haken. Plötzlich ist es – wie bereits gesagt – die Zerstreutheit der Kapitäne, welche ihm zu denken gibt, da doch von seinem Standpunkt aus alle Ablenkung im Häuschen ihre Ursache entweder direkt in der Wartburg hat oder indirekt in einem Film über diese.

Hier wird es nun angemessen sein, noch auf jene Skepsis zu verweisen, die den Mamassachlissi prinzipiell zum Stutzen bringt, ganz abgesehen von solchen konkreten Anlässen wie Zerstreut-Sein, Abgelenktheit und dergleichen. Denn wie jedes offene Häuschen den Kapitän oft das Gegenteil befürchten läßt, so ist es, umgekehrt, als verschlossenes dem Mamassachlissi niemals dicht genug. Die zwei mißtrauen von Haus aus ihrem Augenschein, was bedauerlich ist. Wenn sie nämlich weniger skeptisch wären, würde es sicher nicht unmöglich sein, daß sie sich trotz aller Entfremdung ein kleines bißchen aneinander gewöhnten. So macht das Zweifeln einen jeden schon im Häuschen obdachlos. Wir kennen zwar auch Mamassachlissis, welche niemals gezweifelt haben und ihr Dasein in Frieden bei sich beschlossen. Alle diese hatten jedoch keine Kapitäne im Häuschen und sind daher für unser Thema ohne Belang.

In seinem Bollwerk gegen eigene Offiziere ist die Skepsis des Mamassachlissi bestimmt der fatalste Punkt. Kein Häuschen läßt sich ohne Glauben verteidigen. Alle Versuche dieser Art haben den Zerfall nur beschleunigt. Zur Entschuldigung des Mamassachlissi mag aber auch noch gesagt sein, daß sich jeder an seiner Statt vielleicht nicht viel anders betragen würde. Ein Häuschen ist nur solange gläubig verwaltbar, bis plombenpolitische Auswüchse es langsam in ein Irrenhäuschen umwandeln.

Darum wohnt der Mamassachlissi darin auch am behaglichsten, solange der Kapitän am Daumen lutscht und erst noch viele Jahre vergehen müssen, bevor er sich auf der Wartburg oder sonstwo seine Epauletten holt. Später bringt die Dekadenz ihn mehr und mehr um seinen Frieden, bis er als verstutzter Irrenhausdirektor selbst auf dem besten Wege ist, als erster den Verstand zu verlieren.

Jedes verrückte Häuschen ist ein Kapitel für sich. Es empfiehlt sich deshalb nicht, ihm allgemeine Maßstäbe anzulegen. Man muß am besten selbst einige Zeit darin verbracht haben, um alles richtiger einzuschätzen. Von draußen sieht der Irrsinn gewöhnlich anders aus. Er ist so vor allem seiner Größe nach niemals adäquat nachzuempfinden. Jedes Irrenhäuschen wird nur durch innere Gesichtspunkte begreiflich, die der unteilbare Besitz seiner armen Irren sind. Deshalb ist diesen im Grunde niemals zu helfen. Sie müssen selbst miteinander fertigwerden. Diese verzwickten Umstände verkomplizieren sich nun obendrein noch dadurch, daß es in den Irrenhäuschen des Mamassachlissi immer dahingestellt bleiben muß, wer dort, strenggenommen, der Verrücktere (gewesen) ist.

Der Irrsinn daheim hat keinen Schiedsrichter. Ein jeder kann ihn darum nur als sein eigenes blaues Wunder erleben und muß noch zufrieden sein, wenn er ihn heil übersteht. Leider ist gerade dies in den meisten Fällen immer sehr fraglich. Ganz normal entkam wohl noch niemand seinem Irrenhäuschen. Ein paar Komplexe nehmen alle gewöhnlich von dort mit, als zähe Erbteile ihres verdrehten Geburtsorts. Diese(s) Mitgift kann später gegebenenfalls die Grundlage für ein neues Irrenhäuschen bilden. Solche Rückfälle haben sich oft genug ereignet.

Ein zu langer Aufenthalt im Häuschen mindert die vitale Anschlußkraft. Darum sind viele draußen auch nicht glücklicher, selbst wenn sie dem Mamassachlissi noch einigermaßen vernünftig entkommen sind. Alle diese bleiben nämlich (mit nur sehr geringen Ausnahmen) bis an ihr Lebensende mumifiziert und hätten also das Häuschen erst gar nicht zu verlassen brauchen. Umzüge, die niemanden von der Stelle bringen, sind – unter uns gesagt – überall die häufigsten. Um sich draußen unterschiedslos einreihen zu können, muß man, wie es scheint, einem Kartenhäuschen entsprungen sein.

Die Mumifizierung ist nun unbestritten das Los aller Kapitäne. Wie jeder andere Kernprozeß trifft sie ihre Opfer noch lange, bevor diese das Licht der Außenwelt erblicken. Der Kapitän kommt deshalb vielleicht am schlechtesten von allen weg, sofern er nach den vielen Strapazen daheim nun noch wegen der Mumifikation auch auswärts keine nennenswerten Kontakte hat. Er wird alsdann sein ganzes Leben anschlußlos auf der Wartburg zubringen müssen und kann aus Verzweiflung darüber möglicherweise noch nachträglich verrückt werden. Man kennt aber auch Kapitäne, welche in diesem Mißgeschick Zuflucht zu ihrem Specchio nahmen, den sie auf eine ganz wundersame Art dermaßen zu erweitern und zu vertiefen wußten, daß die Welt bis heute nicht satt wird, darin zu studieren. In jeder besseren Familie ist so zumindest ein Epos der Entfernung entwickelt worden, das das Häuschen mit allen seinen Irrtümern über die Zeiten hinaus verewigt hat. Der Umzug eines jeden Kapitäns kann höchstenfalls nur ein Rückzug auf den Specchio sein.

Er bleibt aber auch durchschnittlich immer noch abstrakt genug, um ihm das Privatleben so sauer wie möglich zu machen. Die Ursache davon liegt eben wieder im Häuschen, wo das ständige Fernsehen und Fernhören (vielleicht auch Fernsprechen oder Fernlesen) der Umwelt durch den Specchio unsere konkretere Anschlußbegabung zusehends beeinträchtigen. So verstümmelt ist man draußen im Prinzip nie weniger abgeschnitten wie drinnen. Wer sein Häuschen übersieht, dem steht es überall im Wege.

Wie wir nun verstehen, hat der Mamassachlissi mit der Mumifikation persönlich überhaupt nichts zu tun, und er fällt ihr natürlich auch selbst nie anheim, weil sie ja nur bei denjenigen auftreten kann, welche den Specchio zu eifrig studiert haben. Der Mamassachlissi kann deshalb die Mumifikation auch niemals begrüßen. Sie ist ihm viel zu radikal. Totale Verschnürungen sind nie seine Absicht. Der Mamassachlissi braucht keine Mumien im Häuschen. Er handelt also bestimmt auch im Interesse des Kapitäns, wenn er diesem den Specchio dauernd streitig macht und ihn dabei stört, sich daran zu verlieren. Von allen Kapitänen wird dieser letzte bewahrende Sinn seines Häuschens immer erst sehr spät eingesehen. Bis dahin hat der Specchio sie aber meistens schon derart abgekapselt, daß es kaum mehr möglich ist, sie zu repatriieren. Manchem mumifizierten Kapitän wird die Wartburg darum bald zu einem zweiten Häuschen, in dem er schmachten muß bis zu dem Jüngsten Tag. Man kommt per Specchio viel leichter vom Regen in die Traufe als umgekehrt.

Außerdem sind zwei Häuschen für ein Menschenleben schon viel zu viel. Es reicht nur in ganz seltenen Fällen zu einem dritten. Bezeichnenderweise ist das erste auch rein äußerlich weit geräumiger als jedes andere. Es hat Dach und Fach genug für Millionen Sachen. Dagegen ist das zweite sehr oft kein Gebäude mehr, sondern eine Privatwohnung in einem Treppenschacht oder gar nur ein möbliertes Zimmerchen mit Aussicht auf einen dunklen Hinterhof der Wartburg. Häufig steht auch ein ganz anderer Name an der Tür, so daß keiner bis zuletzt genau weiß, ob er da richtig geklopft beziehungsweise geklingelt hat. Ganz vereinzelt beseitigt diesen Zweifel ein gedrucktes Kärtchen mit der Aufschrift: »Kapitän Soundso, Stud. Specc.«. Dergleichen ist aber meistens doch ganz überflüssig, denn der Kapitän bekommt ja nur selten Besuch. Man weiß nie recht, was er studiert, und läßt ihn darum lieber in Ruhe. Bis der Specchio den Leuten einleuchtet, muß eine geraume Zeit verstreichen. Er wird aber selbst dann immer nur sehr zaghaft begriffen, weil man ihn zuerst eben doch mehr für einen Unfug hält. Unzählige Kapitäne sind so in ihrem zweiten Häuschen ohne Rehabilitation als Hanswürste verstorben. Ihr Grabstein war gewissermaßen das einzige Gewicht, das man auf sie legte. Ob im ersten Häuschen, ob im zweiten, der Kapitän ist immer der Narr. Sein Ausweg kann nur ein Holzweg sein. Anders gibt es kein Entkommen. Wer festeres Pflaster betritt, bleibt im Gewahrsam des Mamassachlissi.

Holzwege elektrisieren. Sie geben uns Glühbirnen und lassen sich nur erleuchtet ziehen. Dazu ist ihre Ladung noch ätherisch sehr leicht übertragbar, weshalb der Mamassachlissi auch am ehesten einen Wind davon bekommt. Den Strom im Unterholz fühlt niemand so haargenau wie er. Jeder zerstreuende Einfluß versetzt ihm einen persönlichen Stich. Dieser ist zu seinem Unglück stets nur ein halbes Signal. Er enthüllt die Strömung niemals bis zur Quelle. Der Mamassachlissi muß darum oft seine ganze Spitzfindigkeit aufbieten, um sich das Bild zu ergänzen. Darüber kriegt er unvermeidbar einen neuen Stich, durch den sich alles noch verschlimmert. In den Häuschen verursachen Einflüsse die kostspieligsten Schäden. Sie sind auch unfehlbar der Anfang vom Ende, wenn Mamassachlissi sie nicht zeitig festlegt. Er muß schneller als die Sintflut sein, um zu parieren.

Seine Geistesgegenwart ist das Fundament der Häuschen. Jedoch wirkt diese wieder nur in einem ganz bestimmten Maße. Wie es nämlich scheint, drosselt Mamassachlissi einen Einfluß am leichtesten nach seinem ersten Stich. Nach dem zweiten wird er schon seltener ernstgenommen, der dritte schwemmt ihn fort.

Gegen die Beeinflussung sind noch Kanäle erprobte Puffer. Sie gürteln den Strom im Häuschen ein und machen ihn für den Mamassachlissi schiffbar. Guter Kanal kann jedem Erguß begegnen. Wo es ihn im Häuschen gibt, bleibt das Hauptsächliche am Platze. Dann wird dem Mamassachlissi kein Kapitän mehr zu flott. Er kann sich jeden fischen. Manchmal geht ihm auf diese Weise eine ganze Flottille ins Netz. Beim Umziehen fahren in der Tat unzählige Kapitäne nur zu oft und völlig ahnungslos in einen Ärmel des Mamassachlissi. Da in den soliden Häusern außer erwähntem Kanal kein anderes Fahrwasser existiert, ist das Schicksal aller Flotten dort meist von vornherein besiegelt. Unter solchen Umständen läßt man besser nichts vom Stapel. Eben darum haben viele Kapitäne letzten Endes auf ihre Laufbahn verzichtet.

Voller Kanal bereitet Mamassachlissi aber auch sehr viel Kopfschmerzen. Er liegt ja nie tot genug da, um keine Wellen zu schlagen. Bewegung bleibt, selbst wenn nichts davonläuft. Der Mamassachlissi darf deshalb seinen Angelpunkt niemals verlassen. Er hat dort auszuharren, solange etwas passieren kann. Es gibt dabei für ihn nichts Schlimmeres, als wenn sich noch der Flußgeist regt. Eine Unzahl Häuschen ging ganz langsam allein an diesem Schelm zugrunde. Setzte er sich einmal fest, so trieb ihn keiner mehr vom Ufer fort. Seine freche Invasion läßt jedes Aufgebot zerschellen. Sie geschieht im Zickzack und paßt auf keinen Gürtel. Sie unterspült den Mamassachlissi.

Amiran in Sanssouci

Amiran gefiel sich ausnehmend in seinen neuen Verhältnissen. Er kniff wie geblendet die Augen zusammen und sagte: »Cho« vor der großen, fremden Stadt mit den vielen Denkmälern, den Museen und der Hochbahn zwischen den steilen Häusermassen. Er hielt sich auch besonders gern in einem Park auf, wo die Alleen mit den Büsten deutscher Staatsmänner bestellt waren. Am meisten gefiel ihm der Alte Fritz. Als man ihn später noch das Lustschloß des großen Friedrich besichtigen ließ, kannte sein Entzücken keine Grenzen mehr. Seither war Sanssouci für Amiran ein Schlagwort. Es blieb auch sein einziger Brückenkopf im deutschen Sprachschatz. Viel lernte er niemals hinzu. Der französische Name des königlich-preußischen Rokokohäuschens »Ohne Sorge« bei Potsdam genügte Amiran vollkommen, um das Land, dessen freier Gefangener er sein durfte, restlos zu kennzeichnen.

Ein oft gebrauchter und sehr beliebter Ausspruch von ihm war auch: »In Sanssouci spazierengehen.« Er rief ihn in einem fort mit vollem, fröhlichem Baß, besonders morgens, um Wachuschti zu wecken, weil dieser nach dem Dienst auf der Wartburg begreiflicherweise immer nur sehr spät die Augen aufschlug. Amiran posaunte seine Devise gewöhnlich solange, bis der kleine Kapitän wütend aus den Kissen fuhr. Er gab auch nie nach und stürmte sogar – wenn er nicht sofort Gehör fand – Wakuschs Bett. Wachuschti mußte hoch. Er kroch jedesmal schlaftrunken in seine Kleidung und machte sich mechanisch fertig. Seit Amiran da war, hatte sich seine Belastung unerhört vergrößert. Zu der Wartburg war jetzt noch Sanssouci hinzugekommen, und es war sicher kein Pappenstiel, in den beiden Residenzen einen Neuen zu betreuen.

Seinen Landsmann fand Kapitän Wakusch besonders aufreibend. Amiran sprang in Sanssouci herum wie ein Fohlen auf der Weide, so daß es alle Mühe kostete, ihn im Auge zu behalten. Oft geriet er nämlich gänzlich außer Sicht. Dann standen Wachuschti die Haare zu Berge. Denn in Sanssouci sind die Aussichten, einen verirrten Landsmann wieder zu Gesicht zu bekommen, für alle Kapitäne besonders schlecht. Im Fall von Amiran waren sie gleich Null. Er war ja viel zu neu, um keinen Anstoß zu erregen. Sein linkisches Benehmen und die paar Brocken Deutsch, welche er mühsam radebrechte, hätten ihn überall sehr schnell verdächtig gemacht. Womöglich konnte er als Spion eingelocht und abgeurteilt werden, ehe man überhaupt herausbekam, in welchem Kittchen er saß. Darum bereitete jedes Verschwinden von Amiran Wachuschti die größten Sorgen. Er trippelte dann selbst verloren hin und her, reckte den Hals nach links und rechts, runzelte die Stirn, kurz: er sah aus wie alle Kapitäne, die in Sanssouci auf einen Landsmann warten, der sich verkrümelt hat. Zwar waren Amirans Abstecher zuerst noch kurz und ließen nie das Ärgste befürchten. Jedoch empfand Kapitän Wakusch sie schon damals als groß genug, und Amiran wurde stets sehr heftig abgekanzelt, sobald er wieder zur Stelle war. Dennoch hörte er nicht auf, sich zu verlieren, bis Wakusch ihn im Iß-mich verklagte. Erst danach wurde er etwas disziplinierter.

Sehr schwer war es auch, ihn wieder nach Hause zu bringen. Er wollte immer tiefer nach Sanssouci hinein, immer weiter nach rechts, und es bedurfte jedesmal der größten Energie, ihn zu bremsen und zur Rückkehr zu bewegen. Im äußersten Fall verlegte sich Kapitän Wakusch aufs Bitten. Er trabte dann verdrossen neben Amiran her und zeigte ihm beschwörend seine Uhr. Manchmal vergingen Stunden, bevor Amiran sich herabließ umzukehren. So konnte er durch alle möglichen Finten den

Heimweg verzögern. Sein Hauptkniff war, sich in der Ferne einen Endpunkt auszusuchen. Wenn Kapitän Wakusch dann nachgab und der Ort erreicht war, setzte sich Amiran am Horizont ein neues Ziel. Bald wurden alle Spaziergänge mit ihm zu Gewaltmärschen über unzählige Endpunkte hinaus.

Für Kapitän Wakusch bedeutete dies jedesmal eine arge Nervenprobe. Denn wegen der starken Beanspruchung durch seinen Landsmann war es immer möglich, daß er sein Kommando auf der Wartburg versäumte. Die Holländer konnten dort ohne ihn davonfliegen, und ob sie sicher in Manila eintrafen, war dann noch eine Frage. Wenn die unverzügliche Verfrachtung der Pipas den Schweden erforderlich machte, war es ohne Wakusch sogar mehr als wahrscheinlich, daß sie die Philippinen überhaupt nicht zu sehen bekamen. Olaf parierte nur dem kleinen Kapitän und wurde unberechenbar unter anderen Händen. Oft hielt er ohne Wakusch die ganze Schaluppe in Atem, so daß niemand mehr nach Manila kam. Meistens jaulte er solange, bis es in den Kojen nirgends mehr einen Stützpunkt gab und die Dixiebahn eine Eisbahn war. Eben darum hatte es der kleine Kapitän immer sehr eilig, Amiran im Iß-mich abzuliefern. Konnte er sich doch niemals lange mit ihm abgeben und abends schon gar nicht, weil um diese Zeit die Wartburg ihre flimmernden Tore öffnete und die Holländer dort gestartet werden wollten.

Bald trieben die Gewaltmärsche mit Amiran Kapitän Wakusch an den Rand der Verzweiflung. Denn sie hielten ihn noch in Sanssouci fest, wenn er schon auf der Wartburg nötig war, und entfachten dadurch einen starken Widerspruch zwischen seinen polaren Verpflichtungen Holland und Georgien gegenüber. Bei Olaf hatten die Matrosen gegen Wakuschs häufigen Ausfall bereits scharfen Protest eingelegt. Einige Male schickten sie eine Abordnung mit Hans Georg an der Spitze in das Iß-mich, um ihren Kapitän zu requirieren. Der Maestro dachte sogar daran, Wakusch zu entführen und ihn für immer auf der Wartburg festzusetzen.

Indessen wurde Amiran noch unternehmungslustiger. Seine Spaziergänge waren nunmehr Spazierfahrten. Oft setzte er sich in einen Vorortzug, um erst an der Endstation auszusteigen. Alsdann bestaunte er Dörfer, Leute, Wiesen und Wald, bis am Himmel die Sterne aufgingen und Kapitän Wakusch energisch zur Umkehr mahnte. Was Amiran auf diesen Ausflügen so fesselte, waren nun weniger die Dinge selbst als vielmehr der Umstand, daß sie irgend jemandem gehörten. Dies trat zum erstenmal voll ans Licht, als die beiden Landsmänner auf ihren Wanderungen einmal an ein gelbes Schild gerieten, dessen schwarzes Wort »Privatweg« jedem Unbefugten das Weitergehen verbat.

Amiran war von dem Tabu entzückt. Er notierte sich das Wort sofort in seinem Brückenkopf, indem er es mehrmals laut und knarrend aufsagte. Dabei umarmte er den verdutzten Wakusch und versicherte ihm, in seinem ganzen Leben noch nie etwas Interessanteres entdeckt zu haben. Zuletzt marschierte er an dem Schild vorbei in den Privatweg hinein, ohne viel auf den kleinen Kapitän zu achten, der natürlich stehengeblieben war und ihm halb betreten, halb empört einen Rückzugsbefehl nach dem anderen hinterherschickte. Daß der Landsmann jetzt noch anfing, Privatwege einzuschlagen, ging entschieden über die Schnur. Wakusch schimpfte wie ein Zeisig. Er verzieh sich auch nicht, Amiran das gelbe Schild selbst gezeigt und erklärt zu haben. Ein Kapitän läßt jeden Privatweg besser im Dunkeln.

Lange seufzte Wakusch über seinen Fehler. Endlich raffte er sich auf und schritt nunmehr seinerseits an dem gelben Schild vorbei in die verbotene Richtung. Er ging halb geduckt und auf Zehenspitzen wie jeder Kapitän, der die Absicht hat, einen

Landsmann möglichst schnell und unauffällig von einem Privatweg herunterzuholen. Es dämmerte schon. Leider war der Privatweg länger, als Kapitän Wakusch angenommen hatte. Hinter jeder Biegung ging es immer noch weiter. Hin und wieder zweigten Seitenpfade ab. Mal nach links, mal nach rechts, mehr nach rechts. An einem Ast sah Kapitän Wakusch eine Gießkanne. Der Weg wurde immer privater. Er war jetzt am Boden nur noch sehr mühsam auszumachen und mehr zu erraten als wahrnehmbar.

Kapitän Wakusch kalkulierte jeden Schritt. Er überdachte auch sorgfältig die wichtigsten Etappen der von ihm bereits zurückgelegten Strecke zwischen Gießkanne und Schild. Auf privaten Wegen darf kein Kapitän je seinen Ausgangspunkt vergessen, wenn er will, daß er ganz sichergeht. Er muß sich jeden Kiesel merken, um später seinen Rückzug zu vollbringen. Kapitän Wakusch zog ebenso vorsichtig über das Gelände wie eine Schnecke. Einmal erstarrte er bis ins Blut. Denn rechts war jemand hervorgewachsen und streckte sich nach ihm aus. Dazu fuhr der Wind noch heulend durchs Gebüsch. Kapitän Wakusch wankte. Beinahe wäre er umgefallen.

»Verzeihung«, flüsterte er heiser. »Haben Sie vielleicht meinen Landsmann gesehen?« Der Private fuchtelte wild in der Luft herum und schüttelte den Kopf. »Er kann sich aber nur bei Ihnen aufhalten«, sagte Kapitän Wakusch kleinlaut. »Denn da er sehr wenig Deutsch versteht, hat er auch das Schild nicht so genau begriffen. Ja, und ich bin nun hier, um ihn wieder mitzunehmen. Entschuldigen Sie bitte den Vorfall. Es soll ja auch nie wieder vorkommen.« Der Private fuchtelte wild in der Luft herum und schüttelte den Kopf. Wie es schien, glaubte er kein Wort von der Geschichte. Auf jedem privaten Grundstück ist nichts verdächtiger als ein ertappter Kapitän. »Er heißt Amiran«, sagte Wakusch beklommen. »Werden Sie den Namen behalten? A-mi-ran.« Der Private wackelte unzufrieden auf seinem Platz herum. Immerhin war es beruhigend, daß er nicht näher kam. »Darf ich dann also weiter suchen?« fragte Kapitän Wakusch schüchtern. »Ich würde natürlich auch nicht auf Ihren Beistand verzichten«, versicherte er schnell. »Sie kennen sich doch hier besser aus, und zu zweit fänden wir schneller meinen Mann.« Der Private winkte wieder ernergisch ab. Als dunkel drohende Barrikade stand er jetzt mit erhobenen Armen vor Wakusch auf dem Weg. Hinter ihm gähnte sein Grundstück wie ein tiefer, schwarzer Schlund für alle vorwitzigen Landsmänner, welche die Mahnungen ihrer Kapitäne nicht beherzigen und sich gerade dort herumtreiben, wo sie nichts verloren haben.

»Alleine findet er nicht zurück«, sagte Wakusch nervös. »Wir wohnen viel zu weit von hier. Sagen Sie bitte, hat Ihr Grundstück hinten einen Zaun? Wenn ja, dann warte ich einfach, bis Amiran wiederkommt. Aber der Zaun müßte hoch und solide sein. Mein Landsmann ist nämlich sehr groß und sehr neugierig. Eine Mauer wäre am besten. So mit Glasscherben obendrauf. Gibt es das bei Ihnen?« Der Private fuchtelte und schwieg. ›Vielleicht hört er schlecht‹, dachte Wakusch und tat schaudernd ein paar Schritte vorwärts. Für jeden Kapitän ist in ähnlichen Umständen ein Zaun immer die letzte Hoffnung. Er fragt dann überall danach: in Sanssouci, auf der Wartburg, in Manila. »Ob ein Zaun da ist, möchte ich wissen«, wiederholte Wakusch etwas energischer. Der Private ließ den Kopf hängen. Sicher hatte er hinten alles frei. Kapitän Wakusch verbarg nur mit Mühe seinen Zorn. Er dachte an die ganze kostbare Zeit, die so unnütz verplempert war. Amiran konnte schon beim Kuckuck sein.

Der Wind hatte aufgehört zu pfeifen. Wegen der rasch zunehmenden Dämmerung war der Private jetzt schon sehr schwer von seinem Grundstück zu unterscheiden. Kapitän Wakusch rückte einen halben Meter vor, um ihn besser im Auge zu behalten. Die nunmehr etwas schlaffe, ja bedrückte Haltung des Privaten hatte ihn beträchtlich ermuntert. »So was ist mir noch nie begegnet«, rief er gereizt. »Hat keinen Zaun und macht Fisimatenten. Da könnte ja jeder kommen und einem das Weitergehen verbieten. Gibt es überhaupt eine Karte von Ihrem luftigen Grundstück? Haben Sie einen Ausweis?« Der Private schlotterte verlegen. Kapitän Wakusch rückte noch näher. »Erklären Sie mir die Gegend!« befahl er barsch. »Aber flink. Ich muß meinen Landsmann finden. Also los, und fassen Sie sich kurz!« Der Private blieb wie zuvor die Antwort schuldig. »Sie sollen mir die Gegend erklären«, schrie Kapitän Wakusch zornig. Er hatte sich jetzt direkt vor dem Privaten aufgepflanzt und schwenkte ungeduldig die Arme. »Die Gegend«, schrie er noch einmal. Dabei griff er dem Schweigsamen sogar an den Kragen, wie um die Auskunft aus ihm herauszuschütteln.

Auf der privaten Seite ist eine Vogelscheuche mitunter der einzige Zaun. Sie dient dann nicht zuletzt der Abschreckung von Kapitänen, die ihren Leuten nachlaufen. Allerdings wirkt sie nie allzu lange. Denn die offenen Grundstücke rechts werden von jedem Kapitän und Zaunkönig nur in dem Maße respektiert, wie er ihre privaten Scheuchen für ebensolche oder gar noch höhere Würdenträger hält als sich selbst.

Wakusch legte die Hände vor den Mund und rief schallend in alle Himmelsrichtungen: »Amiran, wo bist du?« Seit er die Scheuche erkannt hatte, ließ er alle Vorsicht fallen. Wenn der Landsmann jetzt noch irgendwie erreichbar war, dann nur durch seine Stimme. Solange nun die Matrosen in seiner Hörweite spazieren, besteht für einen Kapitän noch kein dringender Grund zur Verzweiflung. Er muß bloß alles daran setzen, um sich mit ihnen akustisch in Verbindung zu bringen. Kapitän Wakusch schmetterte seinen Vers, bis er heiser wurde. »Amiran, wo bist du?« Das Grundstück war unterdessen gänzlich von der Nacht erbeutet worden. Es steckte nun mit allem, was auf ihm drauf war, im privaten Schnappsack des Teufels. Nicht einmal der Mond schien durch, dieser lichte und schlichte Verbündete aller verzögerten Kapitäne. »Amiran, wo bist du?«

Ein gutes Echo ist für jeden Kapitän noch ein besonderer Garant seiner Möglichkeit, auf Hörweite vernommen zu werden. In Wakuschs Fall war auch diese Bedingung mehr als erfüllt. Sein Echo ließ nichts zu wünschen übrig. Es trug ihm jeden Ruf über die längsten Strecken haargenau zurück. »Amiran, wo bist du?« Kapitän Wakusch blies sich auf und ließ das Grundstück erhallen. Die ganze Gegend schwang von seiner Frage mit. Eine Antwort bekam er aber doch nicht. Offensichtlich hatte Amiran Kapitän Wakuschs Schallgrenzen überschritten. Er mochte jetzt schon weitab sein, unwiderruflich in blauen Fernen, entrückt und zugedeckt durch die private Nacht. Selbst mit dem stärksten Echo war da nichts mehr zu machen.

Aber Wakusch fragte weiter. Denn daß er wirklich ganz alleine ist in seinem Schallbereich, sieht ein Kapitän – wenn überhaupt – immer erst zuletzt ein. Bis dahin spornt ihn der Verdacht an, daß man ihn vorsätzlich überhört. Vielleicht war Amiran noch nahe und schwieg und lachte sich ins Fäustchen? Vielleicht hielt er absichtlich den Mund, um sich für immer zu verdünnisieren? Was die Landsmänner auf der rechten Seite anstellen werden, ist nie vorauszusehen. Ein Kapitän muß daher mit dem Ärgsten rechnen. Überfällige Matrosen können Drückeberger sein. »Wo bist du, Amiran?«

Der Ruf war nun keine Frage mehr, sondern Appell. Wakusch sandte ihn mit gefurchten Brauen über das Grundstück. Seine Unkenntnis des Georgischen empfand er jetzt als besonders störend. Wie kann ein Kapitän auch nur daran denken, seine Drückeberger wieder in die Hand zu bekommen, wenn er nicht ihre Sprache spricht? Sein Echo muß heimisch tönen, sonst ist es keinen Groschen wert. Kapitän Wakusch rief sich eilig die wenigen georgischen Wörter ins Bewußtsein, die er wußte, und schrie sie wahllos in die Nacht hinein. Er gebrauchte auch einige der Termina aus dem erdkundlichen Traktat seines Vaters über das Häuschen. »Kolchis!« rief er beschwörend aus. »Amiran, hast du Kolchis vergessen? Denk an Sarapana, denk an Trapezunt und an den Korax, Korax, Korax.« Kapitän Wakusch hielt erschöpft inne. Wenn Amiran ein Gewissen hatte, mußte er sich melden. Qualvolle Minuten verstrichen. Er tat es nicht. Das Häuschen war ihm also einerlei mit allen seinen Etagen. Offenbar wollte er umsiedeln. Über Landsmänner, die es sich in den Kopf gesetzt haben, abtrünnig zu werden, hat auch das heimischste Echo keine Gewalt. Dem verzweifelten Kapitän bleibt dann nichts weiter übrig, als seinen Fahnenflüchtigen noch eine letzte Warnung mit auf den Privatweg zu geben. Er wird sie dann über alle Sprachrohre noch einmal daran erinnern, wie riskant das zaunlose Dasein auf der rechten Seite ist. Er wird ihnen Gewissensbisse prophezeien, wenn alle Luftschlösser vergaukeln, den schweren Tod auf fremden Äckern oder bestenfalls ihren ruhmlosen Rückweg ins Häuschen als reuig müde Vogelscheuchen.

Ungefähr in solchen Betrachtungen erging sich jetzt Kapitän Wakusch. »Wohin willst du, Amiran?« rief er besorgt. »Bist du des Lebens satt geworden? Weißt du denn nicht, was dir blüht, wenn dich die erste Streife schnappt? Man wird kurzen Prozeß machen mit dir, du armer, fremder Korax, du! Na, sei ein guter, lieber Amiran und komm zurück. Hörst du mich noch? Sag doch was. Sag mal ›Cho‹, Amiran, ›Cho, Cho‹. So ein Trotzkopf! Das kommt davon, wenn man seine Gefangenen befreit. Hab ich dir deshalb Sanssouci gezeigt, damit du mir davonrennst? Schäme dich! Was werde ich nun zu Hause sagen? Willst du es wirklich darauf ankommen lassen, daß man dich dort für einen Nichtsnutz hält? Nein, das willst du nicht. Also mach mal Schluß mit dem Verstecken! Hast du mich gehört? Hast du gehört?«

In dieser und ähnlicher Weise warb Kapitän Wakusch lange Zeit um seinen Drückeberger Amiran. Am Ende hatte ihn das Schreien dermaßen ausgepumpt, daß er kaum mehr fähig war, einen Ton hervorzubringen. Die Schrumpfung seines Echos ist das Schlimmste, was einem Kapitän passieren kann. Besonders tödlich für ihn ist ihr Auftreten, bevor er ausgesprochen hat. Viele Kapitäne kamen nie zu einer Mannschaft, weil sie ihren Schallbereich verbrüllten, ehe die Hauptsache gesagt war. Überraschend schnell werden Kapitäne von der Schrumpfung betroffen, sobald sie sich rechts im zaunlosen Raum hören lassen. Der Grund dafür liegt wie in Wakuschs Fall oft nicht zuletzt auch darin, daß sie ihr Echo überfordern, anstatt sparsam mit ihm umzugehen. Ein tonloser Kapitän hat sich sein Unglück gewöhnlich selbst zuzuschreiben. Bis nun seine Schallkraft wiederkehrt und er sein Echo zurückgewinnt, kann eine Ewigkeit vergehen. Verschrumpfte Kapitäne erleben deshalb immer nur sehr selten einen zweiten Frühling. Selbst der treueste Matrose braucht die Stimme seines Herrn. Klingt diese ihm nicht dauernd im Ohr, so vergißt er sie schon am nächsten Tag. Dasselbe gilt in noch viel höherem Maße für die Drückeberger. Ihre tauben Ohren verlangen von jedem Kapitän den maximalen Schall.

Eben darum unternahm Wakusch nun auch die größten Anstrengungen, um noch ein bißchen bei Stimme zu bleiben. Er benutzte sein Echo jetzt gerade nur solange, wie es nötig war, um Amiran die Anschrift des Iß-mich nachzurufen. Aber selbst diese Frist war ihm nicht mehr gewährt. Die Schrumpfung rückt – wenn einmal ausgebrochen – immer unaufhaltsam vor, und kein Kapitän ist stark genug, sie auch nur für fünf Minuten von sich abzuwenden. Bei Wakusch war ihr Effekt verheerend. Er konnte nicht einmal mehr »Piep« sagen vor Erschöpfung. Ein pfeifendes Geflüster war alles, was er zuwege brachte. Damit hätte ihn selbst der treueste und nächste Matrose nicht mehr verstanden.

An einem Kapitän sind nun aber sein Haus und seine Nummer zweifellos die Hauptsache. Ohne sie läuft jede Mannschaft auseinander. Die Leute müssen wissen, wo sie sich zu melden haben, sonst hat auch das größte Echo keinen Zweck. Kapitäne stehen und fallen mit ihrer Adresse. »Iß-mich«, flüsterte Wakusch aus allen Kräften. Er hauchte die ganze lange Anschrift des Lokals und sagte zum Schluß: 86 82 21. Die Nummer war unendlich wichtig. Denn wie entschlossen ein Drückeberger auch sein mag, sich nie mehr sehen zu lassen, anrufen kann er doch mal hin und wieder.

Hatte Amiran die Anschrift noch im Kopf? Kapitän Wakusch zweifelte. Er bereute jetzt sehr, sie dem Landsmann nicht besser eingeimpft zu haben. Und daß er in seinen langen Mahnungen an Amiran kein einziges Mal daran gedacht hatte, sie zu erwähnen, war natürlich auch falsch gewesen. Ein Kapitän lernt nie aus. Um dem Landsmann die Anschrift ins Gedächtnis zurückzurufen, hätte Wakusch jetzt zumindest eines höchstempfindlichen Mikrophons oder eines Herolds bedurft. Er selbst besaß keine Mittel mehr, sich Gehör zu verschaffen. Die Schrumpfung hatte ihm alle Schwingungen gekürzt. Damit war seiner Mission im Grundstück das Urteil gesprochen. Nichts ist für einen Kapitän schwerer zu ertragen, als wenn man ihm ohne Anschrift entschlüpft. »Iß-mich, Amiran«, sagte Wakusch mit erstickter Stimme, »Iß-mich.«

Das allerletzte, was ein Kapitän für seine Leute tun kann, ist, sie dem lieben Herrgott zu empfehlen. Er tritt dann sein Kommando ab an den, der alles schafft, was rechts und links ist. Über die Fernsten entscheidet nur der Höchste. Wakusch wandte sich mit gefalteten Händen an den Herrn. Die Gebete eines Kapitäns sind nun meistens Steckbriefe von abwegigen Landsmännern. Wer absolut nicht mehr hören will, den melden sie nach oben. Wakusch rapportierte lange und gründlich. Währenddessen kam am Himmel gravitätisch der Mond hervor. Er leuchtete grüßend in das Grundstück, und Wakusch war, als hätte der Höchste endlich seine Taschenlampe angeknipst. In Sanssouci hat auch der fahlste Hoffnungsschimmer immer noch große Bedeutung. Denn wenn der Herrgott ihnen die Ohren öffnet, kommen private Deserteure sehr oft und gern bei Mondlicht nach Hause.

Ununterbrochen betend machte sich Wakusch langsam auf den Heimweg. Er schlich sich weg wie jeder Kapitän, der rechts nichts mehr zu sagen hat: ohne Echo und Matrosen, ein schallschwacher Pechvogel mit nichts weiter als einem Steckbrief im Schnabel. »Amiran, Gott steh dir bei in Sanssouci!« Bei jedem Schritt fielen dem müden Wakusch die Augen zu. Der Private wedelte wieder, als der kleine Kapitän vorbeikam. Er vollführte einen richtigen Freudentanz über Wakuschs Pech.

Da es schon weit nach Mitternacht war, fuhren die Züge nicht mehr. So tappte Kapitän Wakusch die Chaussee entlang wie ein einfacher Infanterist. Vergeblich winkte er den wenigen Autos zu, die vorüberpreschten. Niemand las ihn auf. Links, zwei, drei, vier. Gegen Morgengrauen kam er an. Wie es sich zeigte, hatte der Höchste seinen Steckbrief gelesen. Denn Amiran war längst zurück und schlummerte fest in Wakuschs Zimmer. Zu Hause hielt man über Wakusch noch ein kleines Kriegsgericht. Der Mamassachlissi vernahm ihn persönlich, und erst, als der ganze Privatweg gebeichtet war, entließ er mit einer müden Handbewegung seinen kleinen verstaubten Offizier.

Offenheiten

In den Häuschen müssen alle angemeldet sein. Der Mamassachlissi schreibt sich jeden auf. Er fesselt am gründlichsten mit Papier. Kapitäne sind nirgends festgelaufener als in seinen Fragebögen. Darum werden auch so viele beim Mamassachlissi grau, weil sie ein Formular nicht losläßt. Alle diese sitzen oft bis zu ihrem letzten Atemzug buchstäblich in der Tinte.

Der Mamassachlissi liest nun seine Häuserzeilen immer sehr genau und regelmäßig durch. Sein Ideal ist der ganz einwandfreie Text. Er hält eisern daran fest und gibt nie die Hoffnung auf, ihn einmal zu verwirklichen. Es ist aber auch schon sehr viel, wenn er die gröbsten Druckfehler beseitigt. Man kennt relativ wenig Mamassachlissis, die das vollbracht haben. Der Mehrzahl gelingen nur wenige Korrekturen. Der Text bleibt dauernd im Entwurf. Weil die Kapitäne mit der Zeit immer unverbesserlicher werden, ist an nichts Endgültiges zu denken. Heute weiß kein Mamassachlissi mehr genau, was er verfaßt hat.

Der Stil ist in den Häuschen am anfälligsten. Man muß stets beide Augen auf ihn haben, wenn er gedeihen soll. Die kleinste Freiheit greift ihn an. Ohne Aufsicht geht es überhaupt sehr flugs bergab mit ihm. Der Mamassachlissi hat dann bald statt einer Generation eine Degeneration im Häuschen, die ihm alles durcheinanderbringt. Unter Umständen sind solche Zersetzungen auch kaum wieder zu berichtigen.

Loyale Häuschen machen regelmäßig auf und zu und flaggen an den Feiertagen. Da hat noch kein Specchio das Familienband zerrissen. Man hängt fest zusammen. Zwischen ordentlichen Wänden geht alles wie am Schnürchen. Die verrufenen Häuschen sind an der Dixiebahn gelegen. Kraft dieser glänzenden Verbindung ist es verhältnismäßig leicht, sie alle der Reihe nach kennenzulernen. Die letzte Garage auf der Linie ist das Zuchthäuschen des Mamassachlissi. Es steht kurz vor Dixieland und gleicht der Wartburg zum Verwechseln. Der einzige maßgebende Unterschied besteht vielleicht bloß darin, daß in der letzten Garage die Wartezeiten von vornherein festgelegt sind.

Wo der Ruf des Häuschens wankt, ist guter Architekt teuer. Der Mamassachlissi unternimmt natürlich alles, um die Fassade zu wahren. Er richtet ein Gerüst um das Häuschen auf zu Renovierungszwecken. Ein solches Balkenwerk erfordert heute die besten Mauern links und rechts. Man muß alles reparieren. An und für sich intakte Wände schließen niemanden mehr ein. Darum fragen sich übrigens einzelne Mamassachlissis schon jetzt im stillen, ob es eigentlich noch lohnt, ein Häuschen zu besitzen. Wie die Geschichte lehrt, fällt jedem doch zum Schluß sein Dach über dem Kopf zusammen. Aber ebenso gewiß kommt auch stets ein neuer Baumeister und stellt uns wieder ein Häuschen hin. Manchmal baut er auch gleich zwei, damit wir wählen können.

An jeder Konstruktion ist der Blitzableiter das Wichtigste. Donnerschläge, die der Himmel gegen das Häuschen führt, werden damit wirklich ganz gut abgehalten. Die meisten machen nur Löcher in die Luft, ohne ihr Ziel zu erreichen. Bei hoher Qualität des Leiters hauen sie fast alle daneben. Der Mamassachlissi ist dann perfekt, und kein Orkan krümmt ihm ein Haar. Kluge Häuschen reagieren schon, wenn sich etwas zusammenbraut. Jedes verschwindet in Rekordzeit hinter seinen Mantel. Auf diese Weise bleibt viel Arges erspart.

Wovor sich das Häuschen hüten muß, ist ein Blitz aus heiterem Himmel. Da säbelt's durch die Konstruktion, ehe man begreift, was los ist. Solche Treffer werden von keinem größeren Knall begleitet. Jedenfalls sind sie niemals lauter als die Häuschen selbst. In der Regel nimmt daher kaum ein Ohr von ihnen Notiz. Weil niemand hört, worauf es ankommt, kann jeder Mamassachlissi erst hinterher erkennen, daß etwas in sein Häuschen gefahren ist. Gewöhnlich bringen ihn kleinere Krater mit geringfügigen Trümmerhaufen auf die Spur eines oder mehrerer Blindgänger. Bei jedem Rundgang liegt heute schon Kaputtes vor. Alle Konstruktionen sind unter Beschuß.

Bloßer Sachschaden ist aber doch immer nur halb so schlimm. Der Mamassachlissi hat dafür Ersatzteile parat, und die Häuschen überstehen ihn schnell. Dagegen kann ihre Genesung von einem Stilverlust Jahrhunderte in Anspruch nehmen. Bis sie dann wieder bei Kräften sind, haben Mamassachlissis harte Zeiten. Viele schweben persönlich in Gefahr. Denn jedem Autor geht es so wie seiner Konstruktion: Beide leiden und sterben an parallel verlaufender Schwindsucht. Nach so einem Doppeltod wird es gewöhnlich immer sehr dunkel um das Häuschen, und man findet kaum noch zu ihm durch. Für den verblaßten Mamassachlissi sind farblose Fassaden die gesetzmäßige Entsprechung. In ihnen läßt sich nichts mehr lesen. Wegen des zu nachgiebigen Kalks kann man aber auch nichts darauf schreiben. Der spröde Grund hält keiner Gänsefeder stand. Blanker Häuserknochenrest ist das Ende der Geschichte.

Die moderne Artillerie hat sich besonders gut auf den Stil der Mamassachlissis eingeschossen. Sie kann den Doppeltod in alle Konstruktionen tragen. Jedes Häuschen steht direkt vor ihrer Nase. Weil sie hauptsächlich auf der Dixiebahn postiert ist, richten Mamassachlissis nie sehr viel dagegen aus. Den Batterien links und rechts können ordinäre Feldzüge nichts anhaben. Die Mamassachlissis geraten dadurch sogar noch mehr in ihre Zange. Wie die Geschichte lehrt, bringt kein Heerwurm seinen Stil völlig heil zurück nach Hause. Wenn besiegt, ist er gewöhnlich schon immer sehr verdorben und mehr ein Fremdkörper für die eigene Konstruktion. Aber auch sein Glück im Feld hat manches Häuschen umgeworfen. Siege knicken Stile. Je mehr der Mamassachlissi davon in seinen Rucksack stopft, umso sicherer platzt dieser eines schönen Tages.

Guter Hausherr schließt den Feldherrn aus und umgekehrt. Die Häuschen selbst sind überdies auch nur zum Schirmen da, nicht zum Stürmen. Deshalb bleiben sie alle ruhig am Platz und machen höchstens einen Buckel, sobald es ungemütlich wird. Leider fordert man ihr Mißtrauen mehr und mehr heraus. Die meisten sind jetzt zugeknöpfter denn je. Der Mamassachlissi tritt überhaupt nur noch sehr selten vor seine Tür. Er weiß sich umzingelt und will keine unnötige Zielscheibe abgeben. Von draußen ist er nirgends zu bemerken.

In seiner Lage würden viele ganz gewiß den Mut verlieren. Strenggenommen haben ja defensive Mamassachlissis ebensowenig Chancen wie offensive. Häuschen sind jetzt überall das billigste Kanonenfutter. Ein Knopfdruck putzt sie fort. Allein, mit Wänden, die zusammenfallen, ist noch kein Häuschen abgetan. Nicht wenige Mamassachlissis kamen auf eigenem Trümmerfeld allmählich doch wieder zur Besinnung. Sie überlebten im Unterstand der Herzen und konnten nach geraumer Zeit einen neuen Grundstein legen.

Jedes Häuschen hat einen solchen zarten Rettungswinkel. Mamassachlissis haben überall in der Geschichte davon profitiert. Immer waren sie darauf bedacht, sich von dort aus zu entfalten. Wohin man blickt, sind Herzen schon ihr erstes Stockwerk. Die ältesten Häuschen haben überhaupt keine anderen Etagen. Sie ragen nirgendwo hervor und sind trotzdem sehr bedeutungsvoll. Häuschen brauchen gar nicht besonders hoch zu sein, um etwas vorzustellen. In einem kleinen ist der Mamassachlissi oft genug am imposantesten.

Häuschen kann theoretisch nur an Herzschlag zugrunde gehen. Es müßte aber auch ein universaler Herzschlag sein, wenn auch der Mamassachlissi daran glauben soll. Nun hat sich dergleichen bisher noch nirgends ereignet. Wenigstens meldet die Geschichte nichts davon. Der reduzierteste Mamassachlissi besaß überall immer noch Herz genug, um in der Welt zu bleiben. Man konnte ihm vielleicht das Leben nehmen – sein Häuschen nie. Alle Ungerufenen, die sich dort breitmachten, hausten auf einem Vulkan. Nach einiger Zeit stieg nämlich Mamassachlissi ganz unvermutet aus dem ersten Stock wieder nach oben und warf sie sämtlich zur Türe hinaus. Oft brauchte er sich gar nicht erst zu erheben. Man ging von selbst. Herz trieb jeden aus dem Haus, der nicht hineingehörte.

Die Enteignung der Mamassachlissis ist nur per Specchio möglich. Dieser Weg wurde sehr früh – vielleicht schon im ersten Jahrhundert – eingeschlagen. Häuschen waren für Specchios immer empfindlich. In alten Zeiten bekamen sie jedoch seltener welche zu spüren. Es gab damals bei weitem nicht so viele davon wie heute. Der Specchio war auch anfangs noch klein und konnte deshalb kein großes Chaos verursachen. Er hat sich aber seitdem unschätzbar multipliziert. Von links und rechts erscheinen heute Specchios am laufenden Band. Jedes Häuschen schluckt sie auf Schritt und Tritt. Dieser Umstand hat jetzt schon hie und da ernste Herzbeschwerden der Mamassachlissis zur Folge. Wenn die Specchiolation so weitergeht, sind alle Häuschen bald todgeweiht. Manche liegen – wie es scheint – bereits in ihren letzten Zügen. Überall ist die unbedingte Herzmenge, welche uns den Bestand des Mamassachlissi jahrhundertelang gewährleistete, in rapider Abnahme begriffen. Kein Häuschen bleibt verschont.

Mamassachlissi mag wohnen, wo und wie er will, der Specchio hat ihn doch.

Und trotzdem finden wir es verfrüht, sein Schicksal für besiegelt zu halten. Hastige Schlüsse über Mamassachlissi sind leicht gezogen. Was die Geschichte ihm bestimmt, zeigt sie uns selbst am besten. Wir haben persönlich den Eindruck, daß es ihr eigentlich immer noch recht schwerfällt, sich von ihm zu trennen. Jedenfalls steht heute schon fest, daß sie seinen Untergang in bestimmten Häuschen verzögert. Niemand sollte deshalb zu schnell von Mamassachlissi Abschied nehmen. Der argen Verlegenheit, ihn plötzlich wieder begrüßen zu müssen, sind auch nicht wenige entgangen. Allen, die es besonders eilig haben, Mamassachlissi loszuwerden, empfehlen wir die Wartburg. Solange Häuschen existieren, ist Opposition von dort am klügsten.

Nur wer Mamassachlissi uneigennützig beobachtet, wird bei der Wahrheit bleiben. Dies ist, zugegeben, kein leichtes Geschäft. Ein solches Betrachten verlangt nämlich, daß man den Mamassachlissi im Häuschen aus freien Stücken gegen sich aufbringt. Man muß ihm mutig einen Specchio auf den Tisch legen. Alle, die das tun, sind mit Toreros entfernt vergleichbar. Sie reizen nämlich Häuschen und nicht bloß Stiere. Außerdem läßt der Specchio manche Mamassachlissis zunächst noch kalt. Da mag es oft eine Weile dauern, bis sich ihr Zorn entfacht. Diesen Mamassachlissis machen die Specchios heimlich vielleicht auch viel Vergnügen. So haben Mamassachlissis nicht selten Specchios beschlagnahmt, um sich selbst daran zu ergötzen.

Wir müssen also sagen: Der Specchio setzt ein Häuschen immer langsam in Bewegung. Es sieht ihm graduell zu, bis das Maß voll ist. Dann schlägt aber die Stunde des Toreros. Dann muß er ausweichen, wenn er kann. Gereiztes Häuschen ist nicht mehr zu beschwichtigen. Es schüttelt alle Specchios ab und wird gewalttätig. In diesen Verhältnissen bleibt ein massierter Angriff des Mamassachlissi auf die Wartburg nie aus. Meistens begegnet er natürlich gebührendem Widerstand, denn man hat ihn längst erwartet und sich darauf eingestellt. Einzelnen Häuschen sind jedoch auch überrumpelnde Vorstöße gelungen. Die Wartburg wird bis zum letzten Specchio verteidigt. Der erbitterte Kampf mit ihr beansprucht oft die ganze Energie des Mamassachlissi. Übrigens kommen ihm manchmal dabei auch noch andere Häuschen zu Hilfe.

Schon seit mehreren Tagen fand Kapitän Wakusch, die Luft sei dicker als wünschenswert. Es war ihm – ganz unter uns gesagt – sogar unheimlich, sich auf den fliegenden Holländer zu begeben. Der Privatweg dahin wurde langsam ein Wagnis. Für Wakusch jedenfalls. Denn die übrige Besatzung hatte eigentlich noch gar nichts bemerkt.

Etwas war im Anmarsch. So konnte sich Kapitän Wakusch eines Gruselns nicht erwehren, wenn er nämlich das Häuschen betrat, wo seine Holländer stationiert waren. Jede Tür sah aus wie ein Hinterhalt, und Wakusch stieg immer mit weichen Knien die drei Treppen zur Wartburg empor. Er ließ auch die Hand nie vom Geländer, in der vagen Hoffnung, bei Gefahr auf dem Rücken der Balustrade rutschartig entschlüpfen zu können. Um keine Hausbewohner zu treffen, kam und ging er am liebsten spät abends oder sehr früh am Morgen.

Trotzdem waren sporadische Begegnungen unvermeidlich. In diesen Momenten fuhr der stechende Blick des Häuschens Kapitän Wakusch durch Mark und Bein. Oft wurden auch Worte zwischen den Zähnen gemurmelt, welche ihm nichts Gutes versprachen. Nach und nach verflogen die letzten freundlichen Gesichter. Kaum wagte Kapitän Wakusch noch, das Häuschen zu grüßen. Wo es sich ihm zeigte, senkte er eher den Kopf wie jemand, der Schweres auf dem Kerbholz hat. Weil die Wartburg im Häuschen ein offenes Geheimnis war, brannte es Wakusch dort unter den Füßen.

Der Specchio hatte sich in allen Etagen herumgesprochen und Empörung ausgelöst. Seinetwegen drückten viele manche Nacht kein Auge zu. Er war mitunter sehr geräuschvoll und riß das Häuschen aus dem Schlummer. Von links und rechts wurden dann Fäuste gegen die Wartburg geschüttelt; man stieß sie auch mit Besen von unten und oben heftig an. Kapitän Wakusch nahm dieses wilde Klopfen immer sorgenvoll zur Kenntnis. War es doch der unmißverständliche Befehl des Häuschens, sofort die Segel zu streichen.

Leider machte man sich auf der Wartburg kaum etwas daraus. Die Holländer hörten gar nicht hin. Daher sah es Kapitän Wakusch als seine wichtigste Aufgabe an, ihre Ohren für das Häuschen zu schärfen. Gewöhnlich schritt er beschwörend in der Wartburg herum und mahnte pausenlos, auf die Wände achtzugeben. Kleine, von Wakusch verfertigte Plakate, welche die Aufschrift »Ruhe« trugen, waren ebenfalls in allen Manegen aufgehängt. Jeden empfing und entließ er mit den Fingern an den Lippen.

Nun gibt es bestimmt nirgends eine undiszipliniertere Gesellschaft als auf der Wartburg. Was man ihr einimpft, schlägt nur selten an. Sie kennt eben keinen Respekt und glaubt, sich alles erlauben zu dürfen. Die Holländer vergaßen immer wieder, daß sie nicht allein im Häuschen waren. Häufig polterten sie aber auch aus Übermut, was Wakusch ganz besonders verdroß. Da war der Schwede sicher noch am besten, denn er hielt wenigstens sein Maul, wenn Kapitän Wakusch den Finger hob.

Allen anderen hätte manches Mal ein Knebel gutgetan. Ihr völlig grundloses Gezeter gab die Wartburg weithin preis. Auch scheint es, daß sie damit neben dem Häuschen noch Kapitän Wakusch ärgern wollten. Da die Wartburg normalerweise sehr hoch über dem Land liegt, sind solche Überheblichkeiten für ihre Besatzung ein häufig auftretendes Laster. So krakeelt man von den Zinnen herab, bis das Häuschen es rundherum gründlich satt hat und einen Kreuzzug vorschickt.

Außerdem waren viele Angeheiterte da, deren dauernder Pendelverkehr zwischen Kakadu und Wartburg Kapitän Wakusch nicht wenig bekümmerte. Oft zogen diese lärmend durch das Häuschen, wenn es schon in den Federn war. Der Ordnung halber geleitete Kapitän Wakusch sie manchmal ein Stück weit. Denn alleine konnten viele die Straße nicht mehr finden. Auch war vorgekommen, daß jemand auf einem Absatz liegenblieb und lange die Etagen verunzierte. Da gelang es nun nicht immer, ihn in die Wartburg abzuschleppen, bevor das Häuschen seiner gewahr wurde. Jeder Schnarcher am Wege war ein lebhaftes Beispiel für den Tiefstand der Mannschaft von Kapitän Wakusch. Natürlich mehrte dies den Unmut des Häuschens gegen die Eingestohlenen im dritten Stock.

Unter den vielen Pipas links und rechts gab es etliche, die Kapitän Wakusch nicht gerne auf der Wartburg sah. Solche waren ihm zu stark angemalt, und das Häuschen drehte sich immer nach ihnen um, wenn es sie auf den Etagen traf. Allein der Aufzug dieser Pipas mußte vielen schon mißfallen, denn sie trugen ungeniert ihre ganze Dixiebahn zur Schau. Kein gutes Stockwerk konnte lange dergleichen auf sich sitzenlassen. Übrigens nervten die Frauenzimmer Kapitän Wakusch auch innerhalb der Wartburg. Oft steckten sie ihren Torso zum Fenster hinaus, oder sie sonnten ihn gar auf dem Balkon, ohne viel an die Umgebung zu denken. Aus manchem Häuschen vis-à-vis wurde dann ein Fernglas auf die Wartburg gerichtet. Man peilte jede Brüstung an, um Blößen zu entdecken. Kapitän Wakusch bekam nur mit knapper Not alles wieder hinter den Vorhang. Manchmal schien aber leider auch Verschiedenes durch, ohne daß er es bemerkte. Der Specchio wollte nicht mehr in der Wartburg bleiben. Er quoll stoßweise über und war ein Fest für die Neugier der Häuschen.

Als großes Übel empfand Wakusch noch den fortwährenden Zustrom der Fremden. Meistens brachten die Holländer einen oder gleich mehrere Neue mit, welche danach zur Familie gehörten. Die Wartburg wurde darum bald zur Unterkunft von Hinz und Kunz. Ihre angeschwollene Besatzung machte sie dem Häuschen auch nur auffälliger.

Unter den vielen neuen Personen steckten unwürdige Leute. Ein paar Diebe gab es gewiß darunter, denn dem wachsamen Wakusch war nicht entgangen, daß manches aus der Wartburg verschwand. Er hatte deswegen schon die Schlüssel von allen Schränken abgezogen und sah überhaupt jeden Gegenstand nur sehr ungern in fremden Händen. Nun ließen die Neuen dann und wann noch ihre Fäuste spielen. So kam es vor, daß man sich raufte, weil einer dem anderen in der Dixiebahn war. Viele schickte ein Kinnhaken über Bord, ehe Kapitän Wakusch einspringen konnte. Er flog auch durch sein Dazwischentreten nicht selten selbst über die Reling. Daß ein Kapitän da war, zog niemand mehr in Betracht. Der Specchio wurde fast jedesmal schon ohne Wakusch entwickelt.

Die Holländer nahmen sich an den Neuen ein Beispiel und schlugen gleichfalls aus dem Rahmen. Als Kapitän fing Wakusch an, ihnen immer weniger zu bedeuten. Meistens verwerteten sie ihn nur noch in der Eigenschaft eines Mundschenks. Er war auch schon längst nicht mehr so tief in ihre Dixiebahn eingeweiht wie früher. Jetzt mußte Wakusch den Holländern oft nachlaufen, um etwas zu erfahren. Obendrein wurden ihre Informationen immer kürzer, so daß Wakusch gewöhnlich gar nichts daraus machen konnte. In den paar Sekunden, welche sie ihm noch bewilligten, war keine Rücksprache möglich.

Nun hatte aber Wakusch ihnen seinerseits sehr viel über das Häuschen und die Neuen zu sagen. Er fand es deshalb am besten, alles aufzuschreiben, und steckte dem Maestro oder Wolf abwechselnd Zettel in die Tasche. Seine Botschaft warnte jedesmal nachdrücklich vor der Umgebung. Auch wurde ihr Ton im Laufe der Zeit drängender. So schrieb Wakusch einmal unter anderem, das Häuschen sei nicht mehr das alte; man habe alles von ihm zu erwarten, und er schlage daher einen Umzug vor. Daß er die Neuen nicht vertrug, war immer besonders dick unterstrichen. Fast alle Zettel endeten mit dem Ratschlag, sie sämtlich wegzuschicken, damit endlich wieder Ordnung entstünde. Aber die Holländer stießen alles ab. Oft entdeckte Wakusch seine Post im Aschenbecher, oder er sah sie achtlos zerknüllt auf der Dixiebahn liegen.

Weiter war der Ausfall von Hans Georg ein großes Minus. Sein Mamassachlissi ließ ihn nach dem Rollfilmskandal fast kaum noch aus dem Häuschen. Aber auch der Schwede erschien jetzt seltener auf der Dixiebahn. Die Holländer hatten ihn abgestellt, weil er sich mit den Neuen durchaus nicht vertragen wollte und jeden überfiel. So saß er denn gewöhnlich an der Leine. Man sprach schon davon, ihn fortzubringen.

Da nun die meisten Wächter ausgeschieden waren, verlor die Wartburg mehr und mehr den Charakter einer Befestigung. Der Specchio wehte lustig von ihrem Dach, als stünde sie in Dixieland und nicht im Häuschen. An den Türen wurde niemand geprüft. Jeder kam hinein, denn die Wartburg war jetzt tagsüber meistens unverschlossen. Sie konnte, wenn keiner nachsah, auch über Nacht offenbleiben. So lagen ihre Kasematten oft wie auf dem Präsentierteller ganz schutzlos vor dem Häuschen. Außerdem gab es noch Mappen an der Burg, denen viel zu viel entschlüpfte. Das lose Mundwerk manch eines Neuen brachte den Specchio ins Gerücht. Der erschrockene Wakusch hörte schon Leute darüber erzählen, die er niemals zuvor auf der Dixiebahn gesehen hatte. Man kannte alle Pipas im Regiment. Einmal fiel sogar der Name des Schweden. Von jeder Seite kamen jetzt Abspiegelungen, denn die Wartburg wurde unbesonnen nach rechts und links verplaudert.

Diese Offenheiten regten Wakusch furchtbar auf. Kein Wort war ihm stark genug, um sie zu bezeichnen. Er dachte sich die Wartburg nun schon oft als einen Pavillon voller Narren, die es verdient haben, daß sie der Mamassachlissi holt. Er lehnte daher auch jede Verantwortung für den Specchio ab und kam eigentlich nur noch zu den Holländern, um dem Schweden zu fressen zu geben.

»Wir brauchen Gläser.« Drei Neue lugten in die Küche. Wegen Olaf trauten sie sich nicht weiter vor. Kapitän Wakusch, der eben wieder einen Eilbrief an die Holländer verfaßte, sah auf. »Gläser gibt's nicht mehr«, erklärte er kurz. »Ihr habt genug zerschmissen.« Die Neuen bekamen lange Gesichter. »Acht Gläser«, sagte einer. »Wir werden auch sehr vorsichtig sein und machen dir nie mehr was kaputt.« Die beiden anderen nickten eifrig und echoten: »Nie mehr was kaputt.« »Acht Gläser?« fragte Wakusch. »Warum wollt ihr nicht gleich achtzig haben?« »Dann gib uns fünf!« »Nein!« »Gib drei.« »Nein!« »Gib ein Glas!« »Kein Glas«, sagte Wakusch bestimmt, »kein Glas und keinen Teller.« Man redete noch etwas hin und her. Schließlich zogen die Neuen ihre Köpfe zurück.

Kapitän Wakusch nahm seinen Faden wieder auf. »Lieber

Wolf«, schrieb er, »wo um Himmels willen treibst Du Dich nur herum? Warum kommt Ihr jetzt immer seltener nach Hause, Du und Tullio? Ohne Euch halte ich es hier nicht mehr lange aus. Die Neuen werden immer anzüglicher. Wollt Ihr, daß sie mich verdreschen? Wenn ich in den Zimmern die Verdunkelung kontrolliere, werfen schon viele jetzt mit ihren Schuhen nach mir. Die oft recht gehässigen Bemerkungen, welche man dabei gegen mich äußert, solltet Ihr einmal hören.

Sie wollen auch den Schweden vergiften, weil er sie daran hindert, die Küche zu betreten. Alle platzen nämlich vor Ärger, daß sie bei uns nicht kochen können. So jagt jeden sein Hunger fort, und das ist immerhin ein kleiner Trost. Mittags wird es hier gewöhnlich leerer. Manchmal bleibt niemand zurück. Für den Fall, daß Ihr Euch endlich einmal dazu entschließt, wären diese Abzugsmomente am günstigsten, um die Brüder endgültig auszuräumen. Das müßte aber noch geschehen, ehe sie uns hier eine zweite Küche aufmachen. Den Gedanken hegen sie schon. Erst vor kurzem habe ich ihnen einen Spirituskocher und zwei neue Suppentöpfe beschlagnahmt. Macht also schnell, bevor sie sich einleben.«

An dieser Stelle ließ Wakusch die Feder sinken. Es standen wieder Neue an der Tür. Andere als vorhin. Zwei Pipas waren auch darunter. Alle sangen den Kehrreim: »Wir haben Hunger, Hunger, Hunger, haben Hunger, haben Durst.« Der Schwede kläffte zornig dazwischen und wäre geifernd vorgespritzt, wenn Wakusch ihn nicht am Halsband gezügelt hätte. Nach dem Ständchen nahm ein Neuer das Wort. »Wakusch«, sagte er, »sei vernünftig und laß uns an den Herd. Wir haben Pipas da, die kochen können. Schließlich mußt du doch auch mal was Warmes essen.« »Das ist nicht euer Herd«, sagte Wakusch, »geht nach Hause, wenn euch hungert.« »Schau her!« begann der Neue wieder, indem er seinen prallen Rucksack hochhielt, »unsere Lebensmittel. Gas darunter und Eintopf für alle. Ist das kein Geschäft?« »Jeder kocht bei sich zu Hause«, sagte Wakusch. »Wir haben die Erlaubnis von Tullio«, rief der Neue ungehalten aus. »Du wirst dich danach richten.« »Nicht alles hängt von Tullio ab«, sagte Wakusch.

»Wie der sich wichtig macht«, bemerkte der Neue zu seinen Gefährten. »Habt ihr so was schon gesehen?« »Wozu sitzt er eigentlich noch hier?« fragte einer aus der Gruppe. »Ist er übergeschnappt?« »Ja«, bekräftigte der Neue. »Denn er erwartet, daß wir nach Hause gehen.« »Da kann er lange warten«, sagten alle wie aus einem Mund und sahen feindlich zu Wakusch hinüber. »Vielleicht rufen wir eine Irrenanstalt an und lassen ihn abführen?« schlug jemand vor. »Anders kriegt ihr ihn nicht weg.« »Raus!« kommandierte Wakusch. »Aber dalli. Ich kann den Hund nicht mehr halten.« Die Neuen verschwanden ruck, zuck. Im folgenden waren sie nicht mehr zu sehen. Nur ihre Verwünschungen drangen durch die Tür.

Wakusch notierte jeden Schimpfnamen, mit dem man ihn belegte. Es kamen vor: Hausdrache, schwarzer Hund, Affe, Esel, lausiger Gnom, plemplem, verrückter Küchenstratege, kleines Biest, Kamel und andere, noch viel saftigere Vergleiche. Als die Liste fertig war, überschrieb Wakusch sie mit den Worten: »So nennen sie mich.« Er wollte das Verzeichnis seinem Brief an Wolf und Tullio beilegen. Hinter den Schmähungen standen stellenweise noch die Namen der Schmäher, soweit diese Wakusch bekannt waren. Die Metaphern sprudelten immer sehr schnell durch das Schlüsselloch, und daher hatte Wakusch sie alle nur mit großer Mühe auffangen können. Wenn er nicht mitkam, schrie er: »Halt! Wie war das?« oder »Wer hat das gesagt?«, und die Neuen gaben bereitwillig Auskunft. Der Schreiber Wakusch reizte ihre Einbildungskraft. Man drückte sich eifrig aus. Die zweite Frage wurde häufig mit den Rufen »Tullio« oder »Wolf« beantwortet. Demgemäß setzte Wakusch auch seine Freunde auf die Nomenklatur. Doch versah er sie mit einem Sternchen, um in entsprechender Fußnote den Mißbrauch ihrer Namen durch die Neuen zu erklären.

Zwischendurch waren ihm die beiden Stimmen aber auch verblüffend echt vorgekommen. Viele Flüche hatten den genauen Akzent von Tullio, und Sätze wie: »Du bist hier vollkommen überflüssig, mein Lieber«, »Schwede, deine Zeit ist abgelaufen«, »Wirst du uns hier noch lange auf die Nerven fallen?« klangen sehr nach Wolf. Um nichts mehr zu hören, steckte sich Wakusch zuerst die Finger und dann Watte in die Ohren. Seine Gedanken kehrten aber immer wieder zu den Sticheleien zurück. Manchmal sah er in die Liste und ließ auch von dort vieles nochmals auf sich wirken.

Bei den Namen seiner Freunde empfand er Unmut, den selbst das Sternchen nicht mehr dämpfen, geschweige denn verscheuchen konnte. Er dachte sogar daran, den Index abzustreichen, denn ihm schien jetzt, daß der Maestro und Wolf auf der Liste mindestens ebenso oder gar noch mehr am Platze waren als alle Neuen zusammengenommen. Dafür gab es nun wirklich eine Reihe triftiger Gründe, welche Wakusch unverzüglich in seinem Brief zur Sprache brachte. »Lieber Tullio«, hieß es da, »lieber Wolf, Ihr seid jetzt schon viel zu lange fort, so lange, daß ich zweifeln muß, ob der Schwede Euch überhaupt noch erkennen wird, wenn Ihr einmal wiederkommt. Ich selbst bin – offen gesagt – nicht mehr dazu imstande. Wie könnt Ihr nur so ausgewechselt sein? Fast glaube ich, es spielen an Eurer Statt Doppelgänger mit mir Katz und Maus. Das wäre vielleicht noch nicht einmal das schlechteste, denn von Fremden nimmt man ja manches leichter in Kauf. Ob andere oder anders, jedenfalls seid Ihr nicht mehr dieselben.

Ganz besonders kränkt mich dieser Wandel bei Dir, mein Wolf. Denn früher haben wir uns ja prächtig verstanden. Du zogst mich immer ins Vertrauen. Bis Tullio kam, waren wir alle unzertrennlich. Jawohl! Gib es nur zu. Der Maestro war Dir gleich von Anfang an viel wichtiger als wir. Nun ist Tullio ganz bestimmt eine sensationelle Erscheinung. Er zog auch mich in seinen Bann. Aber schließlich hat doch alles seine Grenzen. Heute reut es mich fast, daß wir den Italiener bei uns aufnahmen, denn Leute wie ihn sieht man besser im Kakadu als zu Hause. Durch solche Gäste kommt jede Wirtschaft auf den Hund. Wenn mir jetzt nur noch der Schwede zur Verfügung steht, so ist im Grunde allein Tullio schuld.

Sein Rollfilm hat, wie Du weißt, Hans Georg übel mitgespielt. Der Arme wird deswegen immer noch hart verfolgt, und ich glaube kaum, daß er sich uns jemals wieder in Ruhe widmen kann. Tullios Einfluß auf Dich trägt keine besseren Früchte. Du schätzt seine Gesellschaft mehr als meine. Bald werde ich mich zu räuspern haben, damit Du von mir Kenntnis nimmst. Dein Eifer, es Tullio in allem gleichzutun, läßt entgegen meinen Hoffnungen nicht nach. Er wird mit jedem Tage wilder. Vielleicht willst Du den Maestro auf der Dixiebahn überholen? Meines Erachtens hast Du jetzt schon mindestens zweimal so viele Pipas wie Tullio. Du trinkst und rauchst auch mehr als er. Ich staune bloß, daß Dich Dein Spiegelbild nicht schreckt, denn es ist furchtbar zu betrachten. So sehen in Manila Gespenster aus. Fahre in dem Tempo fort, und Du wirst bald im Jenseits sein. Wenn man wenigstens noch vernünftig mit Dir reden könnte! Aber Du hast einen Piep und willst im Ernst von nichts mehr hören.«

Hier setzte Kapitän Wakusch die Feder ab, um sich – bevor er weiterschrieb – erst alles genau im Kopf zurechtzulegen. In regem Zwiegespräch mit seinen Lesern ging er, die Hände auf dem Rücken, auch einige Male auf und ab.

»Tullio werfe ich vor, daß er ein Herzensbrecher ist. Wie mich dieser Umstand quält, ist kaum in Worte zu fassen. Ich finde, der Maestro sollte sich auf die Dixiebahn beschränken und die Pipas nicht noch verrückter machen, als sie schon sind. Wer wird es verantworten, wenn sich eine seinetwegen das Leben nimmt? Halbtote Pipas gibt es schon. Nur der Anblick von Tullio kann diese armen Wachsfiguren wieder beleben. Es wäre darum schon begrüßenswert, wenn er sich ihnen wenigstens ein paarmal aus der Ferne zeigen würde. Ganz abgesehen davon, daß man Mitleid fühlen muß, rufen die gebrochenen Herzen uns auch zur Vorsicht auf. Sie haben keine feste Kontrolle mehr über sich und können draußen alles erzählen.

Außerdem ist mir bekannt, daß verschiedene Pipas jetzt fähig sind, ein Baby von Tullio zu entwickeln. Es interessiert mich sehr zu wissen, wie der Maestro sich dazu stellt. Vielleicht bin ich indiskret, aber die Sache verlangt, daß man sie sich durch den Kopf gehen läßt. Schließlich sind wir hier nicht in der Barbarei. So viele Weiber und Kinder passen in kein Haus. Auch ist wegen der Überfüllung bei uns ein neuer Zuzug schon rein praktisch unmöglich. Wenn die Babys kommen, werde ich sie Tullio in den Kakadu schicken. Aber vermutlich sitzt er bereits bis dahin im Kittchen.

Ich staune nur, wie er bei dieser Perspektive noch so munter musizieren kann. Sicher ist er viel zu gedankenlos, um alles richtig einzusehen. Man täte daher gut, ihn schon jetzt mit dem Strafgesetzbuch und allen Paragraphen vertraut zu machen, welche auf ihn passen. Gern verböte ich ihm das Haus, solange wenigstens, wie seine Angelegenheiten nicht geordnet sind. Aber hoffentlich zieht's ihn nun auch bald von selbst fort. Hat er kein Heimweh nach Italien? Seine Gastrollen müssen letzten Endes doch einmal ihren Abschluß finden.

Trotz des himmelweiten Unterschiedes, der zwischen mir und Tullio besteht, werde ich in unserem Haus jetzt auch sehr oft mit ihm verwechselt. Manche Leute hier zeigen schon drohend auf mich und sagen: ›Casanova!‹ Um diesem Irrtum zu begegnen, habe ich Tullios Einflüsse in meiner Erscheinung sämtlich liquidiert. (Ich trage das Haar jetzt kurz und ohne Brillantine. Der Menjou ist ebenfalls abrasiert.) Die Konfusion ist leider dadurch nicht zurückgegangen. Sie wächst vielmehr auf allen Etagen, und es wird immer schwieriger, sich ihr zu entziehen. In dem ganzen Specchio ist das gewiß das ärgste Stück. Ich appelliere deshalb an den Maestro und baue auf sein Verständnis für meine Lage. Nur er kann wieder Klarheit schaffen. Für die Orientierung der Leute wäre es schon gut, wenn er mehrere Male mit mir zusammen die Treppe herunterstiege, oder noch besser: Wir sollten uns ein paar Tage Seite an Seite auf dem Balkon zeigen.

Tullio ist zu sagen, daß er schleunigst nach Hause kommen und sich identifizieren soll. Ich werde mich – wenn das endlich geschieht – wie neugeboren fühlen.

Kakausus in Dixieland

Kapitän Wakusch war mit seinem Schüler Amiran nun sehr zufrieden. Der Schäfer hatte alle Prüfungen auf der Deuxibahn, in Sanssouci und auf anderen Plätzen, mit Auszeichnung bestanden. In der Stadt kannte er sich jetzt schon fast so aus wie ein Einheimischer, das heißt, er wußte, wo da die wichtigsten Häuschen (Lichtspielhäuschen) standen und an welcher Stelle die hauptsächlichen Wartburgen der Emigration, er konnte sich an jedem Punkt selbst orientieren und darum auch unbedenklich seine eigenen Privatwege gehen. Seine deuxe Umgebung war mit allen Hauptverkehrsstraßen in ihn eingetreten; er hatte sie schon unter der Haut und hob sich auch gar nicht mehr so schroff von ihr ab. Kapitän Wakusch ließ ihn jetzt ganz alleine ausgehen, weil er sicher war, daß der Schäfer sich immer zurückmelden würde. Im Spreewald hatte sich Amiran sogar ein paar deuxe Freunde gemacht. Diese waren mehrere märkische Schäfer, welche ihn in ihre Bierrunden aufgenommen und auch in ihren Privathäuschen zu Bratwurst und Sauerkraut empfangen hatten. Von seinen Ausflügen in Deuxiland erzählte Amiran Wakusch immer mit großen Gesten und wild dahinstürzenden, auch nur sehr langsam versiegenden, kolchidischen Redeflüssen. Die begeistert blitzenden Augen, welche der Schäfer dazu machte, rundeten das Bild für Wakusch ab: Amiran war von allem (allen) Deuxen ehrlich entzückt, das heißt, er hatte seinen Feind nun auch von der besseren Seite her kennen- und schätzen gelernt. Jetzt war der Moment gekommen, diesen Enthusiasmus des Schäfers für Deuxi in einen mindestens ebenso starken, besser noch größeren Enthusiasmus für Dixie zu verwandeln. Man hatte Amiran wieder daran zu erinnern, daß Sanssouci nur eine Anfangsstufe, nur ein relativ früher und für ihn auch deshalb recht gefährlicher Aufenthaltsort auf seinem Lebensweg aus Häuschen (aus Kolchis) war; zugleich mußte man ihn auch schon auf die nächste Etappe des Umzugs, nämlich auf die Wartburg von Tullio, die ja noch viel weiter als Sanssouci, also nicht mehr auf der Deuxi-, sondern auf der Dixiebahn nach Charleston, Manila usw. lag, vorbereiten. Darum hielt es Wakusch jetzt für notwendig, den Schäfer wieder zu etwas mehr Vorsicht allem (allen) Deuxen gegenüber zu mahnen, ihm zu Bewußtsein zu bringen, daß er sich auf der Deuxiebahn nicht einmal in Gedanken ansiedeln durfte.

Verschiedene unmißverständliche Anzeichen ließen übrigens jetzt auch schon Amiran selbst sehr gut erkennen, wohin diese Bahn führte. Er hatte in der letzten Zeit fast immer bloß sein viertes deuxes Schlangenhemd am Körper und wurde zusammen mit einer Gruppe von Schicksalsgefährten über jeden Sonnabend/Sonntag auf einem Kasernenhof im Gebrauch deuxer Schußwaffen geübt. Am Ende der Deuxibahn stand für alle wie Amiran wieder die Front, wo ihnen als Vaterlands(Dixielands-)verräter diesmal sogar das Privileg der Gefangenschaft versagt war. Im Iß-mich hatte man diese Maßnahmen zur Einverleibung der kolchidischen Gefangenen in deuxe Streitkräfte (sogar ein kleiner sprachlicher Lehrgang in Deuxi war eingerichtet worden, um die Rekruten an deuxe Kommandos zu gewöhnen) mit sehr gemischten Gefühlen aufgenommen. Die Landsleute erneut in den Krieg zu schicken, der sich außerdem noch links wie rechts schon mehr und mehr zugunsten der Dixieländer wandelte, erschien dort jedem überflüssig. Um diese Zeit betrieb die Emigration die Befreiung kolchidischer Kriegsgefangener aus deuxen Konzentrationslagern mit viel weniger Enthusiasmus und hatte sie, wo es sich machen ließ, sogar schon vollständig abgebrochen. Für diejenigen kolchidischen Soldaten, denen es bevorstand, sich in deuxem Schlangenhemd um den Goglimogli 27 zu schlagen, hoffte das Iß-mich, mit Hilfe zweier hoher deuxer Generalstabsoffiziere (beide Stammgäste des Lokals und große Verehrer der kolchidischen Küche) den Einsatz an der Westfront, in den rechten Dixieländern gegen rechte Dixieländer, zu erwirken. Es versuchte auch mit allen Mitteln, die Einberufung der Männer solange wie möglich herauszuzögern. Zum Beispiel erwies sich der sprachliche Lehrgang in Deuxi bald als einer der schwierigsten und beanspruchte – wie die Emigration, welche damit betraut war, versicherte – mindestens die Zeit mehrerer Studentensemester. Die kolchidischen Rekruten wurden auch sehr oft krankgemeldet, was ihre Ausbildung manchmal um ganze Monate zurückwarf. Doch waren alle diese Kniffe natürlich kein absolutes Hilfsmittel, um Leute wie Amiran vor dem deuxen Militärdienst zu retten. Der einzige Ausweg wäre gewesen, sie schnell wieder in die deuxen Konzentrationslager zurückzuverlegen, aus denen man sie Jahre zuvor herausgeholt hatte. Aber selbst die Konzentrationslager waren – weil ja erstens schon allein die Bitte, dort wieder hingebracht zu werden, zu den unnatürlichsten gehört, und es zweitens auch undenkbar war, daß die Deuxen ihr freundlich gesinnt gegenüberstehen würden – den Armen verschlossen. Darum wollte Kapitän Wakusch den Schäfer jetzt so schnell wie möglich auf der Dixiebahn (in Tullios Wartburg) verstecken und ihm – was auch sehr wichtig war – dort irgendeine nützliche Arbeit besorgen. Am naheliegendsten war es, den Mann in der Küche (zum Kartoffelschälen, zum Braten von Schaschliks, Backen von Chatschapuris und ähnlichem) zu verwenden. Für solche prominenteren Dixieländer wie Tullio konnte Amiran vielleicht sogar einen vorzüglichen Kammerdiener abgeben. Zum Beispiel war – weil er ja kein Deuxi verstand – bei ihm Diskretion beinahe soviel wie eine angeborene Eigenschaft.

Kapitän Wakusch zweifelte nicht daran, daß der Schäfer sich auf der Wartburg von Tullio dienlich erweisen und schnell im Rang aufrücken würde. Er hielt es aber vorerst doch für angebrachter, Signor Mobiglia und den Oberen (vor allem Wolf und Hans Georg) noch nichts von dem Neuen zu sagen und erst einmal selbst zu sehen, wie der Schäfer sich auf der Dixiebahn anstellen würde. Mit Amirans Umzug zu Tullio mußte man sich beeilen, denn er konnte schon jeden Tag mit den anderen eingezogen werden, und es war natürlich viel leichter, ihn aus Wakuschs kolchidischer Wartburg dorthin zu bringen als aus einer deuxen Kaserne. Kapitän Wakusch hatte mit dem Schäfer vorher noch nie über die Dixiebahn gesprochen. Er wußte aber schon aus verschiedenen Beobachtungen, daß Amiran nicht gleichgültig ihr gegenüber war. So war er zum Beispiel von allen Pipas, welche ihnen auf ihren Ausflügen nach Sanssouci begegneten, immer wie elektrisiert gewesen und hatte seinen sehnsuchtsvollen Blick lange auf den Philippinen oder anderen schönen Partien dieser Pipas ruhen lassen. Manchmal verriet dann auch ein kleiner Seufzer, wie sehr die Dixiebahn und ihr Kernpunkt Manila Amiran beschäftigten. Er hatte auch wiederholt versucht, Wakusch durch Augenzwinkern mit in das schöne Thema zu ziehen, was ihm aber – da der Kapitän alle diesbezüglichen Zeichen von ihm wissentlich übersah – niemals glückte. Außerdem hatte der Schäfer, wenn er schlief, auch immer ein enormes Zelt in Gegend Turnhose aufgeschlagen, was eindeutig besagte, daß er dann schon völlig aus dem Häuschen war und sturmbereit, mit gewetztem Bajonett über prallem Feldbeutel, auf der Dixiebahn kampierte. Kapitän Wakusch begann, weil er methodisch vorgehen wollte, den Schäfer ganz zuerst mit Specchios von Tullio zu füttern. Er wählte als Anfang ein Foto von einer guten Pipa des Maestro in zierlichem Schlangenunterhemd, deren blendende Dixiebahn frei nach rechts und links überquoll. Einmal, als sie ganz allein auf der alten kolchidischen Wartburg waren, händigte Wakusch dem Schäfer das Bildchen mit feierlicher Miene, beinahe so wie eine Urkunde aus. Amirans Augen liefen sofort über. Er versank förmlich in der Fotografie, und Wakusch mußte ihn mehrmals laut anrufen, um ihn wieder zu sich zurückzubringen. Seither begleitete der Specchio Amiran auf Schritt und Tritt: Er holte ihn bei jeder Gelegenheit aus der Tasche, um sich daran zu laben, oder packte sich die Dixiebahn auch unters Kopfkissen, von wo er sie jeden Morgen mit sichtlichem Bedauern (wohl darüber, daß der Specchio bloß aus Pappe war) hervorzog.

Die Leidenschaft des Schäfers für den abgebildeten, superben Dixiebahnkörper fand Wakusch erfreulich, aber dabei auch ganz natürlich. Viel mehr interessierte ihn zu wissen, ob Amiran klug genug war, den Specchio vor Mamassachlissis und Exmamassachlissis geheimzuhalten, ob er begriff, daß solche An- und Aussichtskarten verbotene Ware in den Häuschen sind. Nur wenn der Schäfer die nötige Verschwiegenheit bewies, wenn er den Specchio nicht nur zu schätzen, sondern auch zu hüten verstand, konnte man ihn auf der Dixiebahn weiterführen. Amiran bestand dieses Examen mit großem Lob von Kapitän Wakusch: Er ließ den Specchio immer sofort und sicher verschwinden, sobald ein Mamassachlissi (oder Exmamassachlissi) in der Nähe war, und verdoppelte, verdreifachte auch seine Vorsicht, als Wakusch die Anzahl der Specchios bis auf ein ganzes Dutzend erhöhte. Auf allen zwölf Bildern streckte sich immer noch dieselbe Pipa wohlig auf der Dixiebahn aus. In einzelnen Fotos lag sie da, geschmückt mit den verschiedensten Gliedmaßen von Signor Tullio, dessen Konterfei aber nicht zu sehen war (über den Rahmen des Specchio hinausragte). Diese aufregende Bildergalerie hatte sich der Schäfer oft wie eine Patience auf dem Tisch ausgebreitet.

Wenn dann am Eingang in die alte kolchidische Wartburg Schlüssel klirrten und alles dafür sprach, daß der alte Exmamassachlissi von Wakusch nach Hause kam, wischte Amiran in Windeseile alle Specchios vom Tisch und trug sie, ohne einen einzigen zu verlieren, in einen sicheren Winkel der Burg. Diese und ähnliche wiederholten Manöver überzeugten Wakusch langsam von der Vertrauenswürdigkeit des Schäfers in Sachen Dixiebahn, von der Möglichkeit, ohne Bedenken Schleier für Schleier vor ihm zu lüften. Darum wählte er nach einer gewissen Zeit mit Vorbedacht konkretere Specchios für Amiran aus, das heißt schon solche, die den Maestro auf der Dixiebahn porträtierten. In diesen Bildern sah der Schäfer Signor Tullio persönlich und konnte sich an seiner glänzenden, trotz aller Verschlingungen mit Pipas immer tadellos sitzenden Frisur, an seinem unübertroffenen Menjou etc. ein Beispiel nehmen. Kapitän Wakusch versäumte selbstverständlich nicht, seinem Zögling jede gute Einzelheit auf den Fotos genau zu unterstreichen. Zum Beispiel konnte er mit einem spitzen Bleistift alle Kurven und Schleifen der Dixiebahn noch einmal verfolgen, an den besten Stellen haltmachen und Amiran durch entsprechendes Mienenspiel ihre hohe Qualität verdeutlichen. Wer die beiden so emsig alle Specchios (diese betrafen jetzt schon die verschiedensten Pipos und Pipas des Maestro) durchstudieren sah, der hätte glauben können, es handle sich da um eine Lektion in Erdkunde. Tatsächlich wurde ja dann von den beiden auch gar nichts anderes besprochen als die direkten Verbindungswege zwischen Charleston und Boston, gar nichts weiter als die immense Einwohnerzahl von Manila oder anderen dixieländischen Metropolen und ähnliches. Zu Wakuschs Freude war Amiran ein sehr gelehriger Schüler: Er kannte sich bald in allen Specchios vorzüglich aus, konnte sich – weil die Fotos vielseitig waren – auch die umfassendsten Vorstellungen von den Pipas machen. Man hätte ihn jetzt – so sagte es sich jedenfalls Wakusch mit Überzeugung – schon getrost allein auf der Dixiebahn lassen können, ohne befürchten zu müssen, daß er sich verirrte.

Damit war der Punkt erreicht, wo Kapitän Wakusch sich dem Schäfer schon ganz rückhaltlos zu entdecken geben wollte (konnte). Denn noch ahnte Amiran nichts von der greifbaren Realität aller Dixiebahnen auf den Bildern, noch dachte er, die Specchios wären anonym und die Personen da drauf auch Wakusch nicht weiter bekannt. Seine entzückte Überraschung war daher grenzenlos, als er einmal unter den vielen neuen Specchios, welche ihm Kapitän Wakusch jeden Sonntagabend unters Kopfkissen legte, einen vorfand, der ihm wie durch Zauberei (wie durch ein Sesam beziehungsweise Dixiebahn, öffne dich!) alle Schätze lebendig in Reichweite rückte: In dem Specchio war neben den Pipas und Pipos von Tullio auch noch Kapitän Wakusch selbst mit auf der Dixiebahn. Er stand da, freundlich, korrekt angezogen, auch sonst nirgends beteiligt, ungefähr so wie ein Nachtwächter zwischen den Liebespaaren und hatte sich, um seiner Würde den richtigen Ausdruck zu geben, auch etwas in die Brust geworfen. Amiran wollte natürlich sofort wissen, wie Wakusch in den Specchio gekommen war. Daß auch der Sohn eines kolchidischen Mamassachlissis (Exmamassachlissis) sich so weit von Häuschen entfernen kann, sah er – seinen großen Augen nach zu urteilen – da wohl zum ersten Mal. Vielleicht dachte er auch ganz zuerst, daß es sich bloß um eine zufällige, phantastische Ähnlichkeit handeln müsse und der Kapitän im Specchio jemand anderes war. Jeder Zweifel in der Frage verging aber schnell, denn Kapitän Wakusch bestätigte die Identität nicht nur mit einem ruhigen Kopfnicken, sondern tippte auch noch mit dem Zeigefinger auf den Kapitän im Specchio und dann auf seine Brust.

Diese Eröffnung steigerte Amirans ohnehin großen Respekt vor Wakusch, weil er ihn ja jetzt für einen vollendeten, auf allen schwindligen Abschnitten der Dixiebahn erprobten charlestonschen (bostonschen) Vicker halten mußte. Zugleich stieg aber auch ein wildes Hoffen in der Brust des Schäfers auf. Er schwenkte den Specchio mit Wakusch wie ein langersehntes Visum (wie eine Aus- beziehungsweise Einreiseerlaubnis nach Dixieland), sprudelte wirre kolchidische Worte hervor, welche im Sinn alle auf ein und dasselbe hinausliefen: Kapitän Wakusch kannte alle Pipas im Häuschen. Folglich mußte nichts leichter für ihn sein, als Amiran mit ihnen bekannt zu machen, mit Manila (Philippinen etc.) zusammenzuführen, Cho? Kapitän Wakusch las dem Schäfer diese Bitte vom Gesicht ab und nickte gönnerhaft. Von nun an wartete Amiran nur noch auf das Zeichen von Wakusch zum Aufbruch zu den Vickers. Keine dixieländische Musik, kein Fuchstritt, nicht einmal die Specchios vermochten ihn noch zu fesseln. Wenn Kapitän Wakusch mit diesen Sachen kam, wurde Amiran schon meist ungeduldig. Es fehlte auch nicht an kleinen (bescheidenen) Protestäußerungen seinerseits. So baute er einmal aus den Specchios ein Kartenhäuschen zusammen, blies darauf und sah, als es zerfallen war, Wakusch vorwurfsvoll fragend an.

Die Verzögerung erklärte sich aus Kapitän Wakuschs Unschlüssigkeit, ob er den Schäfer gleich auf die Wartburg zu den Vickers oder erst lieber in den Kakadu bringen sollte. Nach reiflicher Überlegung entschied er sich für das letztere: Es schadete nichts, wenn Amiran zum Abschluß seiner ganzen Ausbildung (aus Häuschen) auch noch etwas praktische Erfahrung bekam, wenn er sich zusammen mit den Pipos, Pipas vom Kakadu im Fuchstritt übte, ihre Dixieländer mitsang, und wenn er – darauf legte

Kapitän Wakusch natürlich den größten Wert – Signor Tullio persönlich musizieren sah. Schließlich hatte die Dixiebahn der besten Pipos, Pipas, Kapitäne ja auch im Kakadu angefangen. Außerdem war es auch ratsam, Amiran schrittweise an die Gesellschaft (Pipos, Pipas, Dixieländer), in deren Schoß er zu verschwinden hatte, heranzubringen. So konnte man ihn erst mit den wichtigsten Vickers auf der Dixiebahn bekannt machen und später schon als guten alten Bekannten auf der Wartburg von Tullio antreten lassen. Als der Schäfer durch Instinkt und Zeichensprache herausbekam, daß Kapitän Wakusch nun die feste Absicht hatte, ihn bald bei den Vickers einzuführen, wurde er zapplig. Er bügelte jetzt jeden Tag sein Schlangenhemd, wählte passende Krawatten dazu, war – immer glatt rasiert, in blanken Schuhen – selbst fix und fertig für die Dixiebahn. Aber Kapitän Wakusch beeilte sich nicht. Er wollte nämlich den Schäfer vor der Dixiebahn noch irgendwie zu verstehen geben, daß sie zu den strengsten Geheimsachen führte und daß es nur das Privileg der Bewährtesten und Geduldigsten war, diese Bahn entlangzuspazieren. Darum hielt er Amiran noch eine kleine Weile hin, schützte bald dieses, bald jenes vor und brachte den Schäfer zu guter Letzt sogar auch noch mehrere Male statt in den Kakadu zu den Vickers auf Umwegen in das Iß-mich zu Mamassachlissis und Exmamassachlissis. Diese und ähnliche Manöver zeigten Kapitän Wakusch die ganze wichtige, grundlegende Entfernung, welche der Schäfer inzwischen von Mamassachlissis, Exmamassachlissis, Kolchis, Kolchos und ähnlichem gewonnen hatte. Sobald er nämlich jetzt des Iß-michs ansichtig wurde, sobald er auch nur erriet, daß Wakusch seine Schritte dorthin (und nicht zu den Vickers) lenkte, bekam er das abweisendste, mürrischste Gesicht der Welt. Er stieß dann wilde kolchidische Klageworte oder Verwünschungen aus und wollte nicht mehr weiter-, sogar nicht mehr in das Iß-mich hineingehen. Häufig setzte er sich auch irgendwohin, stützte den Kopf wütend in die Hände, war lange für niemanden zu sprechen und erinnerte Kapitän Wakusch dann an den »Recken im Tigerfell«, der ja allen, besonders allen kolchidischen, Lesern aus einem weitverbreiteten Bild in derselben Pose bekannt ist. Als der Schäfer (ähnlich wie der Mann im Tigerfell) einmal sogar noch zu weinen anfing, brachte ihn Kapitän Wakusch schleunigst in den Kakadu. Sie wurden – weil Wakusch vorher Bescheid gegeben hatte – dort schon erwartet und bekamen einen Tisch direkt vor Signor Tullios Kapelle mit bester Übersicht über die ganze Dixiebahn.

Der Schäfer strahlte wie ein Geburtstagskind. Er wußte gar nicht, wohin er zuerst sehen sollte, so viele leicht(beziehungsweise halb-)bekleidete Pipas saßen da lässig auf den Stühlen, verschiedene auch schon auf dem Schoß ihres Pipos. Das Publikum war wie immer ein gemischtes: Leute aller (besseren) Lebenslagen, darunter auch einige Militärs, meistens Offiziere in ordenbedecktem Schlangenhemd. Kapitän Wakusch nickte – weil er von vielen Vickers, die ihn hier gut kannten, gegrüßt wurde – unablässig nach links und rechts. Hans Georg und Wolf tauchten auf und betrachteten den Schäfer neugierig von der Seite. »Is' er nun aus Kolchis, aus Iberien oder aus Albanien?« fragte Wolf, um etwas zu sagen. Kapitän Wakusch schwieg verlegen, denn in welcher der drei Provinzen Amirans Häuschen stand, wußte er bis heute noch nicht. Amiran schüttelte zu allen drei Namen immer verständnislos den Kopf. Sicher stimmten diese alten Bezeichnungen nicht mehr, und schließlich mußte sich ja seit dem ersten Jahrhundert am Aragus manches verändert haben. »Na«, meinte Wolf, der allen eine Runde Bier spendiert hatte, »aus dem Kakausus is' er doch auf jeden Fall, nich'?« Daran war nicht zu rütteln. Signor Mobiglia stoppte vorübergehend an ihrem Tisch und reichte, als Kapitän Wakusch ihm Amiran als guten Vickero vorstellte, dem Schäfer gönnerhaft die Hand. Dann begann die Kapelle und damit auch – denn der ganze Kakadu war zum Tanzen aufgesprungen – das Gedränge und Geschiebe der Körper auf der Dixiebahn.

Inzwischen hatte Kapitän Wakusch seinen beiden Freunden in wenigen Worten von dem bewegten Schicksal des Schäfers erzählt: Er faßte Amirans ganzen Leidensweg mit den drei Namen: Kertsch-Konzentrationslager-Kakadu zusammen und schloß mit der Bitte um Unterstützung seines Vorhabens, den Schäfer auf der Dixiebahn weiterzuleiten. Die Freunde nickten verständnisvoll. Wolf war dafür, daß sich Amiran im Kakadu erst eine Pipa aussuchen sollte. Man konnte ihm diese dann sofort an den Tisch setzen und die beiden auf der Dixiebahn allein lassen. Die Pipa würde sich (besonders wenn man es ihr vorher noch extra einschärfte) seiner annehmen und ihn nach dem Kakadu auf die Wartburg von Tullio bringen. Alles andere müßte sich dann von selbst ergeben. Hans Georg aber fand es besser, Amiran nicht zuviel Wahlfreiheit auf der Dixiebahn zu gestatten. »Was macht ihr«, fragte er, »wenn das Mädchen, das er sich aussucht, auf einmal keine Pipa, sondern ein gewöhnliches Frauenzimmer ist, das noch niemals aus dem Häuschen, auf der Dixiebahn, in dixieländischen, charleston-bostonschen Wartburgen war?« Wirklich wimmelte der Kakadu neuerdings von Pipas, die, näher besehen, keine (oder noch keine) Pipas waren. Unter diesem Gesichtspunkt erschien es doch vorteilhafter, wenn man den Schäfer gleich auf die Wartburg mitnahm und ihm dort eine von Signor Tullios Sex-Bomben (-Kanonen) aufhalste, welche ihn gleich bei sich Wurzeln schlagen lassen und für immer in Manila behalten würde. Wolf und Hans Georg gerieten sogar in einen kleinen Streit, weil jeder glaubte, es besser zu wissen, wie dem kolchidischen Schäfer geholfen werden müßte. Amiran, der irgendwie begriff, daß beiden sein schnelles Vorankommen auf der Dixiebahn am Herzen lag, hörte mit leuchtenden Augen zu.

Schließlich kam Kapitän Wakusch auf die beste Lösung: Er fragte die Freunde, ob sie nicht zufällig irgendwelche Specchios von guten Pipas in der Tasche hätten. Jeder suchte bei sich und legte dann zwei, drei sinnbetäubende Bildchen auf den Tisch. Auch der Schäfer, der sich vielleicht aufgefordert fühlte, dasselbe zu tun, präsentierte mehrere Specchios. Gerade als das ganze Fotopanorama ausgebreitet dalag, kam der Kellner mit neuem Bier. »Olala«, sagte er anerkennend. »Die jungen Herren spielen Karten.« Und so sah es auch aus: Alle hatten die Köpfe zusammengesteckt und warteten auf Amiran, der jetzt zwischen echten Pipas seine Wahl treffen sollte. Offensichtlich war es zugleich auch eine Qual für ihn, denn er sah lange von einem Foto zum anderen, ohne sich entschließen zu können. Der heilige Ernst, mit dem er jeden einzelnen Specchio wohl ein dutzendmal an seine Hakennase hängte, ließ die ungeduldigen Freunde beinahe glauben, er wähle sich da eine Mamassachlissi (feminin) und keine Dixiebahn aus. Endlich entschied er sich für eine Pipa mit wuchtigen Philippinen beiderseits, welche sich aber erst seit kurzem auf der Wartburg befand und den Kapitänen auch nicht näher bekannt war. Ein schneller Rundblick überzeugte die Freunde, daß diese Pipa nicht im Kakadu saß. Für alle Fälle ging Hans Georg mit dem Specchio in der Hand, das Publikum musternd, durch den Saal. Sie war noch nicht da, und so kam es, daß sich Amiran sogar auch noch im Kakadu mit der Dixiebahn etwas gedulden mußte.

Die kleine Wartezeit, die sich nun ergab, füllte eine lustige, aber auch lehrreiche und mit allen nur erdenklichen Mitteln der Gebärdensprache geführte Unterhaltung aus. Hans Georg wollte nämlich wissen, wie es in Kolchis oder Iberien oder Albanien, kurz: im Kakausus, mit der Dixiebahn stand, ob dort Kakadus beziehungsweise Wartburgen mit Pipos, Pipas oder ähnliches existierten. Alle diese Fragen beantwortete der Schäfer mit einem wilden Kopfschütteln. Er deutete ebenso verneinend zuerst auf sich und dann auf die entblößten Pipas in den Fotos (Specchios) auf dem Tisch. So erfuhren es die mitleidigen Freunde: In Kolchis hatte Amiran niemals Philippinen gedrückt, war selbst noch nie in Manila gewesen. Um zu zeigen, was einem diese schönen Sachen dort ersetzte, spuckte der Schäfer vielsagend in die Hand. Dann malte er auf die Rückseite eines Specchio noch ein Mittelding zwischen Hase und Hund. Es sollte aber ein Esel sein, denn als die Zeichnung fertig war, kommentierte er sie mit dem Laut »iah! Iah!«. Die verdatterten Freunde begriffen nur allmählich: In Kolchis hatte Amiran – um sich die möglichst größte Illusion der Dixiebahn zu geben – manchmal auch Esel(innen) versucht. »Aber«, fragte Wolf, mühsam sein Lachen unterdrückend, jedoch auch ernstlich interessiert, denn es kam ihm so vor, als ob diese Art von Dixiebahn für Homo sapiens schwer zu besteigen sei, »ist er denn nicht abgerutscht?« In allen solchen eigenartigen, von Häuschen auch schon unheimlich weit entfernten Lagen hatte sich Amiran an den langen Ohren der Esel festgehalten und war so bis zur Endstation im Sattel (auf der Dixiebahn) geblieben. Nach dem Riesengelächter, das dieser Erklärung folgte und das auch den ganzen Kakadu verwundert zu den Freunden herüberblicken ließ, kam Hans Georg mit einem Einfall zur weiteren Aufbesserung des vierbeinigen Dixiebahnersatzes in den kakausischen und anderen von Manila (Philippinen etc.) abgeschiedenen Bergen. Er schlug vor, noch einen guten Specchio zwischen den Eselsohren zu befestigen. Kapitän Wakusch, der sich nicht erinnerte, in der Abhandlung seines Vaters davon gelesen zu haben, sagte, der Kniff mit dem Esel müsse in Kolchis entweder vor oder nach dem ersten Jahrhundert aufgekommen sein.

Gerade wollte er seine Ansicht der Versammlung (am Tisch hatten sich noch verschiedene Vickers, Pipos eingefunden) näher erläutern, als die heiß erwartete Pipa von Amiran den Kakadu betrat. Die Kapitäne winkten sie heran. Eine kurze Vorstellung erfolgte, worauf sich die Pipa, noch in Hut, Mäntelchen und mit Handtasche, sofort auf dem Schoß des Schäfers niederließ. Im nächsten Augenblick wurde Amiran von ihr per os, das heißt durch Zungenkuß, machtvoll angesogen beziehungsweise auf die Dixiebahn herausgezogen. Zuerst verhielt er sich – sicher aus Gründen der Etikette – mit ihr noch förmlich und machte trotz des süßen Bonbons in Mund und Schoß heroische Anstrengungen, um (wenigstens äußerlich) im Häuschen zu bleiben. Aber allmählich schwand – erstens, weil die Pipa nun auch seine Dixiebahn befummelte, zweitens wohl auch deswegen, weil ringsrum an den Tischen ähnliches passierte, unter dem schmauchenden Blues von Tullio Mobiglia Vickers zueinanderfanden – sein Widerstand. Er griff zu, fingerte und preßte an der schönen Dixiebahn; in Verschiedenes steckte er seinen Kopf bis zu den Schultern hinein und kam – weil er ihn dann lange nicht mehr daraus hervorzog – so auch selbst unter Hut und Mäntelchen der Pipa. Die Kapitäne Wakusch und Hans Georg (Wolf befand sich mit jemandem schon in derselben Verschlingung) betrachteten zufrieden das Geknutsche. Zuweilen stießen sie auch mit gutem Bier darauf an, denn es bedeutete schon etwas, einen kolchidischen Schäfer für Dixieland (-bahn usw.) erschlossen zu haben. Mit der Zeit bemächtigte sich ihrer aber doch eine kleine Ungeduld, da ja vorgesehen war, Amiran aus dem Kakadu schnellstens auf die Wartburg zu Signor Tullio zu bringen.

Darum sagten sie erst begütigend, dann aber schon ärgerlicher

Worte wie: »Genug! Genug jetzt!« und: »Aufhören!« zu den Verklammerten. Doch wurde kein momentaner Gehorsam geleistet. Selbst die Pipa, welche in jenem Augenblick sicher schon einer guten, in der Qualität für sie bestimmt auch neuartigen kakausischen Gipfelspitze aufsaß, hatte völlig den Kopf verloren und schlingerte verzückt im Arm des Schäfers. Da ersann sich Kapitän Wakusch einen guten Notbehelf, er brüllte einfach: »Achtung, der Mamassachlissi!« Diese Warnung fuhr den Verklammerten dermaßen ins Gebein, daß sie gleich auseinanderfielen. Die Pipa ging – sicher weil sie einem besonders strengen Häuschen entstammte – vor Angst sogar unter den Tisch. Zwar wollten beide, als sie den blinden Alarm begriffen und tüchtig geschimpft hatten, gleich wieder zueinander, aber hier schalteten sich die Kapitäne ein. Hans Georg hielt die Pipa fest, Wakusch den Schäfer, der übrigens sehr böse über die Störung war und sich schon beinahe wie ein grüner Pipo gebärdete. Nach langem Zureden der Kapitäne mochte es ihnen endlich eingeleuchtet haben, daß die guten Kasematten (springfedernden Divane) in Tullios Wartburg für sie jetzt der geeignetste Aufenthaltsort waren: Sie wurden versöhnlicher, Amiran küßte alle am Tisch und schwor ihnen (was sich aus den Schlägen vermuten ließ, die er seinem Brustkasten versetzte) unverbrüchliche Treue. Danach ging es aber noch immer nicht los, denn er wollte mit vorgestrecktem Bierglas unbedingt noch einen Trinkspruch anbringen. Kapitän Wakusch, dem Länge und ungefährer Inhalt solcher Rhetorik von Häuschen aus vertraut waren, setzte sich resigniert wieder hin und gab den übrigen ein Zeichen, dasselbe zu tun.

Mit schönen, aber leider nur ihm selbst verständlichen kolchidischen Worten drückte Amiran sein Entzücken über die Kapitäne, Pipos, Pipas, über den Kakadu und die Dixiebahn, über Signor Mobiglia samt Orchester aus. (Alle Namen dieser Personen und Lokalitäten waren mehrere Male deutlich genug aus seiner Rede herauszuhören.) Dann sprach er begeistert über die gastfreundliche Aufnahme, die er, der gefangene kolchosische Soldat, in Deuxiland auf den kolchidischen Wartburgen der Emigration gefunden hatte, und gedachte anschließend auch seines privaten Häuschens in Kolchis mit seinen Mamassachlissis (maskulin, feminin). Diese – sagte er – würden sich freuen, ihn hier im Kakadu bei so guten, um sein Wohlergehen auf der Dixiebahn besorgten Freunden aufgehoben zu wissen. Dann wünschte er allen Kriegsgefangenen (deuxi- sowie dixieländischen) gute Pipas, Pipos, Kapitäne, freundliche Wartburgen, kurz: ein ähnlich gnädiges Los wie das seinige in Deuxiland. Die Ansprache war schwungvoll und entsprach – da Amiran zum Schluß noch feurig einige Verse von Schota Rustaweli über die Freundschaft und andere Tugenden zitierte – allen Ansprüchen kolchidischer Etikette. Jedoch ereigneten sich dabei schon Dinge, die klar bewiesen, daß diese Rede nicht mehr in den für Mamassachlissis (auch Exmamassachlissis) gewohnten Bedingungen, nicht also im, sondern außer Häuschen, eben im Kakadu, das heißt auf der Dixiebahn vor Vickers, gehalten wurde. Während Amiran sprach, stahl sich nämlich – für alle auffällig genug – die Hand der Pipa durch seinen Hosenschlitz an den Kakausus. Diese dixieländische Vertraulichkeit brachte den Schäfer, der sich sehr wohl dabei fühlte, an einigen wichtigen Stellen seiner Rede (über Mamassachlissis und Exmamassachlissis) zum – für kolchidische Tischredner ist nichts schändlicher – Stottern. Endlich machte noch der fröhliche Rumor von Signor Mobiglias Kapelle größere Abschnitte der Rede Amirans unhörbar, was in Kolchis und auf den kolchidischen Wartburgen an der Spree und anderen Flüssen, wo jede willkürliche Unterbrechung der Tischreden als ungezogen gilt, auch sehr selten vorkommt.

Die Kapitäne führten Amiran, als er sich dann ausgesprochen und von allen verabschiedet hatte, mit seiner Braut auf Umwegen – einige mißtrauische Pipos wollten ihm sogar die Augen zubinden und sahen nur davon ab, weil sich Wakusch feierlich für ihn verbürgte – in die charleston-bostonsche Wartburg von Signor Tullio. Bevor sie eintraten, nahm Wakusch dem Schäfer in Zeichensprache noch den heiligen Eid ab, niemandem (keinem Mamassachlissi und keinem Exmamassachlissi) etwas über diese Burg zu eröffnen. Danach schwangen die Tore (Türen) auseinander, und Amiran wurde von seiner Braut, welche hier sehr gut Bescheid wußte, hastig über die Schwelle, den Korridor hinauf, an verschiedenen alten Stammgästen (diese alle im Schlangenunterhemd) vorbei auf ein Himmelbett gezerrt. Dann verschob sich – wie man's sich wohl denken kann – für eine Weile die ganze Geographie aus ihrer üblichen Lage: Der Kakausus fuhr wie von Geisterhänden gestemmt in die Höhe, überflog mehrere Weltmeere, kam auf Dixieland und rutschte hier über die Philippinen unaufhaltsam weiter hinab bis nach Manila, in welchen schönen, im Verhältnis auch viel kleineren, von niedlichen Kokospalmen bestandenen Ort er sich zuletzt mit einer Selbstverständlichkeit einfügte, als gehöre er von (Welt-)Anfang an hierher und nicht nach Kolchis (Iberien beziehungsweise Albanien). Im Hintergrund dieser Vorgänge standen die Kapitäne, um sofort zu helfen, wenn der Kakausus von seinem Ziel abirren, irgendeine andere Richtung als die charleston-bostonsche (nach den Philippinen und Manila) einschlagen sollte. Doch waren Unterweisungen unnötig: Mit den beiden klappte alles ebenso vorzüglich wie in den besten Specchios von Signor Mobiglia. Was den Kapitänen nur auffiel und was sie auch gewissenhaft in ihrem Logbuch vermerkten, war, daß der Kakause Amiran die Dixiebahn ein paarmal in der Eselsart hinunterritt.

Als der ganze Goglimogli beiderseits verbraucht war und die Pipa selig auf der Brust des Schäfers schlief, kam nach einer kleinen rücksichtsvollen Wartezeit – es ist grausam, Vickers, welche sich eben auf der Dixiebahn getroffen haben, gleich mit solchen Sachen (Fragen) wie Mamassachlissi, Häuschen, Schlangenhemd und ähnlichem zu belästigen – Kapitän Wakusch in das Zimmer. Er sah jetzt den Moment gekommen für ein ernstes Gespräch mit Amiran. Dies war der Augenblick, ihm den Abbruch aller zweischneidigen Beziehungen (zu kolchidischen Wartburgen, zum Iß-mich, zu deuxen Kasernen etc.) als einziges Mittel der Rettung seines eigenen Schlangenunterhemdes zu Bewußtsein zu bringen und die dixieländische Wartburg Signor Tullios als den künftig sichersten Zufluchtsort des Schäfers vorzuschlagen. Amirans Überraschung war nicht gering, als er – ein geduldiges Zupfen an Ohr, Nase und großem Zeh hatte bald bewirkt, daß seine Augen aufgingen – Kapitän Wakusch neben sich am Bettrand entdeckte. Die ernste Miene von Wakusch bedeutete ihm Dringliches, und darum schob er gleich die schlafende Pipa sanft von sich ab. Er wollte auch seinen Kakausus zurücknehmen, ließ ihn aber – auf Wakuschs beschwörende Handbewegung hin – dann weiter auf der Dixiebahn bleiben. Der Vorschlag wurde graphisch übermittelt: Wakusch produzierte wieder das Papier mit Amirans Häuschen in Kolchis, mit der alten kolchidischen Wartburg seines Vaters in Deuxiland und der umwegigen Dixiebahn zwischen beiden Gebäuden. Er kreuzte aber jetzt die kolchidische Wartburg mit zwei dicken Strichen aus und malte als besseren (zeitgemäßeren) Ersatz die dixieländische (früher schwedische) Wartburg Signor Tullios darüber. Wakusch zeichnete sie als ein mächtiges, von mehreren Widerstandslinien umgürtetes Viereck. Vor ihrem durch zwei kleine Querstriche angegebenen Eingang lagerte mit aufgerissenem Rachen ein chimärenhaftes

Untier (was den Hund Olaf vorstellen sollte). In dem gesicherten Innenfeld stand majestätisch der Kakausus. Eine entsprechende Handbewegung Amirans – er deutete zunächst auf die Umgebung und dann wieder auf das Bild – zeigte, daß er den Sinn der Skizze sehr gut begriffen hatte. Nun kam die Hauptsache: Wakusch tippte erst auf den Schäfer und dann nachdrücklich mehrere Male auf den neuen Wartburgsabriß. »Jetzt gehörst du hierher!« Amiran nickte begeistert. Der Wartburgswechsel war – wie es schien – ganz nach seinem Geschmack. Zufrieden über diese – wie er dachte – glatte Zusage Amirans, bei Tullio zu bleiben, ging Kapitän Wakusch aus dem Zimmer, den Schäfer in neuen Verschlingungen mit der Pipa (sie war aufgewacht und verlangte nach dem Kakausus) zurücklassend.

Aber bereits am nächsten Tag – Kapitän Wakusch war inzwischen schon auf seiner väterlichen, altkolchidischen Wartburg (wo das Fehlen des Schäfers, der ja immer in der Kaserne oder im Iß-mich geblieben sein konnte, noch gar nicht aufgefallen war) und in seinem Schulhäuschen gewesen – stellte sich heraus, daß Amiran den Vorschlag doch nicht ganz bis zu Ende kapiert hatte. Beim Aufstehen (von der Dixiebahn) vermißte er nämlich sein viertes (deuxes) Schlangenhemd, das heißt die Uniform, die ihn zum Anhänger von Goglimogli Nummer 27 und zum Gegner aller rechts und links gelegenen Dixieländer stempelte. Kapitän Wakusch hatte sie heimlich weggenommen und dem Schäfer dafür einen alten Zivilanzug aus der Garderobe irgendeines Vickers (die Wartburg war zu alledem auch noch der Aufbewahrungsort aller möglichen, daselbst vergessenen und verwechselten Damen- beziehungsweise Herrenkleidungsstücke) hingelegt. Diesen Anzug wollte sich aber Amiran leider durchaus nicht anziehen. Vielmehr suchte er auf der ganzen Wartburg nach seiner Uniform und wurde, weil ihm niemand etwas darüber sagen konnte – die Kapitäne waren noch nicht da, und die Vickers, welche sich gerade auf der Burg befanden, wollten nicht gestört werden –, ziemlich ärgerlich. Er rannte nur in Schlangenunterhosen auf der Dixiebahn herum, meckerte, sicherlich Diebstahl vermutend, unablässig auf kolchidisch, und beinahe wäre es, da er die Vickers nicht in Ruhe ließ, zu einer kleinen Keilerei gekommen, wenn nicht im letzten Augenblick noch Kapitän Wakusch in der Wartburg erschienen wäre. Amirans Verbitterung über sein fehlendes Zeug war an sich ganz verständlich: In der Uniform hatte er nämlich eine goldene Taschenuhr, ein volles Portemonnaie und – was die Hauptsache war – neben einem Batzen Specchios ein Fotobild seines Häuschens in Kolchis mit beiden Mamassachlissis (maskulin, feminin) gehabt. Nun steckten diese Dinge – wenn er sich nur die Mühe gegeben hätte nachzusehen – alle in den Taschen des Zivilanzuges, aber Amiran verlangte beharrlich seine deuxe Uniform. Da mußte ihm Kapitän Wakusch die Sache noch einmal erklären. Der Schäfer wollte erst gar nicht zuhören und fing nur an zu begreifen, als Wakusch auf seiner Zeichnung durch eine dicke rote Demarkationslinie die Dixiebahn (das heißt den Kakadu und Signor Tullios dixieländische Wartburg) von der Deuxibahn (das heißt vom Iß-mich, allen Wartburgen kolchidischer Exmamassachlissis mit deuxer Kaserne im Hintergrund) energisch abteilte und dann Amiran mit dem Zeigefinger auf der Dixiebahn festklopfte. Aber nun kam für Kapitän Wakusch die große Überraschung: Der Schäfer lehnte den Vorschlag ab. Er schüttelte abwehrend beide Handflächen und schnitt sich, Wakusch und allen dabeisitzenden Vickers mit seinem Zeigefinger mehrmals symbolisch die Kehle durch. Seine im ganzen bestimmt richtige Auffassung war, daß die Deuxen ihn auf der Dixiebahn verfolgen, finden und zusammen mit allen wohlmeinenden Dixieländern (mit Tullio, Wakusch, Pipos, Pipas) unterschiedslos aufknüpfen würden. Darum brüllte er, als die Vickers auf ihren Vorschlag zurückkommen und ihm die Dixiebahn dennoch als den sichersten aller Fluchtwege aus dem Schlamassel hinstellen wollten, laut: »Nein, nein!« Er zeigte auch mit dem Zeigefinger auf seine, und dann auf die Stirne der Pipos, Pipas in offensichtlichem Zweifel, ob sie noch alle bei Verstand wären. Umsonst beschwor ihn Wakusch, doch mehr Vertrauen in die Dixiebahn zu setzen; Amiran, der sein ganzes Leben nur mit Mamassachlissis zu tun gehabt hatte (und nicht wie Wakusch bloß mit Exmamassachlissis), wußte es besser. So mußte Kapitän Wakusch Amiran das deuxe Schlangenhemd zurückgeben. (Dieser war an jenem Tag auch noch in besonderer Eile, auf die Deuxibahn zu seiner Kaserne zurückzukommen.) Vor dem Weggehen küßte er, zufrieden über den Freundschaftsbeweis, den man ihm hier erbracht hatte, gerührt alle Vickers und nahm von Wakusch auch einen Nachschlüssel der Wartburg in Empfang, der ihm dort zu jeder Stunde Eintritt und ein warmes Plätzchen auf der Dixiebahn sicherte.

In der Folge war Amiran dann noch ein häufiger, von allen (besonders von Pipas) gerngesehener Gast auf Signor Tullios Wartburg. Allerdings beging er, bis ihm die Verhältnisse dort klar wurden, manchen schlimmen Fehler. So hielt er zum Beispiel zuerst das ganze Häuschen mit Tullios (früher O. Nyströms) Nachtquartier im dritten Stock für eine Wartburg und benahm sich entsprechend vertraulich allen Hausbewohnern (maskulin, feminin) gegenüber, die ihm da zufällig auf der Treppe begegneten. Dem Mamassachlissi dieses Häuschens, einer alten, verknöcherten Hindenburgsfigur mit Namen Schünemann, schlug er einmal auf die Schulter und nannte ihn freundschaftlich »Vickero«. Nur eine eilige, von Kapitän Wakusch auch sorgfältig skizzierte Lageerklärung brachte den Schäfer dazu, sich besser einzuordnen. Seine ganze Freizeit, die sich übrigens allmählich mehr und mehr verminderte und zuletzt bloß noch auf ein paar Stunden beschränkt war, verbrachte er mit den Pipas auf der Dixiebahn oder im Kakadu, wo er sich nun auch schon ohne Führung der Kapitäne, ganz so wie ein Einheimischer, umherbewegte. Man darf sagen, daß in dieser Periode Amirans deuxer Kasernendienst quasi gleichgeschaltet war mit seiner dixieländischen Ausbildung zu einem guten Vicker bei Tullio. Gerade der Schliff, den er auf der Dixiebahn bekam, war für ihn geschichtlich der denkbar notwendigste: Denn schon nach ein paar Wochen wurde er zusammen mit allen übrigen, gleichfalls mit deuxem Schlangenhemd ausstaffierten kolchidischen Rekruten plötzlich nach Frankreich fortgeschickt, um dort bei deuxer Flak und Pack richtige Vickers (Flugzeuge) vom Himmel zu schießen. Das war – wie sich die Exmamassachlissis im Iß-mich dann seufzend sagten – immer noch besser, als wenn man sie im Osten den linken Dixieländern vor die Nase gesetzt hätte. Besonders tröstete sich aber Kapitän Wakusch mit Amirans Versetzung: Der Schäfer kam ja so in ein zwar von Deuxen besetztes, aber an sich waschechtes (rechtes, richtiges) Dixieland, wo er mit seinem südlichen Aussehen (schwarzes Haar, schwarze Augen, Hakennase, darunter Menjou) gar nicht weiter auffallen würde und wo er sich im Notfall daher auch leicht verkrümeln, in ausgezeichneten Wartburgen untertauchen, sich auf der Dixiebahn eventuell auch Partisanen (besser Pipas, Pipos) anschließen konnte, und ähnliches.

Krankenhäuschen

Auch dahin kam Kapitän Wakusch einmal in einer bösen Nacht, als es ihn wieder, und diesmal besonders hart, an der rechten Seite packte und er – nicht nur sprichwörtlich – die Wände der alten kolchidischen Wartburg hochging vor Schmerzen. Sein Exmamassachlissi hatte zuerst ratlos, auch ein bißchen fahl im Gesicht dabeigestanden, denn wenn der unvermutete Ausbruch einer ernsten Krankheit schon jedes Häuschen in die größten Sorgen stürzt, so ist dergleichen auf den Wartburgen, besonders auf einer kolchidischen, welche, von Gott und allen Frauen verlassen, nur für (beziehungsweise gegen) historische Goglimoglis existiert, natürlich doppelt so schlimm. Der Exmamassachlissi kann seinem leidenden Sohn nur einen Fiebermesser und Goglimogli (den mit Rührei und Zucker) geben. Einen Arzt holen will er, will auch Wakusch, vorerst noch nicht. Beide denken an eine belanglose Erkältung, möglicherweise Muskelverrenkung, die bald vorübergeht. Darum legt Erzeuger Wakusch vor allem eine große Wärmeflasche auf die Lende, nicht zu nah und nicht zu weit von der Dixiebahn (von Goglimoglispritze und -säckchen), denn Wakusch tut es auch in dieser Gegend weh. Danach wird es in der Wartburg wirklich etwas ruhiger. Der Kapitän stöhnt nicht mehr, weil die Wärmeflasche Wunder tut, die Schmerzen verjagt und Wakusch wieder in sein Häuschen zurückbringt. Jetzt scheint alles gut. Der alte Exmamassachlissi beschäftigt sich wieder mit seinen Goglimoglis, Wakusch, etwas matt von der überstandenen Anstrengung, schmökert (Tarzan, Karl May). In seiner leider noch völlig unbegründeten Vorfreude, wieder gesund zu sein, legt er sogar »House-hop« auf. Mitten in dieses Idyll herein platzt der nächste Stoß, der Wakusch beinahe von der Bettstelle wirft. Eine neue Wärmeflasche hält den gräßlichen Anfall nicht ab, nur auf. Da dämmert es Exmamassachlissi und auch allen hilfsbereit herbeigerannten deuxen Mamassachlissis (maskulin, feminin) in der Nachbarschaft: Der Kapitän ist ernstlich krank.

Jetzt wird ein Arzt gerufen. Es ist eine wackere kolchidische Ärztin, die Frau eines zu der Zeit schon dahingegangenen kolchidischen Exmamassachlissis, mit einer gut bestellten Wartburg am Bahnhof Friedrichstraße und Söhnchen Gogi, das drei, vier Jahre älter als Wakusch, aber trotzdem noch kein Pipo, geschweige denn Kapitän zu nennen ist, also in der besten kolchidischen Tradition heranwächst, selbst auch gut Kolchidisch liest und spricht. (Bis 45 kennen sich die beiden Wartburgskinder wenig. Doch gewinnt der Gogi durch seine Versuche, in einem späteren bösen Nachkriegskapitel [als nämlich Wakusch und Erzeuger durch den Goglimogli Nummer 17 nach Kolchis beziehungsweise Kolchos abgetrieben sind] wenigstens noch ein paar Sachen, vor allem Bücher, aus ihrer verwaisten Wartburg zu retten, eine tiefere Bedeutung für diese ganze Geschichte.) Als die Ärztin Wakusch auf Herz und Nieren prüft, erweist es sich, daß von den letzteren die rechte nicht ganz in Ordnung ist. Noch am selben Tag bringt der verstörte Exmamassachlissi (das Nierenleiden ist nämlich ein ziemlich lästiges, teils auch fatales Anhängsel seines Familienhäuschens: Sein Schwiegervater mußte – obwohl er sich zum Schluß [um 27] noch in Deuxiland operieren ließ – daran sterben, und auch Wakuschs Mutter hatte oft Nierenkrämpfe im Häuschen) den rotgelben Urin des Kapitäns zur Analyse. Der Befund festigt nur den Verdacht. Bei Wakusch haben sich auf der rechten Nierenseite überflüssige Ablagerungen ergeben, kleine Salzkörner, die sich nur mit Blutverlust auspinkeln lassen und welche auch die letzte Ursache von Wakuschs Koliken sind und die sorgsamste Prophylaxe nötig machen. Jetzt wird dem Kapitän strenge Diät verschrieben. Er darf, solange er das Fieber und die Anfälle hat, nur Weißbrot, dünne Suppen und Pürees zu sich nehmen. Jeder kranke Kapitän ist, auch wenn er zu Hause liegt, im Grunde doch immer schon so gut wie aus dem Häuschen. Er gehört zwar noch dazu, aber sein Verhältnis zu Mamassachlissi (Exmamassachlissi) hat sich gründlich verändert: Er kann zum Beispiel dem Mamassachlissi (oder Exmamassachlissi) Aufträge oder sogar Befehle geben, kann ihn herum-, sogar fortjagen, wenn er ihn nicht mehr sehen will. In den Sprechzimmern hört man ihn jetzt weniger reden, mehr ächzen. Während der kurzen Pausen zwischen den Krisen kommt er immer wie aus weiter Entfernung zu sich. Meistens ist er überhaupt bloß halb da. Die Krankheit des Kapitäns wird so auch zur Ursache seines Aus-dem-Schulhäuschen-Seins, seiner Abwesenheit vom Kakadu und von Signor Mobiglias charleston-bostonscher Wartburg (von ihrer Dixiebahn mit allen Vickers). Dort fällt – da ja alles automatisch aufgezogen ist – das Fehlen des Kapitäns zunächst gar nicht weiter auf. Als endlich Wolf sich einmal erkundigen geht, ist er schon gar nicht mehr auf der alten kolchidischen Wartburg von Erzeuger, sondern im Krankenhäuschen, weil sein Zustand sich verschlimmert hat.

Dem neuen Personal auf Tullios Wartburg kommt diese Nachricht sehr gelegen. Es freut sich wie eine Schulklasse, die erfahren hat, daß der strenge Pauker verhindert ist, bei ihr zu erscheinen. Manche Neue machen sich sogar ein Fest daraus und begießen das Ereignis mit Brandy. Sie haben – da Signor Tullio, Wolf und alle anderen, höher gestellten (älteren) Wartbürger von ihren, nun meist auch ganz woanders gelegenen Dixiebahnen unabkömmlich sind – jetzt viel freiere Hand in den Zimmern. Weil keine Kontrolle zu fürchten ist, bringt jetzt sehr oft ein Neuer noch einen Neuen (Vicker) mit, so daß die Wartburg bald überfüllt ist und der Honig (Goglimogli) aus dem süßen Bienenstock übertröpfelt. In diese Zeit fällt darum auch die erste Anzeige, welche das Häuschen gegen die Wartburg erstattet. So bekommen die Vickers einmal eine gestempelte Aufforderung, im Polizeirevier zu erscheinen und sich dort wegen Hausfriedensbruchs (die Dixieländer hatten zu lange aus der offen gebliebenen Wartburgstür auf die Etagen hinausgehallt) zu verantworten. Natürlich geht keiner dorthin. Die Sache versandet glücklicherweise in den häufigen Fliegeralarmen, denen dann zum Schluß auch noch das Polizeirevier selbst zum Opfer fällt: Es wird mit allen Papieren, Meldungen, Anzeigen usw. ausgebombt. Ganz sich selbst bleiben die Neuen aber doch nicht überlassen, denn Kapitän Wakusch hält bis zu einem gewissen Grade sogar noch im Krankenhaus alle Zügel über der Dixiebahn zusammen. So kann man – um das Bild zu erweitern – sagen, daß er den Schweden noch immer bei der Leine hat: Er trägt, da ja Hans Georg wegen seiner argwöhnischen Mamassachlissis (maskulin, feminin) nur sehr selten und verstohlen zu Tullio kommen kann, einem treuen (alten) Pipo auf, für den Hund zu sorgen, ihn zu füttern und regelmäßig zum Spaziergang aus dem Häuschen an die Bäume der Umgebung zu führen. Er hat – was bei seinen häufigen Nierenanfällen und bei der Mattigkeit nach den wilden, beinahe durch nichts zu lindernden Schmerzen der Akt einer wahrhaft heroischen Selbstüberwindung ist – es auch noch fertiggebracht, aus ergebenen (älteren) Pipos einen kleinen geheimen Nachrichtendienst zusammenzustellen, der ihn über alle Verstöße der Neuen gegen seine Hausordnung in der Wartburg genau informiert.

Auf Wakuschs Veranlassung wird in der Burg jetzt auch so etwas wie eine Wandzeitung gegründet (treue, alte Pipos schreiben den wöchentlich frischen Text auf einen großen Papierbogen und hängen ihn auf dem Flur zur Lektüre aus). Die Zeitung berichtet in strengen Worten von allen unverzeihlichen Eigenmächtigkeiten der neuen Pipos auf der Dixiebahn. Jeder Sachschaden, jede Schlägerei, jede Unvorsichtigkeit vor dem nun übrigens schon sehr feindlich eingestellten Häuschen ist da mit den Namen der Schuldigen (meistens Neue) vermerkt, und gerechte Strafe (Verklagung bei Tullio und Verstoßung aus der Wartburg) wird angedroht. Die Rubrik heißt: »Ich höre und sehe trotzdem alles!« und ist von Kapitän Wakusch unterzeichnet. Alle Bekanntmachungen dieser Art werden auf der Wartburg zuerst mit Verblüffung, dann aber nicht ohne Interesse von allen (die Deuxi können) gelesen, und es ist auch nicht abzuleugnen, daß die Mahnungen des Kapitäns die Vickers trotz ihrer wörtlichen, teilweise sogar tätlichen (die Zeitung wurde manchmal abgerissen oder mit den unflätigsten Schimpfworten überschrieben) Proteste in ihrem Gewissen berühren und sie dazu anhalten, ein bißchen ordentlicher auf der Dixiebahn zu verfahren. Übrigens lobt Wakuschs Wandzeitung auch persönlich jeden pflichtbewußten Pipo, der beherrscht genug, das heißt nicht vollständig aus dem Häuschen (aus der Wartburg) und darum allen anderen ein gutes Vorbild ist. Auf den Blättern des Organs kommen ferner noch alle Rekorde zur Sprache, die die Leute auf der Dixiebahn schlagen. Zum Beispiel werden da diejenigen Pipos durch Namensnennung und entsprechenden Specchio (dieser ist oft ein direktes Selbstbildnis der Dixiebahn mit allem Drum und Dran) gepriesen, welche Manila über zehn Mal hintereinander richtig besucht, das heißt ihren Goglimogli dort gelassen haben, und ähnliches. Neben solchen Nachrichten steht gewöhnlich auch ein knappes Bulletin über den Gesundheitszustand von Kapitän Wakusch. Es ist immer sehr optimistisch im Ton und verspricht allen Lesern die baldige Wiederkehr des Platzkommandanten. Tatsächlich verhält es sich damit leider anders: Der Kapitän hat noch lange auf der Krankenstation zu liegen, weil seine Niere, die sich noch immer nicht beruhigen will, ihm und den Ärzten zu schaffen macht. Sie wird (mit Wakusch zusammen) unter ein Mikroskop gelegt und mehrmals durchleuchtet. Man findet zum Glück nichts Verdächtiges, aber es braucht doch Zeit und Diät, bis sich das Harnsammelgefäß bei Wakusch wieder einrenkt. Unter den schönen Krankenschwestern des Krankenhäuschens sind (oder waren) viele Pipas bei Tullio, so daß sich Wakusch über nichts zu beschweren hat: Er wird wirklich schwesterlich gepflegt.

Wenn Besuchszeit ist, sitzen gewöhnlich immer ein paar alte Vickers (maskulin, feminin) bei Wakusch und erzählen ihm die neuesten Neuigkeiten von der Dixiebahn. Die Pipos vom Fotolabor zeigen neue Specchios über die Rekordleistungen der Mannschaft im Kakadu und auf der Wartburg. Manchmal kommen auch die Dixieländer (Holländer, Italiener, Schwarze) von der Kapelle, und dann mischen sich die Sprachen in dem Krankenhäuschen: Deuxi wird von Dixie übersprudelt. Mehrere Male erscheint der Erzeuger von Kapitän Wakusch. Zum Glück merkt der alte Exmamassachlissi – da er nur Augen für sein krankes Söhnchen hat – nicht, wer ihm da eigentlich gegenübersitzt. Er hält die Pipos und Pipas alle für Studenten, den Maestro und dessen Lieblingspipa (mit denen er zweimal an Wakuschs Krankenbett zusammentrifft) für jungverheiratete Mamassachlissis. Selbst die Specchios, welche oft auf Wakuschs Bettdecke herumrollen, sieht er, weil er zum Lesen eine Extrabrille braucht, nicht. (Viele Vickers verbinden übrigens ihre Besuche im Krankenhäuschen auch gleich noch mit etwas Nützlichem: Sie gehen auf die Station für Liebeskranke und lassen sich da gegen den Trapper [Tripper] und anderen [böseren] Dixiebahnverfall impfen.) Den Kranken, die mit Wakusch zusammen auf einem Zimmer liegen (diese sind alle blutjunge Deuxe mit verschiedensten, meistens von zu schlechtem Häuschen herrührenden Herz-, Leber-, Gallenleiden usw.), bringt die Bekanntschaft mit dem Kapitän gute Abwechslung von der ansonsten ziemlich öden Tagesordnung des Krankenhäuschens. Denn erstens verteilt Wakusch nach jedem Besuch leckere Sachen (aus dem Kakadu und anderen verschwiegenen Dixiebahnstationen), welche für diese schon tief hinter Goglimogli 27 geborenen Steppkes nur sehr vage Begriffe sind: Bananen, Ananasse, Pralinees, hervorragenden charlestonschen Kaugummi, auch guten, von liebenden Pipas gebackenen Kuchen und ähnliches. Außerdem unterhält Wakusch sie aber noch mit lebendigsten Bildberichten von der Dixiebahn: Er schenkt ihnen Specchios, die sie regelrecht wieder auf die Beine bringen (auf alle Fälle einen fühlbaren Umschwung ihres Zustandes zum Besseren veranlassen). Bei vielen zündet der göttliche Funke: Sie beschließen, Pipos zu werden, und bekommen nach einem kleinen mündlichen Examen über Lebenslauf und -werk der größten Dixieländer (Louis Armstrong, Benny Goodman etc.) von Wakusch genaue Auskunft darüber, wo sie sich zu melden haben (das heißt die Adressen des Kakadu und der Wartburg von Tullio). Natürlich bleiben diese Umtriebe des Patienten Wakusch in dem ja noch immerhin deuxen – höheren Stocks mit Goglimogli 27 zusammengekleisterten – Krankenhäuschen nicht lange verborgen. Die Oberschwester, eine vollbusige Teutonin, streift sein Bett mit immer mißbilligenderen Blicken. Sie hat bei einigen Kranken Specchios beschlagnahmt und vermutet mit Recht, daß diese außerhalb eines jeden anständigen Häuschens gelegenen Fotografien von Wakusch ausgehen. Darum nimmt sie auch sehr oft und unter irgendeinem Vorwand Untersuchungen bei Wakusch vor: Sie läßt ihn aufstehen, dreht die Kissen, Laken, das ganze Bett um. Findet nichts. Denn die Bildchen liegen wohlverwahrt in Wakuschs weißem Nachttopf. Natürlich mangelt es nicht an giftigen, alles Nichtdeuxi-, also Dixieländische herabsetzenden Bemerkungen ihrerseits. Wakusch lassen diese Angriffe kalt. Aber einmal sitzt der Hieb. Die Oberschwester hat Wakuschs Familiennamen (der ohne Praxis auf Deuxi wirklich nicht leicht auszusprechen ist) schwerfällig buchstabiert und erkundigt sich dann scheinheilig, wo denn die Vertreter dieser Nomenklatur überhaupt zu Hause sind. Nachdem Wakusch ihr erklärt hat: »Das ist links, am Kakausus und Aragus, gehört augenblicklich zu Kolchos usw.«, stemmt die Tante ihre Hände in die Hüfte, betrachtet entsetzt den Kapitän und ruft: »Wir kämpfen mit den Kolchosischen um Leben und Häuschen, und dabei haben wir sie und pflegen sie noch dazu unter unserem eigenen Dach!« Solcher Infamie kann Wakusch selbstverständlich nur seinen blanken Hintern zeigen. Doch gibt ihm die Anspielung der Oberin zu denken. Er fühlt, daß man nie genug aus seinem Häuschen sein kann, um nicht doch noch von irgendeinem Dummkopf dazugerechnet zu werden. Zugleich möchte er aber auch allen Dummköpfen die Emigration verkünden, die neue, von den Goglimoglis Nummer 17, 27, 37 usw. eingerührte, unaufhaltsame Völkerwanderung nach Dixieland.

Nun ist es zwar noch viel zu früh: Wakusch fehlt noch der theoretische Überblick für irgendwelche stichhaltigen Aussagen über das Aus-dem Häuschen-Sein in der Geschichte, das heißt, daß er als Kapitän im Dienst selbst noch viel zu sehr mit den konkreten Vickers im Kakadu und auf Tullios Wartburg befangen (viel zu sehr in die persönlichsten Angelegenheiten zwischen Pipas und Pipos hineingezogen) ist, um Verallgemeinerungen anstellen zu können. Von der Dixiebahn braucht es – wie von jedem anderen welthistorischen Phänomen – den gehörigen Abstand und die gehörige Muße, wenn man sich richtig auf ihr Wesen besinnen, ihren umordnenden, alle Seelen aus Häuschen nach Wartburgen ableitenden Funktionen auf den Grund kommen will. Außerdem kennt Wakusch die finstersten und rauhesten Haltestellen der Emigration noch nicht aus eigener Erfahrung, was ihn natürlich auch daran hindern muß, sich ein vollständiges, in jeder Beziehung wahrheitsgetreues Bild über den großen Umzug zu machen. Aber daß sein bisheriger Lebensweg mit dem aufgegebenen Häuschen irgendwo am Anfang (Aragus), mit den Wartburgen (von Erzeuger, von Tullio), mit Iß-mich und Kakadu drum herum, mit den Vickers in der Luft und in den Bettchen ein nicht zu kleines Stück Weltgeschichte beträgt, sieht er doch schon. Darum liegt er jetzt meistens still für sich allein und grübelt, während die anderen Kranken auf dem Zimmer seine Specchios beschlafen, angestrengt über die Dixiebahn an und für sich. Seine Gedanken zu diesem Thema sind, obwohl Kapitän Wakusch sie eigentlich erst viel, viel später (nämlich um 67) zu Papier brachte, teilweise doch schon in dem folgenden, wieder mehr betrachtenden Kapitel (das dadurch zugleich auch eine Art Anschluß an Wakuschs allererste specchiolative Versuche in dem Krankenhäuschen vorstellen soll) mit aufgenommen. Ein Gutes ist noch zu vermelden: Seit Wakusch angefangen hat, die Dixiebahn unter höherem Gesichtspunkt zu studieren, stört ihn die Niere nicht mehr. Es ist, als ob sie extra Rücksicht nähme, um ihn nicht zu unterbrechen. Das Fieber fällt, der Harn wird klarer, und schon nach wenigen Tagen ist Wakusch wieder ganz in Form, seine Genesung allen Ärzten offensichtlich. Aber sie stellen ihm und Erzeuger anheim, strenge Diät einzuhalten. Vor allem darf Wakusch keine zu scharf gewürzten Speisen zu sich nehmen. Das heißt, daß der ganze kolchidische Teil auf der Speisekarte des Iß-mich für ihn nicht mehr in Frage kommt, daß er außer dem Sprech- jetzt auch noch ein von Kolchis höchst unterschiedliches Eßzimmer bezieht. Die Ärzte warnen Wakusch auch ausdrücklich vor leichtfertigen Übertretungen ihres Verbots. Er hat – sagen sie – einen gefährlichen Hang zu Nephrolithiasis, was auf Deuxi soviel wie Nierensteinbildung bedeutet, eine Bildung, die, wenn sie einmal geschehen ist, meistens den schlimmsten operativen Eingriff nötig macht, um die Steinchen aus dem Organ zu entfernen. Froh darüber, so glimpflich davongekommen zu sein (die Nierenbehandlung kennt einige für Patienten äußerst unangenehme Methoden, welche dem Kapitän diesmal noch erspart blieben), packt Wakusch sein Bündel und nimmt Abschied von den guten Schwestern, von den Kranken seines Zimmers, wobei er seiner Hoffnung Ausdruck gibt, sie alle möglichst bald (die Kranken wieder gesund und munter) auf der Dixiebahn begrüßen zu können.

Er wird von den Vickers mit Triumph abgeholt und auf die Wartburg des Maestro gebracht, wo zu Ehren seiner Wiederauferstehung gleich ein paar Champagnerpfropfen knallen und die Pipos, Pipas Schautänze aufführen. Wakusch, der Held des Tages, ist gerührt von soviel Anhänglichkeit seitens der Vickers. Er kann aber nicht an der Tatsache vorübergehen, daß während seines Fortseins eine Unzahl Neuer (Pipos, Pipas) auf der Wartburg Eingang gefunden haben, und wenn er diese jetzt auch schlecht an die Luft setzen kann (viele von ihnen haben ihn im Krankenhäuschen besucht, viele sind für ihr gutes Betragen in der Wandzeitung gelobt worden), so schiebt er doch jeder weiteren, willkürlichen Immigration durch ein neues Ausweissystem den endgültigen Riegel vor (Pipos, Pipas, von denen kein Specchio auf der Dixiebahn existiert, kommen nicht mehr durch die Wartburgstür). Einige neue Pipos, Pipas kriegt er durch diplomatische Heiratsvorschläge aus dem Häuschen (aus der Wartburg). Wo immer zwei sich beständig auf der Dixiebahn zusammenfinden (Wakusch führt ein genaues Register darüber), sind die Bedingungen für einen solchen Vorschlag günstig. Pärchen (Pipos, Pipas) dieser Art läßt Wakusch zu sich in die Küche bitten und führt ihnen vor Augen, wie schön es wäre, wenn sie Mamassachlissis würden, also im eigenen Häuschen fortwährend und ganz ungestört ebenso miteinander verfahren könnten wie auf der Wartburg von Tullio. Bei manchen Pipos, Pipas zündet dieser Gedanke (vielleicht haben sie selbst auch schon vorher ähnliches überlegt), so daß ihr Ehebund beinahe gewiß ist und Wakusch, dem es hauptsächlich bloß darauf ankommt, die überfüllte Wartburg zu entlasten, die Paare ruhig von der Liste abstreichen kann. Die Entlastungspolitik wird natürlich nach allen Kräften durch die Wandzeitung unterstützt, welche alle Vickers auffordert, doch einmal an die endgültige Dixiebahn (fürs Leben in den Häuschen) zu denken. Eine ebenso gute Wirkung hat Wakuschs Rückkehr aus dem Krankenhäuschen auf die altkolchidische Wartburg seines Erzeugers. Der Kapitän wischt hier den monatelangen Staub von allen Sachen, trägt den Müll hinaus und lüftet den ganzen Laden. Es stehen nun bereits zahlreiche ausgebrannte Ruinen in seiner unmittelbaren Nachbarschaft: alles Spuren der charleston-bostonschen Vickers, die jetzt noch hartnäckiger als zuvor ihre Bomben über Deuxiland abladen. Das gibt denn auch den Grund dafür, warum Wakusch schon ein halbes Jahr später nochmal Bekanntschaft mit einem Krankenhäuschen macht, welches allerdings etwas anders geartet, nämlich ein krankes Häuschen (Schulhäuschen), ist.

Da hinein gerät Wakusch durch die allgemeine Evakuierung von Schulkindern aus den von Vickers zu oft beflogenen und verwüsteten deuxen Häuschen an der Spree in die abgelegeneren, daß heißt von Vickers kaum besuchten Provinzen mit meistenteils nur Bauernhäuschen. Wakuschs Erzeuger, den – wie übrigens alle Mamassachlissis in jener bösen Luftkriegsperiode – die Sorge um sein Kind drückt, läßt sich beraten und stopft Wakusch jetzt in eine Schule, die am weitesten, nämlich aus Deuxiland hinaus in vormals polnisches Dixieland, in den Warthegau, verlegt wird. So sieht sich Kapitän Wakusch aus Gründen größeren Luftschutzes von einer Lehranstalt in die andere geworfen, und dieser Wechsel ist, wie er selbst bald darauf feststellen muß, für ihn keineswegs der glücklichste. Eigentlich will er überhaupt nicht fort: Seiner Überzeugung nach bombardieren die Vickers nur Häuschen, aber keine Wartburgen, so daß für alle, die aus ihrem Häuschen (und auf der Dixiebahn) sind, kein besonderer Grund zum Luftschutz besteht. Zweitens wurmt es ihn, die Wartburg von Tullio, die er mit knapper Not wieder in Ordnung gebracht hat, aufs neue zu verlassen. Natürlich kann er Erzeuger nicht mit solchen Argumenten kommen. Doch widersetzt er sich der Ostlandreise, solange es möglich ist: Er mault und flucht, daß die altkolchidische Wartburg wackelt und dort Rustaweli, Tschawtschawadze, Akaki Zereteli (welche über all die Jahre auch etwas Deuxi zu verstehen gelernt haben) sich entsetzt in ihren Bildern umdrehen. Aber gegen den eisernen Willen von Erzeuger ist nichts zu machen: Wakusch muß ins Wartheland. So besteigt er eines Tages mit Koffer den von deuxen Schuljungen seiner Klassennummer bis obenhin belegten Personenzug nach Posen. Im Gepäck führt er ein Schallplattenalbum mit »House-hop«, »Bugle-call-rag« und anderen Benny-Goodman-Spitzen, aber auch die Andrew-sisters und Aufnahmen von Artie Shaw und ebenso berühmten Dixieländern mit. Auf dem Boden seines Koffers befinden sich ein Batzen bester Specchios über die besten Pipas und Pipos auf der Dixiebahn, einige Fotoansichten der Wartburg von Tullio mit dem lächelnden Maestro persönlich im Fenster, die Bilder seiner Freunde Wolf und Hans Georg, mehrere Schnappschüsse von Olaf mit Damenschuh im Maul und dann natürlich auch noch das Gruppenfoto des Orchesters aus dem Kakadu. Verschiedene alte Pipos, Pipas, welche übrigens auch auf dem Bahnhof stehen, als Wakusch abfährt, sind von ihm zu Statthaltern in der Wartburg mit allen Vollmachten über die Vickers dort eingesetzt. Sie haben auch die polnische Adresse des Kapitäns und sind verpflichtet, ihm einen monatlichen Lagebericht zu übermitteln. Der Kapitän wird Instruktionen schicken und so, wie es möglich ist, die Wartburg aus der Ferne dirigieren. Er nimmt auch die besten Wünsche des Maestro mit auf den Weg. Signor Tullio kennt ein wenig die Dixiebahn in Polen und ist besonders von den Pipas dort begeistert. Er will – wenn Wakusch die Umstände für günstig hält – in Polen sogar ein paar Gastrollen geben. Im Zug ist Wakusch zunächst ein bißchen isoliert, denn er kennt den Klub noch nicht. Die Jungs sind alle aus einer anderen Stadtgegend und ihm völlig fremd. Zwei, drei Leute glaubt er flüchtig im Kakadu gesehen zu haben. Aber bestimmt ist ihm auf der Wartburg von Tullio keiner von diesen begegnet. So steht er mehr im Gang, am offenen Fenster, und sieht nach Frankfurt/Oder gespannt auf das vorbeiflitzende Panorama: Es war ja, wenn auch linkes, immerhin waschechtes Dixieland, in das sie fuhren.

Aber der erste Eindruck ist enttäuschend: Sogar noch weit hinter Posen (das durch und durch auf Deuxi beschriftet ist und nur deuxe Mamassachlissis auf seinen Straßen und in seinen Häuschen hat), zu beiden Seiten der breiten Chaussee, die wie ein grausilbernes Band die verschneite Ebene zerteilt, grüßen den nun auf mehreren Lastwagen daherrollenden Schulkindertransport dieselben deuxen Verkehrszeichen. Nur haben die Ortsnamen hier bereits einen fremd-, eben dixieländischen Ausgang auf -schin, der Flecken, wohin Wakusch und sein Schulverein bestimmt sind, heißt zum Beispiel Jaroschin und liegt, wenn die Angaben, welche die Chauffeure darüber zu machen wissen, stimmen, gerade dort, wo die Füchse einander gute Nacht beziehungsweise guten Tag sagen. Es ist auch spürbar kälter hier drunten als in Deuxiland, ein schneidender Frost, der in den Knochen bleibt, wenn du nicht aufpaßt. Ganz anders ist dort auch, wie die Wälder anfangen: Sie sind gleich schwarz und undurchsichtig hoch. Dann sind nach einer Wegkrümmung ganz plötzlich auch die Häuschen wie ausgewechselt. Wakusch kann zwar nicht bestimmt sagen, was mit ihnen los ist, aber ihm kommt es doch so vor, als ob sie alle irgendwie dichtgemacht haben: Die Fenster sind finster, Tore und Türen abweisend. Wakusch, der mit Recht vermutet, Wartburgen gegen den deuxen Goglimogli von 1927, 1937 und höher vor sich zu haben, möchte gerne da anklopfen und, wenn es erlaubt ist, Besichtigungen vornehmen. In Jaroschin speit der Konvoi zwei Klassen aus: die Obersekunda und die Unterprima. Der Rest fährt lärmend weiter in ein anderes, mehrere Meilen weiter gelegenes Gehege. Wakusch ist mit der Gesellschaft, in der er bleibt, zufrieden. Es sind, wie er fühlt, versteckte Pipos, mit denen es sich sprechen läßt. Einer hat statt des üblichen Handgepäcks bloß einen kleinen schmalen Geigenkoffer. Wakusch nimmt den jungen, aufgeschossenen Musikus mit der wehenden Künstlermähne gleich aufs Korn, denn daß der sein Mann ist, das sagen ihm schon die vereinzelten Dixieländer, welche der Geiger manchmal gedankenlos, manchmal aber auch wie zum Trotz der Umgebung gegenüber vor sich hinpfeift. Ferner ist da noch der Historiker, ein schmächtiges Kerlchen mit übergroßem Kopf und phantastischem Gedächtnis für Geschichtszahlen: Zu jeder beliebigen Ziffer unter 1927 weiß er sofort eine Schlacht, einen Umsturz, ein Attentat, eine Kriegserklärung oder einen Friedensvertrag zu nennen. Er hat alle Goglimoglis von Deuxi-Dixieland sozusagen im Kopf und berichtet auch genau über Leben und Sterben aller wichtigsten Mamassachlissis (Exmamassachlissis) zwischen Moses und Hitler. Ähnlich begabt, aber auf unterschiedlichem Gebiet, ist der Schachspieler: ein mittelgroßer, anfälliger (dauernd fiebriger) Krauskopf, der alle Partien nur auswendig spielt und immer gewinnt. Dann kommt ein langer Hugenottensproß; besondere Merkmale: elegant, fleißig, der Stolz aller Chemiepauker. Außerdem füllen die Prima noch: der Bücherwurm, das ist einer, der schon alles, selbst Tarzan, gelesen hat und – wie gesagt – Verse macht, danach Ali, der Türke, ein zierlicher, aber kräftiger Kaufmannssohn aus Istanbul, der in Deuxiland seine Erziehung bekommt, und letztlich der Verdrehte, ein dünner, blasser Junge, der alle anderthalb Stunden das Bewußtsein verliert, einfach umkippt und dann liegengelassen werden muß, bis er sich (nach fünf Minuten oder mehr) ausgestrampelt hat. Noch im Zug hat er die Klasse preveniert und unter Beteuerungen, daß es damit nichts weiter auf sich habe, gebeten, dichtzuhalten. Dann ist »es« schon zweimal mit ihm passiert und – da ja seinem Wunsch zufolge nichts gemeldet wurde – auch weiter unbemerkt vorübergegangen. Davon abgesehen ist aber der arme Rudi ein netter Kerl und dazu sogar noch ein sehr gelehriger, strebsamer Schüler.

Mit diesen Klassengenossen und dem Pulk der Obersekundaner (die ihn weiter nichts angingen) belegt Wakusch in Jaroschin ein extra für sie freigemachtes altes Herrenhäuschen, wo die ehemaligen, zahlreichen Wohnzimmer jetzt in Sprech- beziehungsweise Unterrichtszimmer verwandelt worden sind – Bänke, Katheder und Tafeln bekommen haben. Die Ansicht geht auf einen allerliebsten, beinahe parkähnlichen Garten mit einem kleinen

Teich in der Mitte, über den weiße Trauerweiden anmutig ihre Zweige ausbreiten. Gleich rechts steht noch ein alter, ziemlich großer Turm (er ist doppelt so hoch wie das Schulgebäude), der schwer verriegelt ist und den Jungen nur von Tauben, Eulen und Fledermäusen bewohnt zu sein scheint. In dem Schulhäuschen selbst sind unten die Küche und der gegenüberliegende Saal als Eßraum eingerichtet. Im Saal steht zum Empfang der O.K.W.-Berichte ein großes Radio, das – Wakusch sagt es sich gleich – auch stark genug sein würde, um Dixieländer einzufangen: Von allen Wänden des Häuschens blickt streng der deuxe Mamassachlissimus herunter. Der Lehrkörper ist noch nicht angekommen, und die Schüler haben natürlich solange frei. Zwei bekordelte Vertreter der deuxen Jugend gucken zwar vorbei, um den Schliff nicht ganz aussterben zu lassen, aber sie fordern glücklicherweise nur die Sekundaner an. Wakuschs Klasse behält, wohl weil sie die höchste ist, ihre Ruhe vor den Ausmärschen mit forschen Liedern in die schneebezuckerte, auch verdammt kalte Umgebung Jaroschins. Lieber macht sie sich ihren Stall so bequem wie möglich.

Als sie gerade beim Bettenrücken, Schränkestellen sind, geht die Tür auf, und hereinspaziert eine Reihe bildschöner Mädel. Den Jungen bleibt der Mund offen bei solch nettem Anblick. Dann reißen sie Stühle heran und laden ihren Besuch ein, sich zu setzen. Nur eine von den Mädchen ist Deuxe, die anderen sind Dixie, nämlich Polinnen aus der Ortschaft, alle angestellt als Küchen- und Aufwartepersonal im Schulhäuschen. Ist das eine Freude! Die Primaner strahlen und glauben, mit Jaroschin das große Los gezogen zu haben. Es sieht, wenigstens zuerst, auch wirklich danach aus. Die Mädchen machen, weil der Krieg alle Männer am Ort geschluckt hat und die Dixiebahn in Jaroschin vereinsamt ist, große Augen. Die übrigens sehr niedliche

Deuxe, welche das Kommando über den Elfenverein hat, findet offensichtlichen Gefallen an dem langen Geiger, der ihr auf seinem Instrument auch gleich etwas Wehmütig-Werbendes vorzwitschert. Die Dixieländerinnen gehen direkter auf ihr Ziel los: Sie setzen sich, um zu sehen, wie es sich darauf liegt, auf die Bettchen der Primaner, schaukeln anerkennend und nehmen auch gerne von den Zigaretten, die man ihnen anbietet. Eine Anja, sehr durchsichtig weißblond, mit einer Dixiebahn zum Kopf und Herz Verlieren, fragt Wakusch durch unmißverständliche Gebärden, ob er mit ihr schlafen will. Natürlich will er, aber im Moment geht das schlecht. Darum schickt er vorläufig bloß seine Hände vor, welche, wie Späher auf der Dixiebahn, überall hineingleiten, sich überall anschmiegen, dann auch noch von Anja selber, die sich hastig dazu aufknöpft, an die besten Stellen geführt und dort lange gehalten (behalten) werden. Die anderen Klassengenossen sind ebenfalls beim Schäkern. (Wakusch will es sogar scheinen, daß der Hugenottensohn in einem dunklen Eckchen schon zweimal auf der Dixiebahn triumphierte. Jedenfalls wogt und blitzt es sehr verdächtig von dort herüber.) Da spricht jemand – es ist die Deuxe – den Wunsch zum Tanzen aus. Der Geiger legt sich sofort ins Zeug, muß aber, weil er seine Stradivari streicht, selbst außerhalb des Gedrehs bleiben.

Jetzt präsentiert Wakusch seine Schallplatten. Ein Grammophon wird geholt, und dann hämmern die Dixieländer los. »Mensch!« sagt der Geiger, der über den Klängen von »Househop« sein Mädchen völlig vergessen hat, freudig erschüttert zu Wakusch, »du hast ja tolle Sachen mit. Mein Name ist übrigens Pfeiffer.« »Wakusch.« Die beiden schütteln sich die Hände und beginnen gleich eine fachkundige Unterhaltung über Dixieländer, mit der sie allerdings wegen der Mädchen, welche sie dauernd zum Fuchstritt auffordern, nicht mehr zu Rande kommen. Der

Türke Ali hat echten dixieländischen Kognak im Koffer. Der wird nun entkorkt. Dann sitzt die ganze Gesellschaft paarweise über das ganze Zimmer hin verstreut, hinter Tischen, Betten, Schränken Deckung voreinander suchend (denn die Dixiebahn wird schon in Angriff genommen). Man hört nur Gemurmel (dixie-, deuxiländisches). Im allgemeinen werden zwar sehr heiße, aber doch bloß Küsse gegeben und Verabredungen zum Dixiebahnverkehr für später am Abend getroffen. Wakusch hätte seiner Anja vielleicht schon jetzt einen guten Goglimoglibesuch abgezwungen, aber etwas Unerwartetes ereignet sich: Rudi bekommt seinen Anfall. Das dixieländische Mädchen fährt quietschend von ihm ab, denn plötzlich ist er mit verdrehten Pupillen und wildem Gefuchtel auf die Seite gefallen. Dadurch ist nun auch bei allen übrigen die Einstellung auf Dixieländisches zerschlagen. Sie kehrt ihnen auch, nachdem Rudis Geschnauf verstummt ist und er wieder klare Augen aufschlägt, fürs erste nicht wieder. Alle rauchen schweigend, und Rudi bekommt einen Extraschnaps. Dann verkündet unten ein helles Stimmengewirr, daß die Sekundaner vom Außendienst zurück sind, und die Mädchen müssen fort, um das Mittagessen zu kochen.

Während dieser Vorbereitungen trifft der erste Lehrer im Schulhäuschen ein. Er wird zuerst gar nicht beachtet, denn das Häuschen ist nur mit sich selber beschäftigt: Die Sekundaner haben von draußen einen mächtigen Husten und Schnupfen, überhaupt Erkältungen mitgebracht und müssen ihre Wäsche, vor allem ihr durchweichtes Schuhzeug wechseln. Die Primaner fahren weiter damit fort, sich einzurichten. Zwischendurch geben sie den Mädchen in der Küche Hilfeleistungen, schleppen Wasser und Geschirr an, decken die Tische. Weil das weibliche Personal dabei zuviel umarmt, geküßt und auf seine Dixiebahnen hin untersucht wird, dauert es ein Weilchen, bis der Gong zum Essen ruft. Der Lehrer bleibt auch weiterhin unbemerkt; die Jungen halten ihn wegen seines ländlichen Äußeren (grüner Hut mit Feder, hohe Stiefel, Breeches) für jemanden aus der Ortschaft. Sie tippen, weil er sich meistens im Erdgeschoß vor der Küche aufhält, auf einen Lebensmittelhändler. Sonst werden kaum noch Gedanken an ihn verschwendet. Der Mann ist aber auch in den oberen Stockwerken herumspaziert, hat die Tür zum Primanerzimmer angelehnt gefunden, hat durchgesehen und den Geiger mit der deuxen Betreuerin bei einem neckischen Spielchen entdeckt: Beide zogen mit dem Mund an den zwei Enden eines Streichholzes hin und her, bis das Streitobjekt zerbrach. Dann wurde der Wettbewerb mit der kleineren Hälfte wieder aufgenommen, wobei die Lippen beider Parteien sich notgedrungen berührten und der große Kuß eingeleitet war. Das alles und noch ein bißchen mehr nimmt der Mann schweigend zur Kenntnis. An dem guten Essen: Suppe, Fleischgericht, Kompott, beteiligt er sich nicht. Er geht vielmehr – wohl um sich noch unauffälliger zu machen – hinaus ins Freie und sieht von da, auch nur sehr verstohlen, durch die Fenster in den Saal herein. Hier nehmen sich die Primaner nach dem Essen die Mädchen auf den Schoß. Die Dixiebahn wölbt sich und schwillt noch mehr unter ihren Händen. Aber sie können sich – da im Moment solche Pflichten wie Aufräumen, Abwaschen und ähnliches vorgehen – noch nicht richtig darauf anlegen. Aller Hoffnungen richten sich auf den Abend, der jetzt auch nicht mehr weit ist, und unter der lustigen Begleitung von »House-hop« und anderen Dixieländern machen sich die Primaner langsam fertig (sie rasieren sich, wählen Hemden aus) für die große und schönste, nämlich dixieländische Liebe in Jaroschin.

Aus zwei Gründen kommt es aber nicht mehr dazu: Hohes Fieber mit Schüttelfrost befällt alle Sekundaner, welche sich unverzüglich hinlegen und gepflegt werden müssen. Das haben die Mädchen, allen voran die Deuxe (die hier auch die Krankenschwester macht), zu besorgen. Sie legen Umschläge auf, geben Pillen, Fiebermesser aus und holen, da es mit einigen Sekundanern sehr schlimm steht, auch noch einen Arzt. An die Dixiebahn denkt (wenigstens vorläufig) keine mehr, und die Primaner, die, schon für den Goglimogli herausgeputzt, durch das Schulhäuschen flanieren, sehen sich zurückgestellt. Sie wachen aber trotzdem weiter auf der Dixiebahn, um sofort zur Verfügung zu stehen, wenn die Mädchen von den Kranken freikommen sollten. Darüber wird es Abend, und bald rennen die Mädchen wieder mit den Tellern für das Abendbrot hin und her (jetzt auch zu den Kranken rauf und runter). Dabei machen sie aber manchmal auch einen kleinen Abstecher zu ihren Primanern, welche, durch das lange Warten verstimmt, schon ganz offen zu den Philippinen greifen, Hand an Manila legen und ähnliches. Zum Süßholz-Raspeln bietet sich, als die Sekundaner beim Einschlafen sind, mehr und mehr Gelegenheit. Die Dixieländerinnen binden allmählich ihre Schürzen ab und stehen Auge in Auge, Hand in Hand mit ihren Verehrern in einer kurzen Atempause vor dem großen Start auf der Dixiebahn. Da hat Wakusch, der aus alter Wartburgserfahrung regelmäßig aus dem Schulhäuschen in die umnachteten Straßen Jaroschins gesehen hat, plötzlich das Empfinden, daß etwas nicht stimmt. Der stumme Beobachter draußen in Hut und Pluderhosen ist ihm aufgefallen. Zwar kann er den Mann (zu dem jetzt übrigens noch mehrere andere hinzugekommen sind) im Dunkeln nicht richtig identifizieren, aber sein lauernder Umriß verrät Wakusch – je länger er auf den Kerl herabsieht – doch zum Schluß, daß das nur ein Mamassachlissi sein kann. Diese Erkenntnis macht den Kapitän heiß. Sein Kämpferinstinkt erwacht, und er fährt hoch, um Alarm auf der Dixiebahn zu schlagen.

Aber es ist zu spät: Der deuxe Mamassachlissi (genauer: Direktor) des Schulhäuschens fällt mit mehreren höheren Hitlerjugend-Führern und dem ganzen inzwischen eingetroffenen Lehrpersonal bei den Primanern ein. Nach der Besetzung und Sperrung der Dixiebahn beginnt das Strafgericht. Die dixieländischen Mädchen werden auf der Stelle aus dem Häuschen entlassen (gejagt); die deuxe Krankenschwester muß ebenfalls ihre Koffer packen und gehen. Die Primaner werden ermahnt, sich in Zukunft in den von dem Schulhäuschen gezogenen Grenzen zu bewegen, andernfalls würde ihnen die Reife abgesprochen werden, und dann könnten sie ihr Abitur auf der Dixiebahn (der Direktor – er war niemand anderes als der Pluderhosige – drückte sich drastischer aus. Er sagte: bei den Huren) suchen gehen. Dann fängt das Büffeln an. Der Tag der Primaner ist planmäßig ausgefüllt mit Schule und Schulaufgaben, dazu kommt in den wärmeren Monaten der Ernteeinsatz (meistens Kartoffelbuddeln) auf den umliegenden Herrengütern.

Von Kontakten auf der Dixiebahn kann keine Rede mehr sein. Im Schulhäuschen wurden – da alle dixieländischen Mädchen, jüngere oder reife Frauen der Direktion zu hübsch dafür aussahen (die Mädchen in Jaroschin sind wie überhaupt überall in den Dixieländern wirklich sehr reizend) – zum Aufwarten nur Dixieländerinnen über Vierzig, mit verkümmerten Dixiebahnen, angestellt. Wer in der Stadt selbst mit einem Mädchen gesehen wurde, flog. Solches widerfuhr leider dem Hugenotten. Nachdem es sich herausgestellt hatte, daß er sich regelmäßig mit einer niedlichen Dixieländerin traf, bekam er von dem Direktor außer einem Anschnauzer noch einen Fahrschein heim ins Reich (Häuschen). Das war aber nur der Anfang: Die Prima, welche schon ganz unverhüllt einen dixieländischen Geist offenbart, bröckelt auseinander. Natürlich stemmt sich der Direktor mit aller Macht gegen die Zersetzung. Er sieht die Wurzel allen Übels in den zwei, wie er verächtlich denkt, Dixieländern Ali und Wakusch, mehr in Wakusch, den ihm sein Instinkt als erfahreneren Kapitän (Wartburgsstrategen) entschlüsselt. Zum Beispiel ahnt er schon (ein Sekundaner hat es ihm möglicherweise hinterbracht), daß die lasterhafte dixieländische Musik, welche manchmal in später Stunde, wenn die Primaner alleine sind (die Lehrer halten abwechselnd Aufsicht bei den Schülern und haben ihr Quartier sonst in der Stadt) aus dem Schulhäuschen erschallt, von Wakusch kommt. Er hat »House-hop« auch selbst einmal vernommen, konnte aber den Dixieländer trotz schleunigen Heraneilens nicht beschlagnahmen, weil die Primaner Wachen in den Fenstern hatten, welche den Mann noch rechtzeitig sichteten, als er über die Straße gegen das Schulhäuschen anlief.

Was der Direktor aber den Schülern wegnahm, war das Radio. Sein Geheimdienst hatte ihm gemeldet, daß die Primaner dem Gerät mehr dixie- als deuxiländische Stimmen entlockten, daß sie statt freundlichen die feindlichen Sender abhörten, welche von dem großen deuxen Rückzug an allen Fronten um das Häuschen herum erzählten. Im Zusammenhang mit dem dixieländischen Radio mußte dem Direktor in erster Linie Wakusch genannt worden sein, denn er schüttelte, als er der Klasse grimmige Vorhaltungen über das Schwarzhören machte, seinen Zeigefinger besonders heftig gegen den Kapitän. Mit den Schulhäuschen ist es nun aber genauso wie mit allen anderen Häuschen: Durch seinen unsympathischen Mamassachlissi wird es selbst unsympathisch. Wie nahrhaft die Früchte der Erkenntnis auch immer sind, welche die Primaner in Jaroschin pflücken, schmecken tun sie keinem, weil der Direktor jeden Appetit darauf verdirbt. Das Leistungsniveau der Klasse sinkt, da sich niemand mehr bei etwas redlich Mühe gibt, katastrophal in allen Fächern. Vieles, das sie eigentlich gut verstehen, beantworten die Primaner auch absichtlich fehlerhaft, um den Mamassachlissi aus dem Häuschen zu bringen. Außerdem geht der betont antidixieländische Unterricht allen auf die Nerven. Wo sie können, wehren sie sich. So zum Beispiel in Geschichte, wenn der Historiker das einseitige, nur deuxibetonte Geschichtsbild des Lehrers dreist mit Dixieländischem ergänzt (er hat einmal sogar den Mut, über den Goglimogli Nummer 17 zu sprechen). Der Chemieunterricht richtet sich – wohl zur Abschreckung der Primaner von der Vermischung mit den Jaroschiner Dixieländerinnen – auch noch gegen die Dixiebahn an sich. Behandelt werden da alle gefährlichen Krankheiten, welche auf dieser Bahn zu holen sind und welche dann auch andere Organe angreifen können: Wenn man zum Beispiel seine Hand auf infizierter Dixiebahn liegen hatte und sich dann mit ihr die Augen wischt, wird der Trapper (Tripper oder Böseres) auch auf die Augen überspringen usw. Besonders verekelt das Leben in Jaroschin dann allen aber noch der Hitlerjugend-Dienst, an dem nach direktorialem Beschluß auch die Primaner teilzunehmen haben, wo sie also den ganzen politischen Wichtendrill aufs neue mitmachen, alle Soldatenspiele mitspielen, alle Lieder (wie »Erde schafft das Neue …«, »Jenseits des Flusses standen ihre Zelte …« und ähnliches) mitsingen müssen. Die Primaner hätten dem Schulhäuschen schon längst gekündigt, aber sie wollen das Abitur. Nun wäre nichts leichter gewesen, als sich auf ein anderes Schulhäuschen umzumelden. Aber die evakuierten Schulen im Warthegau haben – der Bücherwurm, der deswegen extra nach Posen fuhr, brachte es in Erfahrung – keine Prima. Der Weg zum Abi geht nur über Jaroschin.

Die schöne Anja ist immer noch im Schulhäuschen. Ihr kniefreies Röckchen rutscht ihr bei der geringsten Bewegung weiter nach oben, so daß die ganze Dixiebahn in Sicht kommt und

Wakusch (der diese Momente immer abpaßt) die Augen überquellen. Warum ausgerechnet diese kleine Dixieländerin bleiben durfte, weiß nur der Direktor. Der hat nämlich aus den schmachtenden Blicken, welche die süße Polin teils mit Wakusch, teils mit Ali, dem Türken, austauscht, bemerkt, daß die drei sich nicht gleichgültig sind. Darum läßt er den Engel als Lockspeise in das Kloster und überwacht ihn auf Schritt und Tritt: Wenn die beiden Jungs an der Dixiebahn anbeißen, hat er gleich den erwünschten Grund, die zwei Dixieländer (natürlich samt der Dixieländerin) aus dem Schulhäuschen zu feuern. Wakusch und Ali merken bald, daß eine Falle für sie offensteht: Denn wo Anja ist, dort schleicht auch der Mamassachlissi herum. Der Türke glaubt, Anja mache wissentlich den Lockvogel des Direktors, und läßt, da bei ihm das Abitur vorgeht, sofort von ihr ab. Wakusch sieht tiefer, das heißt, er begreift, daß die Polin unmöglich die rechte Hand des Mamassachlissi sein kann. Darum schließt er sich auch nicht von ihr ab, streichelt und küßt sie, aber sehr vorsichtig: nur wenn die Luft von dem Direktor rein ist, denn das Abitur will er sich auch nicht verderben. Zu richtigem Dixiebahnverkehr haben beide niemals eine Möglichkeit. Sooft Wakusch seine Goglimoglispritze zieht und Anja sich dafür zurechtrückt, verraten Schritte, daß jemand: der Direktor, ein Sekundaner, Tertianer, Quartaner (das Schulhäuschen füllen jetzt alle Klassen), im Anmarsch ist. Solche extremen Momente wecken in Wakusch gleich den Gedanken an das Abitur, und er springt, wie gestochen, von der Dixiebahn zurück. Verabredungen im Freien oder in der Stadt sind, weil das Gelände des Schulhäuschens nur gruppenweise verlassen werden darf, Wakusch wieder zu riskant. So können Anja und Wakusch ihre Goglimoglis trotz der sorgfältigsten Vorkehrungen kein einziges Mal auf der Dixiebahn zusammentun. Sogar im Keller, wohin Anja den Kapitän letztlich bestellte, gab es Störungen. Als die beiden sich gerade zärtlich umfingen, erschien eine fette Ratte neben ihrem Liege(Liebe-)platz. Anja quiekte erschreckt. Wakusch griff zu einer Latte und zerschlug nach kurzer Jagd dem Biest den Kopf. Darauf zeigte sich auch gleich der Mamassachlissi im Kellergang, und Wakusch konnte mit Verweis auf den Rattenleichnam die immerhin ganz haltbare Ausrede anbringen, er habe hier das Fräulein nur vor dem Nagetier beschützt. Nach diesem Vorfall geht der Kapitän, um den Argwohn des Direktors nicht weiter zu schüren, der Anja für eine kleine Zeit aus dem Weg (aus der Dixiebahn).

Inzwischen schmilzt die Prima noch mehr zusammen: Rudi muß fort. Seine Anfälle haben, statt abzunehmen, zugenommen. Der Abstand zwischen ihnen ist jetzt kürzer. Sie treten – peinlich genug – auch fast immer auf, sobald Rudi des Direktors ansichtig wird. Wakusch und der Geiger begleiten ihn bis Posen. In seinen wenigen klaren Momenten jammert Rudi über das Abitur. Denn wo kann er es jetzt noch machen, wenn ihm in Deuxi- und Dixieland der Weg dazu versperrt ist? Die zwei trösten Rudi, so gut sie können. Sie sagen, daß sich doch noch ein Schulhäuschen finden wird, Wakusch empfiehlt ein privates. Dann stehen sie auf dem Bahnhof vor dem Zug nach Deuxiland, und hier passiert zum Abschied beinahe noch eine Katastrophe: Rudi bekommt, als gerade weiter niemand bei ihm ist, seinen Taumel und fällt vom Bahnsteig runter vor die Zugräder. Die Freunde stellen ihn wieder auf die Beine, bringen ihn in ein Abteil und wollen ihn zur Sicherheit dort anbinden, aber Rudi versichert, daß dies nicht nötig ist. Er macht zuletzt noch lange winke, winke aus dem glücklicherweise nur sehr wenig geöffneten Wagenfenster und verschwindet aus den Augen.

In Jaroschin wird – weil die Ostfront aufgehört hat, stabil zu sein – das Schulhäuschen mit jedem Tag militärischer. Es stellt sich voll und ganz der Ortsgruppe zur Verfügung, welche die Klassen sonntags mit Schaufeln bewaffnet und in der Umgebung Schützengräben ausheben läßt. Die Schüler (vornehmlich Primaner) müssen jetzt auch auf dem großen Turm nachts Wache halten und der Ortsgruppe telefonisch sofort Bericht erstatten, wenn sich in dem Bezirk Jaroschin etwas Verdächtiges rührt. Man munkelt von Partisanen-Überfällen, und in der Stadt machen die Volksdeuxen immer sorgenvollere Gesichter. Der Turm ist selbst für die Primaner zuerst ein Jux. Sie klettern fröhlich über die spinnverwebte Wendeltreppe hoch zu den Fledermäusen. Von der Spitze hat man eine wundervolle Aussicht über das ganze nächste Dixieland mit seinen schmucken Häuschen und den geschlängelten Dixiebahnen auf der Flur. Aber allmählich wird auch diese Abwechslung den Primanern eine Last. Sie drücken sich um die Nachtwache oder schicken irgendwelche Tertianer, Quartaner stellvertretend auf den Turm. Nur Wakusch sitzt gerne dort: Oben verfolgt er den Mond, zählt die Häuschen und schreibt, weil ein kleines Licht da ist, Briefe nach Deuxiland, an Tullio, Hans Georg, an die Pipos, Pipas (von den letzteren erhält er übrigens auch oft Post, Specchios mit den besten Grüßen; als Unterschrift drücken die Pipas ihren lippenbestifteten Mund auf das Briefpapier). Der Geiger geht auch gerne auf den Turm und nimmt manchmal seine Geige dorthin mit. Dann wird es ganz zauberhaft: Hauchfeine Melodien schweben von dem Turm herab, dehnen, wiegen sich, und von der kleinen Nachtmusik sind alle Häuschen, Schulhäuschen, Deuxi-, Dixieländer, Partisanen (wenn es überhaupt welche gibt) befriedet. Aber diese Konzerte gefallen der Ortsgruppe nicht. Man informiert den Direktor darüber. Der Geiger wird gerufen und fürchterlich abgekanzelt. Danach hat Pfeiffer die Nase gründlich voll. Er pfeift sozusagen auf das Abitur, packt seine Geige ein und fährt.

»Da sind wir ja fast aus derselben Gegend«, sagt Ali zu Wakusch, als er erfährt, daß der Kapitän kakausische (kolchidische) Eltern hat. »Ein Grund mehr, um zusammen zu halten.« Wakusch nickt, denn seit der Geiger fort ist, hat sich in der Klasse für ihn ein Luftloch ergeben: Er weiß nicht, wem er sich (oder ob er sich überhaupt noch jemandem) anschließen soll. Sein Gefühl ist, daß es mit dem Rummel in dem Schulhäuschen nicht mehr lange dauern kann. Gerüchte von deuxen Niederlagen und großen Frontzurücknahmen im Osten sickern beständig nach Jaroschin. Die Deuxen machen kein Geheimnis mehr aus ihrer Besorgnis, die Polen zeigen – aber nur sehr vorsichtig, wenn sie unter sich sind oder in kleinen Gruppen herumstehen – ein stummes Frohlocken. Wakusch, der die Erwartung von den polnischen Gesichtern sehr gut abliest, hätte viel dafür gegeben, ihre zwitschernde Sprache zu verstehen. Aber das Idiom ist, ebenso wie alle dixieländischen Häuschen am Ort, völlig undurchdringlich. In einen kleinen Gedankenaustausch kommt der Kapitän jedoch mit der alten, polnischen Näherin unter dem Dach des Schulhäuschens, welche etwas Deuxi versteht und sich darin auch leidlich ausdrücken kann. »Die Deuxen wollen wir nicht«, erklärt sie dem Kapitän über ihre Brille hinweg. »Aber die linken Dixieländer, die wollen wir auch nicht hier haben.« Auf Wakuschs Worte, daß die linken Dixieländer die Deuxen voraussichtlich schon sehr bald in Jaroschin ablösen werden, senkt sie nur stumm den Kopf. Tröstend spricht der Kapitän ihr dann seine Überzeugung aus, daß Polen trotz allem doch ganz bestimmt noch einen Ausweg auf die Dixiebahn findet. Der Türke erzählt lebhaft von Istanbul. Da stehen gleich dort, wo die großen Schiffe anlegen, die besagten Häuschen mit den nackten Pipas, welche bauchtanzen und dabei so verführerisch ihre Dixiebahnen (Philippinen) schütteln, daß man gar nicht mehr von diesen Häuschen loskommt. Das und noch Pikanteres schildert Ali der Prima, wenn sie alleine sind (kein Lehrer in der Nähe spaziert). Zwischendurch spielen sie tüchtig »House-hop«. Dann muß Ali plötzlich nachts seine Siebensachen packen und schleunigst weg, weil die Türken zu den Dixieländern übergetreten sind und Deuxiland den Krieg erklärt haben. Die Klasse hat, weil sie schlief, seinen Abgang gar nicht bemerkt und erfährt erst am nächsten Morgen, daß er von den Behörden aus Deuxiland ausgewiesen wurde. Auf dem Tisch liegen seine Istanbuler Adresse und die hastig dazugekritzelte Einladung an alle, ihn doch in besseren Zeiten einmal da unten zu besuchen. Wakusch, der an die Bauchtänzerinnen auf der türkischen Dixiebahn denkt, steckt die Anschrift gleich in seine Tasche.

Wer ist der nächste zum Fahren? Daß die Prima in Jaroschin auseinandergeht, sieht jeder, sogar die Lehrerschaft witzelt schon darüber. Sie schließt übrigens ein paar den Primanern wirklich angenehme Personen mit ein, wie zum Beispiel jenen Deuxlehrer, der mit ihnen oftmals um den stillen Teich herumstapft, um Dichtung und Wahrheit zu erwägen. Dann ist die Reihe an dem Schachspieler: Er hat ausgerechnet, daß es bei dem schnellen deuxen Rückzugstempo zu keinen Abgangsprüfungen in Jaroschin mehr kommen kann. Als der vor Zorn kreideweiße, Defaitismus witternde Direktor eine Erklärung für sein Fortgehen verlangt, sagt er ruhig: »Sie steht in den Zeitungen.« Dann rochiert er (sich) nach Hause (Deuxiland), mit der Empfehlung an alle übrigen, dasselbe zu tun, solange sie noch am Zug (Eisenbahn) sind.

Erwähnenswert ist hier noch, daß die Auflösung der Prima dann auch auf die anderen Klassengemeinschaften niedrigerer Goglimoglinummern (der Jahrgänge 30, 31 und höher) übergreift, daß schon viele Schüler aus der Obersekunda, der Tertia und sogar ein paar Knirpse aus der Quarta das Schulhäuschen verlassen (wollen). Die Anarchie breitet sich trotz der fiebrigsten Gegenmaßnahmen seitens der Hitlerjugend und der Ortsgruppe (trotz ihrer mahnenden Ansprachen, in dem Schulhäuschen zu bleiben und sich nicht durch feige Fluchtergreifung einzelner Abtrünniger beeinflussen zu lassen) doch immer mehr aus. Vereinzelt reisen schon besorgte Mamassachlissis (maskulin, feminin) aus Deuxiland an, um ihren Sprößling selbst nach Hause zu holen. Alle Bemühungen des Direktors, seinen Staat zusammenzuhalten, haben nur Augenblickswert. Nach kurzer Flaute fängt der Wurm im Holz (Häuschen) wieder an zu ticken, und die Klassen werden unruhig. Der Unterricht erlahmt, weil wenigstens unter den älteren Schülern niemand mehr seine Versetzung zu Ostern, sein Abitur in Jaroschin für möglich hält, und weil auch die meisten Lehrer innerlich schon längst dasselbe glauben. Diesen Verfall begleitet Kapitän Wakusch mit der gehörigen Musik, das heißt mit »House-hop« und anderen Dixieländern aus seinem unerschöpflichen Plattenalbum. Er hat, weil ja sowieso alles drunter und drüber geht, jede Vorsicht fallenlassen und spielt die Dixieländer schon tagsüber ganz unverhüllt im Kreise verschiedener, zu guten Pipos evolvierender Sekundaner, Tertianer. Da wird er plötzlich zum Direktor beordert, der inzwischen herausgefunden hat, daß die Dixieländer im Häuschen von Wakusch aufgezogen werden. Darum stellt er den Kapitän jetzt vor die grausame Alternative: Entweder er liefert seine Dixieländer unverzüglich der Direktion aus – dann darf er im Schulhäuschen bleiben und sein Abitur machen –, oder er behält seine Dixieländer und schert sich (ohne Abitur) aus dem Schulhäuschen zum Teufel (zu seinen Dixieländern). Natürlich ist Wakusch »House-hop« viel teurer als das sehr fragwürdige Abitur in dieser von dem raschen Näherkommen der Front ohnehin schon sehr wacklig gewordenen deuxen Schule. Er geht auf der Stelle. Von seiner Klasse sind die letzten zwei, der Historiker und der Bücherwurm, gerade nicht da (beide sind früh am Morgen nach Posen gefahren, um mit ihren Eltern in Deuxiland zu telefonieren). So zieht Kapitän Wakusch alleine davon.

Vor dem Gehen legt er in dem Schulhäuschen noch eine gute Sprengbombe mit Zeitzünder an: Er verteilt alle Specchios über Tullios Dixiebahn (den ganzen Batzen Fotos von verschiedenen Liebespositionen der Pipos, Pipas auf der Wartburg des Maestro) an die unteren Klassen. (Von diesem Sprengstoff und natürlich auch von den siegreich anrückenden linken Dixieländern flog das Schulhäuschen in Jaroschin übrigens wirklich gleich zwei, drei Monate später auseinander: Alle Schüler und Lehrer flüchteten [zerstreuten sich] in Sonderzügen nach Deuxiland.) Wakusch, der Ausgestoßene, ist bald auf der Landstraße. Um schneller nach Posen zu kommen, will er einen Lastwagen anhalten. Anja hat ihrem Kapitän ein Eßpäckchen zusammengewickelt und trägt es jetzt neben ihm her. Dann schwenken sie von der Chaussee ab auf eine kleine Dixiebahn unter verschwiegenen Büschen. Minuten später holt sich die kleine Polin Wakusch ohne weiteres nach Manila und – weil es zwischen den beiden ja nicht nur das erste, sondern leider auch das letzte Mal ist – dann noch mit gutem Goglimogli an ihre Philippinen und an alle möglichen (auch unmoglichen) übrigen Dixiebahnhaltestellen.

Häuschen geschichtlich

Wer sich ein Häuschen von links ansieht, der hat gleich etwas daran auszusetzen. Erst paßt ihm dieses nicht, dann jenes, und bald ist alles tadelnswert. Naturgemäß sind die Mamassachlissis auf solche Leute immer sehr schlecht zu sprechen. Sie verlangen, daß man ihrer Gründung mit Respekt begegnet, denn ein Häuschen fällt ja letzten Endes nicht vom Himmel. Der Mamassachlissi muß oft schwer arbeiten, bis er es zusammen hat. Manchmal schneidet er es sich buchstäblich aus den Lenden. Sein Häuschen ist sein Kunststück, und keiner macht es ihm darin nach. Jedenfalls hat sich noch niemand gefunden, der besser und schneller baute als er. Was man ohne ihn fabriziert, kann auch überhaupt kein Häuschen genannt werden. Es ist ein stilloses Viereck aus linken Seiten, das in aller Ansicht mißfällt. An gewissen Straßen schießen solche Gefüge heute schon wie Pilze aus dem Boden.

Rechts erscheint uns jedes Haus gewöhnlich in den besten Farben. Wir sind ehrlich von ihm entzückt und empfehlen es allen Bekannten. Man macht aber in dieser Richtung eigentlich immer mehr Wesen aus dem Häuschen als aus dem Mamassachlissi. Der Aspekt ist meistens auch rücksichtslos, und Mamassachlissi kann daher oft gar nicht erschaut werden. Ein solcher Gesichtspunkt hat manches Häuschen für geraume Zeit in ein Rechteck verhärtet. Es verlor dann seine Koseform und wurde ehrfurchtbar.

Die einzigen Häuschen auf der Welt, die keine Seiten haben, sind Gotteshäuschen. Nur da ist rechts und links einerlei. Darum bleiben solche Häuschen auch immer Häuschen des Herrn. In Europa und auch anderswo sieht man oft ein Kreuz auf ihrem Giebel. Wer einmal eins besucht hat, der weiß, wie spärlich sie innen ausgestattet sind. Es ist dort häufig nur ein einziges Tischlein gedeckt, und so knien sich alle daran um den Herrn. Viele Häuschen dieser Art haben aber auch Bänke und eine Kanzel. Dort sitzt die Menge dann wie in den Hochschulen zur Stunde. Alle besseren Mamassachlissis wurden in so einer Lehranstalt groß. Jeder hat ein Gotteshäuschen absolviert. Wie es scheint, kommt bauen von beten.

Manchmal ist Mamassachlissi beim Zimmern allerdings auch ein kräftiger Fluch entfahren. Die vermaledeiten Seiten machten ihn fuchsteufelswild. Sein Zwischenraum trug nie den Stempel der Vollendung, denn keinem Mamassachlissi gelang es bisher, Theorie und Praxis zu verbinden. Häuschen ohne Polaritäten hat diese Welt noch nicht gesehen. Sogar die Wartburg ist tendenziös. Sie kennt, wie wir bereits wissen, den Unterschied zwischen neu (das heißt qualitatives Links) und alt (das heißt qualitatives Rechts). Der Kapitän im Zentrum polarisiert die Gegensätze. Er bekleidet so – oft schon als Knabe – das harte Amt des Mamassachlissi. Jede Wartburg hat ein Häuschen im Leibe und jedes Häuschen natürlich eine Wartburg. Trotz aller Feindschaft bleiben beide organisch verwandt.

Die Wartburg ist freilich viel zarter besaitet. Denn erstens zieht sie ihre Mannschaft wahllos aus allen Etagen, ja, sogar ganz wildfremde Häuschen können bei ihr vertreten sein. Unter solchen Umständen braucht es immer eine Zeit, bis sich die Parteien ordnen. Zweitens lähmt hier der Specchio eher den Klassenkampf, anstatt ihn zu fördern. Denn Friede und Einverständnis gehören ja zu seinen Grundlagen. Nur so weckt er die Dixiebahn in den Köpfen. Auf jeder Wartburg ist der Specchio also noch eine Seite für sich.

Anschauungen wollen – ob links oder rechts – immer bloß Häuschen durch Häuschen ersetzen. Revolution ist Substitution. Sie türmt ein Haus über das andere, und jedes Dach dient als Boden für den nächsten Ersatz. Häuschen hoch zwei, Häuschen hoch drei – ganz unten wohnt der Mamassachlissi. Alle Substitutionen zusammengenommen, ergeben geschichtlich eine Pagode. Dadurch erklärt sich, wie man in vielen und der Höhe nach verschiedenen Häuschen zugleich zu Hause sein kann. Das oberste und das unterste sind manchmal sehr weit voneinander entfernt. Jenes verschwindet gleichsam in den Wolken. So ist es möglicherweise schon der Gipfel aller Substitutionen. Ein weiterer Aufsatz wäre übertrieben und müßte – wenn er nicht von selbst zerflattert – bald wieder zurückgenommen werden. Wegen der großen Unsicherheit sind solche Spitzen meistens auch nur sehr dünn bewohnt. Das Lebensniveau liegt gewöhnlich ein oder gar zwei Häuschen niedriger. Manchen Substitutionen steht der Mamassachlissi selbst mit Rat und Tat zur Seite. In manche mischt er sich nicht ein.

So viele Häuschen die Pagode zählt, so viele Wartburgen hat sie. Der Mengenunterschied zwischen den beiden Arten beläuft sich hier höchstens auf ein Stück. Denn weil doch die Häuschen immer früher entstehen, muß ihre Pagodensumme auch ab und zu etwas größer sein. Dieser Vorsprung währt aber nur kurz (eben solange, wie der Ersatz noch frisch ist), und die Wartburg holt schnell auf. In den Pagoden werden Häuschen nach oben hin winziger, die Wartburgen – riesiger. Dem klugen Mamassachlissi kann daher jeder Hochbau nur als großes Wagnis erscheinen. Jahrhunderte können vergehen, ehe er beschließt, sich noch ein Häuschen zuzufügen.

Häuschen gründet man durch Substitution, Wartburgen – durch den Specchio. Für jene ist das Bauen – für diese das Schauen die Methode. Man braucht sich die Wartburgen deshalb auch nicht unbedingt als Immobilien vorzustellen. Sie sind nämlich bei weitem nicht so fest auf dem Globus angelötet wie die

Häuschen. Vielmehr können sie ganz leicht überallhin verlegt werden, denn jeder Specchio ist transportabel. Es stehen daher Häuschen und Wartburg zwar prinzipiell in der gleichen Zeit, aber wohl doch viel weniger in demselben Raum. Oft bedarf es langer Wanderungen, um von einem zum anderen zu kommen.

Man vermißt aber ebenfalls einen engeren Zusammenhang der Wartburgen untereinander. Sie haben in der Tat wenig Tradition. Der Specchio ist fast immer unterschiedlich. Er entsteht nur sehr selten durch Anlehnung an Voriges. Alter Specchio in neuen Verhältnissen wäre ebenso paradox wie neuer in alten. Die frühen Wartburgen sind später meistens alle kraftlos, weil ihre Specchios nicht mehr ziehen. Die frühen Häuschen üben dagegen immer noch genug Gewalt auf uns aus. Alle Substitutionen zollen ihren Tribut. Man denkt, man lebt nach ihrem Beispiel. Wem sie nicht im Kopf geblieben sind, dem sitzen sie in den Knochen.

Je nachdem, wo es für sie sicherer ist, bauen sich die Wartburgen bald links, bald rechts von den Häuschen auf. Dieser Umstand gibt ihnen oft den Charakter einer Parteilichkeit. Man hat den Eindruck, als stünden sie mal mit den Unterhäuschen gegen die Oberhäuschen, mal mit den Oberhäuschen gegen die Unterhäuschen im Kampf. Es ist auch nicht zu leugnen, daß die Häupter mancher Substitution in den Wartburgen Zuflucht suchten und fanden. Einige wurden sogar dort geboren. Ihr Manifest hatte darum immer etwas von einem Specchio und der Specchio immer etwas von einem Manifest. Trotzdem ist für die Wartburg keine Seite des Häuschens wesentlich. Sie könnte auch ohne Bezug darauf existieren. Ihre eigenen Seiten geben ihr genug zu tun.

Vor der Substitution steht die Wartburg links. Nach der Substitution steht sie gewöhnlich rechts von den Häuschen. In der ersten Stellung ist der Abstand nie allzu groß. Bei gutem Wetter kann das Häuschen jedenfalls die Wartburg deutlich sehen. Zwischen den beiden mag es dann sogar noch einen dünnen Verkehrsweg geben. In der zweiten Stellung kommt die Wartburg keinem Häuschen direkt vor die Augen. Sie hat sich bis an die äußerste Kante des Dachbodens zurückgezogen. Eine überflüssige Bewegung – und sie fiele von der Pagode. Jeder Selbstmord, den man aus Abscheu vor seinem Häuschen begeht, kündet solchen Fall. Dabei wird der Specchio allerdings niemals mit hinuntergenommen. Er bleibt stets in den Händen jener zurück, die weiter aushalten können. Die Wartburg lebt also auch am Rande der Verzweiflung immer wieder von neuem auf.

Das Häuschen lernt in beiden Stellungen die Wartburg viel eher und gründlicher kennen. Denn erstens ist es seiner Natur nach neugieriger; zweitens macht die Wartburg sich ihm jedesmal per Specchio von selbst bemerkbar. Sie ist – anders gesagt – radioaktiv und spielt auf der Welle des Häuschens. Ihre Melodien werden dort gewöhnlich auch am schnellsten bekannt. Der Mamassachlissi hört den Specchio ab, um sich besser gegen (gelegentlich auch mal für) die Substitution zu wappnen. Alle Sendezeichen haben taktischen Wert. Denn sie zeigen, wer aus dem Häuschen auf der Wartburg sitzt und was er da treibt. Wo Mamassachlissi mehr weiß, als nötig ist – und das tut er ja fast immer –, hat ausnahmslos der Specchio Schuld.

Umgekehrt geht der Wartburg das Häuschen niemals wahrheitsgetreu in den Kopf. Sie unterschätzt es oder sie überschätzt es oder sie schätzt es gar nicht einmal. Nun müssen wir zugeben, daß sie es schwerer hat. Denn erstens sind die Häuschen generell sehr undurchsichtig. Zweitens hüllt Mamassachlissi noch gern sein Haus in ein Geheimnis. Je rätselhafter es ist, um so mehr gefällt er sich darin. Keine Wartburg kann sich ein Häuschen objektiv bis zu Ende erklären. Drittens ist die Umwelt per Specchio nur sehr verschwommen wahrnehmbar. Sie wird fast gar nicht reflektiert, und die Wartburg liegt meistens blind in ihrem Schoß. Zwar spiegelt der Specchio selten mal auch das Häuschen wider, es kommt dann aber immer bloß nebelhaft und negativ zur Ansicht. Alle seine Seiten erscheinen als Schattenseiten, so daß man sich wundern muß, wie es überhaupt unter der Sonne sein kann. Die Wartburgen haben allgemein auch wenig Lust, das Bild des Häuschens (oder etwa gar des Mamassachlissi) extra per Specchio zu beschwören. Sie halten die Dixiebahn für sehenswürdiger und sind ganz darauf einfixiert. Aber in der Einbildung kann das Häuschen (beziehungsweise der Mamassachlissi) manchmal sogar die Dixiebahn belasten. Dann wird die Wartburg oft des Specchios nicht mehr froh, und sie muß, um weiterzubestehen, einen frischen, wirksameren haben. Abgenutzte Specchios zeigen in der Regel die Häuschen etwas deutlicher an. Viertens hat auch viel zu sagen, in welchem Alter man die Wartburg bezieht. Junge Leute sind weniger anspruchsvoll. Eine recht mittelmäßige (wenn nicht geradezu schäbige) Dixiebahn dünkt ihnen schon das Himmelreich, und so hält der ganze Specchio natürlich viel länger vor. Einmal auf der Wartburg, fällt den Pipos ihr Häuschen nur selten ein. Dagegen ist Erwachsenen nicht mit jedem Specchio gedient. Sie befahren die Dixiebahn nach Geschmack und können sich nur sehr schwer an einen Durchschnitt gewöhnen. Vielen liegt aus diesem Grund selbst in der Wartburg noch das Häuschen auf der Seele.

Wo eine Substitution bevorsteht, wird die Wartburg zum Asyl für groß und klein. Nun hat sie aber mit der Substitution selbst nie das geringste zu tun. Die Wartburg zersetzt wohl das Häuschen, doch sie ersetzt es nicht. Der Specchio verbietet so was. Keine Wartburg hat der Geschichte jemals einen Mamassachlissi gestellt. Substitutionär ist nur, wer (was) selbst ein Häuschen in sich hat. Wartburgen kann man höchstenfalls der Prostitution bezichtigen. Aber davon sind ja auch die Häuschen in der Mehrzahl nicht frei. Manche treiben es damit vielleicht sogar viel schlimmer.

In der zweiten Stellung ist auf den Wartburgen, welche über einen verbrauchten Specchio und nur wenig Jugend verfügen, die Substitution das ewige Gesprächsthema. Man sagt, sie sei in Gang und zählt die Stunden des Häuschens. Weil aber die Rechnung gewöhnlich ohne Mamassachlissi gemacht wird, geht sie fast niemals wunschgemäß auf. Es bleibt immer ein Rest übrig, der nicht unterzubringen ist. Die Substitution wird vor allem jedesmal zu früh veranschlagt. Das Häuschen ist noch im Zenit, wenn man schon davon munkelt. Aber auch später kalkulieren die Wartburgen nicht genauer. Keine Substitution hat ein exaktes Datum. Alle diesbezüglichen Termine sind auf der Wartburg gemacht und historisch unsicher. Gewiß, sie bestimmen das Ereignis vielleicht mal anfangsweise. Das Ende ist aber dann meistenteils schon eine ganz andere Geschichte.

Substitutionäres Häuschen bietet noch lange keinen Ersatz. Es wird von niemandem unterstützt und hat es auf der Welt am schwersten. Die Substitution erregt immer große Bewunderung, denn das Häuschen ist ja laut Mamassachlissi unersetzlich. Man traut seinen Augen nicht, wenn es verschwindet. Oft sind auch genug Partisanen da, die den Fakt noch nachträglich bestreiten. Granaten aus dem Hinterhalt erinnern an den Mamassachlissi. Die Substitution ist entweder zu schön, um wahr, oder zu wahr, um schön zu sein. Viele halten sie für einen Schwindel und wagen sich lange Zeit nicht aus der Wartburg hervor. Das gute Häuschen liefert über seinen Fall auch selbst gar keine Anhaltspunkte. Es hält bis zuletzt den Kopf hoch.

Der große Umzug des Jahrhunderts ist der Umzug aus dem Häuschen auf die Wartburg. Die erste Etappe auf diesem gewiß nicht leichten Weg war das Iß-mich oder sowas ähnliches: die zweite war der Kakadu. Dann wechselt der gastfreundliche Charakter: Es kommen Luftschutzkeller und Konzentrationslager als nächste Zwischenstation. In jedem Stadium wird der Umzug massenhafter. Während das Iß-mich in der Hauptsache nur Volk aus Kolchis, Iberien und Albanien versammelte – auch Heniochen kamen dort oft vor –, sah der Kakadu schon Leute aus allen Erdteilen. Die Achse Berlin-Rom-Tokio lief direkt durch seinen goldenen Käfig.

Jedes individuelle Häuschen macht unter Druck einen Luftschutzkeller voll. Für die Abzapfung eines Mamassachlissi sind darum solche Keller summarisch bestimmt das größte Loch. Alle Bomben überbietend, zweiteilen sie das Häuschen bis auf den Grund: Sie hüten es vor ihm selbst. Und Konzentrationslager gibt es nur im Konzentrationslager. Bei jedem Mamassachlissi, der solche Lager hat, ist auch sein ganzes Häuschen eines. Aber für das Alphabet sind diese Synthesen trotz allem zu klein. Von K ist nicht von A bis Z, und konzentriertes Häuschen schnellt am schnellsten auseinander.

In jeder der vier Phasen wird die Emigration zwangsläufiger. Ganz zuerst ist sie nie viel mehr als eine persönliche Angelegenheit. Man geht, weil einem das Häuschen nicht paßt, und man kommt, wenn es wieder gefällt. Im Iß-mich war der Umzug noch freiwillig. Darum saßen dort auch so viele Mitgänger, welche entweder ihrer Neugier gefolgt oder meistens einfach dazu überredet worden waren auszuwandern. Manche von diesen wurden später durch den entgegengesetzten Ratschlag wieder in das Häuschen zurückgeschleust.

Die Kakadus sind nicht willkürlich. Sie entspringen schon

einem kollektiven Bedürfnis, aus dem Häuschen zu sein. Unter ihren Fittichen ist der Umzug erst richtig unterwegs. Mit Jazz kommt Bewegung in die Emigration. Sie eignet sich seinen Rhythmus an und wird expressiv. So kann ihr niemand mehr den Weg verlegen. Wie schalldicht das Häuschen auch gebaut sein mag, sie beißt sich durch. Der große Appell überspielt jeden Mamassachlissi. Da hilft ihm keine klassische Erziehung. Wo ein Maestro seine Tonleiter an das Häuschen stellt, kommen die Pipos gleich zu Scharen heraus. Aber auch auf diesen Stufen trifft man zufällig immer noch welche, die nicht mit Leib und Seele dabei sind.

Nur im Luftschutzkeller ist das ganze Häuschen zwangsweise außer sich. Darum macht die Emigration hier die gewaltigsten Fortschritte. Denn wo der Keller dem Häuschen sein Häuschen verleidet – und das Häuschen dem Häuschen seinen Keller –, da kann von keinem ordentlichen Wohnen mehr die Rede sein. Da gefällt es einem eigentlich nur noch auf den Treppen, da ist man dauernd auf dem Sprung. Kein Mamassachlissi kann der Entwurzelung seines Häuschens durch den Luftschutz begegnen. Auch hier ist – wie in allen anderen Phasen des Umzugs – ausgerissen am sichersten. Aber die Evakuierung gereichte noch niemals den Mamassachlissis zum Vorteil. Sie alle gaben damit ihr Häuschen bloß aus der Hand.

Zwischen K und Z wird der Umzug zur Deportation. Er erscheint da in der Maske seines Gegenteils, nämlich als Strafmaßnahme des Mamassachlissi. So bringt er auch die meisten aus dem Häuschen. Denn wer gegen diese Lager ist, der ist entweder schon dort, oder er ist auf dem besten Wege dorthin. Die Mamassachlissis verschicken am Ende nahezu ihre ganze Gesellschaft. Sie sind – wenn wir zusammenfassen – die erste und letzte Ursache des Umzugs.

Der Abstand zwischen Iß-mich und Häuschen ist von allen anderen Stufen äußerlich der größte und innerlich der geringste. Zwischen Iß-mich und Wartburg ist er umgekehrt äußerlich am geringsten und innerlich am größten. Dieses Extrem in den Distanzen spannt den Umzug bis zum Zerreißen an. So wird der ganze Globus durchmessen. Unser Häuschen liegt zum Beispiel am Aragus und das Iß-mich an der Spree und an der Seine oder an der Themse, heute vielleicht schon gar am Hudson River oder an sonst noch irgendwelchen Flüssen, die den Mamassachlissi überhaupt nicht berühren. In der Umgebung eines jeden Iß-mich steht, auch sehr bequem zu Fuß zu erreichen, immer eine Wartburg. An der Spree hat sie einen Kakadu auf der Schulter, an der Seine schon zwei. An der Themse und den anderen Flüssen mehren sich die Vögel zusehends. Am Hudson bilden sie Geschwader. Darum ist die Wartburg dort auch am machtvollsten.

Bei allen Iß-michs ist nun aber innen alles ganz so wie zu Häuschen. Da wird noch gekocht und gebacken, was der Mamassachlissi gern hat. (Seine Küchenrezepte sind in Dixieland ein gutes Kapital.) Da wird aber auch kräftig und auf Kommando getrunken, wie man es noch von ihm her gewohnt ist. (Die ersten Emigranten nehmen, wenn sie das Häuschen verlassen, auf alle Fälle Kantzis mit.) Da spricht man ausschließlich seine Sprache, weil man noch keine andere kennt. (Dixieländisch verstehen alle Iß-mich-Gemeinschaften – außer den paar Leuten, die es von Häuschen aus flüssig beherrschen – im Durchschnitt nur brockenweise.) Da intoniert man seine Lieder, wenn man fröhlich ist. (Viele Iß-michs machen Reklame mit Sang und Tanz des Mamassachlissi.) Da ist er selbst mit seinem Häuschen noch das ewige Thema. (Jedes Iß-mich erörtert von früh bis spät die politische Lage des Mamassachlissi. Und wie miserabel diese gegenwärtig auch sein mag, es glaubt doch an die Güte der Zukunft. Die ersten

Emigranten sind gewiß nicht die letzten Patrioten.) Es besteht – wie man sieht – kein wesentlicher Unterschied zwischen Iß-mich am Aragus oder sonstwo. In allen Dixieländern ist die Emigration ganz zuerst noch durch und durch von ihrer Herkunft gestempelt. Darum hat die Wartburg auch nur relativ wenig Einfluß auf sie. Die ersten Emigranten besuchen gewiß mal Kakadus, aber regelmäßig sind sie doch bloß in den Iß-michs zu finden. Außer ein paar flüchtigen Bekanntschaften auf der Dixiebahn haben sie zu niemandem Verbindung. Sie machen sich aus dem Specchio noch kein Wahrzeichen und bürgern sich auch nirgends ein.

Zwischen Kakadu und Häuschen ist der Abstand äußerlich sehr verschieden. Man sieht den Vogel heute schon an Flüssen, wo er früher einfach undenkbar war. Der Kakadu ist da aber blutjung und trägt noch die Farben des Häuschens. Dann pfeift er auch meistens so wie Mamassachlissi. Echte Kakadus finden sich wohl nur in Dixieland. Darum braucht die halbe Welt für ihren Besuch in erster Linie eine Fahrkarte.

Innerlich steht der Kakadu den Häuschen nicht allzu nah und auch nicht allzu ferne. So kommt es denn, daß man ihn immer noch ganz gut besuchen kann, ohne mit dem Mamassachlissi zu brechen. Der Vogel sieht niemandem ins Herz. Von allen Organen interessiert ihn dieses am wenigsten. Sein Steckenpferd ist die Dixiebahn an sich. Er wird nicht müde, mit Musik auf ihr herumzuziehen und aus allen ihren Krümmungen saftige Specchios zu machen. In einem guten Vogelbauer kann kein Kakadu dem Häuschen etwas anhaben. Viele Mamassachlissis vertreten sogar die Meinung, daß der Kakadu die Hauswirtschaft stimuliert. Wo sie durch das Flugwesen reicher werden, schränken sie es auch seltener ein.

Zwischen Kakadu und Wartburg ist fast von gar keinem

Abstand zu reden. Beide befinden sich gewöhnlich in derselben Stadt, nicht selten auf derselben Straße. Sie sind durch die Dixiebahn eng verknüpft und haben auch den Specchio gemeinsam. Das Personal in den Kakadus entstammt zum größten Teil der Wartburg und umgekehrt. An bestimmten Flüssen schließen sich die zwei Unternehmen schon gern zu einer Firma zusammen. Dennoch ist kein Kakadu der Wartburg ebenbürtig. Man ersieht das leicht aus der Geschichte. Jeder Kakadu kann zum Beispiel ohne weiteres von dem Mamassachlissi geschlossen werden, die Wartburg – nie. Ihre Offenheit ist unbezwinglich (auf diesen Umstand wurde auch oben schon im Zusammenhang mit Kapitän Wakusch hingewiesen). Die Kakadus existieren in Raum und Zeit, das heißt, sie sind ausgedehnt und haben ein Innenleben. Die Wartburg existiert vornehmlich in der Zeit, das heißt, sie hat mehr ein epochales als lokales Wesen. Ihr Dasein ist gebäudefrei, und sie muß daher, um zu bestehen, nicht unbedingt auch irgendwo stehen. Am Aragus und an den anderen wegen Mamassachlissi bis heute unzugänglichen Flüssen fehlt der Wartburg nur ein konkretes Häuschen. Die Specchios sind dort latent und harren ihrer Verkörperung. In den Dixieländern kommt der Wartburg auch jeweils eine Raumstelle zu. Sehr oft tritt sie uns hier als famoses Bauwerk entgegen.

Der Kakadu ist ein Vogel, und die Wartburg ist eine Festung. Dieser Unterschied wird besonders im Charakter deutlich. So hat jeder Kakadu immer etwas Flatterhaftes, das ihn die Dixiebahn unbekümmert auf und ab wandern läßt, als wäre sie nur zum Spielen da. Er ist in diesem Sinne viel zu leichtfertig. Wer mit ihm Ernst macht, kann deshalb auch eigentlich bloß ein Pipo sein. Alle älteren Emigranten nehmen den Spaßvogel für das, was er ist. Die Wartburgen sind zielbewußt. Sie wollen die Dixiebahn verlängern. Sie warten auf Substitution. Im Unterschied zu den Kakadus stellen Kleinigkeiten sie selten zufrieden. Nur ein solider Specchio ist ihnen die Mühe wert.

Außerdem müssen wir noch den militärischen Zug der Wartburgen gegen die Kakadus hervorheben. Jede hat einen Kapitän, der sie befehligt. Es stehen da auch Ehrenwachen an den Toren, die salutieren, wenn der Specchio vorbeigetragen wird. Sie haben ihm unverbrüchliche Treue geschworen und sind für seinen Naturschutz verantwortlich. Weil der Mamassachlissi in den Häuschen niemals schläft, darf sich keine Wartburg in Sicherheit wiegen. Sie muß an allen Flüssen immer auf einen Sturm gefaßt sein. Der Specchio ist zugleich ihr Hort und ihre Sorge. Kein Kakadu kann so was richtig verstehen. Die Kernbedeutung des Specchio als Talisman gegen Häuschen und Mamassachlissi übersteigt den Horizont des Vogels. Es trifft sich darum auch gar nicht selten, daß einer mit dem Kakadu eng befreundet ist, ohne die Wartburg näher zu kennen. Die Pipos und die Pipas sind im Durchschnitt zwar alle Emigranten, aber sicher noch lange keine Wartbürger. Nur wer sich an der Front im Häuschen besonders hervortut, kommt für die Festung in Frage. Der Specchio ist als Ritterorden über das ganze simple Fußvolk erhaben. Leider sieht man heute schon immer häufiger, daß viele Wartburgen durch unnötige Verbrüderung mit Kakadus ihr gutes Niveau verlieren und sich auf der Dixiebahn genauso oder vielleicht noch vogelfreier benehmen.

Die meisten Häuschen haben ihren Luftschutzkeller direkt unter sich. Darum ist der Umzug hier (wenigstens äußerlich) ein Kinderspiel. Man braucht das Häuschen gar nicht zu verlassen, um es zu verlassen. Auf diesem Ausweg wird nur noch tiefer eingewandert. Im Keller sitzen alle bei den Grundlagen des Mamassachlissi. Es ist dort auch entsprechend finster und muffig, so daß jeder sich eilig davonmacht, wenn er die Entwarnung hört.

Der Keller zeigt das Häuschen auch unverputzt. Man sieht da ohne Stuck und Farbe, woraus es in Wirklichkeit besteht. Oft ziehen noch Leitungen wie Nabelschnüre durch den ganzen unteren Teil. Alles, was dem Häuschen oben nichts mehr nützt, was es oben stört und was es oben empört, ist darin enthalten. Sehr oft findet sich dort auch Gerät aus einem vorigen oder sogar vorvorigen Häuschen. In allen Pagoden scharrt der Mamassachlissi viele Sachen, die ihm teuer sind, gern auf dem höchsten Absatz zusammen. Dabei macht er von den Kellern besonders deshalb Gebrauch, weil er sie noch zu den Dachkammern der überstockten Häuschen rechnet und nicht zu den Räumen der Substitution. Der Keller in der Kuppel und die Kuppel im Keller sind der ganze Luftschutz. Jeder Mamassachlissi hält sein letztes Häuschen im Keller immer nur insofern für sicher, als er es auf dem Dach des vorletzten weiß.

Innerhalb der Häuschen spielen alle Keller eine untergeordnete Rolle. Weil man gewöhnlich höher lebt, liegen sie meistens wie ausgestorben da. Außer Katzen, Mäusen und dem Mamassachlissi rührt sich in der Regel nichts bei ihnen. Sie sind das entfernteste und versteckteste Ende jedes einzelnen Häuschens. Selbst der Luftschutz kann, so lebenswichtig er ist, den Rang des Kellers im Häuschen nicht erhöhen. Eher läßt er ihn sinken, und sehr oft sinkt dann auch Mamassachlissi. Der Luftschutzkeller ist und bleibt das niedrigste, was einem Häuschen jemals widerfährt.

Der Abstand zwischen Luftschutzkeller und Wartburg beträgt äußerlich fast genausoviel wie der Abstand zwischen Wartburg und Häuschen. Er wird also – je nach dem Fluß, an dem wir uns befinden – bald größer, bald kleiner sein. Wenn sie keinen eigenen Keller haben, machen viele Wartburgen bei Alarm heimlich von dem Luftschutz des Häuschens Gebrauch. Um ihren

Specchio zu erhalten, stecken sie ihn dann, sozusagen, in den Rachen des Löwen. Dieser Winkelzug ist zwar riskant, aber historisch durchaus berechtigt. Denn schon während des letzten Krieges wurden – wie man weiß – mehr Bomben auf Wartburgen als auf Häuschen abgeworfen, und noch mehr Raketen werden während des nächsten Krieges die Wartburgen verheeren. Vielleicht wäre es deshalb auch wirklich am besten, alle Specchios unter den Luftschutz der Häuschen zu stellen.

Daß die Mamassachlissis ihnen dann bedrohlich nahe kommen, braucht niemanden zu ängstigen. Denn erstens reicht im Keller kein Licht so weit, daß man genau sagen könnte, was rechts und was links (beziehungsweise alt oder neu) ist. Zweitens lassen sich die Specchios, wenn es dort brenzlig wird, noch hinter Gasmasken verstecken. Diese Tarnung ist für sie sogar die denkbar beste: Mit Glotzaugen und Rüssel sind ja selbst die Häuschen gar nicht mehr voneinander zu unterscheiden, geschweige denn Specchios. Auch Mamassachlissi sieht gasmaskiert ebenso aus wie jeder andere. Drittens ist zwischen allen benasten Totenköpfen, welche der Luftschutz in den Kellern hervorkehrt, kein Specchio mehr aktuell. Der Ernst der Gespensterstunde macht das ganze Häuschen nur noch auf sein Häuschen gespannt. Was es enthält, ist ihm (und Mamassachlissi) dann gleichgültig, vorausgesetzt, daß es hält. Natürlich dürfen die Wartburgen auch in diesen Situationen niemals übermütig werden. Wenn da dem Specchio nichts geschehen soll, müssen sie sein Inkognito streng bewahren.

Wie die Wartburgen sind alle Luftschutzkeller innen zum Warten angelegt. Und es ist wie bei den Wartburgen auch bei ihnen immer möglich, daß das gesamte Häuschen jählings über sie hereinbricht. Die Gesinnung eines Luftgeschützten kommt daher bereits in vielem der Gesinnung eines Wartbürgers gleich. Oft fehlt bloß noch der Specchio, um ihr – sozusagen – die Krone aufzusetzen. Der Luftschutz stellt natürlich auch die Geduld des Mamassachlissi auf die Probe. Er ist ja für ihn im Prinzip noch viel strenger als für das restliche Häuschen.

Ein Häuschen kann wohl ohne Konzentrationslager, aber kein Konzentrationslager ohne Häuschen existieren. Die Lager entspringen nur, wo Mamassachlissis vorgebaut haben. Wer ein Konzentrationslager finden will, braucht deshalb auch nie weit von den Häuschen zu suchen. Es liegt der Regel nach in ihrem Garten. Der Umzug dorthin bleibt – wenn nicht exakt zu Hause – so doch auf jeden Fall im Land.

Die Konzentrationslager verschließen Leute aus vorigen (beziehungsweise vorvorigen) Häuschen und Substitutionäre, das heißt solche, die ein besseres Häuschen haben (oder gar machen) wollen als Mamassachlissi. Viele Häftlinge dort sind ehemalige Wartbürger, teils alte, teils neue; ein Kapitän, der dumm genug war, sich kriegen zu lassen, ist manchmal ebenfalls darunter. An vielen Flüssen werden auch noch die Stammkunden der Iß-michs und Kakadus sehr oft für Konzentrationslager in Beschlag genommen. Justiz ist da brutal genug, um ihr Mütchen selbst an Pipos zu kühlen. In Konzentrationslagern leben (und sterben) Emigranten jeder Etappe. Dort decken sich alle Abstände vom Häuschen. Das Lager ist der Hafen der Emigration am Rande des Alphabets.

Sehr oft ist dieses oder auch jenes Konzentrationslager länger in der Geschichte als sein Häuschen. Dann kann es einem völlig anderen Häuschen eines ebenso völlig anderen Mamassachlissi dieselben Dienste leisten. In manchen Konzentrationslagern werden ohne Unterschied Emigranten nach links und nach rechts festgehalten.

Jedem Häuschen liegen seine Konzentrationslager innerlich

am fernsten. Darum kann es sich meistens auch gar nicht vorstellen, daß es sie überhaupt gibt. Um so williger ist es bereit, bei anderen Häuschen (vor allem bei solchen, die es nicht leiden mag) Konzentrationslager anzunehmen. Die Häuschen lernen ihre eigenen Konzentrationslager nur von innen kennen, wenn sie am Ende ihrer Geschichte mal selbst dort hineingesteckt werden. Allerdings ist in konkreten Konzentrationslagern immer bloß ein geringer Teil des Häuschens verstaubar. Der größere bleibt draußen und glaubt nicht dran.

Wenn im Häuschen überhaupt jemand etwas Genaueres über Konzentrationslager wissen kann, so müßte es der Mamassachlissi sein. Auf der Welt kennt doch keiner sein Häuschen so in- und auswendig wie er. Es gibt aber trotzdem genug Häuschen, die steinfest behaupten, ihr Mamassachlissi hätte wirklich nichts gewußt und er wäre – wären ihm die Konzentrationslager jemals zu Ohren gekommen – auf das energischste eingeschritten. Der reinen Wahrheit wegen, und auch ohne sich diesen Häuschen irgendwie anschließen zu wollen, kann man hier unterstreichen, daß Mamassachlissis nicht allwissend sind. Jeder hat immer mehr (oder weniger) im Häuschen, als er denkt.

Alle Häuschen, die selbst Konzentrationslager sind, haben sich meistens entweder noch gar nicht erkannt – solche müssen dann erst per Specchio ganz langsam über ihr Wesen zur Klarheit gebracht werden –, oder sie kennen sich, dann sind sie aber ideologisch nicht mehr zu Hause, sondern auf der Wartburg.

Konkrete Wartburgen und Konzentrationslager haben mindestens immer ein Häuschen zwischen sich. Man muß deshalb, um von der Wartburg ins Konzentrationslager und vom Konzentrationslager auf die Wartburg zu kommen, entweder das Häuschen umgangen haben oder durch das Häuschen gegangen sein. Der dritte und kürzeste Weg zu konkreten Konzentrationslagern und

Wartburgen ist per Specchio. Über ihn können auch die jüngeren Emigranten (vor allem Pipos und Kapitäne), welche vom Häuschen nur sehr wenig oder noch gar nichts gesehen haben, an ihren Bestimmungsort gelangen.

Innerlich ist kein Konzentrationslager von der Wartburg allzu verschieden. Hier und dort wartet man sehnsüchtig auf die Substitution, oder man wartet (einfacher) darauf, daß der Mamassachlissi die Dixiebahn wieder freigibt. Man ist hier und dort in einer Zwangslage, die sich per Specchio ergeben hat. Die meisten Konzentrationslager und Wartburgen sind auf Lebenszeit: Man ist hier wie dort für immer aus dem Häuschen.

Nicht alle Emigranten machen alle Etappen des Umzugs durch, und ebensowenig gehen alle Emigranten in gleicher Weise durch ihre Etappen. Die Laufbahn jedes einzelnen hängt von ganz verschiedenen äußeren und inneren Bedingungen ab, so zum Beispiel von dem Fluß, an dem er sich befindet. Wenn die Zustände dort ungünstig sind, bleibt sein Specchio auf halbem Wege stecken. Alle Etappen des Umzugs sind nicht an jedem Fluß gegeben.

Sehr oft werden auch einzelne Etappen auf Kosten der anderen überentwickelt. Wenn beispielsweise das Iß-mich da ist, läßt der Kakadu zu wünschen übrig, oder umgekehrt. Die Etappe Luftschutz fällt überhaupt im Frieden aus, und man hat dann statt dessen intensivierte Kakadus oder Konzentrationslager an den Flüssen.

Der Umzug kann individuell mit jeder Etappe beginnen. Am sanftesten fängt man im Kakadu an. Die übrigen Stationen sind innerlich und äußerlich härter zu ertragen. Obwohl es allgemein keine feste Richtung gibt, ist der Wechsel von den sanften auf die harten Etappen gewöhnlicher. In der Regel genügen den meisten Emigranten schon die Etappen, die sie gerade zu Hause haben.

Doch werden auch sehr viele gezwungen, die fehlenden (harten) Phasen an anderen Flüssen nachzuholen.

Ein Emigrant ist auf keiner Etappe so absolut gegeben wie etwa der Mamassachlissi in den Häuschen. Er steht vielmehr mit einem Bein immer schon (oder noch) auf einer ganz anderen Etappe. Der Grund dafür liegt in der prinzipiell ungleichmäßigen innerlichen Entwicklung individueller Specchios, welche alle äußerlichen Verhältnisse des Umzugs entweder überläuft oder hinter ihnen zurückbleibt, wo sie sich gelegentlich mal schneller ergeben. Wer zum Beispiel im Häuschen einen hellen Specchio hat, der ist innerlich schon so gut wie auf der Wartburg. In Luftschutzkellern und Konzentrationslagern brauchen die Specchios gar nicht besonders hell zu sein, um sich von der Wartburg zu erleuchten.

Im Iß-mich stellt das Häuschen die Specchios wieder in den Hintergrund. Denn diese Etappe ist als die äußerlich am weitesten von Mamassachlissi gelegene sein umso festerer innerer Machtbereich. Die Emigranten hängen hier alle noch an dem Häuschen, weil es einesteils ihr Geburtshäuschen ist, und andernteils das Iß-mich sie auch genügend von Dixiebahn und Wartburg isoliert. Weil man im Kakadu nicht ewig sitzen kann (weil jeder Pipo von da letzten Endes doch wieder nach Hause gehen muß), ist auch diese Etappe mehr auf Mamassachlissi rückbezüglich. Es geschieht allerdings auch nicht selten, daß der Specchio einzelner Emigranten in Iß-michs und Kakadus sprungartig auf die Wartburg verfällt. Wieder andere Emigranten haben selbst auf den zwei letzten und schärfsten Etappen des Umzugs immer noch keinen (oder wenigstens keinen richtigen) Specchio auf den Schultern. Viele von diesen bringen sogar die Konzentrationslager nicht aus dem Häuschen: Sie glauben fest daran, daß der Mamassachlissi einmal wieder alles zum besten wenden wird, und warten auf ihre Rehabilitation.

Die Emigranten erster und zweiter Etappe richten sich in der Wartburg – falls sie per Specchio überhaupt dorthin kommen – noch ganz so wie zu Häuschen ein. Alle wohnen da (wenigstens zuerst) im Stile des Mamassachlissi: Sie bringen Schnappschlösser an und legen – da ihnen die Mauern der Festung zu niedrig erscheinen – noch ein paar Ziegelsteine drauf. Sie machen aus jeder Dixiebahn ein kleines Polizeirevier mit einem Kommissar, der die Pipos (Pipas) kreuzverhört. Sie erfinden zu jedem Specchio einen Rahmen.

In den Häuschen der Emigranten dritter und vierter Etappe sieht es dagegen schon immer sehr nach Wartburg aus. Ihr Inneres läßt nicht (oder jedenfalls erst nachträglich) erkennen, daß sie bei Mamassachlissi stehen. Gewaltige Specchios hängen dort weit aus- und einladend wie Kronleuchter von den Decken. Luxusartikel Marke Dixieland machen die Zimmer bequemer. Oft ist dort das vergrößerte Fotoporträt eines Maestro, der übrigens nicht immer Musiker sein muß, denn die Dixiebahn existiert in allen Künsten (nicht zuletzt auch in der Philosophie).

Emigranten, die auf keiner Etappe sitzenbleiben, die – ob im, ob aus dem Häuschen – sich unentwegt in die Wartburg verinnerlichen, nennen wir Kapitäne. Die De-Generation, die im Ißmich geboren wurde und im Kakadu zur Schule ging, stellt dem Umzug die besten Offiziere. Sie ist, da sie kein bestimmtes Häuschen mehr bindet, dem Gros der Emigration um Etappen voraus. Sie rettet (solange es möglich ist) den Specchio aus allen Todesgefahren und geht (beispielsweise in den großen Bombennächten auf der Etappe Luftschutz) natürlich auch für die Wartburg durchs Feuer.

Als man sagte, daß der ganze Westen brenne, nahm Kapitän Wakusch einen Eimer und verließ ungesehen das Häuschen. Die

Entwarnung stand noch immer aus, und Wakusch war meistens allein auf der Straße. In den wenigen Pausen seines Rekorddauerlaufs verschnaufte er sich auf dem Eimer. Am Wege zeugten viele erloschene Ruinen bereits von der schlimmen Zeit, die für die Mamassachlissis angebrochen war. Nach jeder Nacht sah man jetzt immer mehr von ihnen ohne Häuschen. Der Mond schien silbern über dem Schuttgebirge, und weil sicher noch Dixieländer im Luftraum waren, bellte vereinzelt ein Luftgeschütz. Um nicht falsch zu laufen, mußte Wakusch in den besonders hart mitgenommenen Vierteln manches Häuschen erst im Geist wieder aufrichten. An Stellen war das Passieren wegen Einsturzgefahr durch Schilder untersagt, die Straße umgeleitet. Kapitän Wakusch bog aber nirgends ab und wahrte seinen Kurs. Er erklomm den Abhang eines jeden Kraters, ohne Zeit und Eimer zu verlieren. Er sprang durch Fassadenreste, die teils noch schiefer dastanden als der Turm von Pisa. Er ging in den Gängen toter Häuschen. Die Gräber der Mamassachlissis waren mit Fensterkreuzen bezeichnet.

Doch nicht überall hatten die Bomber ganze Arbeit geleistet, und viele Häuschen bewegten sich noch. Freie Materie kam in dicken Mörtelwolken bald links, bald rechts von Wakusch nieder. Sie füllte die Luft mit Projektilen von verschiedener Form und Größe. Es klirrte auch vielmals gegen den Eimer, den sich Kapitän Wakusch wie einen Helm über den Kopf hielt. Er lüftete aber häufig diese Bedeckung, um nach dem Gotteshäuschen auszuspähen, das den Westen weithin überragte. Einmal dort, war die Wartburg schon nah. Im Spähen schickte Kapitän Wakusch ein Stoßgebet für Tullio, Wolf und Olaf, dann eins für alle guten alten Pipos und Pipas, dann eins für den ganzen Specchio und zuletzt (da sie ja nun mal in der Wartburg waren) auch noch eins für die Neuen gen Himmel. Bald hoffte, bald fürchtete er, die

Wartburg möge so klug (beziehungsweise so unklug) gewesen sein, sich in den Luftschutzkeller zu verfügen. (Da sie dort notgedrungen dem ganzen Häuschen samt Mamassachlissi gegenübersitzen mußte, konnte ihr der Luftschutz ebenso oder gar noch gefährlicher werden als alle Flugzeuge des Gegners.) Die schlimmste Frage aber, die sich Wakusch stellte, war, ob die Wartbürger wirklich alles tun würden, was in ihren Kräften stand, um die Wartburg, falls sie Feuer gefangen haben sollte, vor dem Untergang zu bewahren. Würden sie alle – die doch aus fremden Häuschen und dort bloß auf Gastrolle waren – nicht eher von weitem gleichmütig zusehen, wie die Burg den Flammen zum Opfer fiel? Selbst ob sie bis zuletzt in der Not noch einander beistehen würden, konnte niemand wissen. Auf der Dixiebahn waren Mit-Gefühle von der flüchtigsten Natur. Daß sich zum Beispiel jemand in einer Krise guten Herzens an Olaf erinnern könnte, fand Wakusch kaum wahrscheinlich. Die Alten würden – wenn sie überhaupt zu Hause waren – viel zu spät des Schweden eingedenk werden; die Neuen mochten, um ihn noch sicherer zu verderben, sogar Öl ins Feuer gießen.

Kapitän Wakusch riß sich die Beine aus, was bei dem umgekrempelten Gelände gewiß ein großes Kunststück war. Einmal wäre er beinahe hingesegelt, aber immense Sprungfertigkeit durch Wille zur Wartburg hielt ihn im Gleichgewicht. Unterwegs verschmolz er auch äußerlich mehr und mehr mit dem Milieu und sah bald durch all den Staub und Schmutz wie ein kleiner Kobold aus einem vorvorigen Häuschen aus. Da zwischen Ruinen kein wesentlicher Unterschied besteht, schien es Wakusch in Augenblicken, als hielte die ganze Gegend mit ihm Schritt. Das Gotteshäuschen war – obwohl es eigentlich doch schon längst hätte in Sicht sein müssen – noch immer nicht am Horizont. Ein über allen Gegenständen lagerndes und sich unausgesetzt vertiefendes Rot erhellte statt dessen Wakuschs Weg. Selbst Mond und Himmel wurden von der Leuchtfarbe getüncht, die Nacht bekam den Anstrich des Tages. Funken tanzten in der Luft, die hier auch bereits qualmig und um mehrere Grade wärmer war. Trotz all dieser finsteren Anzeichen nahm Wakuschs Besorgnis aber doch etwas ab, als er den letzten Kilometer bis zur Katastrophe zurücklegte. Denn erstens glaubte er fest an die gütige Vorsehung, und zweitens tröstete ihn noch der Gedanke, daß die Wartburg – wo doch soundsoviel Millionen Häuschen zum Verbrennen da waren – mit starker Wahrscheinlichkeit unangefochten bleiben würde. Das einzige, was Kapitän Wakusch ernstlich befürchtete, war Ansteckung: Der Brand konnte, wenn niemand löschte, von den Häuschen auf die Wartburg übergreifen. Darum mußten alle Pipos und Pipas rechtzeitig für die Feuerwehr organisiert werden. Um schneller zu sein als der Wind, der leider zum Unglück noch wehte, erhöhte Wakusch sein ohnehin schon mörderisches Tempo. So kam er denn schäumend und mit hängender Zunge wie im Amok auch endlich an den großen Kirchplatz.

Das Gotteshäuschen war eingekracht. Es hatte alle Türme parterre, und von seinem ehemals wuchtigen Schiff ließen sich weder Bug noch Heck mehr unterscheiden. Dicker Weihrauch quoll aus dem flammenden Wrack, das einen sonnenhellen, beinahe blendenden Heiligenschein um sich verbreitete. Die Häuserzüge in Richtung Wartburg brannten zu Wakuschs unbeschreiblichem Entsetzen ebenfalls lichterloh. Auf den Straßen herrschte Geschäftigkeit: Scharen von Mamassachlissis beiderlei Geschlechts kämpften tapfer gegen die Verheerung. Eimer Wasser gingen von Hand zu Hand. Viele Löscher trugen Gasmasken. In der Mitte des Fahrdamms lag – oft nur von einem verstört kläffenden Schoßhündchen bewacht – das ganze Hab und Gut der Häuschen. Die meisten Sachen litten, wenn sie nicht schon gebrandmarkt waren, noch unter dem Transport. Hohe Spiegel leuchteten, die Umzugsszene reflektierend, im Wald der geborgenen Möbelstücke. Sie boten bei etwas Phantasie ein Filmbild von nächtlichen Zigeunerbiwaks mit Lagerfeuer. Man sah sogar mehrere aus Laken und Decken improvisierte Zelte, in denen Großmama(papa-)ssachlissi oder Säuglinge einen bangen kleinen Schlummer taten. Im Vergleich zu all diesen eben erst Hinausgefeuerten auf der Etappe Luftschutz war Kapitän Wakusch ein Veteran der Emigration. Weil von Exmamassachlissi geboren, lebte und bevorzugte er das Leben in fremden Häuschen, vor allem natürlich in der Wartburg. Sich eilig an dem Umzug vorbeischlängelnd, denn es war keine Zeit, näher Stellung zu nehmen, wünschte Wakusch allen Hinausgefeuerten von Herzen die besten Specchios für die Zukunft.

Er übersah und -hörte absichtlich die Gesten und Rufe vieler Mamassachlissis, die ihn in der Annahme, er sei gekommen, um Häuschen retten zu helfen, als willkommene Verstärkung ihrer Löschzüge betrachteten. Wenn man ihn gewaltsam anhalten und ausnutzen wollte, gab es eine gute Entschuldigung: Er erklärte einfach das nächste (besser übernächste) kokelnde Häuschen zu seinem eigenen, und Wakuschs moralische Verpflichtung, eher dort als hier zu löschen, war allen dann offenbar. Mehrere Male entzog er sich auch durch jähe Flucht hinter einen Spiegel, Schrank oder unter einen Tisch den zornigen Verfolgern. Es gelang ihm so, ein gutes Stück in dem Trubel vorzudringen, ohne rekrutiert zu werden. Dann aber spannte ihn schließlich doch noch ein Mamassachlissi bei sich ein, und Wakusch konnte – da es fatalerweise gerade der Mamassachlissi jenes Häuschens war, welches er als sein Domizil angegeben hatte – nicht mal dagegen protestieren. Er wurde in eine Menschenkette gestellt, an der bald volle, bald leere Eimer unablässig zwischen Pumpe und Brand hin- und hergondelten. Weglaufen ging nicht ohne weiteres, denn der Mamassachlissi war in der Kette Wakuschs Hintermann.

Außerdem bestand noch das Problem des Eimers. Der spezielle von Wakusch wanderte mit hundert anderen seinesgleichen von Hand zu Hand, und es war bei der schwankenden Beleuchtung auch unmöglich, ihn genau zu identifizieren. Als Kapitän Wakusch trotzdem einmal einen Eimer für Sekunden prüfend gegen das Licht hielt, wurde er, weil der Schleppzug stockte, von dem Mamassachlissi so furchtbar angebrüllt, daß ihn der Mut zu weiteren Inspektionen verließ. Das Häuschen, für das er Wasser trug, war ohnehin verloren. Es streckte schon vor Inbrunst rote Zungen durch die meisten Fenster. An seinem massiven Portal las Wakusch wie in verhängnisvoller Bestätigung noch die Unglücksnummer 13. Der Löschzug fuhr jedoch immer fort in dem quietschenden Rhythmus der Pumpe und zu den heiseren Kommandos des Mamassachlissi. Mechanisch leerte man – jetzt bereits mehr aus als in dem Häuschen – alle Eimer wahllos über den gescheiterten Haufen. Kapitän Wakusch empfand angesichts der wilden Verbissenheit, mit der sie schufteten, große Achtung für die Löscher und bedauerte auch, daß keine Pipos (Pipas) zugegen waren, um sich an ihnen ein Beispiel zu nehmen. Außerdem hätte er soviel Energie lieber an (s)einer Wartburg als an Häuschen verschwendet gesehen.

Bald ließ der aussichtslose Rettungsdienst den Löschzug ein langsameres Tempo anschlagen. Die Eimer pendelten unregelmäßig und mit größeren Pausen hin und her; oft kamen auch welche sogar halbvoll zurück. Kapitän Wakusch gab, da er ja plante, gleich bei Stillstand zu verschwinden, jetzt jeden Eimer immer nur sehr zögernd aus der Hand. Er hegte überdies den Wunsch, nach Schluß ein paar Löscher von hier für die Wartburg mitzunehmen, und hätte, wenn der Mamassachlissi nur nicht so böse dreingeschaut hätte, wenigstens seinem Vordermann auf die Schulter geklopft und ihm den Positionswechsel vorgeschlagen. Während dieser letzten Minuten – die Arbeit war fast so gut wie eingestellt – wurde von der Spitze auch noch ein Zettel mit Lagebericht und Ohnmachtsbekenntnis des Häuschens vor dem Brand des Häuschens an Mamassachlissi durchgegeben. Aber der Mamassachlissi, der sicher ahnte, was man ihm schrieb, nahm den Zettel von Wakusch gar nicht entgegen. Er befahl vielmehr mit Stentor, weiterzumachen, und so schepperten die Eimer wieder los. Das Ende war nicht abzusehen; zu Wakuschs Verdruß knackte auch das Häuschen im Fegefeuer, als sei es eben erst angesteckt worden. Ferner bestand noch die Möglichkeit, daß der Löschzug – wenn er hier jemals abbrach – geschlossen woanders eingesetzt werden würde.

Um daher schleunigst und im guten fortzukommen, beschloß Kapitän Wakusch vorerst, den Mamassachlissi für sich zu erwärmen. Sooft diesem leere Eimer zu überreichen waren, sagte er jetzt höflich: »Bitte schön!« und beim Empfang der vollen von Mamassachlissi: »Danke schön!« Wenn (was oft vorkam) der Mamassachlissi mit anderen Mamassachlissis sprach, bediente Wakusch gefällig an seiner Statt alleine alle Eimer. Er wedelte, weil es zu rauchig wurde, dem Mamassachlissi auch die Luft rein und klopfte ihm noch dazu manchen Funken aus der Kleidung. Ein paar verkohlte Balken, die gerade von dem Häuschen und in den Weg des Löschzugs abgestürzt waren, machten die Wasserleitung komplizierter. Ohne Bodenakrobat ging da kein Eimer voll hinüber. Der Takt der Pumpe fiel plötzlich auch zurück, denn leider kam das Wasser nicht mehr so freudig wie bisher. Manchmal versiegte die Quelle ganz, und dann entbehrte der Löschzug der Zufuhr von hinten und vorne. In einem dieser Momente allgemeiner Arbeitslosigkeit bat Kapitän Wakusch den Mamassachlissi um die Erlaubnis, austreten zu dürfen, und sagte, als sich das Gesicht des Mannes daraufhin verfinsterte, noch zur Erläuterung schnell: »Pipi!« Der flüssige Vorwand erweichte (vielleicht nur darum, weil er eben auf dem Trockenen saß) den Mamassachlissi. Wakusch konnte gehen, und es fiel gar nicht weiter auf (es mochte auch als Beweis eines größeren Bedürfnisses erscheinen), daß er mit einem Eimer davonstolperte. Im Anfang war wegen der noch allzu kleinen Entfernung von Mamassachlissi und Häuschen Wakuschs Fersengeld nicht groß. Man hätte es kaum dafür nehmen können. Ein Fersenpfennig für Pipi ist außerdem auch ganz natürlich. Alle (selbst Mamassachlissi) geben ihn einmal aus, ohne sich die Wartburg zu erkaufen. Erst wenn mehrere Groschen derselben Währung beisammen sind, kann man bei Pipos von Flüchtigkeit sprechen. Kapitän Wakusch ließ nach dem ersten elementaren Abstand von Mamassachlissi sein ganzes Vermögen springen, das heißt, er warf eine Fersenmillion in den Wind und landete vollkommen ausgepumpt, aber moralisch zufrieden auf einer neuen Brandstätte.

Um erst mal Atem zu holen und sich dann erneut auf die Wartburg zu orientieren, sank Wakusch an einem kleinen Tisch nieder, den der Luftschutz dieser Gegend mit Telefon und Tischtuch an die Luft gestellt hatte. Die Häuschen hier waren, nach der Lage zu urteilen, in der sie sich befanden, alle ebenfalls Nummer 13. Das Feuer hatte sie restlos in Besitz, und daher gab es auch an dem Ort keine (oder wenigstens nicht zuviel) Löschzüge und Mamassachlissis. Eines der hohen Gebäude, vor denen Wakusch saß, mußte den Flammen ganz besonders schmecken, denn sie leckten schmatzend und knuspernd von dort hervor wie aus einem Backofen. Ihr kesses Spiel ging mit gutem Wind von links nach rechts und – wenn sich die Brise drehte – auch mal in umgekehrter

Richtung. An allen Ecken fuhren Garben sprühregnend in die Höhe, um sich dann als funkelndes Sternengezelt über dem Hexenkessel zu verlieren. Mitunter brachten kleine paukenschlagartige Explosionen Glut und Zunder auf Wakuschs Tisch, der als der vorgeschobene Posten eines immer größer werdenden Publikums das Feuer-Werk beinahe gefällig betrachtete. Dem feuchtfröhlichen Brand nach konnte das Häuschen kein (oder nicht nur ein) Wohnhäuschen gewesen sein. Wakusch tippte auf ein Treibstoffdepot oder auch – obwohl das Häuschen dafür äußerlich gar nicht ausgerüstet schien – auf eine Tankstelle. Das Feuer heimelte ihn irgendwie an und (besonders wenn noch ein Windstoß den Rauch zerriß) ebenso der Herd, auf dem es flackerte. Außer der Vertrautheit des Ofens war es dann noch ein ebenso vages wie starkes Gefühl, unter anderen auch selbst dort abgebacken worden zu sein, das Wakusch letztlich bewog, aufzustehen und zwecks endgültiger Erkenntnis bis ganz dicht vor den Brand zu laufen. Hier vermittelten ihm zahlreiche Guck- beziehungsweise Luftlöcher, die von dem Wind an verschiedenen Stellen der Feuerwand auf- und zugeschlagen wurden, den geraden Blick ins Krematorium.

Er sah ein loderndes Orchester über einer angekohlten Dixiebahn und die Bar, deren grandioser Flaschenpark vor Innenhitze Stück für Stück detonierte. Die ganze übrige Einrichtung war zu einem chaotischen Holzstoß verpreßt, an dem noch das Rinnsal der zerschmelzenden Tischtelefone – jener leichten Apparate für Bekanntschaften zwischen Pipos und Pipas auf der Dixiebahn – als bruzzelnde Lava herunterschlickerte. Der Kakadu war im Eimer. Kapitän Wakusch wischte sich die entzündeten Wimpern und pochte aus Kummer über das Los des Vogels ein paarmal wütend gegen die Feuerwand. Als das nichts nutzte, lief er wie besessen an ihr entlang, um einen Durchlaß zu finden.

Sein prüfender Blick hatte nämlich gewisse wichtige, in dem verschmorten Kunterbunt wundersam intakt gebliebene Bestandteile des Specchio entdeckt, die allerdings jede Sekunde von den Flammen verzehrt werden konnten, wenn niemand eingriff. So lag zum Beispiel auf dem noch unversengten Teil des Flügels ein Stoß Noten schönster und verschiedenster Dixieländer, darunter auch welche in eigenhändigen Arrangements von Signor Tullio. Außerdem hielt es Wakusch für gut möglich, die Zischbecken und Tam-Tams von dem geplatzten Schlagzeug abzuschrauben und sie nebst Trommelstöcken und Brummbaß (der auch ganz heil in einer Ecke lehnte) unbeschadet an die frische Luft zu bugsieren. Ein lebensgroßes, aber an den Ecken leider schon bedenklich gebräuntes Plakat von Tullio und seinen dudelnden Expressionisten war – besonders weil es sich ja dann als um so vergänglichere und ruhmreichere Standarte des Musikzuges irgendwo anders (vielleicht zuerst auf der Wartburg) aufstellen ließ –, ebenfalls rettenswert.

Im Sinne all dieser Aufgaben sprang Kapitän Wakusch, den Brandkörper mit Arm und Bein sondierend, ein paarmal um den ganzen Kakadu herum wie ein Feueranbeter. Seine Runden verliefen jedoch ergebnislos, denn der Vogel war nirgends zugänglich und – gut besehen – auch gar nicht mehr derselbe. Er hatte sich in einen feurigen Drachen verwandelt, der jedesmal rasend auffuhr, wenn Wakusch bei ihm eindringen wollte. Von diesen brausigen Erhebungen wurden dann auch die letzten Specchios nacheinander entfacht. Kapitän Wakusch bedeckte sein Gesicht, um nicht zu sehen, wie sie vergingen. So stand er als kleine Trauerfigur eine kleine Weile auf der Endstation, allen D-Zügen eingedenk, die hier siegreich abgefahren waren. Was sollten nun die Pipos (Pipas), was Tullio ohne Dixiebahnhof machen? Man war noch lange nicht soweit, um Specchios unter freiem Himmel kundzugeben. Wer würde bei der wachsenden Wohnungsnot neuen Spielraum für Tullio beantragen? Der Meister wurde arbeits-, und die Pipos wurden meisterlos. Schließlich konnte niemand verlangen, daß Signor Mobiglia seinem Auditorium zuliebe wie ein Bettelmusikant in die Hinterhöfe zog. (Dergleichen wäre selbst bei einer Bereitschaft des Maestro schon wegen der Mamassachlissis schier unmöglich gewesen.) Der Untergang des Kakadu war für alle aus dem Häuschen ein ernster Schlag: Er paralysierte ihren Fortschritt per Specchio. Wenn ihnen von maß (beziehungsweise tonan-)gebender Stelle nicht baldige Hilfe geleistet würde, saßen die Pipos auf der Dixiebahn fest.

Kapitän Wakusch schwor, sein Bestes zu tun, um den Umzug in Bewegung zu halten. Vor allem mußte man die Pipos wissen lassen, daß Signor Mobiglia mit seinen Leuten noch gesund und heil im Häuschen war. Ein diesbezüglicher Zettel mit Vertröstung auf den schnellen Wiederbeginn der Konzerte (womöglich auch schon mit der ganzen Adresse des neuen Spielplatzes) würde an dem ausgebrannten Kakadu anzubringen sein. Vielleicht bestand sogar die Möglichkeit, sich wieder in der Ruine einzunisten. (Dafür waren alle Mamassachlissis beispielhaft, die aus Mangel eines Besseren ihr zerbombtes Häuschen weiterbewohnten.) In dem Kakadu auszuharren würde, relativ gesehen, bestimmt auch leichter sein, denn erstens war er ja kein Häuschen, und zweitens entschädigte ihn zum größten Teil noch der Specchio von Signor Mobiglia. Bis aber der Kakadu (oder Äquivalentes) funktionierte, hatte man dem Umzug – um zu verhüten, daß er sich verkleckerte – auf allen übrigen Etappen, selbst auf der höchsten (letzten) und wichtigsten, freie (Dixie-)Bahn zu geben. Alle Beschränkungen für die Pipos in der Wartburg mußten gestrichen, und unter Umständen mußte auch der Schwede ihnen zuliebe entlassen werden. Dieser Gedanke erinnerte Kapitän

Wakusch mit Macht an sein eigentliches Reiseziel und gebot ihm, ohne Verzug drauflos zu marschieren. Er wurde jetzt auch noch von der Furcht, der Wartburg könnte dasselbe widerfahren sein wie dem Kakadu, vorwärts geschüttelt.

Zusammen mit Kapitän Wakusch hatte eine Riesenflut obdachloser, ihres Hab und Guts beraubter Umsiedler den Weg zur Wartburg eingeschlagen. Nun zogen alle diese zwar nicht exakt zu Tullio, dafür aber schon ganz gewiß auf genügend starke Privatzitadellen mit Specchios kontra Mamassachlissi. Für viele machte Kapitän Wakusch den Führer. Man brauchte sich ihm nur anzuschließen, um sicher zu sein, daß man am besten (schnellsten) von den schwelenden Häuschen fortkam. In jedem unwegigen Gerümpel sichtete Wakusch – und das auch meistens gerade dann, wenn die Auswanderer schon glaubten, sich endgültig verrannt zu haben und umkehren zu müssen – einen neuen Engpaß. Er wich allen Mamassachlissis geschickt nach rechts oder links aus und umging so ihren Macht(Schall-)bereich, ohne ein einziges Schäflein zu verlieren. An dem Umzug waren übrigens nicht wenige Männer beteiligt, die – wie Wakusch hoffte – es nicht abschlagen würden, ihm notwendigenfalls einen kleinen Löschdienst zu leisten. Vielleicht waren sogar welche darunter, die durch Tullio mal selbst ein Nachtlager auf der Wartburg gefunden hatten. Von solchen ließ sich als Zins für die genossene Herberge aktiver Luftschutz ohne weiteres verlangen. Nur mußte der Umzug – um als Löschzug angestellt werden zu können – die Wartburg auf der Stelle identifizieren und nicht etwa gleichgültig an ihr vorübertrotten wie an all den anderen brennenden Häuschen. Darum wünschte sich jetzt auch Kapitän Wakusch, daß alles Typische, was die Wartburg barg (von den schönsten [bekanntesten] Pipas bis zu den letzten [charakteristischsten] Specchios von Signor Mobiglia, und besser noch Signor Mobiglia persönlich), auf der Straße wäre, wenn der Umzug nahte. Der Anblick prominenter Wartbürgerinnen und -bürger würde jeden Pipo im Zug mobilisieren, seinen Löschdienst beflügeln.

Wakusch verlangsamte seine Schritte, denn er hatte auf den Umzug Rücksicht zu nehmen, der – weil allerhand Koffer und Hauskram mitgeschleppt wurden – ihm nur sehr langsam nachkam. Die greisen Exmamassachlissis mußten sich auch oft verschnaufen, und dann stoppte der Gänsemarsch. Die nächste Umgebung der Wartburg sah zu Wakuschs maßlosem Entzücken gar nicht so angegriffen aus. Gewiß, ein paar Lokalbrände hatten sich auch hier ereignet, aber sie waren alle gleich im Keim erstickt worden, und die Häuschen standen, teilweise zwar eingedrückt und ohne Scheiben, immer noch da, wie von Mamassachlissi erschaffen. Trotz dieser ermutigenden Sachlage verbot sich Wakusch, den Umzug zu verlassen, solange er nicht ganz sicher war, daß die Wartburg keine Löscher benötigte. Er hatte übrigens unter den Ausgebombten wirklich ein paar Bekannte aus dem seligen Kakadu entdeckt.

Die Straßen waren – weil sie ja an meistens heilen Häuschen vorüberführten – nicht mehr möbliert, und darum ging nun auch der Umzug in seinem Schneckentempo bedeutend schneller vonstatten. Als dann die Wartburg endlich gesund und schmuck zum Vorschein kam, umfing Kapitän Wakusch sie mit liebendem Blick. Er mußte sich auf seinen Eimer setzen, so überwältigte ihn das Glück, am Ziel zu sein. Ein paar Leute aus dem Umzug, die dachten, Wakusch wäre unpäßlich, hielten an, um ihm wieder aufzuhelfen. Aber Wakusch bedeutete ihnen durch Gesten, den Marsch in Richtung der unversehrten Häuschen fortzusetzen, welche jetzt immer dichter wurden und unter welchen es auch ganz sicher für jeden eine Wartburg gab. Er hatte seine erreicht.

Eine Wartburg fällt

Für jeden Kapitän kommt einmal der Tag, an dem er durch den plötzlichen Abzug all seiner Vorgesetzten aus dem Häuschen der alleinige Herr der Wartburg wird. Dieser Tag markiert das Ende der Blütezeit. Zwar hält die Burg – wenn natürlich kein Mamassachlissi dazwischenkommt – auch unter dem Kapitän ihr gutes Niveau, aber sie ist dann bei weitem nicht mehr so tatkräftig wie früher und lebt hauptsächlich von Erinnerungen. Weil nach dem Abzug der Vorgesetzten nur noch sehr wenig gute Munition zur Anfeuerung der Leute (auf der Dixiebahn) beschaffbar ist, systematisiert der Kapitän jetzt die Specchios. Die schönsten legt er als eisernen Bestand überhaupt auf die Seite, und damit niemand die übrigen stibitzt, versieht er sie mit Nummern (eventuell auch mit seinen Initialen). Außerdem schreibt er sich noch alle Pipos (Pipas) auf, die sich welche von ihm borgen. Wer die Leihzeit überschreitet, der hat ihn sofort in seinem Häuschen und – falls er den Specchio nicht gleich herausrückt – den größten Skandal zu erwarten. Da nun aber trotzdem immer genug Unersetzliches abhanden kommt, bringt der Kapitän auch bald keine mittelmäßigen Specchios mehr in Umlauf. Statt dessen erteilt er allen wißbegierigen Pipos (Pipas) mündlich reiche Auskunft und läßt sie zur Veranschaulichung dabei vielleicht ein paar Negative (die er niemals weggibt) einsehen.

Langsam wird so der Specchio hauptsächlich zum Satzgegenstand, das heißt, er verschwindet (nicht ohne Zutun des Kapitäns) aus der direkten Erscheinungswelt, um fortan bloß noch in den Redeflüssen der Wartbürger (als deren Hauptströmung er natürlich verbleibt) aufzutauchen. Er ist dann der Specchio vom Specchio und in dem Maße, wie später in den Häuschen die Rede über ihn anschwillt, der Specchio vom Specchio vom Specchio (usw.). Solche Spiegeleien sind der Stillstand der Entwicklung von Specchios, denn sie breiten zwar diese über die Häuschen aus, aber sie bringen sie selbst nicht weiter. Die meistenteils rein quantitativen Abwandlungen des Specchios in der Spiegelei können allerdings vieles an ihm hervorheben, was vorher unbemerkt oder nicht genug zu sehen (zu verstehen) war. Sie erlauben jedem, der sich darauf versteht, oft die ertragreichste Nachlese auf der Dixiebahn. Unter dem Kapitän hat zum Beispiel die Wartburg im allgemeinen ausfotografiert. Jedoch werden die alten Kader dort immer noch vergrößert von ihren Negativen (welche die Vorgesetzten teils vergessen, teils zum Andenken dagelassen haben) für einzelne, gute, alte Pipos (Pipas) abgezogen.

Das Makroskop des Kapitäns verleiht dem Specchio jetzt die Genauigkeit einer Generalstabskarte. Es ist immer in Betrieb, und jede neue Vergrößerung schiebt den Hintergrund des Kaders (Specchios) ein Stückchen weiter nach hinten. Sie hebt die verstecktesten Dixielandprovinzen (mit allen für den Generalstab besonders wichtigen An- und Abmarschwegen) Zoll um Zoll ins Flugbild. Sie legt die meisten rückwärtigen Abschnitte der ohnehin baren Dixiebahn noch zusätzlich bloß. Aber sie nähert sich so auch notwendigerweise dem allerletzten Horizont, den kein Specchio mehr herausgibt. Was dann die Vergrößerung den Specchios nur noch abtrotzen kann, sind, nach der öden Kontrastlosigkeit dieser Pfotos zu urteilen, schon eher Mond- als Dixielandschaften. Nun versteift sich aber jeder Generalstab immer gerade auf dieses Grenzgebiet, denn sein Generalstabsquartier liegt hier. Er muß, um zu wissen, wohin es auf der Dixiebahn (in Dixieland) mit ihm kommt, den Platz genau studieren. Er muß sich fragen, ob da ein Häuschen ist, und wenn – wie viele Zimmer (Stockwerke) es hat, ob ein Garten dabei ist, usw. Grenzfragen und besonders ihre Lösung per Specchio bewegen von allen Generalstäblern am meisten natürlich den Kapitän. In der Wartburg ist er (mal mit, mal [mehr] ohne Adjutant) immer emsig beim Vergrößern der von den Vorgesetzten auf der Dixiebahn (in Dixieland) abgegebenen Schnappschüsse. Die Disziplin der Burg ist jetzt auch vorbildlich: Der Generalstab steht stramm, solange der Kapitän ihm seine Vergrößerungen entwickelt. Ja, er nimmt – als sei er ein Gedankenleser – schon Haltung an, wenn (was jetzt immer öfter geschieht) der Kapitän über die Grenzfrage grübelt.

Nach Abzug der Vorgesetzten ist die Verpflegung auf der Wartburg ebenso schlecht wie im Häuschen, daß heißt, Kapitän und Stab sitzen auch dort im Prinzip nur bei Wasser und Brot. Weil der Magen knurrt, hat selbst die (vergrößerte) Dixiebahn für die meisten nicht mehr den richtigen Reiz, und so erschlafft jeder Verkehr. Die Zeit der großen Empfängnisse von Pipas durch Pipos ist unter dem Kapitän endgültig vorbei. Außerdem wird bei der dauernden Verherrlichung (Vergrößerung) aller von den Vorgesetzten erschlossenen Dixieland(-bahn)teile durch den Kapitän der Generalstab selbst immer unselbständiger und letztlich nur zum Anhängsel des Specchios vom Specchio vom Specchio usw. In diesen Verhältnissen nehmen die meisten neuen, aber auch nicht wenige alte Pipos (Pipas) ihren Abschied. Alle diese bleiben – da sie finden, daß die Wartburg sich jetzt kaum noch von den Häuschen unterscheidet – einfacher in ihren Häuschen, oder sie suchen nach Wartburgen, die noch ihren Vorgesetzten haben, das heißt, wo der Kapitän bestens gar nicht existiert oder noch nichts weiter ist als ein untergeordneter (Ehren-)Posten. Auch die freundliche Einladung des Kapitäns, die Wartburg als ihr Häuschen zu betrachten, lockt die Pipos (Pipas) dann nicht mehr zurück. Einige treuere Pipos (Pipas) klopfen ab und zu allerdings mal an die Wartburg und fragen (manchmal sogar, ohne näherzutreten), ob von den Vorgesetzten (die schon lange in Dixieland sind) keine Post für sie da ist. Statt der Briefe, die niemals kommen, erhalten alle diese Pipas (Pipos) von dem Kapitän (der hofft, sie damit länger zusammen- und bei sich zu behalten) die Vorgesetzten in den schönsten Vergrößerungen (24 × 30 Zentimeter). Aber diese Porträts sind – so enthusiastisch sie zuerst vielleicht auch angenommen werden – bald für niemanden mehr verbindlich. Die Pipas finden neue Liebhaber im Häuschen (sehr oft nehmen sie Mamassachlissis), und die Pipos wollen – da sie die Bilder (auch Pfotos) des Abgezogenen allmählich satt haben – einen neuen Maestro. Nun kann der Kapitän (wenn er will) sich die (meisten) Specchios an den Hut stecken.

Der Abzug der Pipos (Pipas), der allerdings der Reihe nach und seltener geschlossen geschieht, bringt die Wartburg um ihre ganze Besatzung(smacht): Sie wird zur Attrappe. Da (sich) niemand mehr von dort auszieht, um Dixieland zu erobern, ist die Burg jetzt in dem Häuschen vielleicht sogar der friedlichste Platz. Einen dräuenden Eindruck macht da zwar noch – besonders wenn er in vollem Staat dasteht – der Generalstab des Kapitäns. Aber er darf – weil der Kapitän es nicht wünscht – die Burg niemals verlassen, und so bleibt es nur bei der Positur. Der Generalstab ist dem Kapitän vorgesetzt, dennoch sein Untergebener. Von ihm hängt nichts weiter ab als ein kleiner Feldbeutel mit Samen (Sachen) aus Kolchis um die Wende des ersten Jahrhunderts. Er legt sich nur selten zur Ruhe und steht – besonders wenn der Kapitän schläft – fast immer rastlos Wache. Er ist somit das letzte Kanonenrohr, das die Wartburg auf die Häuschen richtet. Meistens tarnt ihn irgendeine Stoffbedeckung, es kommt jedoch auch vor, daß der Kapitän zur Inspektion alles davon abzieht. Versuchsweise wird er manchmal gezückt hin und her geschwenkt, und dann fällt häufig ein Probeschuß. Dieser ist – weil völlig ziel- und harmlos – ja nun nichts weiter als ein Schuß in die Luft, und trotzdem sieht der Kapitän – wenn er gefeuert hat – sich jedesmal besorgt nach dem Häuschen um, ob es ihn nicht etwa belauschte. Er will selbst keinen Anlaß zu Feindseligkeiten geben und läßt auch seinen Generalstab, das einzige (Luft-)Geschutz auf der ganzen Wartburg, nach jedem kleinen Kriegsmanöver gleich wieder hastig verschwinden.

Obwohl nun auf der Seite des Kapitäns (wenigstens äußerlich) nichts mehr zu beanstanden ist, schickt das Häuschen jetzt Tag und Nacht neue Spähtrupps gegen die Wartburg aus. Denn gerade das Vakuum, das sich hier durch die Abzüge gebildet hat, scheint ihm die beste Chance und der Vorwand zum Einschreiten zu sein. Es will sich – zumal sein Wohnraum auf der Etappe Luftschutz immer enger (knapper) wird – auf Kosten der Wartburg weiter aus(auf-)bauen. Den Kapitän nimmt es als Hindernis nicht ernst, da es weiß, daß er die Burg nur periodisch besucht, das heißt dort selbst nicht richtig zu Hause ist und also irgendwo anders sein festes (wahres) Häuschen haben muß. So geht es denn siegesgewiß auch sehr bald zum offenen Angriff über: Seine Spähtrupps verwandeln sich in Stoßtrupps, die schon die Vollmacht haben, den Kapitän einfach abzufassen und ihn zum Mamassachlissi zu bringen. Außerdem sollen sie – wenn sie sehen, daß die Wartburg (jemandem) aufmacht – umstandslos dort einfallen und alle (alles) auf der Stelle festnehmen. Eines schönen Tages donnern dann auch nicht mehr Faust-, sondern Hammerschläge gegen das Wartburgstor, welches nachgibt, und das Häuschen mit Mamassachlissi an der Spitze flutet über die Schwelle. Aber da versperrt noch die Leibstandarte des Kapitäns (und das ist sein Generalstab) den letzten Weg ins Heiligtum. Sie ist – schlagbaumweise quer über die Dixiebahn gelegt – der letzte verzweifelte (West-)Wall gegen die Eroberer. Ihr zäher Widerstand entlockt den Mamassachlissis, wenn sie weiblich sind, trotz aller Feindschaft ehrliche Bewunderung, und manche gäben ein Himmelreich (eventuell sogar ihr Häuschen), um ein paarmal hintereinander an dem Westwall erschossen zu werden.

Wo die Mamassachlissis (feminin) die Leibstandarte (den Generalstab, den Westwall) des Kapitäns zu zart anfassen, zieht sich die Eroberung der Burg meist unabsehbar in die Länge. Viele Wartburgen erweisen sich unter diesen Umständen (das heißt vornehmlich wegen der Schwäche, die die Mamassachlissis [feminin] für Leibstandarten [Generalstäbe, Westwälle] haben) geradezu als uneinnehmbar. Sie bekommen eine Gnadenfrist nach der anderen und dürfen plötzlich stehenbleiben. Der Kapitän hat nun das große Los gezogen, denn die Mamassachlissis (feminin) lassen es ihm und der Standarte (dem Stab, dem Westwall) an nichts fehlen; ja, sie kommen heimlich sogar selbst auf die Burg, um nachzusehen, wie es geht, und um seinen Stab – wenn er den Kopf hängen läßt – wieder aufzurichten. Am Ende aller solcher Entwicklungen geraten die meisten Mamassachlissis (feminin) völlig aus ihren Häuschen, wodurch erstens sie selbst, zweitens die Mamassachlissis (maskulin) und drittens auch die Häuschen in die schiefste Lage gebracht werden. Der (Miß-)Erfolg eines jeden Vernichtungskrieges gegen eine Wartburg hängt deshalb gewiß auch davon ab, ob in den Stoßtrupps, die dort eindringen, Mamassachlissis feminin oder maskulin überwiegen. Den Untergang der Festung können ebenfalls noch alle vergrößerten Specchios (Pfotos) von Dixielandschaften fühlbar verzögern, welche – wenn sie nämlich dem an(durch-)stürmenden Häuschen anheimfallen – nicht selten seine ganze Aufmerksamkeit auf sich und von der Wartburg ablenken. Während der langen Betrachtungen, die das Häuschen anstellt, kann der Ab

(Rück-)zug des Kapitäns (des Stabes) aus der Burg ungestört erfolgen. Um seine besonders wütenden Verfolger (und das sind gewiß die Mamassachlissis maskulin) zu blenden, wirft ihnen mancher Kapitän beim Absetzen noch Extrapfotos vor die Füße. Natürlich zünden (ziehen) die Specchios (die Westwälle, die Pfotos) nicht immer und auch nicht bei allen Eroberern. Solche greifen die Wartburg entweder mit verbundenen Augen an, oder sie haben von Mamassachlissi (maskulin) die strenge Order, sich beim Vorstoß weder nach rechts noch nach links umzusehen.

Beim letzten heroischen Endkampf drücken viele Kapitäne ihre Generalstabskanone oft direkt in die Gesichter der Mamassachlissis (maskulin) ab, welche, von der Samensalve(-salbe) umgefegt, dann zwar nie tot, aber doch immerhin besinnungslos das Schlachtfeld bedecken. In der Zeit (ein bis zwei Minuten), die die Kapitäne immer unbedingt brauchen, um nachzuladen, werden sie gewöhnlich von den Häuschen überwältigt. Die Generalstäbe können ferner noch im Handgemenge als Lanzen beziehungsweise Gummiknüppel gute Verwendung finden. Um Luft zu bekommen, dreht der Kapitän sich mit dem Stab (der wie eine Deichsel von ihm abragt) rasend um die eigene Achse, und derjenige Mamassachlissi (maskulin, feminin), der dann nicht wohlweislich Abstand hält, wird gefällt. Ein zu allem entschlossenes Häuschen kann den Generalstab aber immer blitzschnell unterlaufen und ihn am Feldbeutel anpacken, wo er am verwundbarsten ist; weiterhin kann es ebenfalls Knüppel, Stangen oder Ruten schwingen, welche allerdings keine Generalstäbe, sondern (sehr zum Nachteil des Kapitäns) Besenstangen, richtige Holzknüppel oder gar Eisenruten sind. Aus solchen Endkämpfen geht der Generalstab des Kapitäns gewöhnlich arg zerfleddert, oft auch schwer (tödlich) verwundet hervor: Er ist hernach in keiner guten Dixielandschaft mehr (richtig) einsatzfähig und bleibt als Halb- oder Vollinvalide für ewig an die Wartburg gefesselt.

Den Mamassachlissis (maskulin, feminin, mehr maskulin) und den Häuschen, die die Eltern(-häuschen) des Kapitäns sind, kann das Schicksal seines Stabes, von dem ja dann ihre Fortpflanzung abhängt, nicht gleichgültig sein, und so beben sie innerlich, sooft der Kapitän während des Endkampfes mit ihnen die Keule kreuzt. Sie schlagen auch immer sehr vorsichtig (das heißt nur, wenn sie sicher sind, nicht den Generalstab, sondern den Kapitän zu treffen) zu und bieten nach jeder (selbst der geringsten) Endkampfhandlung Waffenstillstand an. Auf dieser Basis kommt es oft sehr rasch zum Frieden: Zum Beispiel haben viele belagerte Kapitäne – weil sie im letzten Moment des Endkampfes zum Entsetzen der Papa(Mama-)ssachlissis und der Häuschen ein Küchenmesser an ihren Generalstab legten – den bedingungslosen Abzug aller Eroberer aus der Wartburg erzwungen. Wenn keine Blutsverwandtschaft zwischen den Parteien besteht, hat die Festung nach allen Kriegsregeln verspielt. Ihren Fall schieben dann höchstens noch die Bombenangriffe, mit welchen die Dixieländer das Häuschen Tag und Nacht in seinen Luftschutzkeller jagen, auf ein kleines Weilchen hinaus. Manchmal fallen der Endkampf der Wartburg gegen das Häuschen und der Endkampf des Häuschens gegen die Dixieländer geschichtlich (zeitlich) zusammen, oder mit anderen Worten: Mit dem letzten Stündchen der Wartburg ist infolge wütender Gegenoffensiven von rechts und links auch das letzte Stündlein für das Häuschen gekommen. Die Frage ist dann nur, wem (wen) es früher schlägt. Happy endet's dort, wo der Generalstab des Mamassachlissi vorher kapituliert. Wo nicht, muß man für die Wartbürger das Schlimmste befürchten. So hat beispielsweise am Ende des letzten Krieges ein Mamassachlissi – bevor er seine Frau und sich selbst erschießen ließ – seine Kinder (einen Jungen und fünf Töchter) vergiftet. Er wollte – damit das Häuschen über den Häuptern der drin Verbliebenen zusammenkrachte – auch noch die Tür mit besonderer Wucht von draußen zuschmettern. Dies ist ihm zwar nur zum Teil, aber dafür vielleicht um so gründlicher geglückt: Durch den Schlag fiel das Häuschen in zwei nicht völlig gleiche Hälften auseinander und lag noch lange danach entzweit auf der Strecke. Die Wartburgen befanden sich für diese Zeit geographisch in der linken Hälfte.

Der Abzug der Vorgesetzten ist eine Teilbewegung des von ihnen eingeleiteten, allgemeinen Umzugs (das heißt der Emigration en masse) aus den Häuschen auf die rechte beziehungsweise linke Seite. Der einzige bedeutende Unterschied besteht hier darin, daß die meisten Emigranten nur bis zur (in, auf die) Wartburg gelangen. Die Vorgesetzten gehen direkt nach Dixieland ab. Dafür sind sie eben Vorgesetzte. Die historische Mission der Vorgesetzten (welche sie selbst eigentlich gar nicht oder doch nur sehr dunkel verstehen) ist, in rasch angelegten Wartburgen (formierten Kakadus) das Häuschen per Specchio aus dem Häuschen zu bringen. Militärische Auseinandersetzungen gehören nicht zu ihren Aufgaben. Die bedrohlich nahen (nahenden) Endkämpfe lassen ihren längeren Verbleib in Häuschen und Wartburg nicht mehr zu. So ziehen sie gleich ab, wenn es knallt.

Die Vorgesetzten können weg, weil sie gewöhnlich selbst aus anderen (fremden) Häuschen (auch aus neutralen Dixieländern) sind: Von den Pipos dürfen sie natürlich niemanden, von den Pipas nur solche mitnehmen, die sie im Häuschen geheiratet haben. Da aber letzteres höchst selten der Fall ist – die Mamassachlissis geben ihre Töchter immer nur sehr ungern aus dem Häuschen –, ziehen die Vorgesetzten meistens ebenso ab, wie sie gekommen sind, nämlich alleine. Weil nun die Häuschen – je näher sie ihrem

Ende sind – auch immer am festesten (dichtesten) werden, dürfen selbst die Vorgesetzten dort nicht zu lange verweilen. Andernfalls müssen sie die Endkämpfe um die Wartburg (um das Häuschen) mitmachen, was bei ihrem verweichlichten Generalstab (der sich nur um Manila zu schlagen gewohnt ist) ein großes Risiko bedeutet. Die Vorgesetzten bleiben am besten nur, solange im Häuschen noch Kakadus lebendig sind. Möglich (obgleich schon nicht mehr ratsam) ist auch, daß sie ihre Gastrollen noch an anderen niedrigeren – weil zu Dixieländern weniger geeigneten – Plätzen, wie etwa in Gaststätten zum Storch, zum Star oder Raben und ähnlichem, fortsetzen. Wenn aber auch diese auf(oder in die Luft)fliegen, müssen sie ziehen, wenn sie noch zur rechten Zeit aus dem Häuschen sein wollen.

Der Mamassachlissi gibt ihnen vierundzwanzig Stunden, um sich aus dem Staube zu machen. Für die Vorgesetzten, welche sich von allen guten Pipos durch Handschlag und von allen guten Pipas durch Stabsschlag zu verabschieden wünschen, ist die Frist natürlich viel zu kurz. Besonders zeitraubend sind – weil sie immer wieder von neuem und am besten im Adamskostüm ausgeführt werden – die Stabsschläge. Die Vorgesetzten, die zum Abschied von zahllosen guten Pipas wie von Sperlingen belagert werden, kommen oft gar nicht erst in ihre Reiseanzüge hinein. Weil der Abschied alles noch zusätzlich versüßt, dauert jede Trennungsszene eine Ewigkeit. Während dieser oft herzzerreißenden Szenen bestätigt sich noch einmal die Weltmeisterschaft der Vorgesetzten im Stabsschlag. Zwischen ihren neuen Rekorden tauschen sie (meistens, ohne die Dixiebahn zu verlassen) mit den guten Pipos auch noch einen Handschlag. Die guten Pipas, die sich auf der Dixiebahn gewöhnlich nur selten vertragen können, halten in den letzten vierundzwanzig Stunden Frieden: Jede wartet mit allen anderen zusammen geduldig, bis sie an die Reihe (an den Vorgesetzten, den Generalstab) kommt. Auf die letzte Olympiade in der Wartburg lassen die Kapitäne – um zeitraubende Stauungen zu vermeiden – nur vierundzwanzig Pipas zu. Sie stehen mit Stoppuhren an der Dixiebahn und wachen darüber, daß sich dort keiner mit keiner mehr als eine Stunde verweilt. Der Einfachheit halber ziehen und legen sich manchmal alle vierundzwanzig Pipas nicht nach-, sondern gleich nebeneinander aus; die Dixiebahn gewinnt dann an Breite. Sie wird zu einer ebenso unterschiedlichen wie großartigen Dixielandschaft, wo die besten Generalstabs(-schlags)quartiere für die Vorgesetzten offenstehen. Es kann aber auch sein, daß die Vorgesetzten ihre letzten Stunden nur mit einer einzigen Lieblingspipa verbringen, von der sie dann meistens auch viel schwerer zu lösen sind als von allen vierundzwanzig. Den zeitigen Aufbruch der Vorgesetzten behindert noch letztlich die Erschöpfung: Sie können am Ende kein Glied mehr rühren und liegen leblos da wie Tote. So ist es immer möglich, daß die Vorgesetzten von dem Mamassachlissi fristgerecht aus den Betten (Dixielandschaften, Generalstabsquartieren) geholt und einem extra festen Häuschen (eventuell auch Konzentrationslager und dann vielleicht sogar auf Nimmerwiedersehen) einverleibt werden.

Wenn in diesen Krisen noch jemand die Vorgesetzten zur rechten Zeit aus der Wartburg und aus dem Häuschen bringt, so ist das der Kapitän. Er rückt zum Beispiel einen in voller Lautstärke Dixieländer dudelnden Grammophontrichter an ihr belämmertes Kopfende. Er kitzelt, beklopft, massiert (ohrfeigt sogar im Notfall) die wächsernen Gesichter. Kalte Umschläge um (auf) den Generalstab sind auch gut geeignet, um die Vorgesetzten aufzurichten. Belebende Wirkung haben ebenfalls Knuffe (noch besser Stiche) in die Popos der Vorgesetzten. Manchmal kommen die Vorgesetzten beim Anblick einer durch den Kapitän extra bereitgestellten Dixiebahn (Lieblingspipa) jählings wieder zu Kräften. Dann ist der Generalstab das erste, was sich von ihnen erhebt. Der Kapitän hängt sofort (zur Mahnung, und damit es schneller geht) einen Reiseanzug an den Ständer. Einmal hochgekommen, sind die Vorgesetzten wie Knete in den Händen des Kapitäns: Sie tun zwar recht unordentlich und schlotterhaft, aber doch immer gehorsam alles, was er will. Dabei kriegen sie noch manchmal verschiedene (möglicherweise durch den Suff des Vortages bedingte) Wutanfälle gegen Mamassachlissi, welche wieder alles aufs Spiel setzen. Zum Beweis ihrer Verachtung seines Ultimatums reißen sie sich zum Beispiel alle Kleider vom Leibe und verlangen nach Pipas und Wein, ganz wie die Herren im Häuschen. Da bedarf es noch einmal der Autorität des Kapitäns, um die Vorgesetzten zur Vernunft (und aus dem Häuschen) zu bringen. Er erklärt ihnen geduldig (auch oft anhand einer Generalstabskarte), daß es keinen Sinn mehr für sie hat, sich der Wartburg weiter anzuvertrauen, und fordert gebieterisch den Abzug. Nach diesen Intermezzos ist es gewöhnlich schon allerhöchste Eisenbahn, und die Vorgesetzten müssen – um dem Mamassachlissi nicht auf der Treppe zu begegnen – durch die Hintertür entfernt werden.

Auf der Straße stützen der Kapitän und ein paar gute Pipos (Pipas) die Vorgesetzten, welche noch immer drohen, haltlos umzufallen, von rechts und links, und der Zug setzt sich wegen der großen Unregelmäßigkeit aller Transportmittel auf der Etappe Luftschutz zu Fuß in Richtung Westbahnhof in Bewegung. Gute Pipos (Pipas) schleppen die meist beträchtlichen Reisekoffer der Vorgesetzten und natürlich auch ihr großes Saxophon keuchend – denn der Weg führt durch arg verwüstetes, vom Geröll ehemaliger Häuschen bedecktes Gelände – hinterdrein. Unterwegs kommt noch vor, daß die Vorgesetzten durch ihr unbedachtes lautes Fluchen auf Mamassachlissi öffentlich Anstoß erregen. Um sie herauszureden, erklärt dann der Kapitän die Vorgesetzten entweder für verrückt oder für verhaftet und gibt sich als beauftragt aus, sie in einem Irren- beziehungsweise Zuchthäuschen abzuliefern. Manchmal liegen von einem letzten dixieländischen Luftangriff auf den Westbahnhof die Züge noch kreuz und quer über abgerissenem Geleise. Dann eilen die Auswanderer zu dem Nord-, und wenn dort gleiches vorliegt, zu dem Südbahnhof. Der Ostbahnhof kommt für die Vorgesetzten nicht in Frage.

Bevor sie in einen Zug häuschen-neutrales Dixieland einsteigen, müssen sich die Vorgesetzten ausweisen. Wenn sie selbst dazu nicht fähig sind, klappt der Kapitän die Pässe auf, die übrigens schon wegen der aufreizenden Pfotos (etwa Generalstab kurz vor Aus[Ein-]reise aus [nach] Manila), die sich darin finden, ihre Träger deutlich genug charakterisieren. Nach den Formalitäten verstauen der Kapitän und die guten Pipos (Pipas) das Gepäck der Vorgesetzten im Coupé. Dies vollbracht, sitzt sich die ganze Gesellschaft wortlos gegenüber. Die Pipas schluchzen hinterm Taschentuch, und um nicht auch weich zu werden, fragt sich der Kapitän krampfhaft, ob er in der Eile des Abzuges nicht vergessen hat, die Wartburg abzuschließen. Die guten Pipos kauen an den Fingernägeln. Um die Stimmung zu heben, erzählen die Vorgesetzten ein paar Witze über den Generalstab. Wenn niemand reagiert, holen sie ihre Musikinstrumente hervor und spielen einen Dixieländer. Da wird es auf allen langen Gesichtern nach und nach wieder hell, und die Vorgesetzten geben, angefeuert, ihr bestes (letztes) Ständchen. Sie hüen und hotten auch noch, wenn der Zug sie aus dem Bahnhof zieht, wenn der Kapitän und die guten Pipas, Pipos auf dem Bahnsteig kleiner und kleiner werden, wenn der unsägliche Häuserfriedhof des Mamassachlissi den treuen Trupp bis auf den letzten Mann verschluckt hat, wenn alles schon – und nachher längst – Erinnerung ist. Später mag es dann vielleicht noch sein, daß sie während solcher Reminiszenzen etwas feierlicher spielen.

Nach der Zerstörung des Kakadu waren Signor Tullio und Wolf wieder meistens im Häuschen beziehungsweise auf der Wartburg. Weil der Italiener jetzt nirgends mehr regulär spielte, konnte man mindestens einen der beiden fast unausgesetzt dort antreffen. Mit dem Maestro kamen noch mehrere ausgebombte Mitglieder seines Orchesters, welches übrigens unter den Schlägen der Zeit zu einem Quartett zusammengeschrumpft war. Dieser Zuzug hob den internationalen Standard der Wartburg: Denn jetzt sprach man da zwar nicht gerade Dixie-, aber immerhin genug fremdländische Sprachen (vorwiegend Italienisch und Französisch). Kapitän Wakusch spickte – um auf der Höhe und über der Situation zu bleiben – seine Sätze mit Fremdwörtern aus »Kolchis, Iberien und Albanien«. Er hatte die Broschüre jetzt übrigens immer in der Tasche und las sich, um wach und auf dem Posten zu sein, besonders nachts oft laut daraus vor.

Hans Georg war auch wieder zurück, denn sein Mamassachlissi hielt es mit ihm plötzlich nicht mehr so genau; vielmehr diskutierte er mit anderen Mamassachlissis die militärische (P-)Lage und kam regelmäßig später nach Häuschen als sein Sohn (Kapitän). Ähnliches wußten auch die meisten Pipos und Pipas von ihren respektiven Mamassachlissis zu berichten. Wie es schien, waren alle Häuschen mürbe und die Dixiebahn wieder etwas freier geworden. Dieser Umschwung gab der Wartburg etwas mehr (nach Kapitän Wakuschs Ansicht viel zuviel) Selbstvertrauen. Sie hatte den Specchio, der vorher auf Halbmast gestanden hatte, wieder gehißt, und ebenso unbekümmert flanierte ihre Besatzung wieder durch das Häuschen.

Mit der Rückkunft der Meister hoben sich aber auch die ärgsten inneren Unordnungen beinahe wie von selbst auf. Kapitän Wakusch hatte nicht versäumt, darüber zu referieren, und schon am nächsten Tag wurden alle Neuen (Pipos, Pipas) mit wenigen Ausnahmen höflich, aber entschieden aus der Wartburg gebeten. Es blieben nur die würdigsten Kämpen da, solche mit Haaren auf den Zähnen (und auf der Brust), und mehrere hochbeinige Pipas mit den allerliebsten Dixielandschaften zur Augenweide für den Generalstab. Die Burg wurde nun durch keine inneren Zwistigkeiten mehr erschüttert, denn alle kannten sich hier, weil sie sich liebten (und umgekehrt). Kapitän Wakusch fand – wenn er die Betten (Kojen) nachsah – das ganze Volk jetzt wahllos beieinander. Den wiederholten jovialen Einladungen, sich mal mit unter die Steppdecke, welche dabei noch oft verheißungsvoll gelüftet wurde, zu legen, wich er jedesmal mit dem Vorwand einer dringenden Hausarbeit aus.

Es gab aber auch wirklich viel zu tun, denn die Wartburg hatte dadurch, daß sie jeden Menschenschlag beherbergte, sichtbar gelitten. An ihren Decken und Mauern prangten, oft noch von pfeildurchbohrten Herzen begleitet, die Initialen mancher Pipos (Pipas). Man sah auch Darstellungen des zur Hälfte oder bis zum Feldbeutel im Generalstabsquartier steckenden Generalstabs und viele genaue Skizzen von Dixielandschaften mit langem Kommentar für Betrachter. Die Tapete hing stellenweise in Fetzen von der Wand, Lichtschalter waren überdreht, Wasserhähne ausgeleiert, Bettpfosten zerbrochen, die Teppiche fleckig und von Zigarettenstummeln versengt. Über allem hing ein sich nur sehr langsam verfliegender, auch viel später immer noch leicht merklicher Ausdunst parfümierter Dixiebahnen. Gleich nach dem Abzug der meisten und gröbsten Vandalen begannen die Kapitäne Wakusch und Hans Georg langsam mit der Wiederinstandsetzung der Burg. Eines schönen Tages kamen sie, vermummt wie Mitglieder des Ku-Klux-Klan, mit zwei Staubsaugern und von Olaf, dem Hund, bellend umsprungen in jedes Zimmer, scheuchten die liebes-(oder auch einfach be-)trunkenen Pipos, Pipas, Maestros etc. dort rücksichtslos von der Dixiebahn auf (beziehungsweise herunter) und dekretierten: Großreinemachen! Man folgte vielleicht erst brummend, aber dann doch zufrieden über die äußerlich längst fällige Säuberung und verlegte sich, wenn die Kapitäne eindrangen, gehorsam an andere Plätze. Ruhe bekamen die Liegenden (Liebenden) aber doch nicht, denn in der Wartburg heulten jetzt die Staubsauger von allen Seiten (links und rechts). Oft stellten die Kapitäne auch eine Leiter neben der Ruhestatt auf, um sich hoch oben an der Wartburgsdecke mit einem Kurzschluß zu beschäftigen. Bei den meisten Pipas (auch bei einigen Pipos) erwachten, als sie dem Treiben der zwei Kapitäne zusahen, wieder häusliche Gefühle: Sie banden sich Schürzen vor ihre Dixiebahn, griffen zu Staubwedeln, Besen, Lappen etc. und machten mit. Zuerst ging alles prachtvoll, und Teile der Wartburg fingen infolge der vereinten Kräfte bald wieder an zu blinken; aber dann rissen bei den Pipas, Pipos die alten Gewohnheiten wieder ein: Sie umarmten sich, anstatt zu arbeiten, und die Kapitäne mußten alles übrige (das auch fast immer das Schwerste, Anstrengendste war) selbst bereinigen. Einzelne Pipas (Pipos) hatten außerdem einen recht oberflächlichen Begriff von Sauberkeit, so daß die Kapitäne sich beim Nachräumen oft fragen mußten, ob diese Pipas (Pipos) überhaupt aus einem – und wenn, aus was für einem – Häuschen kamen. Es gab aber auch manche besonders verantwortungsvolle Arbeit, wie zum Beispiel die Entfernung aller Generalstabskarten von den Mauern der Burg, die die Kapitäne entweder überwachten oder lieber selber besorgten. Die Putzaktion dehnte sich – weil beide Kapitäne mit grenzenlosem, für die Wartburg vielleicht auch übertriebenem Ordnungseifer handwerkten – länger aus, als den Maestros, Pipos (Pipas) dann doch lieb war. Besonders störte sie der Lärm der Staubsauger, der auf der Wartburg jedes Wort verschluckte und sich zudem noch anhörte wie ein Fliegeralarm. Als nach dem ausdrücklichen, von Signor Tullio persönlich verkündeten Staubsaugverbot die Kapitäne noch mehrere Male ihre Geräte anspringen ließen, machte die ganze Burg empört gegen sie Front. Die Sauger wurden ihnen entrissen und weggebracht. Seither durften die Kapitäne die Wartburg (auch nur, wenn dort gerade niemand zu Hause war) bloß noch fegen.

In der restaurierten Wartburg wäre nun alles mindestens annähernd wieder beim alten und quasi in Ordnung gewesen, doch leider mehrten sich jetzt gewisse Anzeichen eines bösen innerlichen Verfalls, vor denen kein Kapitän die Augen zumachen konnte. Der Generalstab verlor an Zucht: Er desertierte jetzt immer öfter von seinem ursprünglichen Wohn(Arbeits-)ort auf der Dixiebahn, um sich an ganz anderen und für ihn völlig unzuständigen Plätzen herumzu(t)reiben. Die Kapitäne sahen zum Beispiel, wie nun viele Pipas nicht mehr rücklings, sondern bücklings von Pipos (Maestros) bewirtschaftet wurden. Fast jede Pipa machte sich jetzt den Generalstab ihres Pipos auch gern zur Zungenwurst, so daß die entsetzten Kapitäne manchmal dachten, das Glied würde über dem Feldbeutel abgebissen. Aber auch die Generalstabsquartiere waren nun für viele Pipos (Maestros) vornehmlich Sache des Hand- und Mundwerks. Manchmal konnten die Kapitäne in den Liegenden nicht mehr Pipo von Pipa unterscheiden. Statt der normal geschichteten Einzelwesen lag da vielbeinig, -armig mit zwei (oder mehreren) Köpfen hinten und vorne ein vorsintflutlicher Pipao (oder Pipoa). Diese Generalverstrickungen gingen oft so weit, daß es der Kapitäne bedurfte, um die Paare wieder auseinanderzuheddern. Viele Pipas und Pipos (Pipaos) hatten die merkwürdige Gewohnheit angenommen, sich während ihres Geschäfts auf der Dixiebahn im Spiegel zu beobachten. Der Specchio erlaubte – außer, daß er ihnen sichtlich objektiven Genuß bereitete –, auch noch alle Stellungen endlos zu korrigieren, Generalstab genauer zu dirigieren. Es geschah jetzt oft, daß die Kapitäne um den Pipao Taschen- und Wandspiegel aufbauten, welche sie nach den Wünschen der Liegenden (Liebenden) entsprechend zu drehen oder zu wenden hatten. In allen diesen Fällen sahen (sprachen) beide Kapitäne ihre Vorgesetzten ab(an-)standshalber niemals direkt, sondern immer nur im Spiegel an. Die zwei wurden so zu Zeugen der unnatürlichsten (unmöglichsten) Gebrauchsweisen von Generalstab bis hin zu seiner Anwendung – und das war bestimmt das Tollste – auf (gegen) General.

Der Usus war mit zwei neuen (durch Signor Tullio engagierten) Musikanten, deren Fistelstimmen, pfauenhaftes Stolzieren, kokette Aufzüge und besondere Liebe zu Spiegeln den beiden Kapitänen übrigens schon von Anfang an nicht gefallen wollten, in die Wartburg gekommen. Seither verloren hier immer mehr Pipas ihre Posten im (am) Generalstab, um durch Pipos ersetzt zu werden. Als Folge dieses zersetzenden Prozesses machten viele, früher hervorragende Mitglieder der Burg schlapp: Sie konnten sich selbst auf Kommando kaum noch erheben, und man mußte, um ihr vorzeitiges Zusammensacken zu verhindern, auch noch oft mit den Händen beigreifen. Darum ließen die beiden Kapitäne, sooft sie einen Musipo oder einen Pipo bespiegelten, jetzt auch immer bittere Vorwürfe hören. Voller Sorge wiesen sie auf die Schlappschwänze, auch mahnend, sich wenigstens der Wartburg zuliebe wieder ein kleines bißchen zu stählen. Sie brachten den Liegenden (Liebenden) auch oft ihre Pipas in Erinnerung und versuchten sie durch Lobpreisen (auch Pfotos) der Verlassenen zur Rückkehr auf die gute alte Dixiebahn (feminin) zu bewegen. Zuerst machten ihre Vorhaltungen wegen der nun schon viel zu großen Zuchtlosigkeit natürlich auf niemanden Eindruck; aber mit der Zeit rührten die Kapitäne – obwohl in einem ganz anderen und von ihnen selbst völlig ungeahnten (lange unverstandenen) Sinne – auch manchen Generalstab.

Eine der ausschlaggebenden Ursachen dafür mochten die kurzen Hosen gewesen sein, in denen beide Kapitäne ab und zu steckten; die zwei wurden dann nämlich von den Musipos (Pipoos) immer besonders liebevoll, fast sehnsüchtig betrachtet, sooft sie in ihre Nähe kamen. Bald hatte jeder Kapitän, wo er gerade ging und stand, einen aktiven Teilnehmer an Musipos (Pipoos) wie einen Adjutanten an seiner Seite. Diese Adjutanten taten gefällig alles, was ihnen die Kapitäne auftrugen, und wären – wenn sie nur nicht die unangenehme Eigenschaft gehabt hätten, ihre Vorgesetzten (das heißt die Kapitäne) bei jeder Gelegenheit zu umarmen und zu küssen – sogar blendende Offiziere gewesen. Das Kommando: »Abtreten« begriffen sie überhaupt nicht, so daß die Kapitäne gezwungen waren, ihnen regelrecht davonzulaufen, wenn sie mal etwas unter sich besprechen wollten. Die Aufdringlichkeit der Adjutanten ging in offene Rebellion über, als sie einmal während einer Mittagsruhe ihre Generalstäbe auf die Kapitäne, welche schliefen, ansetzten. Beide Kapitäne erwachten von dem heißen Kopf der Schußwaffen auf ihrer Haut mit schrillem Schrei. Ein kurzer Faustkampf rettete sie, noch immer verfolgt, in die Küche. Hier sank vor dem Hund Olaf, der sie geschärft begrüßte, den Aufrührerischen endgültig der Mut. Wie durch ein Wunder entkamen sie schlotternd, aber pfeilschnell und mit wehenden Generalstäben seinem Gebiß. Dieser Vorfall (Verfall) entfernte die Kapitäne beachtlich von ihren Mannschaften: Auf der Wartburg taten sie jetzt keinen Schritt mehr ohne den Schweden, dessen Schnauze übrigens gerade hoch genug war, um jeden vorwitzigen Generalstab einzuschüchtern.

Die Anarchie, die außer den Kapitänen niemanden bekümmerte, griff indessen immer weiter um sich, bekam immer derbere (verderblichere) Formen. Weil sich zum Beispiel immer mehr Pipos bei gewissen Wettbewerben – die veranstaltet wurden, um zu sehen, wessen Generalstab am weitesten spuckte – nutzlos verschossen, waren die meisten Feldbeutel meistens leer, die Wartburg ohne Munition. Den ganzen Verfall hatte dann aber bestimmt noch ein Gerücht beschleunigt, welches sich – obwohl von allen direkt Betroffenen eifrig bestritten – schon seit geraumer Zeit hartnäckig auf der Wartburg behauptete und wonach die Vorgesetzten (das heißt Signor Tullio mit Stab) nächstens aus dem Häuschen verreisen sollten (wollten). Ein weiterer Beleg dafür war der Umstand, daß Signor Mobiglia seine zahlreichen eleganten Reisekoffer von den Kapitänen hatte hervorholen und abstauben lassen. Er stieg jetzt auch immer nachdenklicher in der Wartburg herum, tätschelte Pipaos, klopfte auch mal einem Musipo freundlich auf den Rücken, nahm aber selbst nirgends mehr (richtig) teil. Ähnlich verhielten sich alle höheren (zumeist italienischen) Generalstabsoffiziere und – Wolf, der seine Siebensachen gepackt hatte und jetzt ebenso sprungfertig war wie sein Meister. Die zwei Kapitäne versuchten zwar etwas Genaueres aus ihm herauszubekommen, aber er sprach (übrigens sehr flüssig) bloß noch Italienisch und das auch dann, wenn er alleine war, offensichtlich, um sich zu üben. Der Abstand zwischen ihm und den Freunden, die nicht mehr soweit aus dem Häuschen folgen konnten, war gewachsen. (Hans Georg behauptete sogar, ihn in verschiedenen Musipos gesehen zu haben.)

Für das Reisefieber der Vorgesetzten gab es mehrere objektive

Gründe; erstens fielen jetzt die Bomben nachts immer dichter um die Wartburg (genauer: um das Häuschen, in dem sie lag). Eine hatte sogar in ein direktes Nachbarhäuschen eingeschlagen, und von dem erderschütternden Knall war auch auf der Wartburg alles (alle Pipaos, Musipos) auseinandergefallen. Der zweite Grund war die absolute Luftschutzlosigkeit der Wartburg bei den jetzt immer gefährlicher werdenden Fliegeralarmen. Das Häuschen machte – wenn die Wartbürger (-bürgerinnen) seinen Luftschutzkeller betraten – nicht nur Skandal, sondern auch schon Anstalten, sie eigenhändig von dort hinaus und unter die Bomben zu werfen. Drittens gab es für Signor Mobiglia nur sehr wenig, ja eigentlich gar keinen richtigen Platz mehr zum Konzertieren; die paar Notstationen, in denen er nach dem Kakadu noch auftrat, waren entweder zertrümmert oder als Wohnstätten (Nothäuschen) in Verwendung. Endlich – und darin bestand gewiß der Hauptgrund – waren die Dixieländer rechts schon in Sizilien, ihre Kriegsschiffe schwammen vor Neapel und Venedig: Die Operation, ganz Italien von Mamassachlissi abzukneifen (es kniff auch selbst bereits vor ihm aus) und wieder ein freies Dixieland daraus zu machen, hatte begonnen. Natürlich durfte Signor Mobiglia bei der Befreiung nicht fehlen: Der Altmeister des Dixiebahnbaus gehörte auch als Italiener jetzt mehr denn je in sein Häuschen.

Was ihn aber nun trotzdem in der Wartburg zurückhielt, war vor allem das Schneckentempo der Dixieländer auf den Kriegsschauplätzen. Sie standen rechts sowie links jetzt zwar schon unmittelbar vor dem Häuschen, ihre Einbruchsversuche wurden jedoch immer von Mamassachlissi abgewiesen, und manchmal sah es fast so aus, als jage er sie überhaupt von seiner Schwelle. Später, als die Dixieländer nun endlich auch auf dem Festland gelandet waren, fielen ihnen die Häuschen (Städte, Dörfer, darunter auch Wartburg) bei Mamassachlissi wieder nur sehr langsam in die Hände. Jede Nacht beugte sich Signor Mobiglia über die Generalstabskarte seines (nun schon bis zur Hälfte Dixie-) Landes, um zu den letzten Nachrichten von Radio Charleston oder Boston (welche übrigens auch in Italienisch sendeten) die neuesten Frontverschiebungen zu verfolgen. Seine Sorge galt aber ebenfalls der Front links vom Häuschen, welche (obwohl der Mamassachlissi rechts große Kräfte abgezogen und dorthin geworfen hatte) doch schon mit beängstigender Schnelligkeit näher und näher kam. Denn wie er sagte, würden (wollten) die linken Dixieländer mit dem Häuschen auch alle Wartburgen abtragen und das gesamte Publikum (das heißt Mamassachlissis [feminin, maskulin], Pipos, Pipas, Pipoos, Musipos etc.) in einen Kolchos stecken.

Die Wartburg befand sich zwischen drei Feuern: zwischen Häuschen (Mamassachlissi), linken sowie rechten Dixieländern, und ihre Besatzung mußte – um nicht von irgendeinem einzelnen dieser Feuer oder gar von allen zugleich verbrannt zu werden – abwarten, bis sich ein Moment bot, mit allen Koffern nach rechts durch den Feuerring zu entspringen. Nach einer Serie von überraschend rapiden Vorstößen der Dixieländer in Frankreich, Holland und Belgien, kam dieser Moment zuerst für alle entsprechenden Dixieländer (das waren jetzt gerade nur noch je ein Franzose, Holländer und Belgier) bei Signor Tullio. Da gab es plötzlich auf der Wartburg zum ersten Mal ein ganz neuartiges, zuvor noch nicht dagewesenes Türe-Klappen, Packen, Laufen; denn wenn diese Geschäftigkeiten früher gewöhnlich nur Zuzug bedeutet hatten, so geschah jetzt gerade das Gegenteil: Man ging. Das Warten war – zwar noch nicht allgemein – aber immerhin doch schon teilweise vorbei. Der Abschied stand auch im Zeichen einer sorgenvollen Unruhe, denn ob die Scheidenden glücklich aus dem Häuschen ent- und zu den rechten Dixieländern durchkommen würden, konnte ja niemand wissen. Der Mamassachlissi (nun schon meistenteils in geordnetem Rückzug begriffen) hielt mit noch genug starken Armen (Armeen) die Dixiebahn eisern umschränkt. Wenn da Wartbürger (-burgen) den Kopf hoben, so war es – selbst mit den genauesten Generalstabskarten und geheimsten Stabsquartieren – ein enormes Risiko. Auf der Wartburg fiel die Trennung – alle drei waren nette Kerle gewesen – jedem schwer. Ein paar untröstliche Pipos hatten sich sogar an die Musikanten geklammert und ließen nicht los, bis die zwei Kapitäne sie mit sanften, aber bestimmten Worten fortnahmen. In diesen letzten Tagen des Beisammenseins waren alle Wartbürger, welche fühlten, daß nun auch bald der Abzug des Maestro erfolgen mußte, besonders lieb zueinander: Pipos und Pipas, welche sich bisher vielleicht die Dixiebahn aus diesem oder jenem Grunde verweigert hatten, traten freiwillig Pipaos (Pipoos) bei, und alle (ganz besonders die Kapitäne) erwiesen Tullio und seinem Stab hundert Aufmerksamkeiten.

Was die genaue Einschätzung der militärischen Lage von der Wartburg aus so erschwerte, war der dauernde Widerspruch zwischen den dixieländischen Frontberichten (in Radio Dixieland) und den Frontberichten von Mamassachlissi (im Häuschen). Außerdem bestand noch das Gerücht, alle Rückzüge des Mamassachlissi seien Schachzüge mit endgültigem (blitzartigem) Matt der Dixieländer an allen Fronten, und Signor Mobiglia, der nicht mehr wußte, wem (was) er glauben sollte, ließ sich statt der Generalstabskarte lieber schon einfache Karten legen, um etwas zu erfahren. Die ganze Wartburg tat es ihm darin nach: Jeder wollte wissen, ob die Dixieländer nun endlich bald den Mamassachlissi, oder ob der Mamassachlissi letzten Endes doch noch die Dixieländer, ob die Wartburg das Häuschen oder umgekehrt; ob er die Pipa (sie den Pipo) mit der ganzen Dixiebahn, ob er (sie) mal nach Dixieland (rechts), ob … Man versuchte auch in den Handlinien zu lesen, was einem bevorstand, so daß die ganze Wartburg (der ganze Generalstab) jetzt in einem allgemeinen Rätselraten befangen war und kaum noch Zeit für die gewöhnlichsten (nötigsten) Geschäfte auf der Dixiebahn fand. Vor Kapitän Wakusch stand ebenfalls ein Rätsel, nämlich das Wort Kolchos, das er mit Kolchis (Iberien und Albanien usw.) assoziierte und das er in dem ganzen Traktat gesucht hatte, ohne irgendeinen Aufschluß darüber zu finden.

Dann kam der Brief, der Signor Mobiglia abrief, der den sofortigen Abzug aller Vorgesetzten (außer den Kapitänen) aus der Wartburg erwirkte, weil er die Dixiebahn nach (und in) Italien schon als genügend frei beschrieb. Kapitän Wakusch, der ihn in dem Briefkasten der Wartburg entdeckte, geriet vor Erstaunen ganz aus dem Häuschen, denn die Post war aus Manila (wenigstens schien es Wakusch so). Zwar las Hans Georg nachher den Absender richtiger als Milano, und Kapitän Wakusch klappte seinen Mund, der ihm wie ein Fallreep offengestanden hatte, schleunigst wieder zu, aber es war doch zu vermuten, daß am nächsten Tag Signor Tullio Mobiglia mit Stab nach beiden Orten zugleich verreiste (nach Manilo[a] in Milano). In der Nacht rief Signor Mobiglia die beiden Kapitäne zu sich, um ihnen seinen bevorstehenden Abgang mitzuteilen (er riet ihnen übrigens auch, sich ihm anzuschließen, aber die Kapitäne, die eben doch nicht ganz aus ihren respektiven Häuschen waren, lehnten natürlich ab) und um die letzten Anweisungen zu geben. Er befahl mit dem Hinweis auf ihre immer evidenter werdende Unhaltbarkeit, die Wartburg gleich nach seinem Fortgang zu räumen. Die Kapitäne, die Pipas, Pipoos etc. sollten alle wieder schleunigst nach Hause (Häuschen) und dort in Ruhe den Einzug der Dixieländer, mit dem es nun nicht mehr lange dauern könnte, abwarten. Auf der Dixiebahn seien alle größeren Zusammenschlüsse (Pipaos, Pipoos), Konzentrationen, Ansammlungen, Kundgebungen etc., welche den Mamassachlissi nur herausfordern könnten, peinlichst zu vermeiden. Daran wäre nur wieder zu denken, wenn die Dixieländer selbst im (in den) Häuschen seien. Zur Vermeidung unnötigen Aufsehens seien alle Specchios (Pfotos, Generalstabskarten) zu verbrennen oder an Geheimplätzen zu verstecken. Die Räumung der Wartburg müsse getarnt, bestens in der Nacht und auf Zehenspitzen durchgeführt werden. Der Schwede sei, falls ihn niemand von den Pipos, Pipas, Kapitänen beherbergen wolle (könne), zu entlassen. Seinen Abzug aus der Wartburg wünschte sich Signor Tullio streng inkognito. Die Pipas (Pipos) sollten – weil sie Umstände machen, den Vorgesetzten zum Abschied unnötige Liebesbezeugungen via Dixiebahn zu erstatten (abverlangen), und dadurch alles verzögern konnten – es erst hinterher erfahren. Zu diesem Zweck verordnete Signor Tullio die zeitige Herauslösung aller Vorgesetzten aus (von) Pipaos, Pipoos, am besten wenn der (die) andere schon (oder noch) schlief, und ihre Bereithaltung zum Abmarsch im frühen Morgengrauen. Nachdem alle diese Maßnahmen ausführlich besprochen worden waren, verglichen Signor Mobiglia und die zwei Kapitäne ihre Uhren. Bis zum Aufbruch blieb allen trotz der fortgeschrittenen Stunde noch reichlich Zeit für ein Schläfchen. Ehe sie auseinandergingen, gab Signor Tullio den Kapitänen seine genaue Adresse in Manila. Er zog auch jeden einzelnen an seine Brust und sagte: »Grazie!« (Dixieländisch: Danke schön). Dann war zum letzten Mal Zapfenstreich.

Die Kapitäne drückten aus Kummer über das (noch dazu so sang- und klanglose) Ende – sie hatten sich einen kleinen Abschiedsabend mit Konzert und Ansprachen der (vor den) besten

Pipos und Pipas vorgestellt – natürlich kein Auge zu. Sie sprachen mit Bewunderung (auch Bedauern) von Wolf, der es riskierte, die Dixiebahn bis zu Ende abzuschreiten, und den der Maestro, welcher die Papiere besorgt und alles eingefädelt hatte, mit sich nach Manila nahm. Außerdem galt ihre Sorge noch der Frage, ob morgen wirklich alles gutgehen, der Aufbruch der Vorgesetzten pünktlich und im Stillen durchführbar sein würde; die Wartburg war nämlich, anstatt zu schlafen, erfüllt von dem regelmäßigen Quietschen der Bettstellen in den Kojen, sie bebte förmlich von den diesmal besonders kräftigen Zapfenstreichen der Pipos (Pipas) auf der Dixiebahn. Der Lärm ebbte nur beim Zapfenstreicheln etwas ab, um – wenn dies genügend besorgt war – wieder von neuem anzuschwellen. So ging es in einem fort bis kurz vor dem ausgemachten Zeitpunkt, als die Vorgesetzten mit ihren Koffern akkurat auf den Flur heraustraten. Die Kapitäne, die den Stab an den Westbahnhof zu bringen hatten, warteten schon. In der Wartburg herrschte vorbildliche Ruhe; nur ein Schluchzen aus verschiedenen Kojen verriet, daß der Abzug ein offenes Geheimnis war. Dann schloß Kapitän Wakusch auf, und alle verließen schleunigst das Häuschen. Die Nacht war vollkommen ruhig und klar. Bevor der Stab für immer um die Ecke bog, veranlaßten ihn die Kapitäne, sich noch einmal umzudrehen und einen letzten Blick auf die Wartburg zu werfen: In ihren Fenstern, auf dem Balkon preßten sich die guten Pipos, Pipas. Zum Glück waren sie alle mucksmäuschenstill und winkten nur mit Taschentüchern. Wenige Stunden später verluden die Kapitäne den Stab in den Expreß Häuschen-Manila. Außer Wolf führte Signor Mobiglia an jenem Tag noch den einen Schwarzen seines ursprünglichen Musikzuges (der andere war ebenso wie der Grieche schon lange vorher irgendwohin abgesprungen) und die zwei Italiener, die aushilfsweise bei ihm gespielt und hauptsächlich nur die Gastfreundschaft der Wartburg (ihre verschiedensten Dixiebahnen) genossen hatten, ab nach Dixieland.

Von ihrem Vorhaben, die Wartburg planmäßig zu liquidieren, mußten die Kapitäne aus Rücksicht auf die guten Pipas und Pipos, welche der Schmerz über die Abreise des Stabes bettlägerig gemacht hatte (manche hatten hohes Fieber), einstweilen Abstand nehmen. Die Kapitäne selbst waren, obwohl sie es sich nicht anmerken ließen, natürlich auch sehr deprimiert. Des Trostes wegen saßen die zwei jetzt oft mit verschiedenen guten Pipas des Maestro vor einem großen Album voller Pfotos und tauschten Erinnerungen an Signor Mobiglias Generalstab aus. Sie machten den verzückten Pipas lebensgroße Bilder des Vorgesetzten (das gelungenste schmückte nachher auch eine Wartburgswand). In ihren Reden kehrten die Heldentaten der alten Wartbürger auf der Dixiebahn (auch immer mehr vergrößert) wieder, und einmal stellten sie sogar eine ungefähre Liste aller Pipas zusammen, welche der Maestro …, welche Wolf … (oder beide), welche der und der vom Stab … Durch diese und ähnliche Beschäftigungen wurde die Wartburg dann allmählich wieder etwas munterer; bald schliefen die guten Pipas schon nicht mehr alleine, sondern wieder mit guten Pipos. Auf den Endstationen stießen – wie die Kapitäne feststellen konnten – einige Pipas allerdings immer noch den Namen ihres Vorgesetzten (des Abgezogenen) aus. Viele seufzten förmlich vor Kummer, wenn sie – in Gedanken oder laut – die Generalstäbe verglichen. Es gibt Dinge, die nicht zu ersetzen sind; deshalb konnten die Kapitäne den vergrämten Pipas immer bloß raten zu warten, bis der Krieg (Mamassachlissi, Häuschen, Wartburg) vorbei war und die guten Vorgesetzten wiederkamen.

Aber viele Pipas wollten (oder konnten) sich nicht solange gedulden und legten sich – zuerst heimlich, wenn die Kapitäne gerade mal abwesend waren, später schon ganz offen – neue Vorgesetzte zu. Natürlich reagierten beide Kapitäne sofort und scharf gegen alle Abtrünnigkeiten auf der Dixiebahn von Signor Mobiglias Generalstab. Sie nahmen die Pipas ins Gebet und drohten ihnen, Signor Tullio(-s Stab) die Treuebrüche brieflich zu verkünden. (Ein Brief mit Andeutungen darüber ging – als das Drohen nichts nutzte – auch wirklich ab.) Oder sie kamen, vernichtende Blicke auf die neuen Vorgesetzten werfend, mit plakatgroßen Pfotoporträts des Maestro (die zeigten, wer hier der Herr auf der Dixiebahn [gewesen] war) an die Bettstellen. Ein Lautsprecher, der im Flur der Wartburg hing und von dem Schweden bewacht wurde, nahm durch schallende Propaganda und pausenlose Dixieländer (von Tullio) dem neuen Generalstab jede Möglichkeit, sich in Ruhe einzurichten. Außerdem wurden die neuen Vorgesetzten durch ein starkes Aufgebot guter Pipos (Pipas) von Bad und Toilette abgeriegelt; der Trupp bemächtigte sich letzten Endes noch all ihrer Decken, Kissen und Matratzen und schleppte – um reine Dixiebahn zu machen – zum Schluß sogar die Bettstellen weg. Ohne Grundlagen, blockiert (repressiert), hielten es die neuen Vorgesetzten dann auch nicht mehr lange aus; sie verschwanden, einer nach dem anderen, mit ihren respektiven Pipas, übrigens nicht, ohne das Häuschen noch vor- und zusätzlich gegen die Wartburg aufzuwiegeln.

In den nächsten Tagen verabschiedeten die Kapitäne alle überzähligen Pipas (Pipos), das heißt solche, die wegen Leutemangels in keinen Pipaos (Pipoos) mehr unterzubringen waren. Den übrigen (Paaren) wurde in persönlichen Gesprächen (auch über Lautsprecher) Signor Tullios letzter Entscheid betreffs der Wartburg erklärt, und die Dixiebahn wurde zum Ersten des nächsten Monats gekündigt. Zur gleichen Zeit begannen die Kapitäne, allen Zimmern ihr ehemaliges (vorwartburgliches) Aussehen zurückzugeben: Sie entrollten die Teppiche, holten die Nippsachen hervor, steckten die Schlüssel an die Schränke; sie stellten die kristallenen Früchteschalen erneut auf die Anrichte und zogen den Specchio (das heißt alle an den Wänden oder sonstwo verbliebenen Generalstabskarten beziehungsweise Fotoporträts des Maestro) ein. Als die guten Pipas (bevor sie gingen) dann noch überall kräftig gebohnert hatten, sah die Wartburg auf einmal wieder sehr häuslich (wie ein Häuschen) aus. Das weite, flache Bett im Schlafzimmer war frisch bezogen; darüber baumelte ein Plakat mit der Aufschrift: »Hier verboten zu liegen (zu lieben)«. Kleinere Zettel ähnlichen Inhalts schmückten das Sofa und alle längeren Möbelstücke, die sich nur irgendwie zur Unterbrückung der Dixiebahn benutzen ließen. Pipaos (Pipoos) durften nur mit eigener Bettwäsche und auch bloß nach vorheriger Erlaubnis seitens der Kapitäne auf einer behelfsmäßigen Pritsche in der Rumpelkammer gebildet werden. Durch diese und ähnliche Maßnahmen, aber auch durch das jetzt schon sehr anzüglich gewordene Häuschen, welches die Wartbürger – wenn sie sich mal entfernt hatten – einfach nicht mehr bei sich (das heißt die Treppen hinauf und in die Wartburg) einließ, war den restlichen guten Pipas, Pipos die Dixiebahn endgültig vergällt (verstellt), und so zogen sie alle, ohne weiter zu warten, schon lange vor dem Ersten aus.

Ganz zuletzt bat der Schwede bei den Kapitänen um Abschied. Er bellte, jaulte an den Türen und sah, wenn ihn die Kapitäne zum Kuschen brachten, jetzt die meiste Zeit sehnsüchtig zum Fenster hinaus. Die wenigen Spaziergänge mit ihm (welche zuletzt fast nur noch bei Fliegeralarm, wenn das Häuschen im Luftschutzkeller saß, stattfanden) wurden immer schwieriger, weil er dann jedesmal gewaltsam zurück nach Häuschen (Wartburg) gezerrt werden mußte. Was die Kapitäne jetzt bloß noch auf der Wartburg zurückhielt und ihnen noch dazu große Kopfschmerzen verursachte, war der Hund. Beide wollten (konnten) ihn – da er ihren respektiven Mamassachlissis dort sofort an die Gurgel gesprungen wäre – nicht bei sich zu Häuschen einquartieren. Ihn einfach in die Schuttwüste der zerschmetterten Häuschen, wo er niemanden und nichts zu beißen finden würde, freizugeben, war zu grausam. Darum warteten die Kapitäne jetzt ungeduldig auf das Ergebnis ihrer Rundfrage bei allen bekannten und unbekannten Pipos, Pipas, Wartburgen, ob man nicht irgendwo einen extra auf Mamassachlissis geschärften Boxer nötig habe. So verstrich viel kostbare Zeit ohne Ergebnis: Auf der Wartburg sprachen vereinzelt noch Pipos (Pipas) vor, um sich nach dem Maestro, nicht aber nach dem Schweden zu erkundigen. Sie wollten ihn (meistens ebenfalls aus Rücksicht auf eigene Mamassachlissis) nicht einmal geschenkt haben.

Das Häuschen zu betreten verlangte in jenen Tagen immer mehr Courage. Zwar stand es jetzt beinahe ebenso leer da wie die Wartburg: Die meisten Quartieranten hatten in Ahnung seines unabänderlichen (ideo-)logischen Zusammenbruchs schon vorsorglich das Weite gesucht (waren in die mehr rechts gelegenen Gebiete verzogen, um sich dort lieber von den Dixieländern aus Charleston [Boston] als von denen aus Kolchos [Kolchis] gefangennehmen zu lassen). Doch leider war Mamassachlissi geblieben und verschärfte zusammen mit ein paar ebenso versessenen Familien tagtäglich den Druck auf die Wartburg. Er randalierte schon unausgesetzt an ihrer Tür, erschien manchmal sogar mit Schupos, welche die Füllung gleich mit Brecheisen angingen. In diesen kritischen Situationen flogen (mischten sich) immer zur rechten Zeit und wie verabredet die rechten Dixieländer ein. Wenn dann die Bomben krachten, das Häuschen (auch Wartburg) wackelte, Mamassachlissi, Luftschutzleute etc. Hals über

Kopf unter die Erde flüchteten, sahen die Kapitäne dankbar zum Himmel auf und schrieen begeistert: »Hurra!«

Auf der Treppe, wo Mamassachlissi lauerte, spielten sich – sooft die Kapitäne nahten – Jagden ab. Gewöhnlich rannten die Kapitäne, immer dicht vor Mamassachlissi – damit er auch nachkam – das leere Häuschen zwanzigmal rauf und runter. Wenn der Alte dann vor Erschöpfung nicht mehr konnte, ließen sie ihn im Dach oder Erdgeschoß sitzen und verfügten dadurch unbelästigt über die Wartburg im dritten Stock. Natürlich ging es nicht immer so glatt durch die Blockade: Der Mamassachlissi hatte jeden Kapitän schon mehrere Male zwischen seinen Fingern gehabt, ohne allerdings das wahnsinnig quiekende (auch beißende) Strampelbündel auf der Stelle überwältigen zu können; nach kurzem, heißem Nahkampf waren ihm die beiden bisher zwar noch immer wieder entrutscht, aber weitere Begegnungen dieser Art hießen doch das Glück herausfordern. Für die nunmehr vollkommen abgerüstete Wartburg lohnten sich auch die furchtbaren Schläge (mit Spazierstock oder Regenschirm über Kopf und Rücken verteilt) nicht mehr, welche die Kapitäne fast jedesmal von Mamassachlissi einstecken mußten. Der Mamassachlissi hatte ferner unter den paar guten alten Pipos (Pipas), die den Kapitänen immer noch Besuche abstatteten, Gefangene gemacht und sie über die (alten, neuen) Verhältnisse auf der Wartburg gründlich ausgehorcht; jemand plapperte das Häuschen von Hans Georg aus, und eines schönen Tages erschienen schon zwei Mamassachlissis (der lokale zusammen mit Hans Georgs Vater) vor der Wartburg. Hinein kamen sie natürlich nicht: Die Kapitäne verrieten mit keinem Mucks ihre Anwesenheit, wie oft der Mamassachlissi von Hans Georg auch bat (gebot), sich zu erkennen zu geben, sich zu ergeben. (Nur der Schwede bellte ein paarmal wütend zurück.) Nach diesem Tag blieb Hans Georg vorsichtshalber fort (zu Häuschen), und so wurde Kapitän Wakusch noch einmal kurz vor Schluß zu dem allerhöchsten (alleinigen) Maßgebenden in der Burg.

Er hielt sich dort noch über eine Woche, erschien aber nur sehr unregelmäßig, denn erstens ließ ihn sein eigener Mamassachlissi wegen der chaotischen Zustände (die linken Dixieländer eroberten schon die Lausitz) nicht mehr aus dem Häuschen, und zweitens hatte der Mamassachlissi des Häuschens, in dem die Wartburg lag, jetzt noch ein paar gewandtere (jüngere) Helfershelfer, vor denen man sich vorsehen mußte. Die zugespitzten Verhältnisse erlaubten kein Zaudern mehr, und so beschloß Kapitän Wakusch, auf der Wartburg den endgültigen Feierabend einzuläuten. Der Schwede war ja strenggenommen auch gar kein richtiges Hindernis: Man brauchte ihm die Tür nur ein bißchen aufzumachen, damit er für immer emigrierte. Kapitän Wakusch wurde aber in seinem Vorhaben, die Wartburg zu liquidieren, von Mamassachlissi überholt.

Der schüchterne Klingelruf wiederholte sich nach einem Viertelstündchen und auch schon mit Eindringlichkeit gleich zweimal hintereinander. Dann war wegen des Schweden, der heute seine Demission bekam und sich hündisch darüber freute, lange Zeit nichts mehr zu hören. Als das Gebell endlich verstummte, war der Klingler immer noch nicht fortgegangen; er gab geduldig seine Zeichen und rüttelte dazu noch an der Tür. Kapitän Wakusch, der gerade im Begriff war, die letzte und schwerste Pflicht auf der Wartburg zu erfüllen – er hatte ein Feuer im Ofen gemacht und die Generalstabskarten (Specchios), welche er alle unmöglich nach Hause (zu seinem eigenen Mamassachlissi) nehmen konnte, zum Verbrennen bereitgelegt –, ließ die Pfotos und schlich vorsichtig über den Korridor ans Guckloch. Niemand!

Wakusch wollte schon umkehren, da pochte es wieder. Er äugte noch einmal hinaus, schielte auch, so gut es ging, nach links und rechts. Wieder niemand! Daß ein Überfall auf ihn geplant wurde, erschien Wakusch unwahrscheinlich, denn gerade war ein saftiger Fliegeralarm, und zu solchen Zeiten saßen alle Mamassachlissis und Konsorten (Kohorten) gewöhnlich im Keller. Es klopfte erneut. Wakusch legte für alle Fälle die Kette vor und öffnete die Wartburgstür einen Spalt. »Warum klopfst du hier?« schnauzte er dann aufgebracht. »Es ist Fliegeralarm.« Draußen stand ein kleiner, blutjunger Pipo, eher noch Pippino, mit Spuren von Goglimogli an beiden Mundwinkeln links und rechts.

»Ich wollte zu Herrn Mobiglia«, erklärte der Knirps feierlich, aber nach einer Pause, denn er war zu aufgeregt und mußte sich sammeln. »Wieder ein Autogrammjäger«, dachte Wakusch amüsiert; natürlich gefiel ihm auch, daß der Maestro mit seinen Dixieländern in den Häuschen noch immer nicht vergessen war. Seit dem Abzug der Vorgesetzten hatten sich regelmäßig ganz kleine Küken (das heißt Pipochen = Popochen, welche zumeist auch gar nicht wußten, daß der Generalstab aus dem Häuschen verlegt worden war) auf der Wartburg gemeldet. Sie kamen gewöhnlich für ein Autogramm oder Pfoto und mit der Hoffnung, auf der Dixiebahn angestellt zu werden. Solche Grünlinge hatte Kapitän Wakusch, solange das noch möglich war, immer gerne aufgenommen, die Wartburg (unter seiner Führung, zu seinen Erklärungen) besichtigen lassen und dann mit reichen Geschenken (die Pipochen gerieten schon für ein mittelmäßiges, beinahe harmloses Pfoto vor Dankbarkeit aus dem Häuschen), aber auch mit der Versicherung, sie sofort zu benachrichtigen, wenn Arbeitskräfte gebraucht würden, falls der Maestro wiederkäme, und ähnlichem (er notierte sich alle Adressen der Pipochen gewissenhaft auf einem Block) weggeschickt. Aber heute, wo alles zu Ende ging, wo die Segel (und Specchios) für immer gestrichen wurden, wo es in der Wartburg aussah wie in einer gewöhnlichen Mietskaserne von Mamassachlissi, war es – abgesehen davon, daß Kapitän Wakusch jetzt auch gar nicht mehr dazu aufgelegt war, den »Guide« und Gönner zu spielen – gleichsam ein Prestigeverlust, dort noch Pipochen einzulassen. Mit den Wartburgen geht es wie mit allen anderen Befestigungen: Man gibt nicht gern zu, daß man sie verlassen hat (verläßt, verlassen wird). »Geh nach Häuschen!« befahl darum Kapitän Wakusch jetzt und erklärte sich, als der Liliputaner befremdet dreinsah, noch einmal richtiger: »Geh nach Hause! Wir haben keinen Kindergarten.« Das Pipochen strömte sofort über von Versicherungen, es sei schon groß, stark und fest genug für die Wartburg, man solle es nur einmal mit ihm versuchen. Es berief sich auf den Kakadu und wollte auch auf der Dixiebahn weit herumgekommen sein – einige Male sogar schon bis Manila. Es nestelte sogar an seinem Hosenschlitz, um guten Generalstab vorzuweisen, aber Wakusch, der keine Waffen (dazu noch mitten im Häuschen auf der Treppe von Mamassachlissi) mehr sehen wollte, rief schockiert: »Schon gut! Schon gut!«, und dann abschließend (die Wartburgstür schon zuschließend): »Zieh ab! Heute wird hier Schluß gemacht!« Pipochen gehorchte aber nicht, er heulte. »Ruhe, du Idiot!« rief Wakusch leise. Er hatte in Sorge über das Lamento wieder aufgemacht. »Wir sind nicht allein im Häuschen!« Um das Baby, das unentwegt weiterbrüllte, still zu machen, zog Wakusch nach verzweifelter Überlegung eine Generalstabskarte (Vergrößerung) aus der Tasche und hielt sie dem Flennenden unter die Nase. Der Schnuller wirkte sofort: Pipochen stellte das Greinen ein, bekam Kulleraugen, welche leuchtend auf der Karte hin- und herwanderten. Es tippte auch mit kleinem Zeigefinger auf die wichtigsten Verkehrspunkte und nannte sie alle ganz richtig beim Namen: »Charleston, Boston, Philadelphia und der Mississi…« »Pst!« zischte Wakusch, denn unten hatte die Treppe geknarrt. Er guckte vorsichtig über das Geländer und sah den Mamassachlissi nur einen Treppenabsatz entfernt mit Helfershelfern näherkommen. Keine Zeit war zu verlieren. Wakusch packte Pipochen und warf es in hohem Bogen in die Wartburg. Dann rammte er die Tür glücklich auch hinter sich zu, ehe noch der Mamassachlissi seinen schweren Spazierstock dazwischenstellen konnte.

Sehr unzufrieden über diese Entwicklung, die ihm einen naseweisen Gast aufgeladen und den Mamassachlissi gerade jetzt, wo die Wartburg abgebaut wurde und größte Diskretion nötig war, vor die Tür gebracht hatte, scheuchte Kapitän Wakusch Pipochen – es studierte übrigens mit einem Auge immer noch die Generalstabskarte, mit dem anderen aber schon die Umgebung und schien auch die Gefahr, der sie eben entronnen waren, gar nicht bemerkt zu haben – beinahe wie einen Gefangenen nach hinten in das Mittelzimmer. Sekundenlang berührte ihn auch wirklich der Gedanke, daß es zur Wahrung der allerletzten und wichtigsten Generalstabsgeheimnisse (-pläne) vielleicht besser sei, Pipochen irgendwo einzusperren, bis die Luft auf den Treppen rein war, und den Knirps dann resolut fortzujagen. Damit Pipochen die Haft nicht übel aufnahm (keinen Klamauk machte, sich ruhig verhielt), konnte man ihm ein paar ältere (unwichtige) Generalstabskarten zum Lesen geben. Andererseits traf es sich aber auch gar nicht so schlecht, daß er Pipochen da hatte, denn es gab auch eine Masse haushälterischer Aufgaben, wie zum Beispiel die Entfernung gewisser Spuren (Goglimogliflecke) des Dixiebahnverkehrs auf der Couch und anderen Liege(Liebe-)flächen, die sich von ihm alleine nicht bewältigen ließen. Unschlüssig, was er machen sollte, schritt Kapitän Wakusch einige Male auf und ab, dabei sagte er auch mehrmals scharf, aber doch nicht unfreundlich: »Halt, hiergeblieben!«, als nämlich Pipochen, das sich in dem Raum – es war der Rauchsalon – bereits umgesehen hatte, in die übrigen Zimmer strebte. Der Kleine, welcher annahm, es handele sich dort gerade um ein wichtiges Rendezvous, das nicht gestört werden dürfe – er tippte auf eine geheime Generalstabsversammlung zwischen Pipos und Pipas mit Signor Tullio im Vorsitz –, sagte: »Ah!« Und weil ihn die Vorgesetzten und ihre Untergebenen so mächtig anzogen, erkundigte er sich gleich bei Kapitän Wakusch, ob es noch lange dauern würde. Das könne niemand vorher wissen, erklärte ihm Wakusch diplomatisch, manchmal sei der Generalstab wochenlang nicht herausgekommen (auseinandergegangen). Das erste, womit man sich auf der Wartburg zu versehen habe, sei deshalb Geduld.

Dann begann er – weil dies der kürzeste Weg war, um das Gespräch auf und Pipochen an die Goglimogliflecken zu bringen – die Vorführung und sachgemäße Erläuterung der historischen (wichtigsten) Gegenstände im Rauchsalon. Zuerst zeigte er Pipochen ein Paar abgenutzte Pantoffeln und einen alten Pyjama von Tullio. Der Wicht fühlte sich dann noch ganz besonders geehrt (beschert), als ihm Kapitän Wakusch, wenn auch nur ausnahmsweise, erlaubte, in die Uniform des Meisters zu schlüpfen. Der grell gemusterte Stoff ließ sich zehnmal um den Wicht wickeln, und auch dann war immer noch genug für eine große Schleppe übrig. Kapitän Wakusch geizte jetzt auch nicht mit Generalstabskarten: Er holte noch ein paar neue, saftigere heran und übergab sie dem Manne(Minne-)quin zum Studium. Als nächstes Schaustück kam ein Päckchen Gummischutz von Tullio, und da dem Wicht beim Anblick der neuen Pfotos ein beachtlicher Generalstab erwachsen war, forderte ihn Kapitän Wakusch freundlich auf, auch noch ein Regenhütchen aus dem Bestand des Maestro darauf zu setzen. Dann schritt er – schon selbst von der Begeisterung angesteckt – mehrmals um den Wicht herum, begutachtete ihn von links und rechts, drapierte den Pyjama und reichte, als alles perfekt war, Pipochen einen Spiegel. Es sah richtig königlich aus, etwa wie Pippin der Kurze von Dixieland mit Insignien. Fehlte bloß noch die Königin Pippa, und Wakusch bedauerte im Herzen, daß keine Pipas mehr auf der Wartburg waren, um Pippino zu vermählen.

Nach der Kostümierung führte Kapitän Wakusch Pippino gleich zur Couch und ließ ihn die breite, weich gepolsterte Fläche betrachten, auf der Signor Mobiglias Generalstab so viele Pipas (Wakusch nannte eine dreistellige Ziffer) getroffen hatte. Er kommentierte aus dem Gedächtnis die wichtigsten Aufstellungen auf dem nunmehr beinahe schon antiken Schlachtfeld, entwarf lebhafte Bilder von Angriff und Übergabe. Zum Schluß verwies er den Wicht an die Goglimogliflecken von Tullio, welche wegen ihres Ursprungs, ihrer Zahl und ihrer reinen Konfiguration großen Eindruck auf Pippino machten. Sein erschrecktes Erstaunen kannte aber keine Grenzen, als ihm Kapitän Wakusch eine Benzinflasche und Lappen in die Hand drückte, mit der Weisung, die Liebesspuren aus der Liegestätte zu entfernen. Er hielt es für ein Majestätsverbrechen, den Goglimogli des Maestro auszuwischen, und machte sich erst (auch nur sehr zögernd) an die Arbeit, nachdem Kapitän Wakusch versichert hatte, es geschehe auf ausdrücklichen Wunsch von Tullio. Der Goglimogli war scheinbar einer der zähesten Sorte, denn er wollte nicht raus, trotz der Essenz und trotz allen Rubbelns und Reibens von Pippino. Von Zeit zu Zeit kam Kapitän Wakusch aus einem der Nebenzimmer, sah auf den Stand der Reinigungsarbeit und entfernte sich mit dem Hinweis, der Maestro könne jeden Augenblick mit Begleitung auf der Wartburg erscheinen, und bis dahin müsse alles fertig sein. Pippino, der glaubte verstanden zu haben, daß Signor Mobiglia einen neuen Feldbeutelzug plante, setzte seine ganze Ehre und Muskelkraft daran, den alten Goglimogli im strategischen Raum zu vertilgen. Sicher hielt er die Arbeit auch für so etwas wie eine Aufnahmeprüfung in den Generalstab.

Inzwischen entfachte Kapitän Wakusch das Feuer im Ofen, der voll gepreßt war mit Specchios (Generalstabskarten) von Tullio. Diese wichtigen Staatspapiere (Pfotobilder) durften auf keinen Fall Unbefugten in die Hände geraten, denn sie verrieten, wie viele Töchter von Mamassachlissis, ja sogar Mamassachlissis (feminin) aus demselben und benachbarten Häuschen Pipas bei Tullio gewesen waren. Zwar hatte Kapitän Wakusch (oder Hans Georg) einzelnen Pipas beim Abschied ihre Paßbilder mitgegeben, aber die meisten Damen hatten sich leider doch ohne Dokument verkrümelt, weil sie keinen Wert darauf legten, teils vielleicht auch, weil die Bilder zu der Zeit noch nicht fertig (entwickelt) waren, und ähnliches. Bevor er sie den Flammen überantwortete, sah Kapitän Wakusch alle Pipos, Pipas auf den guten Pfotos noch einmal fest und Abschied nehmend an. Es war ein feierlicher Augenblick, wenn nur die meisten Leute auf den Bildern nicht so elend gegrinst hätten. Viele blickten – weil sie zu sehr miteinander beschäftigt waren – auch gar nicht erst her, oder sie wendeten, zum Beispiel einige verschämtere Pipas, ihr Gesicht von Wakusch weg. Manche Pipas streckten den Fotografen Wakusch und Hans Georg (meistens Wakusch) halb frech, halb einladend die Zunge heraus, manche wölbten ihre Dixiebahn und grüßten militärisch. In einigen, ganz besonders zu vernichtenden Aufnahmen, die mit Selbstauslöser gemacht waren, standen auch die Kapitäne mitten in der Mann(Weib-)schaft, beide in voller Uniform und korrekt zwischen blühenden Pipas, Philippinas und anderen (ähnlichen) Schlingpflanzen. Auf anderen Aufnahmen war der Generalstab von Tullio vollzählig abgebildet; er stand da Spalier, und Kapitän Wakusch hielt eine letzte Musterung: Er überzeugte sich noch einmal von der vorbildlichen Haltung eines jeden einzelnen, sah auch nach, ob der Feldbeutel bei allen richtig saß und gab dann erst das Kommando: »Im Fuchstritt, marsch!« Der Stab ging auch ganz soldatisch, das heißt erhobenen Kopfes, in den Feuertod. Danach kamen die Vergrößerungen an die Reihe, meistens Spätwerke der Kapitäne Wakusch und Hans Georg, in denen nur die Dixiebahnkörper von besten Pipas, häufiger auch bloß ihre vereinzelten Dixiebahnkörperteile (darunter manches wahre Kunstfoto) zur Schau standen. Obwohl auf allen diesen betörenden Abzügen nicht mehr zu erkennen war, wem die ganze Pracht gehörte, betrachtete Kapitän Wakusch jedes Panorama wie einen vertrauten Heimatort: Er wußte genau, wer dort gewohnt hatte, dort ein- und ausgegangen war. Wakuschs Augen tränten vom Rauch der verbrennenden Generalstabskarten. Qualm und scharfer Feuergeruch erfüllten schnell die ganze Wartburg und waren – wenn man achtsam Luft holte – sogar schon im Häuschen zu erschnuppern. Kapitän Wakusch hatte zuerst den Schweden, dann auch Pippino beruhigen und ihm versichern müssen, daß gar nichts geschehen, keine Bombe eingeschlagen war, ehe er das Heizen – die Specchios gingen und gingen nicht zu Ende – wieder aufnehmen konnte.

Signor Tullios Goglimogli begann erst langsam aus den Bezügen zu weichen, als Pippino, obschon völlig entkräftet und der Verzweiflung nahe, anstelle des Benzins und anderer chemischer Flüssigkeiten zufällig einmal wütend darauf spuckte. Wenn er keinen Speichel mehr im Mund hatte, lieh Kapitän Wakusch, der manchmal hereinschaute, um Pippino anzufeuern, auch noch seinen dazu. Der Wicht meinte jetzt bei jedem Geräusch in (von Wakusch) und vor (von Mamassachlissi) der Burg, Signor Tullio käme zurück. Er lief auch unausgesetzt ans Fenster, weil er glaubte, Tullios Dixieländer von der Straße her vernommen zu haben. Was sich aber da unten auf den Straßen langsam und unaufhaltsam heranmachte, das waren – allerdings noch ziemlich weit entfernt, denn links wurden die deuxen Häuschen von Mamassachlissi am wildesten verteidigt – nicht Tullios Dixieländer, sondern die Dixieländer aus Kolchos. Kapitän Wakusch, der starken, instinktiven Zweifel hegte, ob die linken Dixieländer fähig sein (oder sich nur die Mühe geben) würden, zwischen Wartburgen und Häuschen, Wartbürgern und Bürgern, Mamassachlissis und Kapitänen, Pipos und Pipas zu unterscheiden, hielt es für angebrachter, diesen Dixieländern unbefestigt (das heißt wartburgslos und natürlich auch ohne die geringste Spur von Goglimoglis, nicht einmal den von Tullio) zu begegnen. Darum sagte er jetzt auch schon sichtlich nervöser zu Pippino: »Schneller!«, und manchmal, wie Signor Mobiglia in der goldenen Zeit: »Presto! Presto!« Er dachte nun auch schon daran, wie er den Kleinen nach getaner Arbeit am besten (schnellsten) abspeisen könnte, und hatte – da ihm als Kapitän auch der Abzugsweg des letzten (kleinsten, wichtigsten) Untergebenen nicht gleichgültig war – Pippino vorsichtig über sein Häuschen ausgefragt. Vielleicht stand es schon schußweit (oder näher) von den linken Dixieländern, und dann durfte der Wicht nicht mehr dorthin. Vielleicht stand es auf dem großen Bombenteppich, den die rechten Dixieländer eben (der Fliegeralarm war noch in vollem Gange) über der Stadt entrollten, und dann hatte der Wicht erst recht von ihm fernzubleiben. Vielleicht war Pippino einfach von Häuschen (Mamassachlissi) fortgelaufen, und man mußte ihn gewaltsam wieder dort abliefern, damit er nicht schutzlos auf der Straße blieb, wenn die Dixieländer kamen.

Für Kapitän Wakusch, der jetzt so schnell wie möglich nach

Hause wollte, weil sein Mamassachlissi ihm in diesem goglimoglischweren Frühjahr des Jahres 45 das Aus-dem-Häuschen-Sein nicht mehr verzieh und ihn fürchterlich dafür verbleute, war die Unterbringung des Wichts mit fatalem Zeitverlust verbunden. Zum Glück wohnte Pippino gleich um die Ecke, so daß seiner (wenn es sein musste, Zwangs-) Repatriierung nicht allzu viel im Wege stand. Man konnte den Wicht notfalls in einen Rucksack stecken und ihn beim Vorbeigehen in dem Flur seines Elternhäuschens ablegen (abgeben). Aber vielleicht wurde Pippino nun auch bald selbst der Wartburg überdrüssig, vielleicht begriff er schon, daß sich von Signor Tullio bloß noch der Goglimogli im Häuschen (in der Wartburg) erhalten hatte und daß die Dixiebahn, die ihm vorschwebte, nicht mehr lebte. Außerdem war wahrscheinlich, daß der Hunger Pippino nach all den anstrengenden Säuberungsarbeiten besonders schnell zur Heimkehr ermuntern würde. Schließlich bot sich noch die vielleicht plausibelste Möglichkeit an, Pippino einfach in der Wartburg einzuschließen und ihn von dort durch seinen eigenen Mamassachlissi, den der Wartburgsschlüssel und ein Zettel mit Pippinos genau skizziertem Aufenthaltsort unverzüglich zum Handeln bewegen würde, abholen zu lassen. Diese Lösung erschien Kapitän Wakusch die beste. Darum machte er Pippino noch auf ein paar Goglimoglistellen (die sonst unberührt geblieben wären) aufmerksam und legte, weil Pippino ja nicht hören durfte, wenn er sich mit dem Schweden (der bellen konnte) entfernte, einen lauten Dixieländer auf den Plattenspieler. Symbolischerweise war es »Pipo non lo sa«.

Als Tullio im Trichter sein Liedchen intonierte und Pippino, angespornt, die Goglimoglis weiter tilgte, eilte Kapitän Wakusch in die Küche, um den Schweden für den Abzug bereitzustellen. Er band den Hund los und nahm ihm den Maulkorb ab (der den

Schweden – wenn er aus dem Häuschen war – zum Verhungern verurteilte, auch wehrlos machte). Olaf, der sicher dachte, man ginge schon, jaulte kläglich auf, als Wakusch sich mit erhobenem Zeigefinger noch einmal empfahl. Es galt, die allerletzten Specchios (zumeist Pfotovergrößerungen von Manila und Umgegend) dem Ofen, der inzwischen ausgebrannt war, zuzuführen. Kapitän Wakusch stopfte hastig alle seine Habseligkeiten – ein paar Turnschuhe, einen Feldstecher, ein Gruppenbildnis des Generalstabs, verschiedene Künstlerpfotos, ein Pfeifchen und »Kolchis, Iberien und Albanien« in seinen Feldbeutel und befahl – da »Pipo non lo sa« im Rauchsalon eben zu Ende war – Pippino laut durch die Zimmerwand, den Song von vorne durchzuspielen. Dann verfeuerte er wieder die Specchios und zerriß sie, damit es schneller ging, auch noch Stück für Stück in kleine Schnitzel. Jeder gute Specchio ergibt – wenn zerstückelt – dann aber wieder kleinere und kleinste Specchios, welche sogar noch verführerischer sind, weil sie die Dixiebahn in Gesamtheit nur erahnen lassen. Beim Liquidieren der Bilder durch Zerkleinerung meldete sich in Kapitän Wakusch wieder der Pfotograf: Er hielt manchen Schnitzel länger in der Hand, drehte ihn nach allen Seiten und kommandierte – weil während dieser Besichtigung »Pipo non lo sa« mehrmals verklang – laut (für Pippino nebenan): »Noch mal!«

Gute Specchios sind – besonders wenn gute Dixieländer sie begleiten – wie Wachs in den Ohren ihrer Betrachter. In einen extra schönen Schnitzel vertieft, hörte Kapitän Wakusch nicht, wie es plötzlich an der Wartburgstür läutete, wie Pippino in der Meinung, Tullio Mobiglia sei endlich nach Häuschen gekommen, auf den Flur lief, um aufzumachen, und öffnete, wie Sekunden später »Pipo non lo sa« abbrach und statt dessen Pippino losblökte, weil eine schrecklich feste Hand ihm furchtbare Ohrfeigen versetzte. Ja, die Schnitzel hatten Kapitän Wakusch dermaßen eingenommen, daß er ganz zuerst Dixie von Deuxi nicht unterschied und in den Pausen von Pippinos Wehgeschrei – wenn die schreckliche Hand gerade ausholte oder ruhte – mechanisch fortfuhr zu sagen: »Noch mal!« Deshalb traf es ihn auch völlig unvorbereitet, als Mamassachlissi (der durch den Qualm der verbrennenden Generalstabskarten auf die Wartburg aufmerksam gemacht worden war, unverzüglich dort geschellt und Einlaß gefunden hatte) mit Volkssturm bei ihm einmarschierte und donnernd befahl: »Festnehmen!« Kapitän Wakusch wurde von den Schnitzeln hochgerissen und durchsucht. Außer Generalstab, der noch von den Schnitzeln her zu gutem, schlagbereiten Kolben ausgestrafft, aber in der gegebenen Situation nutzlos war, denn unter den Schergen des Mamassachlissi trugen einige auch Gewehre, war Wakusch waffenlos. Er dachte auch gar nicht daran, sich zu verteidigen, sondern starrte nur mit weit aufgerissenen Augen und noch immer ungläubig seine Todfeinde aus dem Häuschen an, welche in der Wartburg herumspürten, offenbar auf Suche nach den anderen (höheren beziehungsweise älteren) Offizieren des Generalstabes. Befragt, meldete Wakusch stramm (denn er hatte einen Sinn für Autoritäten, und schließlich war es ja der Mamassachlissi, dem er Bericht erstattete), daß seine Vorgesetzten längst aus dem Häuschen seien, und sagte, aufgefordert, ihren Verbleibsort zu verraten, ruhig (denn dort waren sie sowieso schon für niemanden mehr erreichbar): »Manila!« Natürlich schenkte der Mamassachlissi Wakusch keinen Glauben. Er befahl seinen Leuten, genau in, auch unter die Betten zu sehen. Als nichts entdeckt wurde, blieb er trotzdem bei der Meinung, Signor Mobiglia sei noch im Häuschen, ließ darüber eine Hypothese nach der anderen hören und wollte sogar (ähnlich wie Pippino) in der Wartburg auf ihn warten.

Inzwischen mußte Kapitän Wakusch zusehen, wie alle von ihm mühsam in Ordnung gebrachten Schränke, Schubladen, Tische aufgerissen, und der Inhalt kopfüber auf dem Fußboden ausgestreut wurde. Großes Interesse zeigten die Späher für den Goglimogli von Tullio auf dem Kanapee, weil das Benzinfläschchen und die vielen Lappen dabei sie (eigentlich nicht zu Unrecht) vermuten ließen, es handele sich um den Verwischungsversuch einer wichtigen dixieländischen Geheimsprache (-spur). Der Mamassachlissi studierte auch sehr gründlich alle zwar nicht mehr zahlreichen, aber doch immer noch genügend kompromittierenden Pfotos, die ihm durch seinen jähen Einbruch in die Hände gefallen waren. Er hielt die Ultravergrößerungen (wo dem Laien nur Vages ersichtlich war) für wichtiges strategisches Material, glaubte, auf den Bildern die Aufnahmen von Flughäfen, Eisenbahnhallen, -netzen und auf einigen sogar sein eigenes Häuschen wiederzuerkennen. Darin bekräftigte ihn auch Kapitän Wakuschs eilfertige Erklärung, die Karten seien Abbildungen des Generalstabsquartiers. Indessen war dies aber nur die halbe Wahrheit, denn die Hauptquartiere auf den Pfotos waren ja (vornehmlich) nur Quartiere für den Goglimogli von Tullio und nicht – wie der Mamassachlissi meinte – für den Goglimogli 27, 37. Die Schnitzel und einige andere, den Dixiebahnverkehr etwas deutlicher ausdrückende Specchios (welche der im Durchschnitt schon sehr bejahrte Volkssturm schnalzend betrachtete, auch teilweise und heimlich in seinen Taschen verschwinden ließ) erklärte der Mamassachlissi kurzum für Bilder und Propagandamaterial aus Feindesland.

Auf seinen Befehl wurde auch die Asche im Ofen überprüft, und verschiedene halbverkohlte persönliche Generalstabskarten wurden daher ans Licht gebracht. Die Gesichtszüge einiger Diversanten in Pipoos, Pipaos waren auf den Karten erhalten geblieben, und Mamassachlissi sagte triumphierend: »Aha!« Seine Miene wurde aber immer länger, als sich ihm verschiedene Personen in den Pfotos als Söhne, Töchter, auch Mamassachlissis feminin aus gutem, das heißt seinem und umliegenden Häuschen offenbarten. Er bekam, weil von Trauer, Schreck und Zorn zugleich gepackt, die Gesichtsfarben Schwarz, Weiß, Rot, was zufällig auch die Farben seiner Fahne (seines Häuschens) waren. Einige vom Volkssturm, welche sogar die Erzeuger gewisser Pipos, Pipas auf den Karten sein mochten, stießen wilde Verwünschungen aus. Ganz besonders schlimm war aber, daß der Mamassachlissi dann auf einmal noch und sicher ganz irrtümlicherweise (denn der Vergleich war völlig aus der Luft gegriffen) behauptete, in mehreren Pfotos über Pipoos, Pipaos auch Kapitän Wakusch wiederzuerkennen. Da half Kapitän Wakusch all sein Beteuern, er habe die Vorgänge auf der Dixiebahn nur auf Anweisung des Generalstabs pfotografiert und sei niemals und nirgends mit von der Partie (Partei) gewesen, gar nichts mehr: Der Mamassachlissi wies grimmig auf irgendeinen Pipo (maskulin) in den Bildern und sagte haßerfüllt zu dem jetzt innerlich schon tödlich erschrockenen Wakusch: »Das bist du!« Er wollte auch erst recht nichts hören, als sich Wakusch (den die Furcht beinahe kopflos gemacht hatte) erbot, ihm zu jedem Pipo (Popo) die genaue Adresse (Namen und Häuschen) zu geben. Ebenso unverfroren schob der Volkssturm die verschiedensten und delikatesten Einzelheiten aus der Kartei Kapitän Wakusch in die Schuhe. Über das machtvoll gezückte und separat, das heißt bloß einschließlich Feldbeutel aufgenommene (und vergrößerte) Organ von Tullio sagten sie, ohne auf die energischen Proteste des damit Bezichtigten einzugehen, es sei der Generalstab von Wakusch im Angriff auf deuxes Hauptquartier. Einige sprachen sogar davon, ihn abzuschneiden, und zückten Taschenmesser. Der Mamassachlissi hatte alle belastenden Specchios zusammengerafft, schwang sie wie ein Staatsanwalt gegen den armen Wakusch, zeigte aber zugleich auch auf Pippino, den – wie er sich ausdrückte – letzten deuxen Knaben, welchen Wakusch korrumpiert, womöglich schon zu Pipoos mißbraucht habe. Er war taub für die mit zitternder Stimme (daß man nichts Gutes mit ihm vorhatte, stand deutlich auf allen rachedurstigen Gesichtern geschrieben) abgegebenen Erklärungen von Wakusch, er sei gar kein Dixieländer, sondern aus demselben Häuschen wie sie, das heißt ein Deuxer, wenn auch von Eltern, die ihrerseits in Kolchis (er sagte Kolchos) gebürtig, aber da bestände gar kein großer Unterschied, denn die Mamassachlissis von hüben seien ganz so wie die Mamassachlissis von drüben, und er habe dementsprechend seinen Generalstab nie in Pipas (Pipos, Pipoos) gesteckt, sondern ihn im Gegenteil immer fest in der Hand gehabt, und wenn man es ihm erlaubte, wollte er seinen Mamassachlissi herbringen und ihn dem Mamassachlissi vorstellen, dann würde sich alles leichter klären, und er habe die Wartburg auch stets wie ein Häuschen verwaltet (neuen Zuwachs niemals gerne gesehen), und wo Tullios Goglimogli sie befleckte, habe er immer emsig gescheuert und Pippino, man solle ihn nur fragen, auch bloß als Putzer herangezogen. Die weiteren Beteuerungen von Wakusch (welche genauer wiederzugeben hier unnötig ist, denn sie enthielten, auch schon weinerlich hervorgestoßen, nur Selbstverständlichkeiten, wie zum Beispiel: Die Pipas [Pipos] seien immer selbst zum Generalstab gekommen, die Wartburg habe niemanden gegen seinen Willen festgehalten, nie Politik, sondern bloß [dixieländische] Musik gemacht und ähnliches) wurden von dem Mamassachlissi mit einem fürchterlichen: »Schnauze!« überbrüllt. Er wies wieder auf den armen Wakusch wie Cicero auf Catilina, sagte aber nicht: »O Tempora, o Mores«, sondern geiferte etwas von Ungeziefer, weil nicht rechtzeitig zertreten, hätte man jetzt Kannibal (oder Hannibal? Sicher meinte er damit die linken Dixieländer aus Kolchos) vor der Tür. Dem folgten noch ein paar lange, bittere Meditationen zu den durch die Pfotos illustrierten Tatsachen, darüber, daß da Deuxiland hinterrücks an seiner empfindlichsten Stelle geschlagen, und ähnliches. Schließlich rundete er sich dahingehend ab, daß die einzig denkbare Sühne so großer und vieler Schandtaten sei, Wakusch auf der Stelle durch das Fenster aus dem Häuschen zu expedieren.

Als Kapitän Wakusch das Urteil vernahm, sank ihm sein Herz und damit beinahe (er kniff sich aber doch noch zusammen) auch etwas anderes in die Hosen. Er hörte Pippino laut: »Nein, nein!« jammern, fühlte sich von dem Wicht, der mit seinem hellen Stimmchen rief: »Dann müßt ihr auch mich«, krampfhaft umklammert, und flehte den Himmel an für einen Tisch, um den herum er seinen Richtern (die sich schon auf ihn zu in Bewegung setzten) davonlaufen könnte, oder daß die Dixieländer von links und rechts jetzt zusammen in das Häuschen (Wartburg) treten und ihn vor Mamassachlissi retten möchten. Er hielt aber auch irgendwie im Grunde alles bloß für einen bösen Witz und versuchte sogar angstvoll zu lächeln. »Jesus Maria!« Ein älterer Herr vom Volkssturm (vielleicht Geheim- oder Studienrat) faßte sich bleich wie die Wand ans Herz. Er hatte auf den Pfotos seine Tochter in verschiedenen Pipaos und seinen Sohn in verschiedenen Pipoos wiedererkannt und fiel nun ohnmächtig in die Arme eines Nächststehenden. »Herr Dr. Paeseling!« rief der Mamassachlissi besorgt. »In die Küche! Schnell! Ein Glas Wasser!«, und (während jemand davonstolperte) knirschend zu Wakusch: »Warte, Freundchen! Du wirst es büßen.« Man legte Paeseling gerade auf die Couch mit dem Goglimogli von Tullio, als von der Küche ein schriller Schrei und infernalisch wieherndes Gebell ertönten. Die ganze Szene im Rauchsalon kam Sekunden vor dem Auftritt des Schweden, denn er war es, der schon mit Volkssturmblut auf den Fängen heranwetzte, geisterhaft zu einem Stillstand. Sicher ist der Umstand, daß alle diese vor Schreck förmlich vereisten Leute den verheerenden Angriff ganz passiv erwarteten, anstatt ihm mit raschem Entschluß zuvorzukommen (ohne zum Beispiel, was doch das Mindeste gewesen wäre, die Zimmertür zuzuschlagen oder wenigstens ein Schießgewehr auf den Schweden zu richten), auch den geheimen Einflüssen der Wartburg (wo sich doch alle befanden) zuzuschreiben. Wahrscheinlich ist auch, daß der ungewöhnliche Rumor des Schweden (der – wie ein echter Generalstabshund – bis dahin ruhig gewesen war, so daß sich niemand, selbst Wakusch nicht, seiner erinnerte) die Mamassachlissis vom Volkssturm außer Fassung brachte: Er hörte sich an, als ob eine Meute rachedurstiger Dixieländer aus Boston und Kolchos bereits im Anzug (im Häuschen) sei.

Bewegung kam aber gleich in die Mamassachlissis, als der Schwede, schon beinahe über ihnen, seinen Drachenrachen aufriß: Alle fuhren, Hilfe brüllend, auseinander und sprangen auf die Schränke. Dort stießen sie ihre Absätze verzweifelt gegen Olaf aus, der in der löblichen Absicht, sich alle Volkssturmbraten nacheinander herunterzuholen, mit gut eingezielten Luftsprüngen bald links, bald rechts von ihnen auftauchte. Dem Mamassachlissi, der Wakusch aus dem Fenster (Häuschen) hatte werfen wollen, biß er den ganzen Hosenboden ab, so daß ein weiß-gelber, verknitterter Popo auf den Zinnen des einen Bücherschrankes glänzte, und Wakusch – aber nur sekundenlang, denn der Armleuchter des Mamassachlissis war doch zu alt – an die früheren Pipoos in der Wartburg erinnert wurde. Die wenigen Gewehre der insgesamt vier oder fünf Männer lagen verstreut auf dem Boden, darunter auch ein paar Brillen, Käppis, Feldbeutel, sogar eine Jacke, alles Sachen, die von den Herren abgefallen oder -gerutscht waren, als sie sich – für ihr Alter erstaunlich behend – auf die höheren Möbel geschwungen hatten. Der Schwede biß dann noch Verschiedenen einen Stiefel mit kleinem oder großem Zeh vom Fuß und hätte die fluchenden, betenden, quengelnden Mamassachlissis sicherlich alle nach der Reihe um die Ecke (ihres Häuschens) gebracht, wenn Paeseling, der bis dahin scheintot dalag, nicht versucht hätte, sich zu verdrücken. Er war leise aufgestanden und schon fast zur Tür hinaus, als Olaf sich mit mörderischem Gebell herum- und auf ihn loswarf. Paeseling raste ab und kam auch wirklich über den Korridor in ein gewisses Örtchen, das er gerade noch von innen verriegeln konnte, ehe ihn der Schwede dort fand. Inzwischen lösten sich drinnen in der Wartburg Wakusch und Pippino aus der Erstarrung. Der Moment zum Türmen konnte gar nicht günstiger sein: Die Mamassachlissis saßen mit wunden Knochen beinahe eine Etage höher, und die Dixiebahn war frei. Im Weglaufen griff sich Wakusch noch seinen Feldbeutel, den er die ganze Zeit über nicht aus den Augen gelassen hatte, und Pippino streckte der geschlagenen Gemeinschaft seine kleine Zunge heraus. Dann fuhren beide wie der Wind durch das sperrangelweit geöffnete Wartburgstor, wo hindurch noch Sekunden zuvor der Schwede (ebenfalls für immer) verschwunden war.

Als sie in der Straße rannten, wo Pippino wohnte, befahl ihm Wakusch zum letztenmal: »Geh nach Häuschen!« Pippino, der gehofft hatte, zu neuen Wartburgen geführt zu werden, zog zuerst einen mächtigen Flunsch. Er gehorchte aber ohne Widerspruch, weil er erstens inzwischen wohl schon selbst begriff, daß es im Augenblick dort am sichersten war, und dann aber auch, weil ihn Wakusch jetzt in Anerkennung seiner Aufopferungsbereitschaft für Dixiebahn und -länder förmlich zum Kapitän beförderte. Kapitän Pippino salutierte und sprang im Pyjama von Tullio, im Regenhütchen von Tullio (auf eigenem Generalstab) und mit einem Batzen Specchios von Tullio selig davon (zurück ins Elternhäuschen).

Sieben Pipos

Wenn die Dixieländer mit ihrer Streitmacht in die Häuschen (oder was davon noch übrig ist) einziehen, haben sich dort alle schon völlig auf die Dixiebahn umgestellt: Die Bilder, Abzeichen, Urkunden usw. von Mamassachlissi verschwinden, um durch entsprechende dixieländische (von vor und bis Goglimogli 27) ersetzt zu werden. Aber auch diejenigen, die sich immer noch weigern, Dixieländer zu hören oder gar über sich anzuerkennen, müssen – wenn sie überhaupt weiter existieren wollen – sich jetzt aus der Dixiebahn einen Lebensweg machen. In den Häuschen ist nun – außer einigen gewissen, an Brandmauern hoch über S-Bahngeleisen stehengebliebenen und noch aus den Jahren dicht vor Goglimogli 27 datierenden Aufschriften wie: »Wir wählen Mamassachlissi! Häuschen erwache!« und ähnliches – nichts mehr beim alten.

Alle sind Opfer des Mamassachlismus (viele geben vor, es zu sein). Die Älternhäuschen haben sich – weil der Erzeuger dort entweder im Krieg totgeschossen oder noch in Kriegsgefangenschaft ist (oder auch als Miterzeuger von Goglimogli 27, 37 usw. von den Dixieländern gleich nach Kriegsschluß abgeholt wurde) und dort außer den Mamassachlissis (feminin) dann bloß noch die Wichte, Pipos, Pipas übrig sind – fühlbar verjüngt. Die Pipos, Pipas treten hier die zertrümmerte Erbschaft an, und für den (alles aus-, aufräumenden) Anfang reißen sie Schloß und Riegel von den Türen ihres Häuschens. In den Schulhäuschen, die meistens auch sehr zerstört sind, so daß alle Klassen dort gar nicht mehr unterkommen und schichtweise gebüffelt werden muß, verschwindet der Goglimogli aus dem Unterrichtsplan. Die Studienräte, die ihn vormals befürworteten, werden dispensiert. Dixieländisch ist – weil die Dixieländer ja nun selbst im Häuschen stehen und es von oben bis unten (insbesondere alle Sprechzimmer) von sich abhängig gemacht haben – obligatorisches Schulfach geworden. Sehr schwer fällt es den Häuschen, Kolchosisch zu lernen (lehren), aber wo die linken Dixieländer ihren Fuß hingesetzt haben, müssen sie sich dazu bequemen. Die Lichtspielhäuschen schießen jetzt wieder mit originaldixieländischen Filmen los. Von den Deuxen wandert groß und klein ins Kintopp, um die fernen Dixieländer zu bewundern, wo (rechts) die Häuschen alle noch perfekt sind und die Dixiebahnen blühen (als hätte es niemals einen Krieg gegeben). Während der großen Pause unter Mamassachlissi sind dort x neue Filmsterne (maskulin, feminin) aufgegangen, die sich alles Mogliche (und Unmogliche) auf den Leinwänden erlauben, so daß es eine wahre Lust ist, ihnen zuzusehen. Daneben werden auch alte dixieländische Bekanntschaften erneuert: Die Mickymaus kommt zurück, und Tarzan und Dick und Doof. Aufregend sind die Bilderbänder über einen großen Prozeß gegen die nächsten Untergebenen des Mamassachlissi, die jetzt büßen müssen, was sie in (mit) den Dixieländern links und rechts angestellt haben. Der Mamassachlissi selbst soll tot oder (wie ganz bestimmt sein Stellvertreter) inkognito in Dixieland sein. Viele Deuxe emigrieren in der Hoffnung, sich in der Fremde (meistens in Dixieland rechts) ein neues, besseres Häuschen zu bauen oder dort auch überhaupt Dixieländer zu werden. Die Dixiebahn ist jetzt nach überallhin offen und zum Auswandern ganz frei zu benutzen. Sie ersteht auch zuallererst wieder aus den Trümmern: Das Volk hat noch keine Häuschen zum Schlafen, aber Wege, Plätze zum Bummeln besitzt es schon. Viel früher als das ganze Verkehrsnetz, als Straßen-, Auto-, S- und U-Bahn (an der man jahrelang herumflickt) tritt die Dixiebahn in Kraft. Ihre D-Züge (meistens Pipersonenzüge) fahren Tag und Nacht nonstop. Neue Kakadus werden aufgemacht mit neuen Dixieländern (neuen dixieländischen Musikern und neuer dixieländischer Musik). Via Dixiebahn geschieht auch die Versorgung, das heißt, über die einzigen, noch intakt gebliebenen und nur von Dixieländern befahrenen (auch streng bewachten) Verkehrswege werden (meistens aus Dixieland) dixieländische Lebensmittel herangeschafft: Fleisch, Brot und Mehl, so weiß, wie die Häuschen es niemals gesehen haben. Die Dixieländer sind so freundlich und geben neben anderem auch frische Eier als Sonderzuschlag für die ganz kleinen deuxen Wichte (Klassennummer 37 und höher), die in ihrem zarten Alter noch Goglimogli essen müssen. Die guten deuxen Pipas beziehen ihren Goglimogli jetzt oftmals direkt aus dixieländischen Feldbeuteln und bringen, wenn sie nichts dagegen tun, einen dixieländischen Wicht zur Welt. Der Wicht kann entweder von links oder von rechts erhalten sein, je nachdem, aus welcher Richtung die dixieländischen Stoßtrupps das deuxe Häuschen besetzen. Um solche Goglimoglis abzuwenden, verstecken manche deuxen Mamassachlissis (maskulin, feminin) ihre Töchter hoch unter dem First, auf Dachböden bis zum förmlichen Waffenstillstand und dem Abschluß der Friedensverträge.

Aus den Konzentrationslagern kommen jetzt die einen heraus und die anderen hinein. Dieser Schichtenwechsel fußt jedoch nicht nur auf dem alten Gegensatz Dixieländer kontra Häuschen beziehungsweise Goglimogli Nummer 17 kontra Goglimogli Nummer 27, 37 usw., sondern auch (und sogar vielmehr) auf der jetzt völlig neuen historischen Gegenüberstellung: Dixieländer (links) kontra Dixieländer (rechts) beziehungsweise Kolchos (Kolchis) kontra Charleston (Boston). In den ersten Tagen der Befreiung ist davon allerdings nicht viel zu bemerken: Die Dixieländer tun noch sehr alliiert, zum Beispiel marschieren sie zusammen in einer feschen Siegerparade durch das Häuschen. Oder man sieht sie Arm in Arm und (weil total betrunken) selbst völlig aus dem Häuschen auf den Dixiebahnstraßen herumtorkeln. Die Dixieländer aus Charleston (Boston) schlafen ihren Rausch – wenn sie nicht eher von ihrer Military Police aufgelesen werden – ruhig auf dem Asphalt aus. Die blauen Dixieländer aus Kolchos bleiben seltener irgendwo liegen. Während dieser Periode zeigen sich die Dixieländer beider Richtungen noch völlig freimütig ihren Generalstab und teilen auch brüderlich die ganze Feldbeute. Aber über Nacht – der Frieden ist kaum ein paar Monate alt – sind die Dixieländer von links und rechts nicht mehr so gut aufeinander zu sprechen. Jede Seite hält sich jetzt strikt an ihren Flügel, das heißt an jenen Teil des deuxen Häuschens, der ihr beim Einmarsch zufiel; der gegenseitige Verkehr hat aufgehört, nur manchmal besucht ein (gewöhnlich auch nur sehr hoher) Dixieländer von links die Dixieländer von rechts (umgekehrt kommt seltener vor), um Protest einzulegen. Die große und, wie sich vermuten läßt, durch nichts zu schlichtende Kontroverse zwischen den Dixieländern links und rechts, welche nun anhebt, beruht auf ihrer grundverschiedenen Einstellung zu Mamassachlissi und Häuschen. Die linken Dixieländer machen alles Übel in der Geschichte von den Mamassachlissis abhängig und jagen sie aus den Häuschen. Darum haben sie bei sich, das heißt in ihren Dixieländern (zum Beispiel in Kolchis) – wenn ihren Behauptungen zu glauben ist –, nur Häuschen ohne Mamassachlissis. Die rechten Dixieländer, die historisch vielleicht auch viel weniger Grund hatten (haben), mit Mamassachlissis unzufrieden zu sein, kennen (wollen) Häuschen nicht anders als mit Mamassachlissis. Diese Widersprüche bei den Alliierten bilden den neuen Beweggrund für die nun bereits rund 30 Jahre alte Emigration von Ost nach West. Denn wie schon anno 17 die Mamassachlissis aus Rußland, so flüchten sich erstmalig in der Geschichte nun (das heißt um 47) auch deuxe Mamassachlissis massenhaft nach rechts auf sicherere Wartburgen gegen den Kolchos in ihrem Häuschen. Alle diese Wartburgen werden von Charleston (Boston) zuerst stillschweigend, später schon ganz offiziell beschützt und mit guten Specchios über die offenen Dixieländer, freien Dixiebahnen rechts, auch mit guten Dixieländern (Musik) – nur Atomwaffen bekommen sie nicht – unterstützt, das heißt, es sind wahrhaftige, charlestonsche (bostonsche) Wartburgen, in ihrer Art die ersten ernsten Widersacher des Goglimogli Nummer 17 in Deuxiland. Natürlich bleiben die linken Dixieländer eine Antwort darauf nicht schuldig: Sie ziehen auf ihrem Flügel die roten Armeen nur noch fester um alle expropriierten deuxen Häuschen zusammen. So beginnt – da man vom heißen einstweilen genug hat – der kalte Krieg.

Unter den neuen gespannten Verhältnissen haben vor allem die Deuxen (und von ihnen besonders diejenigen, die nicht gut wissen, was links und was rechts ist – solche sind erstaunlicherweise noch bis heute die zahlreichsten) zu leiden. Wer nun zum Beispiel unbedacht die Seiten wechselt (verwechselt), der kann es – wenn ihn kein Engel hin und zurück begleitet – bitter bereuen: Er gerät in die Fänge der dixieländischen Geheimdienste, zum Beispiel in die des N.K.W.D., was nicht etwa die deuxe Abkürzung für (sagen wir ungefähr: Neues) Kaufhaus des Westens ist, sondern ganz im Gegenteil der formelhafte Ausdruck für eine kolchosische (kolchidische) Spionageagentur war und soviel wie »völkisches Kommissariat der inneren Angelegenheiten« bedeutete. Nach der ersten Untersuchungshaft im dunklen Betonbunker kommt er dann, sehr verprügelt, wenig verhört, in ein Konzentrationslager (vormals deuxi-, jetzt dixieländisches), um dort zwischen Nazisten, Nazissen, Wartbürgern gegen Goglimogli

Nummer 17 usw. als entlarvter oder potentieller Spion für Boston (Charleston) einer ungewissen Zukunft entgegenzufristen. Als Verwahrung gegen solche tragischen Unglücksfälle – die linken Dixieländer scheuen sich nicht, sogar Angehörige der charleston-bostonschen Besatzungsmacht zu internieren, wenn sie zu nahe an Kolchos (Kolchis) herankommen – haben die rechten Dixieländer an allen Übergangsstellen Warnschilder angebracht mit der Aufschrift: »Sie verlassen jetzt den richtigen rechten Flügel!«

Offiziell ist der Verkehr zwischen den beiden Seiten noch zulässig, zum Beispiel bringt die »Untergrund« jeden, der will, aus (deuxen) Häuschen ohne zu (deuxen) Häuschen mit Mamassachlissis und umgekehrt. Den Mut zu solchen Ausgängen haben jetzt aber bloß die wenigsten, meistens nur Geschäftemacher, die drüben einkaufen, hüben verkaufen oder auch andersrum. Bald geschieht, was schon lange in der Luft liegt: Die rechten und die linken Dixieländer geben ihren Flügeln Ende 49 – das Ereignis markiert den Höhepunkt dieses historisch so bedeutungsvollen Goglimoglijahres – den Status souveräner deuxer Häuschen. Diese im Grunde rein dixieländische Spaltung von Deuxiland bewirkt eine grundsätzliche Reform der bisher in Deutschland üblichen Verhältnisse zwischen Wartburg und Häuschen und allen damit verbundenen geschichtlichen Antagonisten (das heißt zwischen Mamassachlissis, Kapitänen, Pipos, Pipas usw.). Zum Beispiel ist jetzt fast nirgends mehr eine Wartburg gegen Häuschen überhaupt, sondern sie ist kraft der neuen politischen Bedingungen meistens immer nur gegen ein Häuschen von zweien: Entweder gegen das links oder gegen das rechts gelegene. Der zweite Wartburgstyp ist im Vergleich mit dem ersten zwar bei weitem noch nicht so zahlreich vertreten, aber man darf ihn deswegen doch nicht unterschlagen: Er existiert und hat angesichts der immer wilderen periodischen Krawalle in den Hinterhäuschen auf den rechten Seiten (Flügeln) sogar die besten Aussichten für die Zukunft. Im Gegensatz zu den früheren Goglimogliperioden (27/37 usw.) leiden die beiden neuen Wartburgsarten keinen Mangel mehr an Specchios. Sie beziehen jetzt dank der Transistorradios die besten leicht von überallher, darüber hinaus erlauben Fernseher, mühelos auf die erwünschten Dixiebahnen umzuschalten, jedes Dixieland, wohin man strebt, direkt einzusehen. Die Wartburgen sind jetzt auch nicht mehr so hoch geschichtet, das heißt nicht mehr so vielstöckig, wie früher: Sie alle werden grundsätzlich nur von einem, nämlich dem Goglimogli Nummer 17 (der einzige, den die Welt für das Jahr 47 noch kennt beziehungsweise anerkennt) inspiriert und haben also historisch bloß noch eine Etage. Von linker Seite wird zwar in warnenden Noten bis heute auf die geheime Existenz rechts von Goglimogli 27 hingewiesen, aber daß es dieser Goglimogli nach 45 jemals noch zu ernsthafteren Wartburgen, -bürgern bringen könnte, scheint doch unwahrscheinlich.

Von den allerersten Emigranten (die schon 17 oder 27 Kolchis wegen Kolchos verließen) bleibt – falls sie überhaupt noch am Leben sind – keiner mehr in Deuxiland. Sie schultern ihren Ranzen und wandern mit Familie (ihren Mamassachlissis feminin, ihren Wichten, Kapitänen, Pipos, Pipas) wieder weiter westwärts aus. Viele eilen, um den Ozean zwischen sich und den Goglimogli Nummer 17 zu bringen; diese gehen stracks nach Dixieland (beziehen neue Wartburgen in Uru- oder Paraguay). Der gute Grund für diese Fluchtwelle ist die jetzt einsetzende systematische Verfolgung der allerersten Exmamassachlissis durch die linken Dixieländer, denen insbesondere die traditionellen (um 17, 27 entstandenen) Wartburgschaften gegen den Kolchos in Kolchis ein Dorn im Auge sind. Sie stellen, von ihrem erorberten deuxen Territorium ausgehend, der Emigration nun auch schon auf der Dixiebahn nach und holen sich ihren Mann manchmal direkt aus dem (bis 47 doch immer noch sehr lässig bewachten) rechten Flügel, ja sogar aus den charleston-bostonschen Wartburgen heraus. Die Zahl aller auf diese oder ähnliche Weise entführten Exmamassachlissis ist – weil die Emigration aus Deuxiland weiter nach rechts (Uru-, Paraguay) noch vor, auch gleich nach 45 ins Rollen kam, also noch ehe die linken Dixieländer sie einholen (überholen) konnten – verhältnismäßig gering. Nur einige wenige, zu langsame Nachzügler, denen vielleicht die Trennung von ihren alten Wartburgen im bostonschen Flügel zu schwerfiel oder die sich möglicherweise auch verpflichtet fühlten, die Nachhut zu spielen, wurden geschnappt. Solche waren dann allerdings unwiderruflich verloren: Sie kamen in Kolchis als Feinde (Verräter) des Häuschens vor Gericht und bekamen mit einem bißchen Glück zu lebenslänglichem Konzentrationslager herabgemilderte Todesstrafen. Die nunmehr schon stark gelichteten Reihen der alten Wartburgschaften aus Kolchis werden jetzt aber zum großen Teil von jenen Kriegsgefangenen aufgefüllt, die das Iß-mich seinerzeit befreite und beherbergte und welche sich gerade deswegen nicht mehr zurück nach Kolchis (Kolchos) trauen, oder welche auch allgemein entschlossen sind, rechte Dixieländer zu werden, weil ihnen – nach allem, was sie in Charleston, Boston usw. gesehen haben – der Kolchos zu Hause nicht mehr gefällt. Sie verwachsen (verheiraten sich) mit der Emigration; manche von diesen haben als Ergebnis Familie links und rechts: eine in Kolchis (Kolchos), die andere in Charleston, Boston oder Bonn.

Aber auch das Häuschen ist fast überall schon kein zentraler, sondern ein lateraler, also ausschließlich mit Dixieländern verbundener Begriff. Seine beiden wichtigsten Strukturmomente, nämlich das Aus- und In-dem-Häuschen-Sein sind ab 45 (47) nur noch in bezug auf die Weltseiten(-flügel) denkbar, das heißt, wer rechts steht, der ist jetzt wesentlich aus dem Häuschen (er hat entweder überhaupt kein Dach über seinem arbeitslosen Kopf, oder er hat eins, aber dann gehört es meistens nicht ihm, sondern irgendeinem Mamassachlissi, der großen Zaster dafür fordert); wer links lebt, ist im Häuschen. Solche sitzen nun meistens zwar regensicher in vier (mit Dach fünf und verhältnismäßig gewiß sehr billigen) Wänden, zugleich sind sie aber auch – und das ist bestimmt kein unwesentlicher Haken – hinter festem Schloß und Riegel, das heißt von allen Hauptdixiebahnen, ja sogar von Specchios, hermetisch abgeschnitten. Beispielsweise durften in Kolchis (Kolchos) bis 57 nicht einmal Dixieländer (Charleston, Boston und ähnliches) gespielt werden. Ihrer Philosophie entsprechend stellten die linken Dixieländer kurz nach 45 in ihrem Teil von Deuxiland an Straßenecken Schilder auf, welche verkündeten: »Die Mamassachlissis kommen und gehen, aber das deuxe Häuschen bleibt. Gezeichnet: Mamassachlissi.« Selbstverständlich zählte derjenige, der da unterschrieb, selbst nicht zu den Mamassachlissis, die in Deuxi- oder (rechtem) Dixieland (in Charleston, Boston usw.) kommen und gehen. Er gehörte vielmehr zu den historisch völlig neuen (um, durch 1917 geborenen) Mamassachlissis, die – an der Tatsache ist nicht zu rütteln – bis an ihr seliges Ende und darüber hinaus ihre Häuschen halten und behalten. Außerdem war der Unterschreiber seiner Herkunft nach aus Kolchis, was viele der alten Exmamassachlissis vom Iß-mich (die um 45 wieder weitergehen mußten) ihren Kapitänen nicht ohne Stolz erklärten, wenn sie an besagten Schildern vorbei in den rechten Flügel zogen.

Es gibt aber auch nicht wenige vorwitzige Exmamassachlissis der alten Garde (Veteranen der Wartburgen gegen Goglimogli

Nummer 17), die aus Sehnsucht, etwas über ihre Geburtshäuschen zu erfahren, manchmal einen kleinen Spaziergang auf die linke Seite tun. Solche kommen besonders (leider auch zu) vertraulich zu jenen linken Dixieländern aus Kolchos, welche zugleich aus Kolchis und somit ihre Landsleute sind. Um sich ein bißchen Brot, Fleisch und Büchsen kondensierter Milch zu verdienen, fingen manche alten Exmamassachlissis 45 sogar an, für die linken Dixieländer als Dolmetscher zu arbeiten. Mancher übersetzte die linken Dixieländer solange, bis die linken Dixieländer denselben Akt, allerdings in einem ganz anderen (diesem Exmamassachlissi gar nicht mehr entsprechenden) Sinne, nämlich an ihm selbst vollzogen: Bis sie ihn nach Kolchis (Kolchos) ins Konzentrationslager übersetzten (versetzten). Oder es kommt ein alter Professor Dr. Soundso aus Kolchos (Kolchis), der zugleich ein Jugendfreund verschiedener alter Exmamassachlissis (diese ebenfalls Doktoren, Professoren) und dazu noch eine Leuchte in bezug auf Kolchis (Sprache, Geschichte, Literatur), ein großer Kenner und Übersetzer von Rustaweli, Akaki Zereteli usw. ist. Die Exmamassachlissis sind, wenn sie seine Ankunft im linken Flügel erfahren, gleich wie aus dem Häuschen. Sie laufen, um den Mann zu sehen, unbesorgt über die Sektorengrenze (einer schickte vorsichtshalber zuerst doch lieber seinen Kapitän mit Brief hinüber). Man traf, man fiel sich um den Hals, mancher Kantzi wurde zusammen ausgetrunken, und als Beweis, daß auch sie hier im weiten Deuxiland niemals aufgehört haben, für Kolchis zu leuchten (es zu beleuchten), schenkten die Exmamassachlissis dem Professor ihre eigenen diesbezüglichen, meistens in Deuxi abgefaßten Traktate, zum Beispiel »Kolchis, Iberien und Albanien um die Wende des ersten Jahrhunderts« mit herzlicher Widmung. Etwas später schickte der Professor dann auch seinerseits eine Einladung für ein Souper bei sich im linken Flügel, der die alten Exmamassachlissis freudig Folge leisteten. Diese fielen aber aus allen Wolken, als sie links statt zu dem Professor zu der kolchosischen Militärkommandantur gefahren und dort in dunklen Kellerzellen einquartiert wurden. Da war endgültig Feierabend, und sie konnten nur noch gegen den Professor wettern, der vielleicht nicht einmal Schuld an der Entführung trug (selbst niemand zu Gast geladen haben mochte oder ähnliches).

Man darf aber auch nicht übersehen, daß in fast allen diesen und ähnlichen tragischen Geschichten die alten Exmamassachlissis aus vormaligen Wartburgen mit dreistöckigen Goglimoglis sich selbst die Grube gruben, daß sie, der Stimme ihres Herzens folgend, trotz Kolchos mit Kolchis anbandelten, daß sie, zermürbt und müde von ihrem langen privaten Zigeunerleben in Dixie-, Deuxiland, begannen, die Möglichkeit einer ehrenvollen Heimkehr mit – versteht sich – allen dixie-, deuxiländischen Doktor-, Professorentiteln, mit Familie (Mamassachlissi feminin, Wichten, Kapitänen, Pipos, Pipas), mit Sparkasse und dringendsten Möbelstücken nach Häuschen am Aragus zu erwägen. Viele dieser Exmamassachlissis machten sich gleich nach 45 (nach Goglimogli 27) eifrig an das Studium des Goglimogli Nummer 17 und empfahlen (befahlen) auch ihren Kapitänen, Russisch zu lernen. Es existiert allerdings noch ein anderer Grund (ein Hintergrund) für den Zerfall verschiedener alter, ehrwürdiger, dreistöckiger Wartburgspositionen in Dixie-, Deuxiland zwischen 47 und 57. Die nun bereits 60- bis 70jährigen Exmamassachlissis, mit denen es teils auch gesundheitlich nicht mehr zum besten steht, erkennen nämlich, daß sie es nun nicht mehr allzulange machen werden, und wollen ihr Leben doch lieber im als aus dem Häuschen (als auf der Dixiebahn, in Bonnston, Manila etc.) beschließen. Dem Wunsch der alten Exmamassachlissis, sich in Kolchis begraben zu lassen, sind die linken Dixieländer aus Kolchos immer großzügig nachgekommen. Sie übernahmen alle Kosten für die Überfahrt und – wenn sie mit dem alten Exmamassachlissi eine alte Rechnung zu begleichen hatten – dann auch für sein Begräbnis. Manchen solcher repatriierten Exmamassachlissis deckt die Erde daher nicht im Häuschen (am Aragus), sondern irgendwo am Polarkreis zu, und niemand von seiner Verwandtschaft (kein Kapitän, kein Pipo, keine Pipa) weiß Genaueres darüber.

Ein Satz, den der Obermamassachlissi von Kolchos aus Kolchis persönlich geprägt haben soll und der zweifellos das Schicksal vieler um 45, 46, 47 mitgegangener und -gehangener Kapitäne fühlbar erleichterte, lautet: »Für die Fehler eines Exmamassachlissi trägt sein Sohn keine Verantwortung.« Hieraus erklärt sich, daß die Kapitäne der um 45 repressierten beziehungsweise repatriierten Exmamassachlissis – manche nach einer relativ kurzen Schreckensperiode in dixieländisch-kolchosischen Verliesen und Konzentrationslagern – ohne weiteres nach Kolchos (Kolchis) umgesiedelt wurden, wo sie unter den für die rechten (richtigen) Dixieländer (Charleston, Boston, Rock 'n' Roll und ähnliches) noch denkbar ungünstigsten Verhältnissen, das heißt auf einer Dixiebahn, die damals noch am beschnittensten (verschnittensten) war, von neuem anfingen, neue Specchios (später auch Pipos, Pipas) zu sammeln. Trotz der vielen unsäglichen Schwierigkeiten, die sich mit solchen brüsken Verpflanzungen in schlecht bekannte (in einigen Fällen auch völlig unbekannte) Sprechzimmer (Sprachräume) verbanden, war der Umzug nach Kolchis für die Kapitäne aller in den Jahren 45, 46, 47 usw. repatriierten und hernach repressierten Exmamassachlissis, genauer: für die Laufbahn dieser Kapitäne als Offiziere in der Heilsarmee gegen unmogliche Mamassachlissis, Häuschen, Goglimoglis und ähnliches, sicherlich nicht ohne Nutzen. Denn wenn sie dadurch auch auf den Ausgangspunkt der Emigration zurückgeworfen wurden, so kamen sie doch zugleich in einen Bezirk mit historisch nahrhaftestem Wartburgsboden, wo die prächtigsten Festungen dieser Art zum Blühen gebracht werden können, wenn nur die richtige Hand sie befehligt. Es ist natürlich immer sehr schwer, von Dixieland Abschied zu nehmen, insbesondere von dem rechten deuxen Flügel, wo sich ja schon ab 45 wieder alles nach dem charleston-bostonschen Wahl- und Wappenspruch: »Freie Dixiebahn dem Tüchtigen« entwickelt, wenn die Wartburgen legalisiert werden und ihre Generalstäbe, jetzt gekrönt, bebändert und Fahnenstangen (oder Maibäumen) vergleichbar, sich überall ungehindert erheben, wenn wieder die Fuchstritte den Ton angeben und Häuschen aus dem Häuschen sind. Deshalb müssen es sich bis heute noch viele repatriierte (repressierte) Exmamassachlissis (manche davon sogar im Grabe) gefallen lassen, wenn ihr Kapitän sie wuterfüllt beschuldigt, ihn um die Früchte seiner wichtigsten (ersten) Wartburgszeit gebracht (nach Kolchis, Kolchos gebracht) zu haben. Andererseits sind mit den Exmamassachlissis zusammen gewiß auch die Kapitäne an ihrer Repatriierung durch die linken Dixieländer in den Jahren 45, 46, 47 schuld. Alle ließen sich völlig widerstandslos von der Dixiebahn weg nach Kolchis (Kolchos) führen, ohne auch bloß einmal richtig zu überlegen, wohin es eigentlich ging. Viele lockte sicherlich nur die weite Reise bis dorthin: Mit dem Dampfer von Marseille aus an verschiedenen, malerischen Dixieländern vorbei durch die Dardanellen und weiter. Große Entfernungen haben für junge (17- bis 18jährige) Kapitäne sowieso immer einen unwiderstehlichen Reiz, und wenn dann noch ihr Exmamassachlissi, gestützt auf die werbenden Prospekte des Intourist (eines kolchosisch-kolchidischen Reisebüros), Paradiesisches erzählte, schifften sie sich freudig ein. Andere kamen in der sicherlich aus »Kolchis, Iberien und Albanien« oder ähnlichen Schriften gesammelten Überzeugung, sie würden in das Land der ewigen Ferien fahren, wie Sommerfrischler mit Angelruten und Jagdgewehr. Nur die wenigsten Kapitäne (einige erprobtere und scharfsinnigere Wartburgsoffiziere) mag vielleicht noch während der Reise auf dem Dampfer, dann aber gewiß auch viel zu vage (zage) der Gedanke bewegt haben, kurz vor Häuschen (vor Kolchis) – etwa an den Dardanellen – auszusteigen. Dergleichen wäre aber selbst mit dem besten Willen undurchführbar gewesen, denn der Dampfer legte nirgends an: Er brachte seine blinden Passagiere direkt zurück ins Häuschen.

Die allerersten Eindrücke waren – da für die Seefahrer Kolchis mit weißen Sanatorien, niedlichen Prunkschlössern, mit Mandarinenplantagen und Palmenalleen beginnt (die Häuschen stehen tiefer im Binnenland) – wirklich idyllisch und schienen den kühnsten Träumen der Kapitäne zu entsprechen. Aber nach den Kurorten kamen die Wohnorte mit neuem, großem Goglimogli für die Kapitäne und – der Kolchos war damals noch sehr streng – dann auch sehr bald mit schwedischen Gardinen für die Exmamassachlissis. Wir müssen hier hinzufügen, daß in Kolchis schon zehn Jahre später (um 57) die Lebensverhältnisse für zugereiste Exmamassachlissis (Kapitäne, Pipos, Pipas) unvergleichbar günstiger waren: Man sperrte sie nicht mehr ein und rehabilitierte sogar verschiedene repressierte. Trotzdem ist seither keine zweite Heimkehr größeren Stils zustande gekommen. Die kolchidischen Wartburgschaften in Charleston, Boston, Manila usw. haben Lehren gezogen und sehen sich vor. Sein Kapitän von eigenem Fleisch und Goglimogli ist jedem Exmamassachlissi persönlich doch viel wichtiger als das ganze Kolchis (der ganze Kolchos) am Aragus. Wenn daher einzelne Kapitäne 1947 mehr (richtiger) aus dem Häuschen gewesen wären, wenn sie, beispielsweise, auf der Dixiebahn nach Boston, Bonnston usw. ausgerückt wären, als (oder ehe noch) das Heimweh die Exmamassachlissis übermannte, wenn sie die für jenes kritische Jahr so dringend nötige Geschicklichkeit bewiesen hätten, sich von ihren Exmamassachlissis in den verschiedensten, immer weiter nach rechts gelegenen Wartburgen belagern zu lassen und auch überhaupt die Exmamassachlissis unaufhörlich mit ihrer Verfolgung zu beschäftigen, wäre es vielleicht gar nicht erst zu der Repatriierung und den dadurch bedingten Repressalien gegen die Exmamassachlissis in Kolchis (Kolchos) gekommen. Aber unter den Heimkehrern von 47 waren alle Kapitäne eben noch viel zu grün, um begreifen zu können, was (wer) von ihnen abhing. Überdies kamen sie alle aus einem rechten Dixieland, nämlich aus Frankreich, wo die Häuschen und folglich auch die Wartburgen in der Regel viel sanfter sind, wo sich also Exmamassachlissis vor Mamassachlissis, Kapitäne, Pipas, Pipos, Pipoas, Pipoos und ähnliches vor (Ex-)Mama(papa-)ssachlissis nicht (oder jedenfalls viel weniger) zu fürchten brauchen, und wo deshalb niemand auch nur Annäherndes über die unerbittliche Klassenfeindschaft wußte, welche in Kolchis (Kolchos) zwischen allen oben aufgezählten Faktionen bestand und in dieser Extremform noch bis rund 57 vorgeherrscht hat.

Von allen Kapitänen der Emigration hätten sich der Repatriierung 47 aktiv vielleicht nur diejenigen widersetzt, die in Deuxiland in die (viel härtere) Schule und Häuschen, vor allem auch in die Wartburgen gegangen waren. Bei den deuxen Kapitänen aus alten kolchidischen Wartburgen mit dreistöckigem Goglimogli waren allerdings meistens schon die Exmamassachlissis selber klug genug, um das Weite beziehungsweise Charleston, Boston, Bonnston zu suchen. Wo nicht – dort konnten auch die Kapitäne wenig helfen: Ihre Exmamassachlissis wurden eines häßlichen

Tages vom Professor oder von denjenigen, die hinter ihm standen, an der Nase herum-, das heißt hier: für die ganze Familie (Kapitäne, Pipos, Pipas, Wichte, Mamassachlissis feminin usw.) unbemerkt aus dem rechten in den linken deuxen Flügel geführt (entführt), und die Kapitäne konnten den großen Verlust erst lange hinterher zur Kenntnis nehmen. Da hatte sich ihr geheimer Traum auf eine furchtbar umgekehrte Weise verwirklicht: Ihre Exmamassachlissis waren nun zwar in der Tat endlich aus dem Häuschen (aus der alten kolchidischen Wartburg) heraus, aber nicht nach Boston, Bonnston usw., sondern auf Nimmerwiedersehen nach Kolchos (Kolchis) geraten und dort durch Tribunal, Füsillade, Exil zu ihren Vätern versammelt. In einzelnen, geschichtlich besonders lehrreichen Fällen nahm der Exmamassachlissi seinen Kapitän auf – wie er glaubte – bloß kurzen Besuch mit in den linken Flügel. Nun gilt der Gast in allen halbwegs anständigen Häuschen links und rechts bekanntlich als unantastbar (in Kolchis, Iberien und Albanien darf er – als Zeichen des Vertrauens, das ihm der Hausherr beweist – manchmal sogar auch das Bett der Mamassachlissi feminin teilen), weshalb weder der Exmamassachlissi noch der Kapitän es sich jemals träumen ließen, man könnte ihnen links feindlich begegnen. Der Kapitän, der inzwischen mit den Rängen der Offiziere in Kolchos (Kolchis) vertraut geworden war, hoffte, bei der Gelegenheit einen gleichgestellten – wie sie links genannt werden – Kapitan (ohne Umlaut) kennenzulernen, ihn über die Wartburgen (Dixiebahnen, Pipos, Pipas) in Kolchos (Kolchis) auszuhorchen und ähnliches. Und soweit ging die Leichtgläubigkeit mancher dieser Exmamassachlissis, daß sie sogar noch im Kellerloch, wohinein sie von kolchosisch-kolchidischen Offizieren, also von eigenen Landsleuten, aber fanatischen Vertretern des roten Mamassachlismus am Aragus und anderen Flüssen ziemlich grob genötigt wurden, wenigstens um den freien Abzug ihrer Kapitäne, vielleicht auch mit Berufung auf den Satz des Mamassachlissimus von Kolchos (Kolchis) über den im Prinzip schuldlosen Sohn baten und trotz der ja nun schon mehr als augenscheinlich gewordenen Tücke ihrer Gastgeber im Ernst darauf hofften, diese letzte Bitte würde (sei) ihnen gewährt. Die linken Dixieländer des Jahres 47 hätten möglicherweise (ob sie es wirklich getan hätten [haben], steht noch lange nicht fest) einen ganz einfachen deuxen Pipo, niemals aber einen dixieländischen Kapitän kolchidischen Ursprungs laufen (das heißt sich nach rechts auf Wartburgen gegen den Goglimogli Nummer 17 zurückverfügen) lassen.

Die Kapitäne kamen also nicht nach rechts über die Sektorengrenze zurück nach Hause in ihre alten verwitterten Wartburgen auf der Güntzel- und anderen Straßen, sondern – da die linken Dixieländer aus Kolchos (Kolchis) vorerst nicht zu wissen schienen, was sie mit ihnen anfangen sollten – ins Konzentrationslager Sachsenhausen, das man wegen der dort seit 45 auf dieselbe oder ähnliche Weise versammelten Kapitäne, Pipos, Pipas und dann auch wegen seiner im Prinzip vielleicht doch gelinderen dixieländischen Administration (ab 45) getrost umgelautet (das heißt mit Pünktchen und Verkleinerungssuffix-chen) schreiben und aussprechen darf. Statt im Schulhäuschen machten die Kapitäne dann in diesem Lager ihr Abitur beziehungsweise ihre durch die ganzen anderthalb Jahre ihrer Internierung währende Abgangsprüfung von Dixie(Deuxi-)land nach Kolchos (Kolchis), eine Prüfung, die sie zwar mit ein bißchen Wasser im Fuß (als Folge der kläglichen Lagerverpflegung), aber sonst mit »Ausgezeichnet« bestanden. In den Häuschen und Wartburgen von Kolchis orientierten (akklimatisierten) sich diese Kapitäne auch viel besser und schneller als die Kapitäne, welche aus Frankreich, Polen und verschiedenen anderen Dixieländern in demselben Jahr (47) mit einem Dampfer dort eintrafen. Sie faßten sicherlich nicht ganz, aber doch immerhin etwas mehr Fuß in dem neuen, so unerhört schwierigen kolchidischen Sprachraum (Sprechzimmer) und waren hier aus Routine schon sehr bald zusammen mit zuerst vereinzelten, später immer zahlreicheren Wichten, Pipos, Pipas von den wichtigen Verbesserungs(Verbreiterungs-)arbeiten an der für jene Zeit noch sehr rückständigen (lächerlich winzigen) kolchidischen Dixiebahn, insbesondere auch von dem bis 57 noch sehr komplizierten Brückenschlagen nach Charleston (Boston) per Specchios, dann später ebenfalls durch den Auf (Aus-)bau entsprechender Wartburgen in Anspruch genommen. Die anderen Kapitäne verteilten sich – weil die kolchidischen Häuschen ihnen sprachlich verschlossen, sie selbst aber nach all den bis 57 dort drinnen gesammelten trüben Erfahrungen gegen diese Häuschen zu voreingenommen und letztlich des Russischen geläufiger geworden waren –, auf andere kolchosische Republiken der Union.

Unter dieser Sorte von Kapitänen gab es welche, die sich mit großem Mut und erstaunlicher Hartnäckigkeit bemühten, aus Kolchos (Kolchis) heraus- und wieder in ihre respektiven Dixieländer (vornehmlich nach Frankreich) zurückzukommen. Sie schrieben – was bis 53 als unerhörtes Wagnis galt – unablässig Briefe dorthin oder gar an den dixieländischen (französischen) Botschafter in Kolchos mit der auf ihre dixieländische Gebürtigkeit gestützten Bitte um ein Visum. Alle diese Bemühungen versandeten – da auf der Welt nichts schwerer ist, als Kolchos zu verlassen – zunächst einmal in der Wüstensteppe Zentralasiens, wohin diese Kapitäne auf Geheiß des Mamassachlissi, der die Geduld mit der auswärts korrespondierenden, ständig gegen Kolchos (auch Kolchis) nörgelnden Brut der (dann bei ihm, durch ihn bereits verstorbenen) Exmamassachlissis endgültig verloren hatte, expediert (deportiert) worden waren. Nach 53, das heißt nach dem Tod des unversöhnlichsten Feindes aller kolchidischen Exmamassachlissis, nämlich des Mamassachlissimus von Kolchos aus Kolchis, gelang es manchem dieser Kapitäne, auf Umwegen, vielleicht über eine Verwandtschaft mütterlicherseits in irgendeiner kolchosischen Republik außerhalb der Union, sagen wir, über eine Tante in Tschechien (wo die Häuschen nicht so scharf bewacht wurden wie in Kolchos, Kolchis), wirklich nach Frankreich zu entrutschen. Alle diese wie durch ein Wunder von links zurückgekehrten Kapitäne meiden in der Regel die Emigration (das heißt die kolchidisch-dixieländischen Wartburgen mit mehrstöckigem Goglimogli in Charleston, Bonnston) und schreiben – wenn überhaupt – nur unter Deckadressen nach Kolchos (Kolchis). Sie sind – da sie mit Kolchis (Kolchos) faktisch nur ihr toter Exmamassachlissi verbindet, da sie nun auch bald die dixieländische Staatsbürgerschaft annehmen, Dixieländerinnen heiraten usw. – für immer aus dem Häuschen. Die kolchidischen Kapitäne deuxer Schule (das heißt die Kapitäne aus Sachsen- und anderen deuxen Häuschen, genauer: Wartburgen mit dreistöckigem Goglimogli an deuxen Flüssen wie der Spree usw.) sind nach allem, was sie dort gesehen haben, gelernt haben, vorsichtiger, auch viel zurückhaltender (zurückgehaltener) und verlegen sich – denn sie glauben weiterhin unerschütterlich an den Specchio, an Dixieland, an die totale Emigration – aufs Warten in ihren entsprechenden, von dem neuen kolchosisch-kolchidischen Milieu auch sehr eigenartig bestimmten Wartburgen am Aragus. Sich auf französisch aus Kolchos zu empfehlen, wäre ihnen sowieso unmöglich gewesen: Sie hatten alle Tanten in Kolchis und Verwandtschaft (eine Schwester, deren Adresse unbestimmt) vielleicht noch in Dixie-, aber sicherlich nicht in Deuxiland.

Leute ohne Häuschen (alte kolchidische Exmamassachlissis und ihre Kapitäne) werden – wenn sie der Teufel (Mamassachlissimus, Professor, N.K.W.D. und ähnliches nach Kolchos) holt – im rechten deuxen Flügel auch gar nicht weiter vermißt. Man rückt wegen der allgemeinen Wohnungsnot schnell, und ohne weiter – ja wen sollte man auch – zu fragen, an ihren Platz, das heißt auf ihre Wartburg, welche sich dadurch (danach) langsam wieder in ein regelrechtes deuxes Häuschen mit Vater, Mutter und Kind, mit gesegneten Mahlzeiten und kleinem Dixiebahnverkehr zu genauer Tages(Abend-)stunde usw. verwandelt. Nur in einem entlegenen Raum des vormaligen Luftschutzkellers stapeln sich (ehe man, um freie Hand zu bekommen, auch diesen Krimskrams zu Spottpreisen verschleudert) dann vielleicht noch etliche kolchidische Wartburgsutensilien wie zum Beispiel kleine, zierlich vergoldete, aber zum Teil schon recht wackelige Rokostühle, mehrere vom Zahn der Zeit ausgeweidete Prunksessel desselben Stils, dann die Bilder von Tschawtschawadze, Rustaweli, Akaki Zereteli usw. (welche wohl in kolchidischen, nicht aber deuxen Sprechzimmern [Sprachräumen] Gültigkeit besitzen) und natürlich auch eine große Truhe voller Bücher mit Abbildungen von Königen und Königinnen zu schnörkliger kolchidischer Geheimschrift, darunter aber ebenfalls viele dicke deuxe Werke, meistens Kulturgeschichten (von Sombart und anderen Bärten), welche der verschollene Exmamassachlissi kritisch nach irgendwelchen Angaben über sein Häuschen am Aragus durchforscht (durchgearbeitet) hatte, wie auch manche Schriften von ihm selbst über Kolchis, über Albanien, über Iberien in deuxer und anderen dixieländischen Sprachen. Gewöhnlich kräht kein Hahn mehr nach allen diesen und ähnlichen Gegenständen; aber geschehen kann auch, daß sie wenigstens teilweise von der Emigration abgeholt werden, das heißt von kolchidischen Wartbürgern und Freunden des verschollenen Exmamassachlissi, welche – weil sie klug genug gewesen waren, sich ganz klein zu machen (sich auf ihren Wartburgen mucksmäuschenstill zu verhalten) – den Sturm überlebten und bis heute unberührt (unentführt) ihren Geschäften links und rechts (in beiden deuxen Flügeln) nachgehen können. Wer so erscheint und das verwaiste Wartburgsgut anfordert, ist in der Regel ein kleiner kolchidischer Kapitän, ausgeschickt von seinem (oder seiner) Exmamassachlissi, die vorsichtshalber selbst niemals mitgehen.

Dieser Kapitän oder Mozikuli (was auf kolchidisch soviel wie Gesandter von Vater [von Ex- oder auch bloß Mamassachlissi] im Himmel bedeutet), der auch so um Goglimogli 27 oder früher geboren ist, bekommt wirklich ein paar Bruchstücke des geplatzten Luftschlosses ausgehändigt: Mehrere Bände verschiedener Welt-, Kulturgeschichten, ein Deux-Georgisches (Kolchidisches) Lexikon von L-Z, einen Kantzi, wenn er Glück hat vielleicht sogar auch einige Gegenstände aus dem Besitz seines unglücklichen Klassen(Alters-)genossen, nämlich des Kapitäns und Sohnes des verschollenen Luftschloßherrn. Letztere Artikel sind: ein paar Specchios, »House-hop« (oder ähnliches), möglicherweise noch ein Tarzan-Band oder irgendwelche andere gute dixieländische Anleitungen über die Kunst, aus dem Häuschen zu sein (und zu bleiben). Das ist aber auch alles, denn mehr rücken die Deuxen (die sich mit der verlassenen kolchidischen Wartburg beerbt haben) – weil sie sich Mozikuli gegenüber immer mißtrauisch verhalten, ihn für einen Gauner, kolchosischen Spion oder ähnliches halten – nicht heraus. Der Mozikuli streicht mit leerem Koffer dann vielleicht noch mehrmals um die alte Wartburg (wir sollten schon sagen: um das neue Häuschen), bis seine Exmamassachlissis (bis die Emigration) endgültig davon absehen, noch irgend etwas Kolchidisches aus der verdeuxten Burg zu bergen. Was dann außer den erwähnten wenigen Habseligkeiten, welche übrigens von Mozikuli wie Reliquien aufbewahrt werden (er glaubt fest daran, daß der Kapitän, der rechtmäßige Erbe all dieser teuren Sachen, noch lebt und einmal seinen Weg durch die eisernen Vorhänge [durch Kolchis und Kolchos] in die deuxen Flügel zurückfindet), noch von der alten gefallenen kolchidischen Wartburg übrigbleibt, ist die Geschichte; die gruselige Mär von der Freundschaft des Exmamassachlissi mit und von seinem Verrat durch Professor (durch Landsmann aus demselben Häuschen) wird bis heute auf allen kolchidischen Wartburgen in Dixie(Deuxi-)land, in allen Iß- und Trink-michs (oder ähnlichen Gaststätten) erzählt. Sie kommt auch nach Kolchis (Kolchos) und löst hier (wenigstens in den besseren Häuschen beziehungsweise Wartburgen) ehrliche Empörung aus. Man hat sie mit den Jahren aber auch aufgebauscht und Personen hineingebracht, welche geschichtlich gar nicht dazugehören: Die einzige kolchidische Wartburg und der einzige kolchidische Exmamassachlissi, auf die die Geschichte (soweit es uns heute noch ersichtlich ist) bis zu einem gewissen, sehr indirekten Grade zutrifft, waren die Wartburg und der Exmamassachlissi von Kapitän Wakusch.

Es gehört zu den Gewohnheiten der Mamassachlissis, kurz bevor sie Exmamassachlissis, das heißt, bevor sie von den links und rechts eindringenden Dixieländern zu Fall gebracht (stranguliert, füsiliert, deportiert) werden, noch ihre Vorratskeller aufzumachen und den Proviant (mit dem sie sonst immer sehr geknausert haben) großzügig an ihr Häuschen zu verteilen. Da sitzt – während in der Ferne schon Kanonen grollen – die ganze hungrige Clique (Großmamapapassachlissis, Wichte, Pipos, Pipas, Kapitäne) in den Restaurants, Gaststätten, Lokalen und zieht sich für ein paar Pfennige die saftigsten Hühnerkeulen durch die Zähne.

Außerdem bekommt jeder für die nächsten drei Tage oder so eine gute Zusatzration aus Mehl, Butter, Zucker, Wurst, Marmelade etc. Die letzten Tage von Pompeji sind also keine Hungertage, und wer da gerecht sein will, muß doch anerkennen, daß der Mamassachlissi seinem Häuschen den Abschied von sich selbst so leicht wie möglich (jedenfalls nicht schwerer, als nötig war) gemacht hat.

Kapitän Wakusch und sein Exmamassachlissi speisten zusammen mit vielen, ihnen auch aus der Nachbarschaft bekannten Deuxen in einer Wirtsstube unweit ihres Häuschens. Das Ißmich hatte schon lange zugemacht. Sein kolchidischer Geschäftsführer, der iberische Koch und die ganze albanische Bedienung waren – weil sie den linken (kolchosischen) Dixieländern lieber nicht begegnen wollten – westwärts abgegangen. In der ganzen Stadt gab es jetzt überhaupt nur noch sehr wenige alte kolchidische Wartburgen (-bürger) mit dreistöckigem Goglimogli; die meisten hatte der sorgenvolle Beschluß des Vorstandes der Kolonie nach unten, in den südlichsten Zipfel von Deuxiland, verlegt, um sie bei nächster Gelegenheit über die Alpen zu den rechten Dixieländern aus Charleston (Boston), die mittlerweile bis zum Po vorgedrungen waren, abzuschieben. Diese plötzliche, unvermutete Bewegung in der Emigration hatte Kapitän Wakusch elektrisiert und zuversichtlicher gemacht, denn es ging ja nach Italien, wo er nicht versäumen wollte, in Milano (oder Manilo) Signor Tullio aufzusuchen und ihm seine Dienste anzubieten. Darum sah er auch immer recht ungeduldig durch das Fenster des Zuges nach den hohen, weißen Bergen aus, die gewissermaßen die Südwand des deuxen Häuschens bilden, es gegen die untreuen (auf die Dixiebahn desertierten) Makkaronis, gegen lose Maestros mit Konsorten (Pipos, Pipas, Pipoos etc.) und schließlich auch gegen die rechten Dixieländer am Po natürlich abriegelten. Trotz aller düsteren Prophezeiungen über Arbeitslosigkeit und schwierige Lebenslage in Italien hoffte Wakusch fest auf seine gute Zukunft als Wartburgsdirektor bei Tullio oder anderen Dixieländern. Die Fahrt bis Salzburg, welche sein Exmamassachlissi mit ihm noch Mitte März des Jahres 45 unternahm, und besonders die dem enttäuschten Wakusch völlig unbegreifliche Rückfahrt in ihre alte Wartburg an der Spree zeigten den deuxen Sprachraum links und rechts von den Eisenbahnschienen schon als Gebiet, das sich anschickte, Kriegsschauplatz zu werden. Er war, soweit das Auge reichte, arg verwüstet (heile Häuschen ließen sich an den Fingern abzählen) und – da die meisten Deuxen, welche Wakusch zu Gesicht bekam, kaum ein Wort mehr sagten – auch stumm. Schützengräben durchfurchteten die Felder, und an einzelnen Stellen frisierte deuxes Militär die Landstraßen mit Stacheldrahthecken und allen möglichen Hindernissen gegen die Dixieländer und ihre Kriegsfahrzeuge. In der Luft herrschten aber schon unumstritten die Vickers (Spitfires, Boeings, Mosquitos, Blenheims und ähnliche), welche es bestimmt (und weil vielleicht auch kein anderer mehr fuhr) nur auf Wakuschs Zug abgesehen hatten. Denn nach jedem zweiten Kilometer segelten sie heran, schalteten mit einer kleinen Feuergarbe die Lokomotive aus und drehten, bevor sie verschwanden, ein paar Kurven über den Haufen verstört nach links und rechts türmender Passagiere; mancher Pilot winkte sogar freundlich von oben herunter oder schrieb aus purem Übermut verschiedene Figuren an den Himmel, welche Wakusch vage an gewisse Befestigungslinien auf den Generalstabskarten von Signor Tullio erinnerten.

Salzburg war die Wartburg der Emigration. Alle kolchidischen Exmamassachlissis in Deuxiland hatten sich hier mit ihren Familien (Gemahlin, Pipos, Pipas, Kapitänen) versammelt und harrten der Dinge, die da kommen sollten. Worauf gewartet wurde, war nunmehr der Umzug aus Deuxi- nach Dixieland (rechts). Im Stab der Auswanderer sah es, von einigen kleinen, für den Moment auch unwesentlichen Unterschieden abgesehen (zum Beispiel gab es da, wenigstens öffentlich, noch keine Vickers, Pipoas oder gar Pipoos), genauso aus wie im Generalstab von Signor Tullio: Alle Gedanken galten da den Ereignissen unten am Po, von woher der letzte siegreiche amerikanische Vorstoß jeden Tag erfolgen mußte; man diskutierte anhand von Karten, an Radios die freie Dixiebahn nach Italien und weiter. Einen großen Mangel aber glaubte Wakusch, als er im Stab durch die vielen erregten Exmamassachlissis (von denen einige ihre alten Wartburgen an den verschiedensten deuxen Flüssen stehen [-gelassen] hatten) und durch ihre Kofferhaufen hinter seinem Vater herruderte, allerdings doch zu bemerken: Der Menge fehlte ein Kapitän, der sie geordnet, für den Abzug auf die Dixiebahn zu den Vickers nach allen Regeln vorbereitet und gesichert hätte. Die alte Führung (Fürst und Stellvertreter) aus der Zeit des Iß-mich, welche nach wie vor ihre einstigen Grundsätze verfocht (nämlich: die Parität der Exmamassachlissis mit Mamassachlissis, die Beteiligung der Exmamassachlissis durch mindestens einen Abgeordneten an allen wichtigen Konferenzen zwischen den alliierten Dixieländern und dem Obermamassachlissi von Kolchos aus Kolchis in Teheran, Malta, später auch Potsdam, die Notwendigkeit der gleichzeitigen Betreuung aller Häuschen von links *und* rechts, das heißt von Mamassachlissis *und* Exmamassachlissis, die völkerrechtliche Normalisierung der Beziehungen zwischen Wartburgen und Häuschen und ähnliches), hatte, obwohl sie bei den Kolonisten noch lange nicht allen Einfluß verloren hatte, abgedankt. Eine neue gab es nicht, weil niemand angesichts der kritischen Situation Lust genug hatte, sich mit den Wahlen zu befassen. Außerdem war – wie es schon viele richtig sahen – das künftige Beisammenbleiben der Emigration auf der Dixiebahn äußerst zweifelhaft: Man wollte in die verschiedensten Dixieländer gehen (nach Charleston, Boston, Manila usw.). Die allerletzte größere (kombinierte) kolchidische Wartburg in Salzburg (das heißt auf deuxem Boden) zu Beginn des Frühjahres 1945 war also ohne Lenker, auch ansonsten völlig abgerüstet, was heißt: fertig zum Abbruch und Aufbruch ihrer Insassen in alle drei (Osten ausgenommen) Himmelsrichtungen. Sie hatte alle ihre kolchosisch-kolchidischen Kriegsgefangenen, von denen ein kleiner Teil übrigens schon seit geraumer Zeit (seit dem Ein- und Vormarsch der linken Dixieländer in Deuxiland) immer revolutionärer, zuletzt sogar befehlshaberisch geworden war, wunschgemäß entweder wieder zurück nach Kolchos (Kolchis) – alle diese bekamen von ihr ein gestempeltes Zertifikat, aus dem hervorging, daß sie nicht etwa auf deuxen Burgen gegen Kolchos (Kolchis) gekämpft, sondern auf deux-kolchidischen Wartburgen treu auf Kolchis (Kolchos) gewartet hatten – oder westwärts auf die Dixiebahn (mit Fahrkarte und Empfehlungen für kolchidische Wartburgen in Charleston, Boston usw.) entlassen.

Als allerletzte deuxe Endstation vor Dixieland war Salzburg dann aber doch noch der Ort großer Schwankungen und Unstimmigkeiten zwischen vielen, vornehmlich älteren kolchidischen Exmamassachlissis; denn je mehr sich das Warten da in die Länge zog, desto weniger konnten diese sich entschließen, Deuxi- für Dixieland (das heißt für gänzlich andersgeartete, ihnen völlig neue Sprachräume ohne festes Schloß und Riegel, mit starker Mehrheit von Vickers in allen Häuschen usw.) aufzugeben. Zu diesen gehörten der Exmamassachlissi von Kapitän Wakusch, sein Freund, der Chemiker Kirile Wekua, und andere, denen die Atmosphäre in der Wartburg Salzburg, wo jeder bloß noch an die Dixiebahn dachte, nicht gefiel. Sie befürchteten die totale Assimilation der Emigration in Manila und – da man doch für ganz verschiedene Dixieländer auseinandergehen wollte – bei allen Auswanderern den Verlust von Sprache, Sitten und Gebräuchen des Häuschens. Nicht zufällig ist auch, daß alle Exmamassachlissis dieser Gruppe ein großes, 1945 sicher nicht mehr zu rechtfertigendes Vertrauen in ihre alte kolchidische Wartburg an der Spree (oder anderen deuxen Flüssen) setzten, und daß sie dann die Dixieländer (linke und rechte) lieber in diesen – wie sie glaubten, gegen alle Goglimoglis erprobten – Burgen abwarten wollten als in Salzburg. Die Emigration hielt es nach reiflicher Überlegung ebenfalls für angebracht, sich eine kleine Vertretung in Deuxiland zu bewahren, welche sie über die Dinge dort auf dem laufenden halten, vielleicht auch die Verwaltung aller liegengebliebenen kolchidischen Interessen (immobiles Hab und Gut, Wartburgen, Häuschen usw.) übernehmen, mit allen siegreichen Dixieländern, insbesondere mit den linken, vorsichtige Kontakte aufnehmen und so auch noch in der für alle kolchidischen Exmamassachlissis wichtigsten Frage, inwieweit nämlich der Kolchos Kolchis war und Kolchis – Kolchos, Näheres erfahren könnte. Allen ehrlich zum Bleiben entschlossenen deux-kolchidischen Wartbürgern (sie erwiesen sich zum Schluß als doch nicht mehr als eine Handvoll) wurde nach einstimmigem Entscheid der Exmamassachlissi von Kapitän Wakusch, der durch sein jahrzehntelanges Wartburgsleben in Deuxiland und durch seine alte, in der Sichtung der Quellen Strabos über Kolchis, Iberien usw. erlangte deuxe Doktorwürde am meisten dazu berufen schien, als Oberhaupt vorangestellt.

Für Kapitän Wakusch, der sich schon auf ein Wiedersehen mit Signor Tullio(s Generalstab, das heißt mit allen neuen Musipos, Pipos, Pipas des Maestro) gefreut und übrigens auch geplant hatte, die ganze kolchidische Emigration selber geordnet über die Alpen auf die Dixiebahn nach Manila und von dort nach Charleston, Boston zu neuen, sicheren Wartburgen zu führen, war dieser plötzliche Rückzugsbefehl an die Spree natürlich eine schwere Enttäuschung. Er sah nicht ein, warum sein alter Exmamassachlissi, welcher nun bereits ein Menschenleben aus dem Häuschen war, die Deuxibahn nicht konsequent für die Dixiebahn verlassen und zu den Vickers gehen sollte. Jedes längere Ausharren in den deuxen Häuschen erschien ihm jetzt, wo die rechten Dixieländer dort schon im Einmarsch begriffen waren, eine unnötige Zeitvergeudung, eine Verkennung der günstigsten aller Augenblicke, um aus den Goglimoglis dieser Geschichte zu entkommen. Er versuchte natürlich ebenfalls, die Zurückbleiber bis ganz zuletzt mit allen Mitteln umzustimmen, das heißt, er machte unaufhörlich Propaganda für die Dixieländer, welche ja nur einen Katzensprung weit von Salzburg jenseits der Alpen warteten, pfiff und sang seinem und den übrigen Exmamassachlissis die schmissigsten, von Tullio oder anderen Dixieländern erfundenen Dixieländer vor, zeigte die unerhörtesten Fuchstritte, erzählte die schönsten und neuesten Geschichten über die Zustände rechts, kurz: Er stellte sich auf den Kopf, um wenigstens seinen Erzeuger für Charleston (Boston) zu gewinnen, und hätte ihm, als alles nichts half, zur besseren Beeindruckung beinahe noch ein paar Filmprospekte über die transalpine Dixiebahn (über Milano/Manilo und liebliche Umgebung) aus dem Pfotoarchiv von Signor Tullios Generalstab vorgelegt. Nur die ihm und allen Kapitänen angeborene Furcht, mit (Ex-)Mamassachlissi zu weit zu gehen, verhinderte dies. Nichts in der Welt kann Mamassachlissi (oder Exmamassachlissi) – wenn er sich erst einmal dazu entschlossen hat – davon abhalten, in sein Häuschen (seine Wartburg) zurückzufahren, am wenigsten die Schwärmerei eines Kapitäns für Dixiebahnen, -länder, Vickers usw. Für einen eingefleischten Exmamassachlissi, der Zeit seines Lebens immer nur darauf gewartet hat, mal wieder irgendwo – und sei es auch bloß in der Emigration – ans Ruder zu kommen, ist seine plötzliche Ernennung (Beförderung) zum Chef, Hauptvertreter beziehungsweise Bevollmächtigten für kolchidische Angelegenheiten auf der gesamten Deuxibahn besonders bindend: Er sieht sich gern als Herr im Häuschen, selbst wenn es dort außer ihm fast niemanden mehr gibt (der Klan auf die Dixiebahn rechts und links abgewandert ist). Gewöhnlich kommt er sich in dieser Rolle sehr wichtig vor, er glaubt fest an seine Berufung (Befähigung), die siegreichen linken Dixieländer aus Kolchos (Kolchis) auf die Möglichkeiten eines neuen, besseren Einvernehmens mit den kolchidischen Wartburgschaften in Deuxi-, Dixieland hin auszuhorchen, und will – kurz gesagt – sich, seinen Kapitän, seine Wartburg voll und ganz für den guten Frieden zwischen Mamassachlissis und Exmamassachlissis einspannen. So kam es, daß Wakusch, anstatt über die Südwand des deuxen Sprachraumes zu Tullio zu gehen, mit Erzeuger (dem durch dick und dünn zu folgen das erste und letzte Gebot für alle Kapitäne, insbesondere für solche in und aus kolchidischen, iberischen, albanischen Häuschen beziehungsweise Wartburgen, ist) und mit allen Koffern wieder an die Spree, in seine alte, um jene Zeit (Anfang April 45) objektiv bestimmt schon völlig unmogliche Wartburg fuhr. Diese Rückreise aber war, bei allem Widerwillen, den er dabei empfand, für Kapitän Wakusch auch nicht vollständig ohne Reiz: Es galt, die alte Wartburg von Erzeuger in direktem Kontakt mit adversativem Goglimogli Nummer 17 zu erproben, ihre Widerstandsfähigkeit, wo sie zu wünschen übriglassen sollte, zu erhöhen und – ehe man freundlicher zueinander wurde – vielleicht auch noch manchen harten Strauß mit Mamassachlissismus (linken Dixieländern) aus Kolchis (Kolchos) auszutragen. Zu diesem Zweck wollte Wakusch die alte Wartburg modernisieren (reorganisieren), das heißt vor allem ein gutes Arsenal von Specchios dort anlegen, ein starkes Kontingent von Vickers heranziehen und ähnliches. Außerdem schien der Umstand, daß sein Exmamassachlissi angefangen hatte, ihn fast wie seinesgleichen (beinahe wie ein Exmamassachlissi) zu behandeln – er eröffnete Wakusch, was sonst nie vorgekommen war, schon manchmal seine Pläne, bat ihn öfters sogar um einen kleinen Rat etc. –, für Kapitän Wakuschs größere Rolle und Handlungsfreiheit auf der alten kolchidischen Wartburg (in dem alten Luftschloß von Erzeuger) zu sprechen.

Sie rutschten gerade noch mit dem letzten Zug über die letzte, von deuxem Militär nach links und rechts gesicherte Deuxibahn durch zur Spree auf den allerletzten (freien, auch zentralen) Klecks von Goglimogli 27. Schon in den nächsten Tagen wurde auch diese Strecke durch den zunehmenden Beschuß feindlicherseits stillgelegt, dann schlossen die nachstoßenden linken Dixieländer aus Kolchos (Kolchis) den Kessel. Nun hatte der Exmamassachlissi von Kapitän Wakusch sich und Wakusch leider genau dorthin gebracht, wo es geschichtlich zweifellos am interessantesten, aber für ihn am riskantesten war, nämlich in die Höhle des Löwen, oder anders gesagt: in das gerichtete deuxe Häuschen jener Tage, wo bald darauf (im Mai) alle Mamassachlissis und zum Nachtisch (für reineren Tisch) dann auch noch alle Exmamassachlissis (insbesondere kolchidische) verfolgt und vertilgt werden sollten. An der Spree waren in der Zwischenzeit beinahe alle Häuschen zu Wartburgen gegen Goglimogli 27 und (da die rechten hier nicht in Frage kamen) auf die linken Dixieländer geworden. Der großmütige Lebensmittelzusatz und die ebenso billigen wie kartenlosen Gerichte in den Gastwirtschaften konnten niemanden mehr darüber hinwegtäuschen, daß es zu Ende ging. Diese plötzliche Verpflegung sah – wenn man den Mamassachlissi auf den paar Blättern, welche von ihm noch zeitweise erschienen, las oder ihn im Trichter hörte, wo seine Stimme (nun allerdings schon meistens von Dixieländern übertönt beziehungsweise unterbrochen) sich auch zwischendurch hören ließ, wenn man lauschte oder sah, wie er alles und alle zum totalen Widerstand gegen Erzfeind antrieb – doch schon verdammt so aus wie eine Henkersmahlzeit. Aber die deuxen Häuschen (nunmehr Wartburgen) hatten den Mamassachlissi (seine Zeitung, seinen Trichter) längst bei sich abgestellt und nahmen die letzten Eßpäckchen von ihm schon als ersten (objektiv übrigens dringend nötigen) Mundvorrat auf der Dixiebahn zu neuem Leben (ohne Goglimoglis, wenigstens ohne Goglimogli 27). Dem Mamassachlissi blieb faktisch nur noch die Straße, wodurch sich symbolischerweise der Zustand ganz am Anfang seiner Karriere, aber im umgekehrten Sinne, wiederherstellte, denn um 27 war er ja mit seinem Goglimogli auch hauptsächlich nur auf der Straße gewesen und erst von da schrittweise in die Häuschen gekommen.

Eine neue und an sich auch sehr wichtige Eigenschaft ließ sich bei dem deuxen Mamassachlissi in den ersten Maitagen des Jahres 45 noch bemerken: Er hatte auf einmal nichts mehr gegen Dixieländer aus Charleston (Boston), nichts mehr gegen die Vickers von rechts, welche mit Luft- und Seelandungen, mit V.1, 2, 3 und ähnlichem in die Knie zu zwingen noch wenig vorher der Ehrgeiz seines Generalstabs war. Jetzt, als ihre Heere schon den größten (rechten) Teil der Deuxibahn kontrollierten, änderte er die Gesinnung, zeigte sich zufrieden, sie in seinem Häuschen zu haben, machte ihnen, damit sie es nur schneller einnahmen, sogar liebenswürdig darin Platz und suchte durch geheime Parlamentäre (Friedensboten) ihre Waffenbrüderschaft gegen den Kolchos aus Kolchis. Diejenigen, die dieser allerletzte Schachzug noch bemogeln konnte, waren dann allerdings nicht die Vickers aus Charleston, Boston, sondern leider viele kleine deuxe Pipos (auch Pipas), manche darunter sogar im Wichtenalter, welche im guten Glauben, der Mamassachlissi halte es nun mit den rechten Dixieländern (und umgekehrt), aus ihren Wartburgen hervorkamen, um mit Panzerfäusten und anderem richtigen Schießgewehr die – wie sie dachten – nunmehr Deuxi-Dixiebahn gegen Kolchos zu verteidigen. Für ihren Einsatz an Stellen, wo selbst das erfahrenste deuxe Militär bereits zurückflutete, für ihren selbstmörderischen Widerstand auf verlorenen Posten, für Duelle mit T 34, sowjetischen Scharfschützen, Granatwerfern und anderen ernteten diese Pipos außer Kugeln auch noch die letzten eisernen Kreuze und anerkennungsvolles Wangestreicheln von Mamassachlissi. Aus zerschossenen deuxen Häuschen und Wartburgen eröffneten sie während dieser Tage heftiges Feuer auf die vordringenden linken Dixieländer, und über dünne Telefondrähte waren ihre hellen Knabenstimmen, welche andauernd nach mehr Munition und vor allem nach Verstärkung durch die Vickers fragten, noch lange bis ins deuxe Oberhauptquartier hörbar. Wo die Straße (die Deuxibahn) verlassen und für den Einzug der linken Dixieländer offen dalag, setzten sich damals überall – sehr zum Schrecken der kriegsmüden Bevölkerung – Kampfgruppen von Pipos fest, welche den Gegner aufhalten wollten (sollten).

So zogen eines traurigen Maimorgens sieben Grenadiere vor Kapitän Wakuschs alter dreistöckiger (kolchidischer) Wartburg auf. Tags zuvor hatte hier noch ein Leutnant von seinem Lastwagen Konserven an die umliegenden Häuschen ausgeben lassen. Auf dem Wagen waren mehrere, ebenfalls in Feldgrau gekleidete Pipas gewesen, welche die Verteilung besorgten und der stumm gaffenden Bevölkerung (allen Pipas in Zivil) Mut zugesprochen hatten. Dann waren sie abgezuckelt, und eine Weile hatte es so ausgesehen, als sei die deuxe Wehrmacht endgültig vorüber. Die ganze Straße (alle Häuschen, nunmehr Wartburgen) machte sich schon auf die Kolchosischen gefaßt, die nach den neuesten Gerüchten den Spreefluß bereits forciert, Mamassachlissi überrannt, ja sogar ihre Fahne auf sein Häuschen gesteckt haben sollten. Statt der Kolchosischen kamen da nun aber noch die sieben Kinder des Todes, alle nicht viel älter als Kapitän Wakusch, in nagelneuen Uniformen, mit ebenso nagelneuen Feldbeuteln, -stechern, Karabinern. Man brachte ihnen zur Stärkung heißen Kaffee aus den Häuschen, zündete Zigaretten an, fragte sie teilnahmsvoll nach ihren eigenen Häuschen (es erwies sich, daß sie alle örtlicher Herkunft, das heißt an der Spree gebürtig, waren). Die Mamassachlissis (maskulin, feminin), welche einen Straßenkampf und für ihre Privathäuschen (Wichte, Pipos, Pipas) fürchteten, horchten vorsichtig ihre Stimmung aus. Die Idee dabei war, diese letzten Vaterlandsverteidiger durch guten Zuspruch, durch Hinweis auf die Aussichtslosigkeit weiteren Verharrens unter den Fahnen des Mamassachlissi und durch energisches Appellieren an gesunden Menschenverstand zum Abzug von der Deuxibahn zu bewegen, noch ehe sie dort mit den Kolchosischen zusammenstießen. Aber der Versuch der Mamassachlissis, die sieben von ihrer Schwelle wegzubringen, scheiterte, weil es keine alten, sondern historisch vollständig neue (daher leider auch höchst unerfahrene) Soldaten, eben Pipos, waren, welche zu den Waffen gegriffen hatten, um sich für die charleston-bostonsche Dixiebahn in Deuxiland zu schlagen, für den ewigen Fuchstritt in freien Kakadus ohne jeglichen Goglimogli außer von Vickers. Diese objektiv vielleicht nicht sehr hohen, aber subjektiv doch schwerwiegenden (sehr lebendigen) Ideale bringen einen echten Pipo sofort in Harnisch, wenn er glaubt, daß sie auf dem Spiele stehen.

Die Sieben erzählten stolz – und den Mamassachlissis von den Häuschen zu beiden Seiten der Deuxibahn erstarben alle beschwichtigenden Worte gleich vor Schreck auf der Zunge –, wie sie noch am Vortag von manchem kapitulierenden deuxen Häuschen (deuxer Wartburg) die weiße Fahne heruntergeholt und den Kolchosischen darum einen harten Strauß geliefert hätten. Alle waren felsenfest überzeugt, daß die rechten Dixieländer nun bald zu ihnen durchstoßen und sie entsetzen müßten. Während dieser Gespräche suchten manche in Erwartung der Vickers (das heißt der dixieländischen Unterstützung gegen die Kolchosischen aus der Luft, des charleston-bostonschen Luftschutzes) mit ihren Feldstechern den Himmel ab. Da oben summten aber keine Vickers mehr, da orgelten nur die Artilleriegeschosse des Mamassachlissimus von Kolchos (aus Kolchis), meistens schon so furchtbar nah, daß es schien, man bekomme im nächsten Augenblick eins auf den Kopf. Das Häuschen mit Kapitän Wakuschs alter kolchidischer Wartburg zitterte bedenklich, und auf der Deuxibahn tanzte das Glas der zerflatternden Fensterscheiben. Die sieben Pipos, nun ganz allein gelassen – alle Mamassachlissis hatten sich in ihre Luftschutzkeller verzogen – hockten, das Gewitter abwartend, in den Hauseingängen, als Kapitän Wakusch, der hoffte, die Pipos würden ihm als Kapitän, das heißt als verdientem (Wartburgs-)Offizier der Dixiebahn, mehr Gehör schenken als (Ex-)Mamassachlissis, sich vorsichtig an sie heranmachte. Um sicherzugehen, daß er auch wirklich Gesinnungsgenossen vor sich hatte, pfiff er, als der Kanonen-Gedonner sich etwas legte, den Pipos zuerst einen Dixieländer vor, der in den deuxen Häuschen jener Zeit weniger, aber in den entsprechenden deuxen Wartburgen in- und auswendig bekannt war. Alles stimmte: Die Pipos wurden sofort munter unter ihren Helmen, sie grienten, sahen den Pfeifer neugierig an, jemand von ihnen nannte den Dixieländer auch sofort fachkundig beim Namen. Man begann gleich über diese und jene Dixieländer zu reden, einige davon mit Mundwerk kunstfertig zu reproduzieren. Währenddessen betrachtete Kapitän Wakusch forschend die Gesichtszüge eines jeden Pipos, in der Hoffnung, unter ihnen alte Gastfreunde von Tullios Wartburg wiederzuentdecken. Bei solchen mußte die Autorität des Meisters noch frisch und folglich auch genügend Gehorsam für Signor Mobiglias letzte Weisung an alle deuxen Pipos (Pipas), sich zu demobilisieren, bis die Dixieländer alle Häuschen (Wartburgen) von Mamassachlissi übernommen hätten, vorhanden sein. Leider sahen für Wakusch alle Pipos ziemlich fremd aus. Offenbar waren sie, wenn überhaupt, nur vorübergehend auf Tullios Wartburg gewesen. In diesem Augenblick bereute es Kapitän Wakusch tief, sich die Neuen bei Tullio niemals genauer angesehen und sich ihnen selbst immer nur so selten wie möglich gezeigt zu haben. Jetzt, da es doch galt, mit seiner ganzen Kapitänswürde unmittelbar aufzutreten, zählten solche Versäumnisse zu den gröbsten Fehlern.

Von den sieben Grenadieren kannten – wie Wakusch dann erfuhr – zwei Signor Mobiglia nur aus dem Kakadu, den übrigen (Pippinos) war der Maestro persönlich kein Begriff mehr; alle hatten mit dem Italiener außer Dixieländern nichts, nicht einmal Pipas, gemein. Bei dem Namen »Kapitän Wakusch« schüttelten die sieben, der Existenz eines solchen Offiziers vollkommen unkundig, ebenfalls die Köpfe. Da also mit diesen Pipos (Pippinos) weiter keine Anknüpfungspunkte bestanden und die Zeit drängte (aus den umliegenden Stadtvierteln kamen Schüsse; wenige Stunden noch, und die Straße vor Wakuschs alter kolchidischer Wartburg wurde zur Front), reifte in Kapitän Wakusch der Entschluß, Unmögliches (Unmogliches) zu versuchen: Er wollte die sieben mit Dixieländern (Benny Goodmans »House-hop« etc.) auf seine kolchidische Wartburg locken, dann die Türen hinter ihnen fest verrammeln und alle dort solange gefangenhalten, bis der Krieg zu Ende war. Wenn Dixieländer (Benny Goodman usw.) Pipos aus dem Häuschen brachten, mußten sie logischerweise auch die Kraft besitzen, sie in ein Häuschen (zumal dessen Mamassachlissis und Exmamassachlissis gar nicht mehr zu Hause, sondern im Luftschutzkeller waren) hineinzuziehen. Das Experiment erschien Kapitän Wakusch mit Recht als eine der letzten und höchsten Aufgaben seiner ganzen deux-kolchidischen Wartburgskarriere, und das nicht nur deshalb, weil etwas für die Pipos getan werden mußte, sondern vor allem auch darum, weil sich dadurch endlich eine Gelegenheit bot, der alten kolchidischen Wartburg seines Erzeugers einen lebendigen (dixieländischen) Sinn zu geben.

Als alter Generalstäbler zeichnete er sich schon in Gedanken vor, wie alles verlaufen mußte: Die Pipos würden erstens, weil sein deuxes Zimmer, wo sich die Dixieländer (Tarzan, Benny Goodman usw.) befanden, winzig war, und zweitens, weil es sich nicht gehört, anders bei Freunden einzutreten, ihre Gewehre im Flur abstellen. Vielleicht wurden sie, wenn nicht bereits durch eigene Müdigkeit, so durch den gütigen Zuspruch willig, auch noch ihre Koppel zu lösen und Pistolen-, Patronentaschen nebst Feldbeutel etc. an den Nagel zu hängen. Wenn die sieben dann alle erst einmal in seinem Zimmer waren, wollte Wakusch, um sie noch fester an den Ort zu bannen, alle Specchios von Tullio zur Besichtigung auslegen, die ganz gewagten Generalstabskarten (welche er seinerzeit in genügend großer Anzahl zu retten vermocht hatte) mit den appetitlichsten Pipas (alle auf der Dixiebahn mit beziehungsweise unter Stab geknipst) zur Durchsicht anbieten. Die Pipos, welche sicherlich schon lange oder vielleicht auch überhaupt noch nicht Manila gesehen hatten, würden sich aller Wahrscheinlichkeit nach mit Leib (Stab) und Seele in das Material versenken, also lange für anderes weder Augen noch Ohren haben. Dann wollte Kapitän Wakusch seinen größten Trumpf, nämlich die Dixieländer von Benny Goodman, ausspielen, aber nicht »House-hop«, der zu schnell (zu kurz) war, sondern einen endlos langen, etwa »Bei mir bist du schön«, worin außer Bennys Klarinette auch noch der Singsang von generalstabshuldigender Pipa zu hören war. Während dieses Dixieländers beabsichtigte Wakusch, sich unbemerkt zu entfernen, sein deuxes Zimmer von draußen zu verschließen und den Schlüssel abzuziehen. Die Gewehre mit allem militärischen Zubehör ließen sich leicht in die (zufällig leeren) langen Mülleimer im Hof der Wartburg versenken. Daß die Pipos sein Zimmer aufbrechen könnten, störte Wakusch nicht, denn er hoffte fest auf die Undurchdringlichkeit seiner mit allen möglichen Geheimschlössern versehenen kolchidischen Wohnungs(Wartburgs-)tür. Ohne den Fingerzeig eines Wissenden konnten die Pipos ihr ganzes Leben daran herummurksen. Blieben die Fenster, aus denen zu springen die sieben sich sicherlich nicht trauen würden, einmal wegen der halsbrecherischen Höhe und dann wegen der kolchosischen Dixieländer, die – wie Wakusch kalkulierte – spätestens in einer Stunde auf den Straßen auftauchen mußten. Natürlich ließ Wakusch auch die Möglichkeit offen, daß die Pipos vorzeitig den Schwindel bemerken und mit Rufen (Gesten) aus dem Fenster das Häuschen auf ihren verriegelten Zustand aufmerksam machen konnten. Aber weil die sieben ja dann waffenlos waren, würden die Mamassachlissis (auch der von Wakusch), welche keinen Straßenkampf und folglich auch nicht mehr für ihr Häuschen zu fürchten brauchten, gewiß schon einen viel entschiedeneren Ton mit ihnen anschlagen, sie möglicherweise bloß gegen Kaution (oder gar bis Kriegsschluß überhaupt nicht mehr) aus

Häuschen entlassen und ähnliches. Am meisten verließ sich Kapitän Wakusch aber auf die betäubende und bei diesen Pipos gewiß auch lange genug vorhaltende Wirkung aller Dixieländer und Specchios und natürlich auf den gesunden Wartburgsverstand der Pipos selbst, die, erst einmal darauf gebracht, ihren Irrtum bestimmt erkennen und die Schutzhaft ohne weiteres akzeptieren würden.

Der Plan stieß, wenigstens zuerst, auf kein reales Hindernis: Die sieben Pipos (Pippinos) willigten, als Wakusch ihnen den Vorschlag machte, doch einmal zu ihm herauf zukommen und seine guten Dixieländer zu hören, freudig ein. Sie wollten aber nur sehr kurze Zeit und auch bloß für den Fall bei Wakusch bleiben, wenn sich die nunmehr ein, zwei Querstraßen weite Front stabilisierte und keine Kolchosischen so bald vor Wakuschs Häuschen zu erwarten wären. Auch diese Bedingung war günstig, denn der Kanonendonner flaute schon merklich ab, und wie ein Kundschafter erzählte, schien der Feind mit dem Anbruch der Abenddämmerung jede Lust zu weiteren Vorstößen auf der Deuxibahn verloren zu haben. Der kritische Zeitpunkt war das Morgengrauen. Bis dahin mußten die Pipos in festem Gewahrsam sein. Kapitän Wakusch verlor keine Minute und rannte, weil ja Verschiedenes vorzubereiten war, zunächst einmal hinunter in den Keller, wo er nämlich tags zuvor seine Dixieländer (Platten) vor den Dixieländern in Luftschutz gebracht hatte. Hier gelang es ihm, seinen Plattenkasten aus all dem anderen Sack und Pack herauszufischen und sich, von Erzeuger ungesehen (die Mamassachlissis maskulin, feminin ließen im Prinzip niemanden, vor allem ihre eigenen Pipos, Pipas, Kapitäne nicht mehr aus dem Keller), wieder nach oben zu stehlen. In seinem Stübchen besorgte Kapitän Wakusch sofort das Dringendste: Er schleppte das Grammophon heran, drehte es auf und legte alle guten Dixieländer zum Spielen bereit. Dann holte er die Specchios und fächerte sie über den ganzen Tisch aus. Es waren die lieblichsten Ansichtskarten von Dixiebahn und Umgegend, das Beste, was Signor Tullios Generalstab je aufzuweisen und zu bezeigen gehabt hatte. Kapitän Wakusch bedauerte nur, daß die Pipas da auf den Bildern nicht auch persönlich zugegen waren. Die hätten die sieben dann in jedem (direkten wie indirekten) Sinne auf sich genommen und seinen Plan unendlich vereinfacht. Aber die Specchios stellten Wakusch, besonders als er die richtige Beleuchtung dazu fand und sie in intimerem Licht erschienen, auch schon sehr zufrieden. Sie glitzerten so verheißend im Halbdunkel, als seien sie Spiegelbilder real vorhandener, in Wakuschs deuxem Eckchen für Goglimogli aufgeschlagener Dixiebahnen. Damit es den Pipos an nichts fehlte, sah Wakusch noch einmal in die Speisekammer seiner alten kolchidischen Wartburg, nahm von dort mehrere Konserven, die letzten paar Flaschen Wein und – um sie den Pipos schneller einzuflößen – den größten Kantzi im Haushalt. Nach all diesen Vorkehrungen verließ er die kolchidische Wartburg mit der besten Zuversicht für die Pipos und natürlich auch nicht, ohne vorher noch alle Türschlösser sorgfältig geprüft, die Schlüssel dazu bereitgelegt zu haben. Auf der Treppe entwarf er im Kopf den kurzen Inhalt eines Zettels, der den sieben Pipos, wenn sie erst einmal hinter Schloß und Riegel waren, unauffällig (am besten durch den Briefschlitz) zugesteckt werden mußte. Auf dem Papier, das Wakusch im Erdgeschoß seines Häuschens fertigschrieb, wurde, nach umfassender Begründung der ganzen Zwecklosigkeit, auf dem letzten Stummel freigebliebener Deuxibahn noch irgendwelche Rettung von Vickers zu erwarten, den Pipos auch der bergende Sinn ihrer Gefangennahme klargemacht und zum Vergleich auf ein so berühmtes Vorbild wie Martin Luther hingewiesen, den ja auch einmal ein guter, um sein Leben ehrlich besorgter Freund auf der Wartburg festgehalten hatte. Der Zettel schloß mit dem versöhnlichen Rat an die Pipos, sich – wenn es ihnen mit der Zeit zu langweilig werden sollte – der dixieländischen Werke auf Wakuschs Bücherbord zu bedienen (als Lektüre wurde Tarzan empfohlen). Um den Effekt der Botschaft zu verstärken, unterschrieb Wakusch mit »Signor Tullio Mobiglia«.

Auf der Straße war es unterdessen totenstill geworden. Die kolchosische und die deuxe Seite hatten aufgehört, sich zu beschießen, und da draußen die finsterste Nacht war – man konnte keine Handbreit vor sich sehen –, schien es wirklich, als wäre der Krieg bis auf weiteres, jedenfalls bis zum nächsten Tag, aufgeschoben. Wenn überhaupt noch etwas in diesem Sinn getan werden konnte, so war das der Moment, um die sieben Pipos zu holen. Wakusch machte sich dafür fertig, das heißt, er griff seine Taschenlampe, ohne die der Weg zu den Pipos (zur Wartburg) nicht zu finden war, fester, überlegte sich, um ja nicht falsch zu laufen, noch einmal den ungefähren Platz, wo die Pipos sitzen mußten, und steckte zur genaueren Orientierung auch schon seinen Kopf durch diese Haustür. Aber der Mensch denkt, und Mamassachlissi lenkt. Denn gerade als Wakusch aus dem Häuschen trat, erneuerte sich auf Befehl oder – was beinahe dasselbe ist – im Namen des Mamassachlissimus von Kolchos aus Kolchis, diesmal leider viel eingezielter, der Artilleriebeschuß feindlicherseits. Ein Geschoß fiel, wie berechnet, in Kapitän Wakuschs alte kolchidische Wartburg und krepierte dort, den ganzen rechten Haus- beziehungsweise Wartburgsflügel durch alle Stockwerke hinunterreißend, im Parterre vergrabend (begrabend). Wenige Augenblicke nach dem Einschlag quollen aus dem Luftschutzkeller, der sich glücklicherweise links unter dem Häuschen befand und deswegen unbeschädigt geblieben war, die entsetzten Mamassachlissis hervor. Diejenigen von ihnen, welche ihre Wohnung ganz rechts gehabt hatten, starrten fassungslos auf den leeren Luftraum hinter der Fassade des Häuschens, in die leeren Fensteraugen ihrer einstigen Sprechzimmer, wo sich jetzt der Mond und andere Himmelskörper eingerichtet hatten. Die ungewöhnlich große Schuttwolke des pulverisierten rechten Flügels deckte in den ersten Sekunden alles ein, so daß es anfangs aussah, als sei das ganze Häuschen rettungslos dahin. In dem langsam auseinanderfließenden Nebel erblickte Kapitän Wakusch, der mit wenigen harmlosen Quetschungen und einem Riesenschrecken davongekommen war (der Luftdruck hatte ihn im Purzelbaum aus dem Häuschen gestoßen), zwar undeutlich genug, aber im großen und ganzen doch erkennbar, die ragenden Umrisse seiner altkolchidischen Wartburg: Die Treppe dort hinauf war – wenn man davon absah, daß ihr das Geländer fehlte und der Unrat zahlloser zu Kleinholz zerdroschener rechter Wohnungstüren die Stufen bedeckte – immer noch intakt. Wakusch wollte gerade die Pipos rufen, als von irgendwoher, wie der Spielball verspäteter Luftwellen, ein Blatt Papier direkt vor seiner Nase herunterschaukelte.

Er griff mechanisch nach dem Wisch und erstarrte plötzlich von der Berührung mit etwas Altvertrautem, ihm unendlich viel Wertem, in diesem entscheidenden Moment aber auch völlig Unerwartetem und böse Omina Weckendem: Seine Finger hatten nämlich ganz unverkennbar einen Specchio erfühlt, ein kolossales Pfoto über Generalstab in guten dixieländischen Gebirgsmassen, das sich – anstatt davor zu liegen – doch in dem Häuschen, das heißt auf Wakuschs deuxem Zimmer, zusammen mit einer Serie ähnlicher, dort für sieben Pipos ausgestreuter Bilder hätte befinden müssen. Wakusch hob das Dokument ins Mondlicht. Zweifel waren ausgeschlossen: Er hatte es mit seinem eigenen Kunstwerk (das Pfoto stellte eine Vergrößerung dar) zu tun, und folglich – Wakusch wagte gar nicht, sich den Gedanken bis zu Ende auszumalen – mußte seiner alten kolchidischen Wartburg Schlimmes widerfahren sein, wenn ihre kostbarsten Inhalte nach dem Bombentreffer so lose auf der Straße herumlagen. Er schnellte auf und stürmte über die bedenklich wackelnden Treppen nach oben. Hier brachte ihm der kalkige Mond den gerade jetzt so unersetzbaren Schaden in Evidenz: Die ganze rechte Seite samt seinem deuxen Zimmer mit allen darin versammelten dixieländischen Kurzwaren war von der Wartburg weggebrochen. An ihrer Stelle gähnte aus klaffendem Gemäuer ein dunkler Schacht. Der Schnitt war – wie Wakusch feststellen konnte – haarscharf an allen kolchidischen Sprechzimmern seines Erzeugers vorbeigegangen. Diese Räume standen wenigstens im großen und ganzen noch unversehrt. An ihren arg zersprungenen, aber immerhin aufrechten Wänden hingen, sozusagen als zusätzlicher Unsterblichkeitsbeweis dieser großen Leute, nur vielleicht etwas schiefer als zuvor, alle Porträts von Tschawtschawadze, Rustaweli, Akaki Zereteli usw. Der Anblick der halbierten alt-kolchidischen Wartburg ließ Wakusch außer der nur zu verständlichen Trauer über den Verlust seiner eisernen dixieländischen Bestände große Verbitterung darüber empfinden, daß das Schrapnell ausgerechnet rechts und nicht links geplatzt war. Im umgekehrten Fall hätte er die sieben Pipos noch empfangen und einschließen können. Wie die Dinge nun lagen, mußte schleunigst ein anderer Ausweg gefunden werden. Kapitän Wakusch überlegte sich gerade, ob es ihm nicht gelingen könnte, die Pipos für einen Rundgang durch die kolchidischen Sprechzimmer seines Vaters mit Besichtigung der Bilder von Rustaweli, Zereteli, der Königin Tamar usw. zu interessieren (möglicherweise konnte bei ihnen der Band

»Kolchis, Iberien und Albanien« die Lektüre dixieländischer Werke über Tarzan etc. ersetzen), als er sich plötzlich am Arm gepackt und von eigenem Mamassachlissi auf kolchidisch (mit »Mamadzachli«, »Viristawi«) angedonnert fühlte. Dann folgte die erzürnte Frage, was er gerade jetzt, wo niemand mehr drin war, noch im Häuschen zu suchen habe. Dann wurde Wakusch von seinem Erzeuger, den der Anblick seiner halb zerfallenen Wartburg noch zusätzlich erbittert hatte, mit wilden Püffen und Kopfnüssen in den Luftschutzkeller abgeführt. Aber eine kleine Befriedigung nahm Wakusch trotzdem dorthin mit: Er hatte unterwegs angestrengt nach den sieben Pipos ausgeschaut, aber niemanden mehr gesehen. Offenbar waren sie abgezogen, vielleicht nach Hause oder in neue Verteidigungsstellungen vor anderen Häuschen. Auch diese letzte Möglichkeit genügte Kapitän Wakusch, der ja dann jeder unmittelbaren Verantwortung den sieben gegenüber entbunden war, schon vollauf.

Im Keller überbrachten er und sein Exmamassachlissi manchen deuxen Mamassachlissis des rechten Flügels die Unglücksnachricht, daß ihre Wohnungen eingefallen und sie selbst nun auch zu Exmamassachlissis geworden waren. Natürlich bäumten sich die Mamassachlissis gegen diese Tatsache auf – es war ja auch wirklich hart, sich buchstäblich fünf Minuten vor Kriegsende damit abfinden zu müssen, daß man ohne Dach über dem Kopf beziehungsweise auf der Straße saß. Auch schien unbegreiflich, daß es das Häuschen, welches die ganzen vier Jahre über von allen Angriffen der Vickers unberührt geblieben war, nun doch noch erwischt haben sollte. Ein paar Mamassachlissis wagten sich sogar aus dem Keller, um den Schaden selbst zu besehen. Sie kamen aber aschfahl im Gesicht und schlotternd gleich wieder zurückgestolpert: Unzweideutiger Kampflärm (Geknatter von Maschinengewehren, vermischt mit kolchosischem Hurrageschrei) ließ sich von oben vernehmen. Die Kugeln pfiffen jetzt schon direkt um das Häuschen, klatschten an die Wände, fuhren auch garbenweise durch viele seiner zum Glück leeren Sprechzimmer. Auf der Deuxibahn machten sich die letzten regulären deuxen Truppenreste aus dem Staube. Mehrere Haufen von ihnen, die meisten mit blutdurchtränkten Arm- und Kopfbinden, waffenlos, stürzten in den Keller und fragten nach rettenden Durchgängen, Hintertüren und weniger einsehbaren Haushöfen. Man schleuste diese teils noch uniformierten Leute hilfsbereit, aber auch in Sorge, sie möglichst schnell fortzukriegen, hinüber in die rückwärtigen Nachbarhäuschen, wo es noch nicht so brenzlig war. Einen nicht geringen Teil des geschlagenen Heeres schluckten dort die unsondierbaren Kellergewölbe und stillen Dachböden des Mamassachlissi, alles ideale Orte zum Kleiderwechsel, gute Endstationen der Deuxibahn mit ebenso gutem (sicherem) Anschluß an die Dixiebahn. Kapitän Wakusch musterte scharf alle Flüchtlinge. Die sieben Pipos waren nicht darunter. Also mußten sie schon früher das Feld geräumt haben. Zufrieden wie ein Kapitän, der wenigstens seine Mannschaft in Sicherheit weiß, setzte sich Wakusch auf einen Koffer, um für die Ankunft der Kolchosischen, die nun jeden Moment erfolgen mußte, Kräfte zu sammeln. Er traute sich zu, sie durch Liebenswürdigkeit zu entwaffnen, Freunde beziehungsweise Freundschaft bei ihnen zu finden, denn schließlich waren es ja Dixieländer, also doch irgendwie verwandte Geister – und wenn sich noch welche aus Kolchis darunter befanden, vielleicht sogar Blutsverwandte. Damit die kolchosischen Stoßtrupps das Häuschen in erster Wut nicht zu hart anfaßten, mußte man es ihnen in entsprechendem Lichte vorstellen, etwa als Wartburg auf dem Kolchos. Zu diesem Zweck hatte sich Kapitän Wakusch vorgenommen, dem Feind, wenn er über die Schwelle trat, mit Faustgruß (der – wie man ihm gesagt [gezeigt] hatte – bei den Kolchosischen gang und gäbe war) zu begegnen. Er hatte sich auch die ersten Noten der Internationale (kolchosische Hymne) von irgendwoher eingeprägt, in der starken Hoffnung, damit irgendeinen kleinen Vorteil bei dem Feind herauszuschlagen. Wenn die Kolchosischen, die jetzt kamen, gar aus Kolchis waren, dann sah Kapitän Wakusch überhaupt keine Schwierigkeiten mehr für das Häuschen, dann würden die Bilder von Rustaweli, Akaki Zereteli, von der Königin Tamar usw. in den kolchidischen Sprechzimmern seines Vaters ihren Eindruck nicht verfehlen; in diesem Fall war es vielleicht am besten, wenn man die ganze altkolchidische Bildergalerie lieber gleich im Hausflur ausstellte. Mit den feindlichen Landsleuten aus Kolchis konnte man auch sofort einen Kantzi auf Kolchis oder – wenn sie's unbedingt wollten – auf Kolchos trinken. Kolchosisch-kolchidische Soldaten waren am einfachsten zu besänftigen.

Unter diesen und ähnlichen Gedanken fielen Kapitän Wakusch, der schon nächtelang nicht mehr geschlafen hatte, plötzlich die Augen zu. Das monotone Gemurmel der Menschen im Keller, die unheimliche, aber wenigstens absolute Stille vor dem Sturm des Häuschens (auf der Straße war kein Laut mehr hörbar) wirkten mit, ihn einzulullen. Sein Schlaf war traumbewegt: Er sah eine mächtige dixieländische Wartburg mit geladenen Kanonen auf den Mauern. Die Kanoniere standen daneben in Zylinder, Frack und mit weißen Handschuhen. In den hochgotischen Burgsälen stauten sich die Gäste: verdiente Dixieländer, Vickers beiderlei Geschlechts, Musipos, Pipos, Pipas. Nach der festlichen Zeremonie waren die üblichen, für dieses Mal besonders glanzvoll geplanten Turniere vorgesehen. Alle warteten auf den Helden des Tages, Kapitän Wakusch, der hier von Signor Mobiglia den Hosenbandorden, die höchste Auszeichnung, die einem Dixieländer jemals zuteil werden kann, empfangen sollte. Vor dem Burgtor wachten sieben Pipos mit gekreuzten Hellebarden und dem Befehl, nur Wakusch, aber keine Kolchosischen, von denen es in dieser Gegend nur so wimmelte, durchzulassen. Als Wakusch herankam, sagten sie: »Pfoto, bitte!« Wakusch präsentierte ein Pfoto (es war ein sehr schönes über die verschiedensten Vickers), aber die Wache blieb unbeweglich. Dann zeigte Wakusch ihr ein zweites, nun schon beinahe atemberaubendes. Doch die Hellebarden gaben den Weg immer noch nicht frei. So brachte Wakusch ein drittes, sehr gepfeffertes Bildchen zum Vorschein und wieder erfolglos! Die Wachen schüttelten die Köpfe und sagten: »Wir brauchen ein Pfoto von dir!« »Aber ich war nie auf einem Pfoto!« brauste Kapitän Wakusch auf. »Fragt Mobiglia! Ich habe stets nur Vickers pfotografiert, bin aber selbst niemals«, er wollte sagen: ein Vicker gewesen, hielt aber inne, denn mit einem solchen Geständnis schnitt er sich – wenigstens in den Augen dieser blöden Wachen – selber den Weg zu dem Hosenbandorden ab. »Pfoten weg!« befahl die Wache scharf, denn er hatte in seiner Verzweiflung die Hellebarden angefaßt. »Pfoten weg!« gellte es noch einmal, aber seltsamerweise kommandierte eine Frauenstimme. Wakusch fuhr auf und sah eine junge deuxe Mamassachlissi (Frau von guter Dixiebahn, mit Mann, der im Felde verschollen, und kleinem Kind, das im Kinderwagen plärrte) einen untersetzten, fremdländisch uniformierten (grobes, giftgrünes, durch Koppel in der Mitte zusammengerafftes Schlotterhemd, darunter Pluderhosen derselben Farbe, tiefer – Stiefel; das Kopfende der Erscheinung zierte ein schmales grünes Käppi mit rotem Stern am Bug; aber übliches Gepäck: praller Feldbeutel, Patronentaschen usw.) Soldaten wild von sich abstoßen. Darauf präsentierte der Soldat einen Revolver und richtete ihn auf den hohen Busen der Mamassachlissi. Dazu bellte er, mit der Hand aus dem Keller weisend, einen selbst unverständlichen, aber der Gebärde nach völlig eindeutigen Befehl. Da half dann nichts mehr, die Mamassachlissi mußte zähneknirschend mitgehen. Wakusch hatte die Situation noch gar nicht richtig erfaßt, als schon die nächsten linken Dixieländer – diesmal waren es gleich fünf stämmige, bärtige Robinson Crusoes – hereinpolterten, fünf weitere Mamassachlissis (feminin) auf- und vor den Gewehrläufen hinaustrieben. Den zu Stein erstarrten Mamassachlissis (maskulin) nahmen sie beim Fortgehen auch noch alle Taschen- und Armbanduhren ab. Kapitän Wakusch, der seine sieben Geister inzwischen wiedergefunden hatte, brauchte keine zusätzliche Erklärung. Was er bis dahin eigentlich nur von den charleston-bostonschen Dixieländern gewußt hatte, bestätigte sich nun auch für die kolchosischen: Sie waren Vickers, welche in den Häuschen zuallererst die guten Dixiebahnen plünderten.

Von dieser Einsicht schon zusehends ermutigt, beruhigte Wakusch zunächst verschiedene verstörte Mamassachlissis (maskulin), welche um das Leben ihrer entführten Ehehälften fürchteten. Er prophezeite ihnen die baldige Wiederkehr der Hausfrauen von kurzem – wie er sich schonend ausdrückte – Verhör durch kolchosischen Generalstab. Wirklich erschienen die Mamassachlissis (feminin), alle zwar ein bißchen aufgelöst und – was vielleicht auf den Schreck durch so unmittelbare Feindberührung zurückzuführen war – tränenüberströmt, aber sonst wohlbehalten, wieder im Keller. Das Vorgefallene machte sie nicht hysterisch, sondern – Wakusch bemerkte es mit Erstaunen und hochachtungsvoller Befriedigung – gleichmütig gegenüber allem Kolchosischen, was da noch auf ihrer persönlichen Dixiebahn kommen mochte. Sie erzählten, die Kolchosischen hätten bloß verlangt, ihnen das Häuschen zu zeigen, was sie dann auch getan hätten.

Weiter wäre nichts gewesen. Als die nächsten kolchosischen Soldaten sie auf die Dixiebahn hinausriefen, gingen sie schon tapfer und ohne Umstände zu machen mit, fast so – der perplexe Wakusch konnte sich diese Parallele nicht versagen – wie bewährte Pipas, denen alle Vickers im Grunde egal sind. Nur eine verlor – weil sie eben von einer für Anfänger besonders schwierigen Prüfung auf der Dixiebahn, sicher von einem Kreuzverhör zurückgekehrt war – ihre Nerven, als sie ein neuer Soldat am Handgelenk hochzog. »Zum Pimpern wollen die uns!« schrie sie den vereisten Mamassachlissis (maskulin) zu. »Habt ihr's begriffen? Zum Pimpern!« Diese unangenehme Tatsache wurde von der Kellerversammlung schweigend aufgenommen und – da sie ja machtlos war – verschluckt. Wenn die Dinge so weitergingen – neue Vickers drangen jetzt schon fast alle fünf Minuten in den Keller –, mußte bis Tagesanbruch die ganze kolchosische Armee oder wenigstens ihre machtvolle Truppenspitze über die Dixiebahn der Mamassachlissis (feminin) gezogen sein. Bei jedem neuen Soldatenbesuch hoffte Kapitän Wakusch, es würden aktive Mitglieder aus Pipoos (Pimpoos) oder Musipos (Musimpos) darunter sein; dann wäre die Reihe an den Mamassachlissis (maskulin) gewesen, den Vickers ihr Häuschen und anderes zu zeigen, sich (anstelle ihrer gequälten Ehefrauen) mit (für) kolchosischem Generalstab auseinanderzusetzen. Aber leider holten die Vickers, welche nur auf Manila, Philippinen etc. eingestellt waren, sich immerzu die Frauen aus dem Häuschen. Und doch erlangten die Mamassachlissis feminin Gnade von einigen Vickers, als sie ihnen nämlich – in einer unteren Etagenwohnung schon auf der Dixiebahn ausgestreckt – die ersten drei Takte der Internationale vorpfiffen. Das Rezept stammte von Kapitän Wakusch und wirkte in wenigstens ein paar Fällen tatsächlich Wunder: Der kolchosische Vicker stutzte bei den Tönen, nahm Haltung an und – was die Hauptsache war – Pfoten nebst Generalstab zurück. Die Mamassachlissi feminin durfte dann, ohne für sich weiter etwas befürchten zu müssen, aufstehen und war frei. Natürlich ging es nicht immer so glatt ab. Zum Beispiel behielten mehrere unmusikalische Mamassachlissis feminin die Melodie nicht richtig oder gar nicht mehr im Kopf. Diese hatten die kolchosischen Dixieländer schon auf und in ihren Dixiebahnen, ehe sie überhaupt einen Ton hervorbrachten.

Die deuxen Mamassachlissis maskulin wandten, wenn sie ihr Weg an zu gefährlich aussehenden Vickers vorbeiführte, den kolchosischen Faustgruß an, wie Kapitän Wakusch es ihnen mehrmals gezeigt hatte. So gegrüßt, setzten alle Vickers gleich freundlichere Mienen auf und fanden nichts weiter zu bemängeln. Einige Mamassachlissis maskulin brachten in ihrem Übereifer die Faust zu nahe an die (und vor die Nase der) kolchosischen Vickers, welche sich dadurch herausgefordert (bedroht, verspottet) glaubten und diese Mamassachlissis auf der Stelle zusammengeschlagen (arretiert, füsiliert) hätten, wenn glücklicherweise nicht jedesmal Wakuschs Erzeuger dazwischengetreten wäre. Er übersetzte jetzt pausenlos aus dem Deuxen ins Kolchosische und umgekehrt, war überall da und stets gerufen, um Sprechzimmerdifferenzen zu glätten, den Vickers das Häuschen und dem Häuschen die Vickers zu erklären. Er hatte sich – als die kolchosischen Soldaten begannen die Mamassachlissis feminin auf der Dixiebahn zu belästigen – auch sofort nach einem kolchosischen Offizier umgesehen und war, allerdings erst nach einer verhängnisvoll langen Weile, während der so manches auf der Dixiebahn passierte, endlich auf einen Kapitan gestoßen, der, über die Situation in Kenntnis gesetzt, sofort Ordnung in das Häuschen brachte, alle Soldaten mit strengem Befehl daraus verbannte und sogar eine Wache für die Mamassachlissis feminin vor den Keller stellte.

Der Exmamassachlissi von Kapitän Wakusch war aufgrund seiner Unersetzbarkeit als Dolmetscher und Beschwichtiger von Vickers jetzt sogar die Person, der sich alle deuxen Mamassachlissis (maskulin, feminin) in seinem und umliegenden Häuschen willig unterordneten, ohne die sie keinen einzigen Schritt aus ihren vier Wänden oder Höfen hinaus auf die arg zerstörte Deuxi-, nunmehr Dixiebahn taten. Er war somit, wenigstens in jenen ersten Tagen der Besetzung, inoffiziell der absolute Herr im Häuschen, sein höchster, vielleicht auch bester Mamassachlissi in der Niederlage, da er – weil er alle Sprachen sprach – an die Großherzigkeit der Vickers appellieren und sie dadurch auch meist dazu bewegen konnte, ihren Goglimogli zu verhalten, im Feldbeutel zu behalten. Den kolchosischen Dixieländern, bei denen es damals mit qualifizierten Übersetzern haperte, mußte er natürlich in gleichem Maße bedeutsam erscheinen. Sie machten ihn daher zum Obmann über das gesamte Häuschen, und so wurde er auch noch verantwortlich für alles, was ihnen dort drin nicht behagen mochte, für den kleinsten taktischen Fehler, den die deuxen Mamassachlissis (maskulin, feminin) mit, vor, gegenüber Vickers begingen. Einmal wäre es beinahe um ihn und um das Häuschen geschehen gewesen, als nämlich gleich nach der Ankunft der allerersten kolchosischen Streitkräfte gefragt wurde, ob man Waffen versteckt halte. Selbstverständlich verneinten alle Mamassachlissis erschrocken diese Zumutung. Daraufhin sagten die Vickers, sie würden, falls sich Waffen fänden, Wakuschs Erzeuger aufknüpfen und das Häuschen in die Luft sprengen. Dann begann die Haussuchung, welche bei irgend jemandem zwei Jagdgewehre und einen Mauser zutage förderte. Zum Glück ließen die bereits siegestrunkenen und deshalb auch nicht sonderlich bösen Vickers die Sache noch mit einem fürchterlichen, an Obmann adressierten Anschnauzer bewenden.

Inzwischen war der Morgen herangekommen, und die dreisteren, ihres Kellers endgültig überdrüssig gewordenen, deuxen Mamassachlissis wagten sich vor das Häuschen, um ihre über Nacht gründlich (geschichtlich) veränderte Umwelt näher in Augenschein zu nehmen. Die Straße war vollgestopft mit kolchosischen Truppen, welche hier zum Teil auch kleine provisorische Biwaks aufgeschlagen hatten. Wakusch sah einen großen Kessel über lodernder Feuerstelle. Drum herum lagerten kolchosische Soldaten, die in dem Kochgeschirr stocherten, seinen Inhalt – offenbar ein Reisgericht – unter sich verteilten. Aus dem krabbelnden, schreienden, essenden Menschenhaufen ragten wie vorsintflutliche Saurier kolchosische Tanks, Geschütze und noch mancherlei gepanzertes Fahrzeug hervor. Der ganze Schwall befand sich in unaufhörlicher Bewegung: Wenn der Reistopf leergegessen, das kurze Nickerchen getan war, sprangen die Vickers wieder auf ihre Saurier und ratterten ab, um neuen Platz zu machen. Ihr fremdländisches Stimmengewirr brandete an den deuxen Häuschen hoch, schwappte über ihre Dächer, fiel durch leere Fensterrahmen, zertrümmerte Türen, Mauerlöcher hinein in alle Sprechzimmer, wollte (mußte) gehört werden. »Was schimpfen die nur so viel?« fragten die deuxen Mamassachlissis den Exmamassachlissi von Kapitän Wakusch, der sich auch hier aufgestellt hatte und mit seinen nußbraunen, wissenden (denn er verstand ja den ganzen kolchosischen Redefluß) Augen den kolchosischen Troß betrachtete. »Sie fluchen«, erklärte er und sagte, als ihn ein Mamassachlissi aufforderte, ihm doch etwas davon zu übersetzen, kurz: »Es ist nicht wiederzugeben.« Wie die kolchosischen Vickers fluchen, erfuhr Kapitän Wakusch an jenem Tag also noch nicht. Diese saftigen, oft gar nicht einmal an irgend jemanden, sondern einfach an ein Zeug (an dem der Flucher herummurkste) gerichteten Formeln waren im Prinzip dieselben, die Wakusch schon ein halbes Jahr später und unter noch viel rauheren Umständen kennenlernte, nämlich Ausdrücke wie: »Geh zum Generalstab!« »Generalstab sei mit (in) dir (auch mit beziehungsweise in ihm).« »Kein Generalstab!« (im Sinne von »Macht nichts!« oder »Ist nichts!«). Dann aber noch alle bedeutsamen Varianten über die Mama(ssachlissi feminin), deren Dixiebahn mit seinem Generalstab zu besetzen dem Beschimpften durch Beschimpfer großzügig anheimgestellt oder auch als die Absicht des Beschimpfers selbst vorgestellt wird: »Jatvaju, jivo, vaschu Mamu[ssachlissi feminin]!«

Die Abstecher der kolchosischen Vickers nach den sauberen und appetitlichen Dixiebahnen deuxer Hausfrauen, -fräuleins hatten – sei es, weil am hellichten Tag die Vickers sich doch irgendwie zurückhielten oder auch weil die kolchosischen Abteilungen, welche nun vorüberzogen, keine Stoßtruppen, sondern friedlicher aufgelegte Einheiten waren, die mehr ihrem Generalstab im Kreml als ihrem Generalstab im (über) Feldbeutel gehorchten – fühlbar nachgelassen. Durch diese Ruhe ermutigt, steckten allmählich verschiedene Mamassachlissis (feminin) ihre Näschen aus den Fenstern, Türen der Häuschen, um sie aber gleich wieder entsetzt zurückzuziehen, wenn ein kolchosischer Feldwebel galant auf sie zuschritt und ihnen den Ellbogen zum Einhaken anbot. Kapitän Wakusch, der sich für alle guten Dixiebahnen seines Häuschens irgendwie verantwortlich fühlte, hörte nicht auf, Mamassachlissis feminin in ihre Wohnungen (welche jetzt übrigens langsam wieder bezogen wurden) zurückzuscheuchen. Seine Schlüsselstellung auf der Dixiebahn blieb den Vickers nicht verborgen. So wurde Wakusch einmal an der Schulter berührt, und als er sich umdrehte, sah er einen blutjungen kolchosischen Soldaten von sympathischem Äußeren (die sommersprossige Stupsnase und die wasserblauen Augen hätten jedem deuxen

Pipo gehören können) vor sich stehen. Das Kerlchen machte Wakusch durch ein paar Handbewegungen seine Bitte klar, ihm zu guter deuxer Dixiebahn zu verhelfen. Er hatte sich auch schon eine dralle, niedliche ausgewählt, welche um so runder und verlockender in der Sonne funkelte, als die Mamassachlissi (feminin), der diese Dixiebahn gehörte, noch dumm genug gewesen war, lange, enganliegende Hosen anzuziehen und in dieser Aufmachung vor das Häuschen zu treten. Der junge kolchosische Vicker zeigte Wakusch mit schrägem Blick, wen er sich wünschte. Sein Gesicht hatte dabei einen derartig intensiven, das heißt ganz auf Manila und die runden Hügel gesammelten Ausdruck, daß Wakusch, dem solche Bittsteller oder Pipos noch auf der Wartburg von Signor Tullio zu Hunderten begegnet waren, der Mann beinahe leid tat. Er wollte, zumal der Vicker nicht mit Gewalt, sondern auf Verhandlungswegen zu seinem Ziel zu kommen suchte, ihm ehrlich behilflich sein. Andererseits mußte aber auch die Meinung der Mamassachlissi, der man unmöglich zumuten konnte, etwas auf der Dixiebahn gegen ihren Willen zu tun, berücksichtigt werden. Wakusch überlegte, wie die Anfrage des Vickers am besten vorzubringen wäre, trat dann mit entschlossenen Schritten auf die Mamassachlissi zu und sagte zuerst, ihr mit den Augen den kolchosischen Soldaten bedeutend: »Wollen Sie ... ?« (gemeint war: Goglimogli aus dem Feldbeutel jenes Vickers dort?) – und, als die Mamassachlissi wie von einer Natter gebissen zurückfuhr, schon in halb beschwörendem, halb ärgerlichen Ton: »Dann gehen Sie!« (gemeint war: dann verschwinden Sie gefälligst auf der Stelle, ehe er sich holt, was Sie ihm vorenthalten, vor die Nase halten). Das Hausfrauchen ließ sich's nicht zweimal sagen und war mit einem Satz im Haus verschwunden. Aber auch Kapitän Wakusch verzog sich schleunigst dort hinein und auf die kolchidische Wartburg seines Vaters, denn man konnte ja nie wissen, wie der junge Vicker die Tatsache, daß er auf der Dixiebahn nicht angenommen worden war, betrachten, ob er nicht etwa die Schuld daran Wakusch zuschieben und eine Erklärung fordern, möglicherweise neue (ähnliche) Aufträge stellen würde, etc.

Oben gab es zu tun: Die Wartburg war in der linken Hälfte, welche noch von ihr bestand, voller Schutt und Staub. Wie ein Archäologe vorzeitliches Hausgerät aus der Erde buddelt, so barg Wakusch altes, nun auch noch zusätzlich verstümmeltes Wartburgszeug aus dem Müll. Zusammen mit Erzeuger (dieser in Fez und Schürze) rückte er die breite Kommode vor das größte Mauerloch, die kleineren Breschen wurden mit Sandsäcken ausgestopft oder provisorisch zugebaut. Danach war die Wartburg wieder einigermaßen instandgesetzt: Man konnte sich dort, wenn auch nicht gegen bewaffnete Vickers verteidigen, so doch immer noch ganz gut vor ihnen verstecken. Auf allen Etagen waren die Mamassachlissis ebenfalls dabei, sich wieder einzurichten. Viele von ihnen kamen oft zu Wakuschs Erzeuger wegen einer Übersetzung, viele holten sich, weil sie ja nun gleichfalls zu Exmamassachlissis geworden waren, von dem alten Kolcher Ratschläge darüber, wie man sich am schnellsten und besten eine Wartburg anlegt. Der alte Emigrant erklärte willig alles Nötige und schickte auch noch oft Kapitän Wakusch als beratenden Wartburgsingenieur. Die Strapazen des Häuschens hatten aber nicht aufgehört: Eine Art von geheimem, kolchosischem Offiziersbordell war nämlich unterdessen in seinem Erdgeschoß eröffnet worden, wo dienstlich hochgestellte Vickers mit den verrufensten deuxen Pipas der Umgebung, aber auch mit genug sündlichen Mamassachlissis feminin sehr ausgelassen die Zeit auf der Dixiebahn verbrachten. Die Initiative dazu war unglücklicherweise gerade von dem Kapitan ausgegangen, den Wakuschs

Erzeuger gegen besagte Übergriffe zu Hilfe gerufen hatte. Sooft Wakusch an dem Ort vorbeiging, hörte er die noch aus der alten Zeit so gewohnten Geräusche: Frauenkichern, kleine schrille Schreie des Entzückens über Generalstab, dazu knallende Champagnerpfropfen, Gläsergeläut und dixieländisches Grammophongedudel. Wakusch wäre für sein Leben gern dort eingetreten, um zu sehen, wie kolchosische Vickers die Dixiebahn hinunterrodeln. Er war sicher, daß er da viel Neues erfahren und seine theoretische Ausbildung auf dixieländischem Gebiet zum Abschluß bringen konnte. Außerdem würden – wie sich Wakusch überlegte – auch seine bei Signor Tullio gesammelten taktischen Kenntnisse (über Zusammenstellung zuverlässiger Mann- und Weibschaften, über Sicherung des ganzen Platzes vor kolchidischem Mamassachlissi, den die kolchosischen Vickers ja auch besaßen und zu fürchten hatten, und ähnliches) den Vickers dienlich sein. Von großer Neugier gekitzelt, strich Wakusch ein paarmal um den kolchosischen Lustbunker, dessen niedrige Fenster und Balkon auf den Hof gingen, herum. Dabei pfiff er, um sich etwaigen dort befindlichen kolchidischen Vickers, durch die er hoffte, eingeführt zu werden, als Lands- und Vertrauensmann zu erkennen zu geben, die ersten paar Takte des kolchidischen Volksliedes *Ssuliko.* Aber niemand reagierte. In den kolchosischen Einheiten, welche das Häuschen eingenommen hatten, war keiner aus Kolchis (Iberien oder Albanien) gewesen, und das gleiche schien in dem kolchosischen Stabsquartier des Kapitans, das gegen *Ssuliko* völlig taub blieb, der Fall zu sein. Im Laufe des Tages änderte aber Kapitän Wakusch, der trotz seiner mannigfaltigen Beschäftigungen das Quartier immer im Auge behielt, seine Meinung über den Platz. Wildes Gegröle hallte nämlich von dort hervor. Manchmal kam ein Vicker völlig betrunken an die Fenster getorkelt und schrie etwas über »tvajujivovaschumamu« in den Hof. Was aber Wakusch letztlich und endgültig gegen dieses Stabsquartier in Empörung versetzte, war die Flucht einer Pipa über den Balkon. Es war schon später Abend, als er sie von dort hervorkommen sah: Zuerst fuhren ihre langen weißen Beine wie Scheinwerferarme über das Geländer, dann folgten ihre kurzen Höschen (Häuschen) mit der ganzen übrigen Dixiebahn. Im nächsten Augenblick war die bloße, weiße Gestalt in dem Häuschen nebenan verschwunden. Wakusch konnte es nicht fassen: Wenn die Pipas sich da auf solch unwürdige Weise empfahlen, so war der Ort keine Wartburg, sondern der gewöhnlichste und niedrigste Puff.

In der ersten Nacht, die mit den Vickers im Häuschen verlief, konnte Kapitän Wakusch, noch unter den lebendigen Eindrücken der dixieländisch-kolchosischen Machtübernahme, lange kein Auge zutun. Außerdem pfiff der Wind unbarmherzig durch alle Löcher und Ritzen der alten, nun schon recht baufälligen, kolchidischen Wartburg seines Vaters. Für den Uneingeweihten war es direkt lebensgefährlich, sich dort herumzubewegen, denn manche Tür bestand zwar noch, aber das (Sprech-)Zimmer dazu existierte nicht mehr, so daß, wer dort ahnungslos eintrat, durch alle drei Etagen nach unten fallen, sich Hals und Bein brechen mußte. Die ganze unmittelbare deuxe Nachbarschaft hatte auch unter der Zerstörung gelitten, und Kapitän Wakusch war den größten Teil des Tages über zusammen mit Henke, dem alten Hauswart, und mehreren (Ex-)Mamassachlissis beschäftigt gewesen, den größten Schutt im Häuschen zusammenzutragen, seine Treppen wieder einigermaßen gangbar zu machen, die Fenster zu vernageln etc. Am anderen Morgen, als alle schon wieder im Entrümpelungseinsatz standen, fand ihn Henke, sagte kurz: »Komm!« und schritt, seinen holzigen Tobak schmauchend, zuerst in den Hinterhof. Hier legte er zwei Schaufeln in einen Karren, den sie dann durch das Häuschen hinaus auf die Straße zogen. Einmal draußen, bog Henke nach links ab, in Richtung des nur zwei kleine Querstraßen weit entfernten Hohenzollernplatzes. Wakusch hatte zuerst gedacht, es gäbe etwas für das Häuschen zu holen, obwohl ihm eigentlich nicht klar war, was es in dieser Zeit der allgemeinen Notdurft überhaupt sein sollte. Er wollte Henke gerade danach fragen, als der Karren hielt und wieder eine Bombe, ähnlich derjenigen, die die kolchidische Wartburg von Erzeuger so arg mitgenommen hatte, aber diesmal viel schlimmer: ihn direkter treffend (betreffend), über Wakusch platzte. Vor ihm lagen sieben Leichname. Mehrere Mamassachlissis (maskulin, feminin) standen drum herum. Alle Körper waren brettsteif und knickten nicht einmal ein beim Aufladen. Jeder faßte schweigend zu. Niemand verlor ein Wort über das Geschäft. Nur Wakusch sagte, als der Kopf eines Pipos ruckartig nach hinten fiel, ungehalten: »Sanfter!« Dann wurde die Zeltbahn über den Haufen gezogen, und man ging mit der traurigen Fuhre los zu den Hohenzollern.

VERBRECHER VERLAG

Giwi Margwelaschwili

DER KANTAKT

Originalausgabe
800 Seiten
Hardcover
36 €

ISBN: 978-3-940426-19-2

In »Der Kantakt« wird der große deutsch-georgische Autor Giwi Margwelaschwili erstmals selbst zu einer Figur seiner Lese- und Lebenswelten. 1995 ist er Stadtschreiber von Rheinsberg – folgerichtig liest er dort »Rheinsberg – Ein Bilderbuch für Verliebte« von Kurt Tucholsky.

Und er versucht, mit Tucholskys Liebespaar in Kontakt zu treten, um sie darauf aufmerksam zu machen, dass ihre Liebe daher unvergänglich ist. Dass sie immer, wenn ein neuer Leser das Buch aufschlägt, ihre wunderbare Romanze neu erleben werden, dass ganz im »schönen Augenblick« Goethes verweilen dürfen.

Doch die Kontaktaufnahme gestaltet sich schwierig. Zunächst erlebt Margwelaschwili skurrile Situationen. So lernt er »Hintergrundpersonen« der Geschichte kennen und philosophiert mit ihnen über ihre Wirklichkeit. Dem verliebten Paar aber kann er sich nicht nähern …

In diesem zum Teil autobiographischen Roman geht es zugleich um die Auswirkung des Kalten Krieges auf Margwelaschwilis Lebensumstände, um seinen intellektuellen Werdegang während seines erzwungenen Aufenthaltes in Georgien. Alles ist miteinander verwirkt und tritt in »Kantakt« zueinander.

Dieser mit viel Raffinement ausgeklügelte Essayroman befasst sich mit den Auswirkungen der Politik auf die Literatur und auf das 20. und das beginnende 21. Jahrhundert.

Verbrecher Verlag | Gneisenaustraße 2a | 10961 Berlin | info@verbrecherei.de

www.verbrecherei.de

VERBRECHER VERLAG

Giwi Margwelaschwili

VOM TOD EINES ALTEN LESERS

Erzählungen

200 Seiten
Hardcover
19,90 €

ISBN: 978-3-940426-14-7

Ein alter Mann wird tot aufgefunden, sein Kopf liegt auf dem Buch, in dem er eben noch ein Gedicht gelesen hatte. Merkwürdigerweise jedoch lebt der Geist des alten Mannes in dem Gedicht weiter, darauf hoffend, die Leserinnen und Leser auf die verborgenen Schönheiten des lyrischen Textes aufmerksam machen zu können. In einer anderen Erzählung sieht sich die Buch- und Versweltverwaltung genötigt, einen alten Diktator, dem es in seinem Geschichtsbucheintrag zu eng geworden ist, mit der Selbstlektüre seiner Werke zu beschäftigen – bis er um Gnade bittet! Kann sie außerdem den Reiter vom Bodensee davor retten, nach der Überwindung der Gefahr doch noch sterben zu müssen? In den sechs Erzählungen Margwelaschwilis wird die Welt der Texte, wie wir sie kennen, auf den Kopf gestellt und kräftig durchgeschüttelt. Und das sehr zur Unterhaltung seiner Leserinnen und Leser!